Gerhard Heimler · Wolfgang Schmieg

Rund um Nürnberg

Frankenalb – Frankenhöhe – Steigerwald – Fränkisches Seenland

50 ausgewählte Touren

ROTHER BERGVERLAG

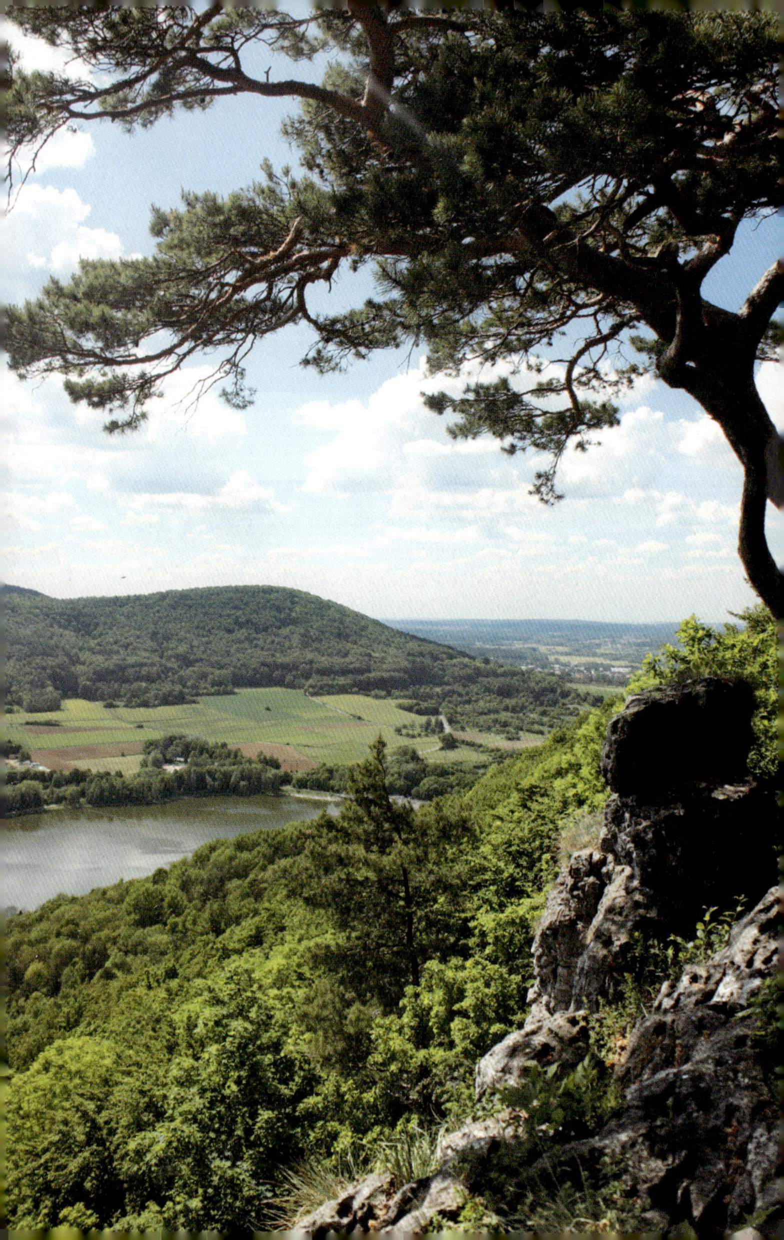

VORWORT

Die Frankenmetropole Nürnberg ist nicht nur ein geschichtsträchtiger Ort, sondern auch eine Stadt mit hoher Lebensqualität. Dazu trägt nicht unwesentlich ihr Umland bei, das den Menschen im Ballungsraum eine Vielzahl an Ausflugs- und Freizeitmöglichkeiten bietet. Gerade Wanderer haben es nicht weit »naus aufs Land«, denn erlebnisreiche Touren liegen direkt vor der Haustüre. Fast alle Touren in diesem Wanderführer sind einfach und umweltfreundlich mit Bahn und Bus erreichbar. Nur in wenigen Fällen erweist sich der PKW als das bequemere Verkehrsmittel. In solchen Fällen haben wir das ausdrücklich vermerkt. Den Titel »Rund um Nürnberg« nehmen wir ernst, wir verstehen darunter aber nicht nur den Landkreis Nürnberger Land, wie es häufig geschieht.
Bereits im Stadtgebiet lassen sich interessante kulturhistorische Entdeckungen machen. Und auch ins Knoblauchsland, dem klassischen Gemüseanbaugebiet der Region, und in den Nürnberger Reichswald ist es nur ein Katzensprung. Im Osten des Stadtgebietes liegt die Hersbrucker Schweiz, das traditionelle Ausflugsgebiet der Nürnberger und Fürther. Die Frankenalb setzt sich nach Südosten fort ins malerische Altdorfer Land und bis zu den Zeugenbergen bei Neumarkt in der Oberpfalz. Im Süden bieten sich Abstecher ins Spalter Hügelland und ins Fränkische Seenland an. Im Westen beginnt im Landkreis Fürth die Touristikregion Romantisches Franken, die sich über die idyllische Frankenhöhe bis zur Landesgrenze nach Baden-Württemberg erstreckt. Ein Geheimtipp für alle, die ruhige Wanderungen lieben. Im Nordwesten zieht die Weiherlandschaft des Aischgrundes nicht nur die Karpfenesser an. Von hier ist es nicht mehr weit in den Steigerwald, wo sich die mittelfränkischen Weinbaugebiete befinden. Im Norden schließt sich der Bogen mit den Landkreisen Bamberg und Erlangen-Höchstadt.
Wir sind davon überzeugt, dass der Wanderführer für alle etwas bietet und zu neuen Entdeckungen in die Kulturlandschaft rund um Nürnberg einlädt.

Winter 2020/21 — Gerhard Heimler und Wolfgang Schmieg

LIEBE LESERINNEN UND LESER,

infolge der Corona-Krise können sich Änderungen ergeben haben (vor allem im Bereich der Gastronomie), die bei Redaktionsschluss noch nicht absehbar waren. Soweit möglich werden wir aktuelle Hinweise unter www.rother.de (beim Buch) zur Verfügung stellen. Bitte informieren Sie sich vor der Wanderung zusätzlich über die derzeitigen Gegebenheiten.
Sollten Sie geänderte Gegebenheiten vor Ort feststellen, freuen wir uns über Korrekturhinweise per E-Mail an leserzuschrift@rother.de.

INHALTSVERZEICHNIS

Romantisches Franken, Rangau, Frankenhöhe

Aischgrund und Steigerwald

Fränkisches Seenland

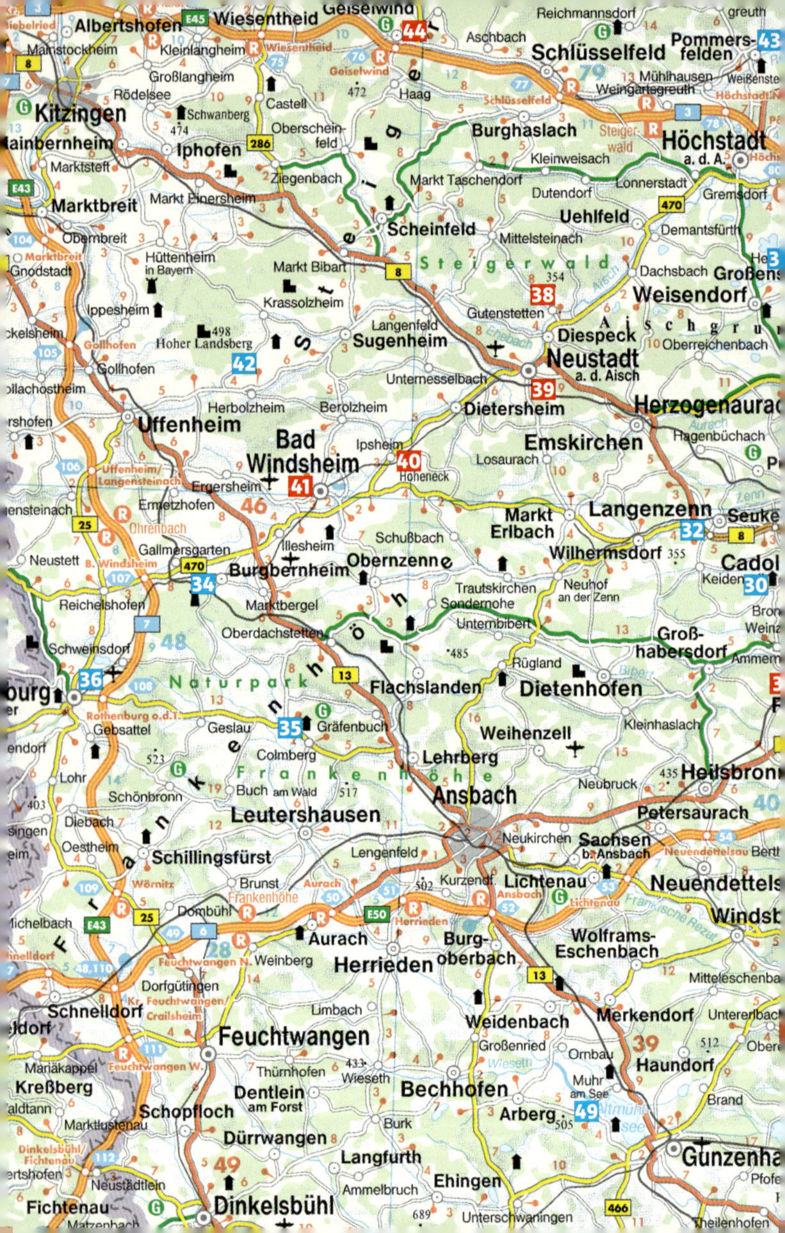

Albertshofen
Wiesentheid
Geiselwind
Reichmannsdorf
Mainstockheim
Kleinlangheim
Aschbach
Schlüsselfeld
Pommersfelden
Großlangheim
Mühlhausen
Rödelsee
Castell
Haag
Weingartsgreuth
Kitzingen
Schwanberg
Burghaslach
Höchstadt a. d. A.
Oberscheinfeld
Steigerwald
Iphofen
Kleinweisach
Ziegenbach
Markt Taschendorf
Lonnerstadt
Marktsteft
Dutendorf
Gremsdorf
Marktbreit
Markt Einersheim
Uehlfeld
Obernbreit
Scheinfeld
Mittelsteinach
Demantsfürth
Hüttenheim in Bayern
Markt Bibart
Gnodstadt
Dachsbach
Krassolzheim
Weisendorf
Ippesheim
Gutenstetten
Langenfeld
Hoher Landsberg
Sugenheim
Diespeck
Oberreichenbach
Gollhofen
Neustadt a. d. Aisch
Unternesselbach
Herbolzheim
Berolzheim
Dietersheim
Herzogenaurach
Uffenheim
Bad Windsheim
Ipsheim
Emskirchen
Hagenbüchach
Hoheneck
Losaurach
Ergersheim
Ermetzhofen
Markt Erlbach
Langenzenn
Ohrenbach
Schußbach
Gallmersgarten
Illesheim
Wilhermsdorf
Neustett
Burgbernheim
Obernzenn
Cadolzburg
Trautskirchen
Neuhof an der Zenn
Reichelshofen
Marktbergel
Sondernohe
Unternbibert
Oberdachstetten
Großhabersdorf
Schweinsdorf
Rügland
Frankenhöhe
Naturpark
Flachslanden
Dietenhofen
Rothenburg o.d.T.
Gebsattel
Geslau
Gräfenbuch
Kleinhaslach
Weihenzell
Colmberg
Lehrberg
Lohr
Buch am Wald
Neubruck
Heilsbronn
Schönbronn
Ansbach
Diebach
Leutershausen
Petersaurach
Oestheim
Schillingsfürst
Lengenfeld
Neukirchen
Sachsen b. Ansbach
Brunst
Kurzendorf
Lichtenau
Neuendettelsau
Dombühl
Aurach
Herrieden
Burgoberbach
Wolframs-Eschenbach
Weinberg
Dorfgütingen
Mitteleschenbach
Schnelldorf
Limbach
Weidenbach
Merkendorf
Feuchtwangen
Großenried
Ornbau
Haundorf
Mariäkappel
Thürnhofen
Wieseth
Kreßberg
Dentlein am Forst
Bechhofen
Muhr am See
Marktlustenau
Schopfloch
Arberg
Brand
Dürrwangen
Burk
Langfurth
Gunzenhausen
Neustädtlein
Ammelbruch
Ehingen
Fichtenau
Dinkelsbühl
Unterschwaningen
Matzenbach
Theilenhofen

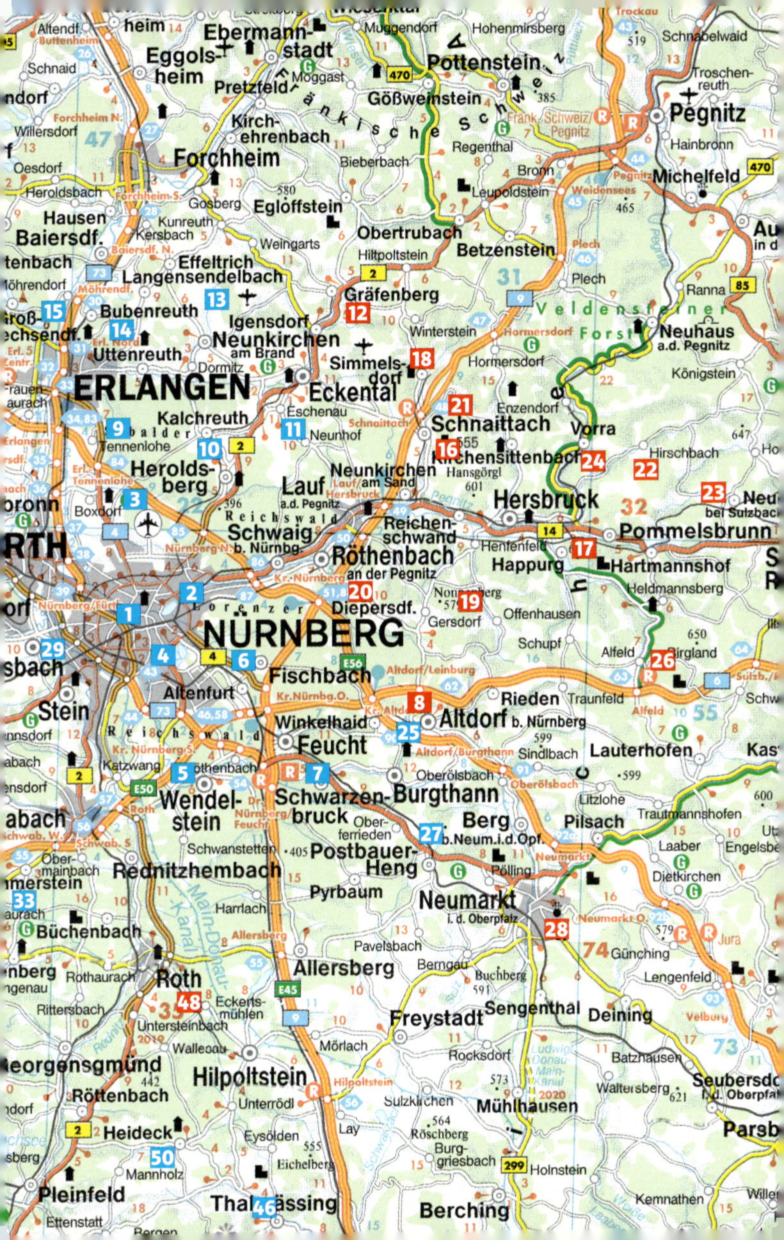
Ebermannstadt
Eggolsheim
Pretzfeld
Muggendorf
Hohenmirsberg
Pottenstein
Schnabelwaid
Pegnitz
Gößweinstein
Fränkische Schweiz
Kirchehrenbach
Forchheim
Regenthal
Bieberbach
Michelfeld
Leupoldstein
Hausen
Baiersdf.
Gosberg
Egloffstein
Kunreuth
Kersbach
Weingarts
Obertrubach
Betzenstein
Effeltrich
Langensendelbach
Hiltpoltstein
Plech
Gräfenberg
Bubenreuth
Igensdorf
Ranna
Veldensteiner Forst
Neunkirchen am Brand
Winterstein
Hormersdorf
Neuhaus a.d. Pegnitz
Uttenreuth
Dormitz
Simmelsdorf
Königstein
ERLANGEN
Eckental
Eschenau
Enzendorf
Kalchreuth
Neunhof
Schnaittach
Vorra
Tennenlohe
Kirchensittenbach
Hirschbach
Heroldsberg
Neunkirchen am Sand
Lauf a.d. Pegnitz
Hersbruck
Reichswald
Schwaig b. Nürnbg.
Reichenschwand
Pommelsbrunn
Henfenfeld
Happurg
Hartmannshof
Röthenbach an der Pegnitz
Heldmannsberg
Diepersdf.
Gersdorf
Offenhausen
NÜRNBERG
Schupf
Alfeld
Fischbach
Altenfurt
Stein
Rieden
Traunfeld
Winkelhaid
Altdorf b. Nürnberg
Feucht
Sindlbach
Lauterhofen
Katzwang
Oberölsbach
Wendelstein
Schwarzenbruck
Burgthann
Litzlohe
Berg b.Neum.i.d.Opf.
Pilsach
Trautmannshofen
Schwanstetten
Postbauer-Heng
Laaber
Rednitzhembach
Pölling
Dietkirchen
Pyrbaum
Neumarkt i. d. Oberpfalz
Harrlach
Main-Donau-Kanal
Büchenbach
Pavelsbach
Günching
Roth
Allersberg
Berngau
Buchberg
Lengenfeld
Rothaurach
Rittersbach
Eckersmühlen
Freystadt
Sengenthal
Deining
Untersteinbach
Wallesau
Mörlach
Rocksdorf
Batzhausen
Georgensgmünd
Hilpoltstein
Seubersdorf i.d. Oberpfalz
Röttenbach
Unterrödl
Sulzkirchen
Waltersberg
Mühlhausen
Heideck
Eysölden
Lay
Röschberg
Burggriesbach
Parsberg
Mannholz
Eichelberg
Holnstein
Pleinfeld
Thalmässing
Berching
Kemnathen
Ettenstatt

TOP-TOUREN

Durchs Pegnitztal West
Versteckte Gärten, historische Grünanlagen und ein Stadtpark mit alten Bäumen machen diese Wanderung von Nürnberg nach Fürth zu einem einzigartigen Erlebnis *(Tour 1, 2.45 h).*

Durch die Schwarzachklamm
Zu allen Jahreszeiten ist die Durchquerung der knapp 2,5 km langen Schwarzachklamm im Nürnberger Südosten ein Wandergenuss vom Feinsten. Unbedingt empfehlenswert für Familien mit Kindern. Zurück zu unserem Ausgangspunkt in Ochenbruck flanieren wir gemütlich längs des Alten Kanales *(Tour 7, 2.45 h).*

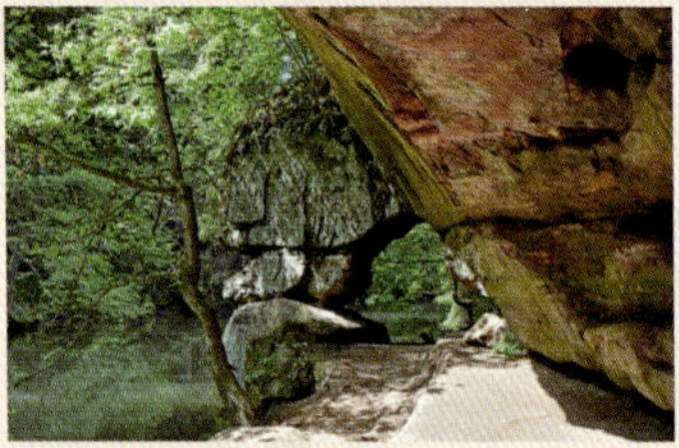

Von Altdorf zur Dünenlandschaft bei Weißenbrunn
Nach einigen Kilometern durch den südlichen Reichswald stehen wir plötzlich vor meterhohen Sanddünen, die in der letzten Eiszeit entstanden sind und heute einen sensiblen Lebensraum für manche Tier- und Pflanzenarten darstellen *(Tour 8, 5 h).*

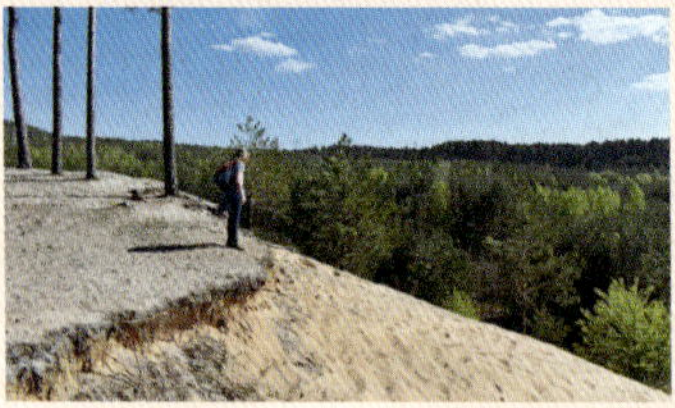

Auf die Burg Hohenstein
Der Aufstieg zur Burg Hohenstein, dem höchsten Punkt der Hersbrucker Alb, ist mühsam, wird aber durch eine fantastische Fernsicht belohnt. Der Abstieg endet zwischen den schroffen Felswänden des Ankatals *(Tour 21, 4.45 h).*

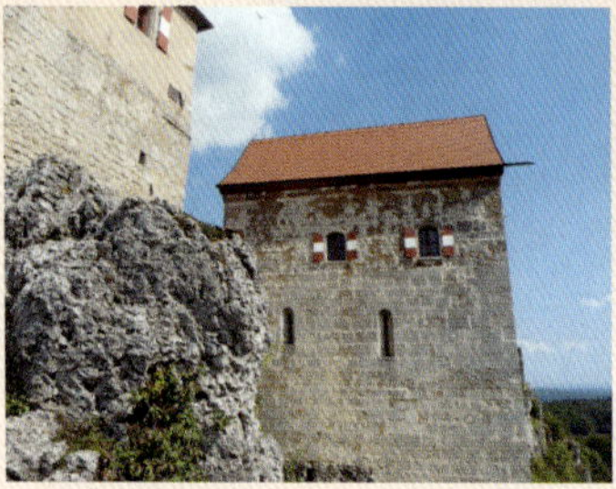

Wanderparadies Hirschbachtal
Steile Felswände wie die Mittelbergwand und bizarre Felsgebilde wie das Noristörle machen den besonderen Reiz dieser Tour in einem der schönsten Wandergebiete in der Hersbrucker Schweiz aus. Oftmals können wir unterwegs Kletterern zusehen, die auf dem Höhenglücksteig unterwegs sind *(Tour 22, 3.45 h).*

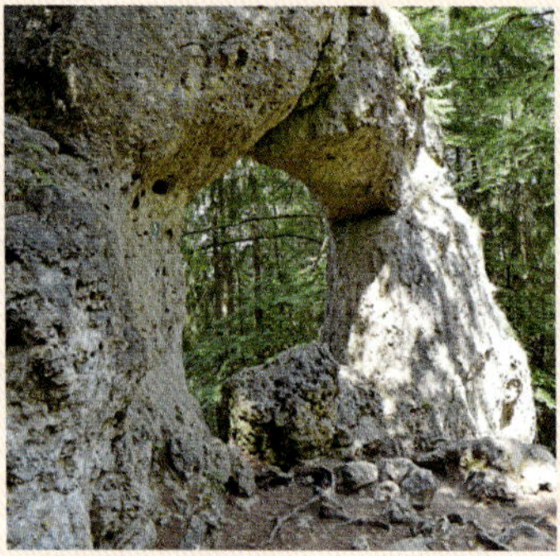

Rund um Neukirchen
Die anspruchsvollen Gratwanderungen über Neidstein und Buchenberg mit ihren bizarren Felsformationen – ein Abenteuer, das im Sulzbacher Bergland möglich wird *(Tour 23, 4.15 h).*

Von Burgbernheim zum Hornauer Weiher
Im schönsten Winkel des Naturparks Frankenhöhe wandern wir zum romantisch mitten im Wald gelegenen Wildbad und von dort weiter auf der Suche nach der Quelle der Altmühl zum idyllischen Hornauer Weiher *(Tour 34, 4 h).*

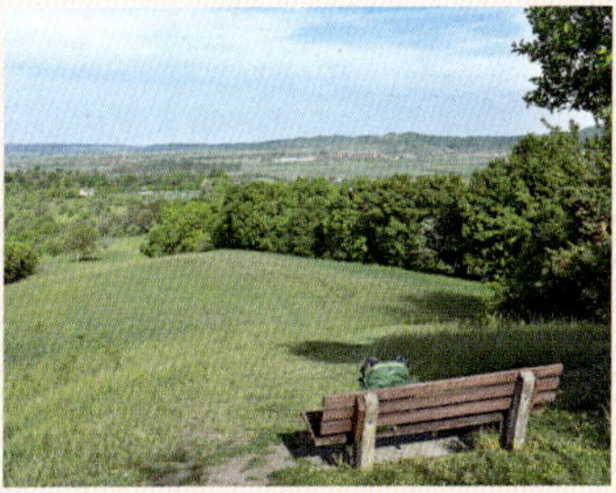

Durch den Aischgrund zur Burg Hoheneck
Der Reiz dieser Tour liegt im Gegensatz von Flusstal und Höhenweg zur Burg. Highlights am Ende sind der Abstieg durch die Ipsheimer Weinberge und die Einkehr bei einem Winzer *(Tour 40, 3.30 h).*

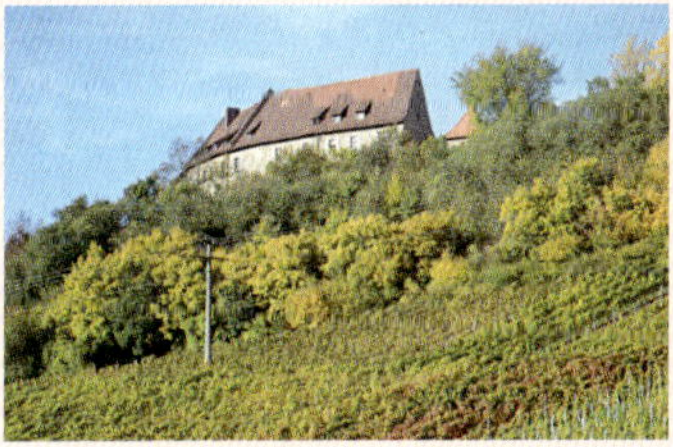

Spalter Hügellandtour
Ausgehend von der Bier- und Hopfenstadt Spalt geht es durch tief eingeschnittene, spektakuläre Schluchten und über aussichtsreiche Höhen. Einige gemütliche Einkehrmöglichkeiten machen die Tour auch kulinarisch zu einem Genuss *(Tour 45, 6.30 h).*

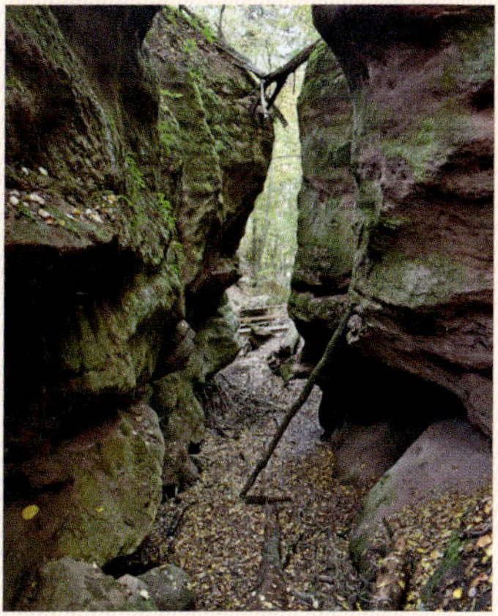

Brombachsee
Mit dem Schiff zum Ausgangspunkt – allein der Auftakt macht die Wanderung zu etwas Besonderem. Dazu kommen der Weg durch die Hopfengärten und der Test des berühmten Spalter Bieres *(Tour 47, 3 h).*

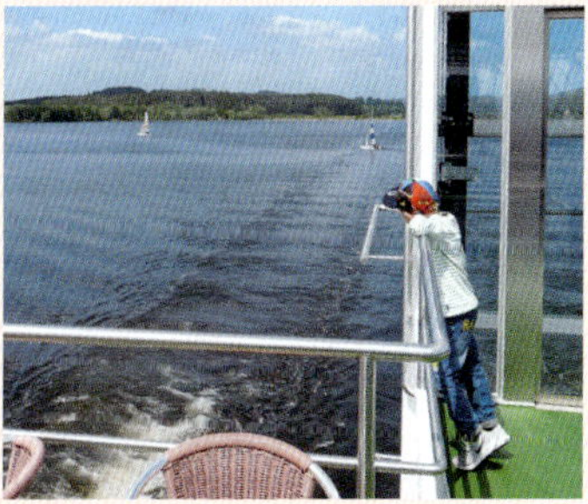

WICHTIGE HINWEISE FÜR UNTERWEGS

Gehzeiten

Die Zeitangaben sind als Richtwerte zu verstehen, die sich ausschließlich auf die reine Gehzeit einer Wanderung beziehen. Für Pausen, Fotostopps oder eventuelle Besichtigungen muss deshalb entsprechend mehr Zeit eingeplant werden.

SCHWIERIGKEITSKATEGORIEN

■ = Leicht

Wanderungen auf überwiegend gut ausgebauten und markierten Wegen ohne schwierige Passagen oder übermäßig lange Auf- oder Abstiege.

■ = Mittel

Wanderungen auf Wegen oder Pfaden, die auf einigen Passagen Trittsicherheit erfordern, längere Auf- bzw. Abstiege umfassen und eine gute Kondition verlangen.

Schwierige Touren über wegloses und stark ausgesetztes Gelände gibt es in diesem Wanderführer nicht.

Höhenunterschiede

Die Frankenalb im Osten von Nürnberg ist eine typische Mittelgebirgslandschaft mit Höhen über 600 m und steilen Felswänden. Dort ist beim Wandern naturgemäß mit einigen anspruchsvolleren An- und Abstiegen zu rechnen. Aber auch im restlichen Wandergebiet, das eher als Hügelland oder als leicht gewelltes Flachland anzusprechen ist, können sich die Höhenunterschiede im Laufe einer Wanderung beträchtlich summieren. Um dies besser einschätzen zu können, ist bei jeder Tour angegeben, wie viele Höhenmeter jeweils im An- und Abstieg zu bewältigen sind.

Ausrüstung

Es ist zwar eine Binsenweisheit, aber man kann sie nicht oft genug wiederholen: Zu jeder Wanderung gehört geeignetes Schuhwerk. Wer meint, mit profillosen Sandalen ins Gelände gehen zu müssen, riskiert nicht nur Blasen an seinen Füßen, sondern im schlimmsten Fall schwere Verletzungen bei einem Sturz. Bei Wanderungen mit Spaziergangs-Charakter auf gut befestigten Wegen sind Sportschuhe mit Profilsohle oder Trekking-Sandalen durchaus ausreichend. Für Touren im Hügel- und Bergland mit steileren An- und Abstiegen auf schmalen, naturbelassenen Pfaden sind dagegen spezielle Wander- oder Trekkingschuhe unerlässlich. Sie sollten fest und halbwegs wasserdicht sein und im Idealfall über den Knöchel reichen; die Sohle sollte zudem ein ausreichendes Profil haben.

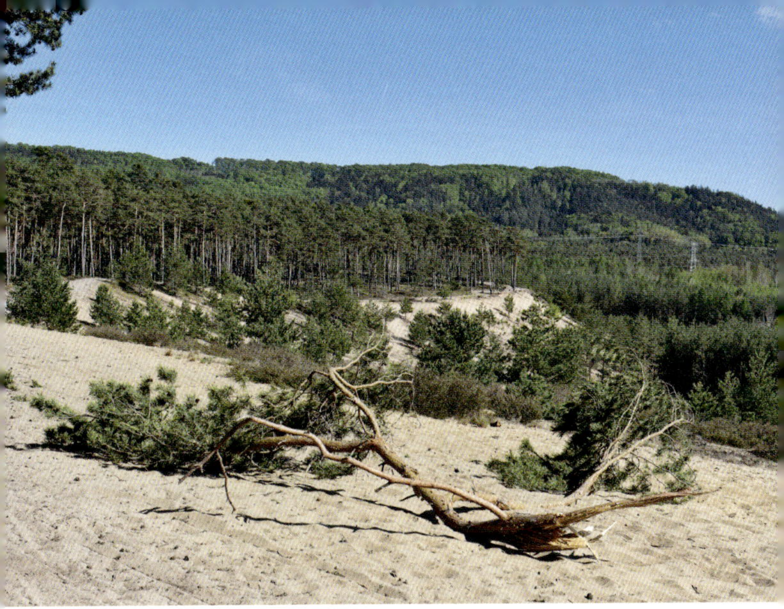

In der Dünenlandschaft bei Weißenbrunn.

Außerdem gehören ein Regenschutz und wärmere Kleidung in den Rucksack, denn mit plötzlichen Wetterumschwüngen muss immer gerechnet werden. Außerdem können die Temperaturunterschiede zwischen Tälern und Berggipfeln in den Mittelgebirgen erheblich sein. Ferner sollte man

GPS-TRACKS UND KOORDINATEN DER AUSGANGSPUNKTE

Zu diesem Wanderführer stehen auf www.rother.de GPS-Tracks und Koordinaten der Ausgangspunkte zum kostenlosen Download bereit.
01. Auflage, Passwort: **452801uvk**
Sämtliche GPS-Daten wurden von den Autoren im Gelände erfasst und auf digitalen Karten überarbeitet. Verlag und Autoren haben die Tracks und Wegpunkte nach bestem Wissen und Gewissen überprüft. Dennoch können wir Fehler oder Abweichungen nicht ausschließen, außerdem können sich die Gegebenheiten vor Ort zwischenzeitlich verändert haben. GPS-Daten sind zwar eine hervorragende Planungs- und Navigationshilfe, erfordern aber nach wie vor sorgfältige Vorbereitung, eigene Orientierungsfähigkeit sowie Sachverstand in der Beurteilung der jeweiligen (Gelände-)Situation. Man sollte sich für die Orientierung auch niemals ausschließlich auf GPS-Gerät und -Daten verlassen.

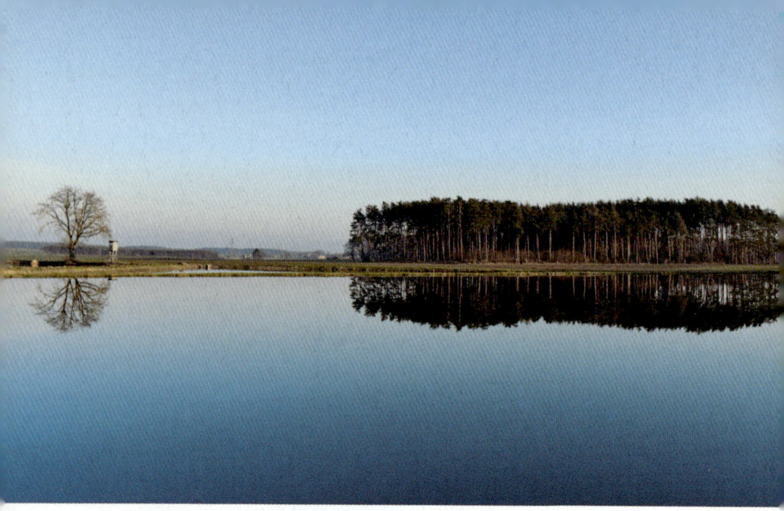

Wasserspiegelung im Land der tausend Karpfenweiher.

generell die Sonneneinstrahlung in offenem Gelände nicht unterschätzen und gegebenenfalls Sonnencreme auftragen. Im Hochsommer empfiehlt sich das Tragen einer Kopfbedeckung, besonders für längere Passagen über offenes Terrain ohne schattenspendende Vegetation.
Weiterhin sollte an eine ausreichende Verpflegung gedacht werden, besonders wenn es unterwegs keine Einkehrmöglichkeit gibt. Darauf wird bei jeder Tour in diesem Wanderführer explizit hingewiesen. Genügend Getränke und einen Notproviant sollte man ohnehin immer dabei haben, ebenso ein handliches Erste-Hilfe-Set und eventuell eine Orientierungshilfe in Gestalt einer Wanderkarte, eines GPS-Gerätes oder einer Navigations-App auf dem Smartphone. Letzteres hat man ja heute ohnehin immer dabei.

Wandern mit Kindern

Touren, die sich auch für Kinder eignen, sind mit einem Symbol gekennzeichnet. Diese Touren sind nicht allzu lang, vor allem aber bieten sie viel Abwechslung und Spielmöglichkeiten. Die Kondition und Motivation der Kinder müssen die Eltern jedoch letztlich selber einschätzen. Falls eine Wanderung auch für Kinderwagen geeignet ist, so ist dies in den Anforderungen der Tour erwähnt. Der Kinderwagen sollte zumindest gefedert sein oder Luftreifen haben.

Beste Wanderzeit

Wandern rund um Nürnberg ist im Prinzip zu jeder Jahreszeit möglich, wobei naturgemäß zwischen Anfang April bis Ende Oktober die beliebteste

Zeit ist, um »naus aufs Land« zu fahren. Viele Wanderer zieht es gleich im Frühjahr hinaus, wenn die Natur wieder zum Leben erwacht und vielerorts die Obstbaumblüte einsetzt. Im Sommer sind dagegen die Waldgebiete in der Region beliebte Ziele, weil sie vor zu starker Sonneneinstrahlung und Hitze schützen. Als schönste Jahreszeit gilt jedoch der Herbst mit seiner bunten Farbenpracht. Aber auch im Winter bei leichter Schneebedeckung und Nebel kann Wandern reizvoll sein und damit eine Landschaft fast mystisch erlebbar machen. Eine Möglichkeit für ausgiebige Schneewanderungen besteht im Umkreis von Nürnberg allerdings nur in kalten Wintern in den höheren Lagen der Frankenalb.

Klima

Klimatisch liegt das Wandergebiet in einem warmgemäßigten Übergangsklima zwischen dem maritimen Klima Westeuropas und dem kontinentalen Klima in Osteuropa. Es zeichnet sich durch relativ hohe Temperaturen im Sommer und meist milde Winter aus. Allerdings macht sich der Klimawandel zunehmend in der Region bemerkbar: Von 1956 bis 2019 hat sich die Anzahl der Sonnentage mit Temperaturen bis 25 °C nahezu verdoppelt, die der heißen Tage (über 25° Celsius) sogar verdreifacht. Auch Hitzewellen haben stark zugenommen. Der Sommer 2018 war mit 17 Tagen in Folge über 30 °C einer der heißesten seit Beginn der Wetteraufzeichnungen in Nürnberg. Im Winter ist andererseits die Anzahl der Frosttage generell rückläufig. Ansonsten gilt das Wandergebiet als eher regenarme Region mit einem Niederschlag von 600–700 mm pro Jahr. Im Sommer kommen in den letzten Jahren, sicher ebenfalls als Folge des Klimawandels, häufiger schwere Gewitter vor. Außerdem ist durch die zunehmende Dürre die Waldbrandgefahr gestiegen. Es ist daher ratsam, vor Beginn einer Tour die aktuellen Unwettermeldungen sowie das Waldbrandrisiko im Internet abzufragen (www.wettergefahren.de, www.unwetterzentrale.de).

SYMBOLE

Symbole im Tourenkopf

- Mit Bahn/Bus erreichbar
- Einkehrmöglichkeit unterwegs
- für Kinder geeignet

Symbole im Höhenprofil

- Ort mit Einkehrmöglichkeit
- Einkehrmöglichkeit
- Parkplatz
- Gipfel
- Kirche, Kapelle, Kloster
- Burg, Schloss, Ruine
- Turm, Aussichtsturm
- Aussichtsplatz
- Picknickplatz
- Quelle
- Höhle
- Brücke, Steg
- Schifffahrt

Der Umwelt zuliebe ...

Auch als Wanderer hinterlassen wir einen ökologischen Fußabdruck, aber im Einklang mit der Natur unterwegs zu sein, ist gar nicht so schwer!

VORBEREITUNG UND ANFAHRT

- Sich vorab informieren, worauf in Bezug auf Natur und Umwelt in der jeweiligen Wanderregion besonders zu achten ist.
- Soweit möglich mit Bus und Bahn anreisen, Wander- und Rufbusse nutzen.
- Ist eine Anfahrt mit dem Auto nötig, Fahrgemeinschaften bilden.
- Bei weiten Anfahrten Mehrtagestouren planen oder von einem Quartier vor Ort aus mehrere Touren absolvieren.
- Flugreisen möglichst reduzieren und durch Beiträge zu Klimaschutzprojekten kompensieren.

KLEIDUNG UND AUSRÜSTUNG

- Beim Kauf von Outdoor-Kleidung auf umweltfreundliche und faire Herstellung achten und Kleidungsstücke möglichst viele Jahre nutzen.
- Ausrüstung kann man eventuell auch gebraucht kaufen oder ausleihen.
- Reparieren statt neu kaufen.

VERPFLEGUNG

- Beim Einkauf Bio-Ware, regionale und saisonale Erzeugnisse bevorzugen.
- Hütten und Gasthäuser auswählen, die regionale Produkte verwenden.
- Auf Einwegflaschen und Plastikverpackungen verzichten, stattdessen wiederverwendbare Trinkflaschen und Brotzeitboxen verwenden.

ÜBERNACHTUNG

- Bei lokalen Anbietern buchen, damit Menschen vor Ort profitieren.
- Auf Hütten und in anderen Unterkünften Strom und Wasser sparen.

UNTERWEGS

- Wege benutzen und Abkürzer vermeiden.
- Sperrungen von Wegen und Schutzgebieten respektieren.
- Wiesen und Felder in der Nutzzeit nur auf Wegen betreten.
- Keine Blumen pflücken und keine Pflanzen entnehmen.
- Waldbrandgefahr beachten.
- Müll wieder mit nach Hause nehmen und dort entsorgen.
- Toilettengänge in freier Natur möglichst vermeiden.
- Lärm vermeiden.
- Hunde an die Leine nehmen.

ROTHER
BERGVERLAG

Unterwegs mit Bahn und Bus

Der Verzicht auf die Anfahrt mit dem eigenen PKW fällt dank des dichten ÖPNV-Netzes nicht schwer. Wir haben bei der Auswahl der Touren darauf geachtet, dass Hin- und Rückfahrt mit Bahn und Bus in der Regel problemlos möglich sind. Streckenwanderungen sind ohnehin so angelegt, dass sie an unterschiedlichen Bahnhöfen oder Bushaltestellen beginnen und enden. Aber es gibt auch Rundwanderungen zu attraktiven Zielen, die abseits der Verkehrsachsen liegen und besonders an den Wochenenden oder in den Ferien nur schwer mit öffentlichen Verkehrsmitteln zu erreichen sind. In diesen Fällen ist es sinnvoll, mit dem Auto anzureisen.

Da alle Touren dieses Wanderführers im Tarifgebiet des Verkehrsverbundes Großraum Nürnberg (VGN) liegen, findet man mit der Fahrplanauskunft auf www.vgn.de die richtigen Verbindungen (oder auch auf www.bahn.de). Dank eines ausgeklügelten Taktsystems ist das Umsteigen selten mit längeren Wartezeiten verbunden. Der VGN ist weitgehend deckungsgleich mit der Metropolregion Nürnberg und nach Berlin-Brandenburg flächenmäßig der zweitgrößte Verkehrsverbund in Deutschland. Er befördert im Jahr rund 250 Millionen Personen.

Wer den Nahverkehr selten nutzt, sollte sich über das TagesTicket Plus (gilt für zwei Erwachsene und bis zu vier Kinder) informieren. Für alle, die zu bestimmten Jahreszeiten häufiger zum Wandern rausfahren wollen, kann sich eine 7- oder 31-Tage-MobiCard lohnen, die an Wochentagen ab 9 Uhr, an den Wochenenden zeitlich unbegrenzt gültig ist. Gruppen sollten prüfen, ob das Bayernticket der Deutschen Bahn günstiger ist.

Wer mit einem VGN-Ticket oder Bayernticket unterwegs ist, kann grundsätzlich alle Linien nutzen, also auch die roten Busse der DB-Tochter OVF (Omnibusverkehr Franken) oder die VGN-Freizeitlinien, die nur an den Wochenenden zwischen 1. Mai und 1. November verkehren (www.vgn.de/freizeitlinien). In einigen Landkreisen besteht die Möglichkeit, sich mit einem Rufbus oder einem AST (Anruf-Sammel-Taxi) zum nächsten Bahnhof bringen zu lassen (mehr dazu auf www.vgn.de).

Wanderkarten

Die Karten in diesem Buch sind zur Orientierung ausreichend, darüber hinaus sind zusätzliche Wanderkarten hilfreich, insbesondere um eigenständig Abstecher oder Varianten einzuplanen sowie für einen großräumigeren Überblick. Wir empfehlen für die Touren in diesem Wanderführer ausschließlich die Karten der Serie ATK25 der Bayerischen Landesvermessungsbehörde (LDBV). Dies sind hervorragende topografische Karten im Maßstab 1:25.000 mit Wander- und Radwegen sowie mit Höhenlinien und Schummerung. Wir verweisen in der Kurzinfo zu jeder Tour auf das entsprechende Kartenblatt unter Angabe von Blattnummer und Blattnamen (z. B. G09 Nürnberg). Alle Karten sind im Buchhandel erhältlich. Für die Tourenvorbereitung zu Hause sei zudem der BayernAtlas (www.bayernatlas.de)

empfohlen, eine kostenlose Online-Karte, auf der man auch GPS-Tracks betrachten kann.

Einkehr und Übernachtung

Im Wandergebiet rund um Nürnberg ein Gasthaus oder ein Hotel zum Übernachten zu finden, ist kein Problem, es sei denn, Publikumsmessen in Nürnberg oder die Festspiele in Bayreuth führen vorübergehend zu einer verstärkten Nachfrage auch außerhalb der Städte.
Schwieriger wird es, wenn Wanderer unterwegs in den Mittagsstunden einkehren wollen. Das in vielen Teilen Europas zu beobachtende »Wirtshaussterben« hat auch Franken nicht verschont, wobei das Angebot an den Wochenenden noch verhältnismäßig gut ist. Am besten erkundigt man sich vorab telefonisch oder im Internet, ob das Lokal zum gewünschten Zeitpunkt geöffnet hat, denn nichts ist für Wanderer frustrierender, als hungrig und durstig vor einem geschlossenen Wirtshaus zu stehen.

Die regionale Küche

Einheimische wissen genau, wann sie wo einkehren können und was sie dort erwartet. Die folgende Einführung ins kulinarische Franken ist vor allem für Neubürger und Urlauber gedacht. Die regionale Küche ist rustikal und lebt von den Produkten, die in diesem gesegneten Landstrich gedeihen. Frische Pilze und Wild kommen aus den Naturparks und dem Reichswald, Karpfen aus dem Aischgrund, Forellen aus Zuchtbetrieben, Zander und Hechte aus dem Seenland. Obst bester Qualität gedeiht in der Fränkischen Schweiz. Im Knoblauchsland und in weiteren Anbaugebieten wächst vom Spargel bis zur Schwarzwurzel, von Kräutern und Salaten bis zu Beeren und Früchten alles, was der Feinschmecker begehrt. Dazu kommen tüchtige Vieh- und Geflügelzüchter, die die Küchenchefs mit hochwertigem Fleisch beliefern. Das beginnt beim Weiderind und Eichelschwein, geht über Enten, Hühner und Martinsgänse bis hin zu Juralamm und Zicklein. Die Aufzählung lässt schon erahnen, was für die authentische Küche der Region unverzichtbar ist: der kurze Weg vom Erzeuger zum Gast.
Keinen Streit gibt es unter den Köchen darüber, dass es ohne die fränkischen Bratwürste nicht geht. Einige sind sogar davon überzeugt, dass die hiesigen Produkte die Konkurrenz aus Thüringen im Geschmack übertreffen. Nicht überall wollen die Gäste sie klassisch serviert bekommen – gebraten und mit Sauerkraut. Deshalb werden sie immer öfter als »Blaue Zipfel« angeboten. In diesem Fall müssen die Würste im Essigsud gar ziehen.
Von der Speisekarte nicht wegzudenken ist eine andere regionale Spezialität: das Schäufele. Das klingt recht niedlich. Doch davon darf man sich nicht täuschen lassen, denn auf dem Teller liegt ein riesiges Stück Fleisch – eine Schweineschulter, die mit Knochen und Fettschwarte serviert wird. Richtig zubereitet, ist das Fleisch knusprig braun, die Schwarte sollte knackig und rösch sein, damit es beim Kauen richtig kracht. Das Fleisch an der

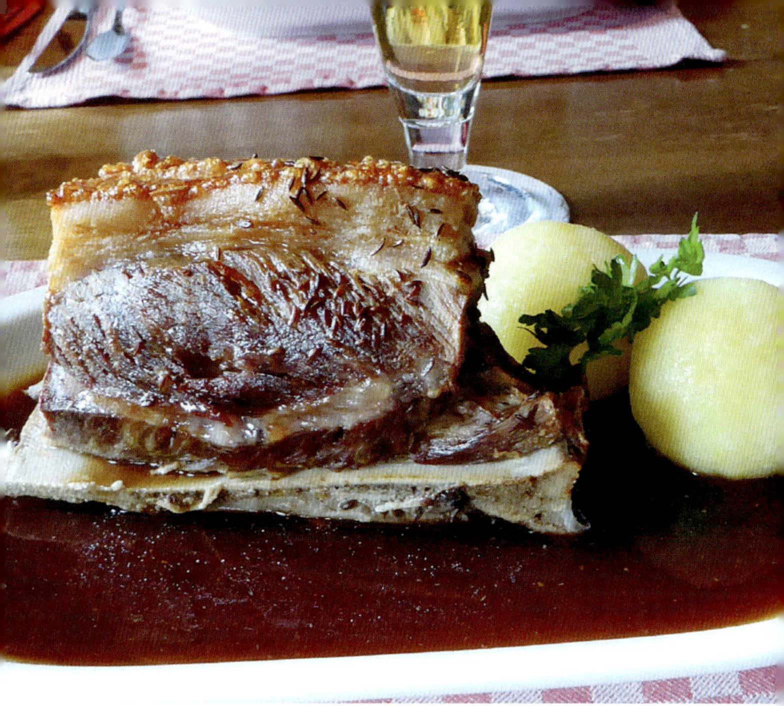

Das Schäufele darf auf der Speisekarte nicht fehlen.

Unterseite des Schulterknochens ist dank der langen Zeit im Ofen zart und sollte sich leicht vom Knochen lösen lassen. Als Beilage werden Kartoffelklöße gereicht, die von einer dunklen Bratensoße umgeben sind. Nicht selten kommt zusätzlich Wirsing oder Kraut auf den Teller.
Von September bis April empfiehlt sich eine weitere regionale Spezialität: der Karpfen. Feinschmecker schwören auf die »Aischgründer Spiegelkarpfen«. Diese Variante ist hochrückig und schuppenarm. Zwei Zubereitungsarten dominieren auf den Speisekarten: zum einen der in Mehl gewendete und in Butterschmalz ausgebackene Karpfen, der gern mit Kartoffelsalat serviert wird, zum andern der im Essigsud gegarte »Karpfen blau«. Weitere Kreationen sind Karpfen im Bierteig, Pfefferkarpfen oder nur Karpfenfilet.
Was es vor zehn Jahren nicht oder nur selten gab, waren fleischlose Hauptgerichte. Das hat sich geändert. Fast jedes Gasthaus – die gehobene Küche sowieso – bietet heute vegetarische Köstlichkeiten an oder bereitet sie auf Wunsch zu. Veganer tun sich schwerer. Aber auch sie brauchen in den touristisch belebteren Orten nicht zu hungern.

NÜRNBERG UND DAS WANDERGEBIET

Die Frankenmetropole Nürnberg

Woran denkt man zuerst, wenn der Name Nürnberg fällt? Ganz oben im Ranking der beliebtesten Klischees stehen natürlich Bratwürste und Lebkuchen. Nicht zu Unrecht, sind beide doch typische kulinarische Spezialitäten der Stadt. Dann gehören für viele Menschen das Christkind und Nürnberg untrennbar zusammen, findet hier doch mit dem Christkindlesmarkt jährlich der berühmteste Weihnachtsmarkt in Deutschland statt. Manche haben auch im Kopf, dass zwischen Nürnberg und Fürth mit dem »Adler« im Jahr 1835 die erste deutsche Eisenbahn gefahren ist. Und Fußballfans aus ganz Deutschland wissen, dass »der Club ein Depp ist« (Zitat eines bekannten Sportreporters), denn kein anderer Verein in der Bundesliga ist öfter auf- und abgestiegen als der 1. FC Nürnberg. Aber am stärksten wird das Nürnberg-Bild der breiten Öffentlichkeit vom Mittelalter bestimmt. Keine andere deutsche Großstadt kann mit einer ähnlich dichten mittelalterlichen Bausubstanz in ihrer Altstadt aufwarten als die Frankenmetropole. Jährlich kommen Scharen von Touristen aus aller Welt nach Nürnberg, um Mittelalter pur zu erleben. Fast durchgängig ist die Innenstadt von einer massiven Stadtmauer mit Toren und Türmen umgeben und wird von der Burg überragt. In den alten Gassen und Plätzen dominiert neben Fachwerk das Rotbraun der aus heimischem Burgsandstein gesetzten Hausfassaden. Sehenswürdigkeiten ohne Ende hat das ehemalige Schatzkästlein des Heiligen Römischen Reiches Deutscher Nation zu bieten. Neben den beiden Stadtkirchen St. Lorenz und St. Sebald seien hier nur das Heilig-Geist-Spital und das Ensemble des Hauptmarktes mit Frauenkirche und Schönem Brunnen erwähnt. Wer möglichst viel von dem besichtigen möchte, was Nürnberg zu bieten hat, sollte mehrere Tage für seinen Besuch einplanen. Dabei ist den meisten Gästen vermutlich nicht bewusst, dass sie es bei fast allen Gebäuden in der Altstadt mit Rekonstruktionen zu tun haben. Das alte Nürnberg ist im Zweiten Weltkrieg im Bombenhagel untergegangen und musste über Jahre hinweg aus den Trümmern wieder neu aufgebaut werden. Vieles davon wurde aufwendig im Originalzustand restauriert, aber leider gibt es auch manche Bausünden aus den 1950er- und 1960er-Jahren. Oder es blieben Bebauungslücken übrig, die wie der Augustinerhof erst spät geschlossen wurden.

Nürnberg ist heute eine lebenswerte Stadt mit einer lebendigen Kneipenszene und einem vielfältigen kulturellen Angebot. Kaum eine andere deutsche Großstadt hat zudem rund ums Jahr so viele hochkarätige Events zu bieten. Erwähnt seien nur das Bardentreffen, der Trempelmarkt, das Klassik Open Air, Rock im Park, die Orgelwoche, die Blaue Nacht und natürlich der Christkindlesmarkt. Die meisten davon finden inmitten der traumhaften Kulisse der Altstadt statt. Als hochkarätig darf auch die Nürnberger Museumslandschaft bezeichnet werden. Von überregionaler Bedeutung sind

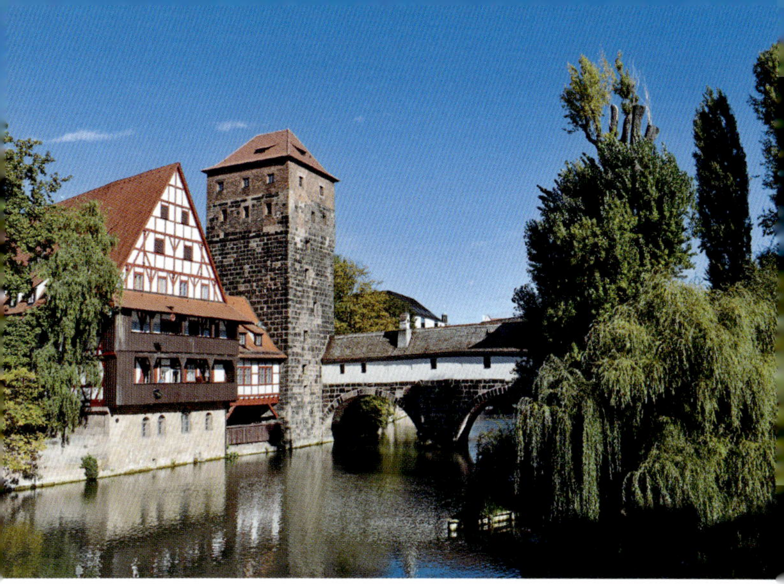

Henkersteg mit Weinstadel in Nürnberg.

unter anderem das Germanische Nationalmuseum, das Neue Museum (für Kunst und Design), das DB Museum (früher Verkehrsmuseum), das Spielzeugmuseum und das Museum Industriekultur.
Jenseits der Altstadtmauern ist Nürnberg eine moderne Großstadt mit etwa 520.000 Einwohnern und belegt damit in Bayern Platz zwei hinter München. Eine höhere politisch-administrative Bedeutung innerhalb des Freistaates wurde der »heimlichen Hauptstadt Frankens« allerdings nicht zuteil. Als Sitz des Regierungsbezirkes Mittelfranken wurde nämlich seinerzeit Ansbach auserkoren. Dafür ist die Kommune ein bedeutender Wirtschaftsstandort in Nordbayern. Wichtige Arbeitgeber sind neben der Lebensmittelindustrie (u. a. Lebkuchen, Süßwaren) und der Spielwarenbranche Firmen im Bereich Elektrotechnik, Maschinenbau und Papierherstellung. Ferner sind in der Stadt große IT-Dienstleister, Versicherungen und Marktforschungsunternehmen ansässig. Auch als Messestadt ist Nürnberg bedeutend – unter anderem finden hier jährlich die Spielwarenmesse, die BIOFACH für ökologische Konsumgüter und die Verbrauchermesse Consumenta statt. Vom Stadtbild her ist die Frankenmetropole eher in die Breite als in die Höhe gewachsen. Nur wenige Bauwerke ragen aus dem Häusermeer neben vielen Kirchtürmen hoch in den Himmel, darunter das älteste Hochhaus Bayerns am Plärrer, der Turm auf dem Areal des ehemaligen Versandhauses Quelle, der Fernsehturm und der moderne Business

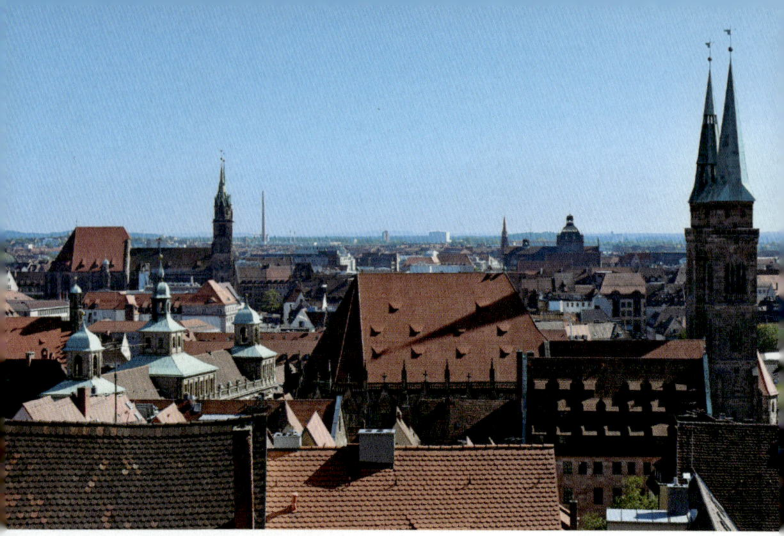

Blick über die Nürnberger Altstadt.

Tower im Osten der Stadt. Neben der Altstadt und den Wohn- und Industrieflächen verfügt Nürnberg in seinen Außenbezirken über einige nach wie vor dörflich geprägte Vororte – vornehmlich im Knoblauchsland. Zu den innerstädtischen Naherholungsgebieten zählen neben einigen Parks wie dem Stadtpark oder dem Volkspark Marienberg auch größere Wasserflächen wie der Wöhrder See und der Dutzendteich mit seinen Nebenweihern. Nicht zu vergessen der Nürnberger Tiergarten am Schmausenbuck – einer der schönsten Zoos in Deutschland. Außerdem wird der Freizeitwert der Frankenmetropole erheblich dadurch gesteigert, dass man großstadtnah auf kurzen Wegen ins Grüne gelangt. Im Norden ins Knoblauchsland, im Nordosten in den Sebalder Reichswald, im Südosten und Süden in den Lorenzer Reichswald und zum Alten Kanal und im Westen zum Naturschutzgebiet auf dem Hainberg. Und ein Biergarten oder eine gemütliche Wirtschaft ist ganz bestimmt überall in der Nähe, denn Genuss wird in »Nermberch« großgeschrieben.

Kurze Geschichte Nürnbergs

Der Goldkegel von Ezelsdorf ist sicher der spektakulärste prähistorische Fund im Raum Nürnberg. Das 3000 Jahre alte Artefakt zählt zu den Highlights im Germanischen Nationalmuseum. Kelten, Römer, Thüringer und Franken haben ebenfalls eindrucksvolle Spuren hinterlassen, die in den Museen der Region präsentiert werden oder sogar noch im Gelände sichtbar sind (z. B. Keltenschanzen und der Limes). Nürnberg trat auf sympathische

Weise in die Geschichte ein. Kaiser Heinrich III. entließ Sigena, die Leibeigene eines gewissen Richold, am 16. Juli 1050 in »Norenberc« in die Freiheit (erste urkundliche Erwähnung Nürnbergs). Schauplatz war die Burg, die von den Saliern und Stauffern systematisch ausgebaut wurde. Hier begann der Aufstieg der Hohenzollern, denen erst das Burggrafenamt und später die Mark Brandenburg samt Kurwürde übertragen wurde.

Die unterhalb der Burg entstandene Stadt erlebte ihre Blütezeit zu Beginn der Neuzeit. Ende des 15. Jh. wirkten hier Künstler von Weltrang wie Adam Kraft, Albrecht Dürer, Veit Stoß und Peter Vischer. Die Patrizier und die durch den Fernhandel reich gewordenen Kaufleute bauten innerhalb der Mauern repräsentative Stadtpaläste und im Umland eindrucksvolle Herrensitze und Jagdschlösser. Das frühe Bekenntnis zur Reformation ließ Nürnberg zu einem europäischen Druckzentrum aufsteigen. Dann folgte der langsame Niedergang. Die Gründung der reichsstädtischen Universität in Altdorf, die spätere Berühmtheiten wie Leibniz und Wallenstein anzog, änderte daran nichts. Von der alten Bedeutung war ein letztes Mal etwas zu spüren, als sich die Signatarmächte des Westfälischen Friedens 1649 im Rathaus versammelten, um das Vertragswerk zu vollenden.

Lange wurden in der Kirche des Heilig-Geist-Spitals die Reichskleinodien aufbewahrt. 1796 gelang es gerade noch, sie vor dem Zugriff durch französische Truppen in Sicherheit zu bringen. Heute sind sie in der Wiener Hofburg. Nach der Auflösung des Reiches verlor die Stadt ihre Selbstständigkeit und wurde wie die Fürstbistümer Würzburg und Bamberg dem von Napoleon gegründeten Königreich Bayern zugeschlagen. Im Zuge der Säkularisation verleibten die Wittelsbacher wertvolle fränkische Kulturgüter ihren Kunstsammlungen ein, worüber sich manche Franken noch heute erregen. Die neuen Landesteile erlebten damals eine Phase der Stagnation, die erst mit der Industrialisierung endete. Neben Nürnberg wurden Schweinfurt und Fürth wichtige Industriezentren. Als sichtbares Zeichen der neuen Zeit dampfte am 8. Dezember 1835 der »Adler«, die erste deutsche Eisenbahn, von Nürnberg nach Fürth.

Das frühe 20. Jh. war keine glanzvolle Epoche für Franken. Nach dem Ersten Weltkrieg fand die NS-Bewegung vor allem in den protestantischen Gebieten früh Unterstützung. Hitler erklärte Nürnberg 1933 zur »Stadt der Reichsparteitage« und ließ hier zwei Jahre später die Rassengesetze verkünden. Nach Krieg und Zerstörung wurde mit den Nürnberger Prozessen internationale Rechtsgeschichte geschrieben.

Da sich die Reste der NS-Architektur, die Rassengesetze und das alliierte Tribunal nicht in Fußnoten der Geschichte verwandeln ließen, mussten sich die Nürnberger ihrer Geschichte stellen. Mithilfe von Bund und Land entstanden das Dokuzentrum, das Memorium Nürnberger Prozesse, die Internationale Akademie Nürnberger Prinzipien und die Straße der Menschenrechte. Seit 1995 vergibt die Kommune alle zwei Jahre einen Menschenrechtspreis und nennt sich selbstbewusst »Stadt der Menschenrechte«.

Mittelfränkischer Ballungsraum

Der Ballungsraum Nürnberg-Fürth-Erlangen-Schwabach umfasst den urbanen und stark industriell geprägten Raum des mittelfränkischen Beckens mit den Talräumen von Rednitz, Pegnitz und Regnitz. Insgesamt leben hier etwa 800.000 Menschen, nimmt man das Umland dazu, sind es sogar etwa 1,3 Mio. Einwohner. Die drei Nachbarstädte von Nürnberg können hier nur kurz skizziert werden:

Fürth grenzt im Westen direkt an Nürnberg an und steht immer ein bisschen im Schatten des großen Nachbarn. Völlig zu Unrecht, denn die Kleeblattstadt (so benannt nach ihrem Wappen) kann mit über 2000 Baudenkmälern aufwarten, darunter das dem Palazzo Vecchio in Florenz nachempfundene Rathaus, das Stadttheater und die geschlossenen Gebäude-Ensembles aus der Gründerzeit in der Hornschuchpromenade und in der Königswarterstraße. Vor dem Holocaust in der NS-Zeit galt Fürth als das »fränkische Jerusalem«, wovon heute noch einer der ältesten und größten jüdischen Friedhöfe in ganz Deutschland zeugt. Unbedingt sehenswert ist auch das Jüdische Museum Franken.

Erlangen ist vielen besonders als Universitätsstadt und Standort des Technologiekonzerns Siemens ein Begriff. Die kleinste bayerische Großstadt verfügt darüber hinaus über eine der besterhaltenen barocken Planstädte in Deutschland. Ihre Anlage geht auf das Jahr 1685 zurück, als Markgraf Christian Ernst glaubensflüchtige Hugenotten aus Frankreich aufnahm und für sie die »Neustadt« gründen ließ. Besonders sehenswert sind das Markgrafenschloss, heute Sitz der Universitätsverwaltung, und dahinter der wunderschöne Schlossgarten mit Markgrafenbrunnen und Orangerie. Mit seinen zahlreichen Kellern zieht der Erlanger Burgberg Bierfreunde aus der ganzen Region an. Unüberhörbar ist der Ruf des Berges alljährlich zu Pfingsten, wenn die berühmte Bergkirchweih gefeiert wird.

Schwabach wurde ähnlich wie Erlangen auch zur neuen Heimat für französische Hugenotten, woran bis heute die Franzosenkirche erinnert. Seit dem 16. Jh. ist das Städtchen ein Zentrum der Blattgoldherstellung, was ihm den Namen »Goldschlägerstadt« eingebracht hat. Heute gibt es in und um den Ort noch fünf Goldschlägerwerkstätten, zudem eine historische Schauwerkstatt. Auch im Stadtmuseum dreht sich alles ums Blattgold. Sehenswert in Schwabach ist besonders das Ensemble des Königsplatzes mit Rathaus, Schönem Brunnen, Pferdebrunnen und vielen schmucken Fachwerkhäusern.

Geografie und Geologie

Das Wandergebiet liegt überwiegend in Mittelfranken und reicht im Nordosten bis nach Oberfranken und im Osten in die angrenzende Oberpfalz hinein. Neben den kreisfreien Städten Nürnberg, Fürth, Erlangen und Schwabach dehnt es sich auf die Landkreise Ansbach, Erlangen-Höchstadt, Fürth, Neustadt a. d. Aisch-Bad Windsheim, Nürnberger Land und Roth in Mittel-

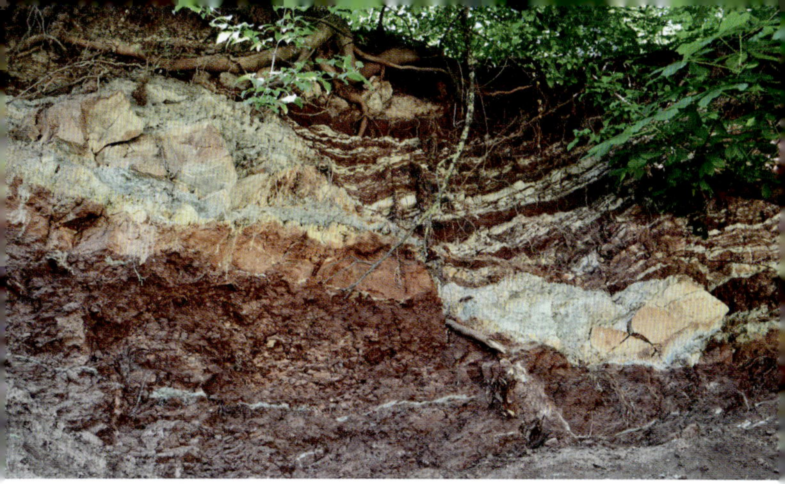

Die Banderbacher Verwerfung im Landkreis Fürth.

franken aus sowie auf die Landkreise Amberg-Sulzbach und Neumarkt in der Oberpfalz und die Landkreise Bamberg und Forchheim in Oberfranken. Geologisch gehört der Nürnberger Raum zum **Süddeutschen Schichtstufenland**, dessen Gesteine aus dem Erdmittelalter (Trias bis Jura) datieren. Die ursprünglich horizontal abgelagerten Schichten wurden seit der Kreidezeit angehoben und im Alttertiär bedingt durch die Auffaltung der Alpen und des damit einhergehenden Einbruches des Oberrheingrabens leicht nach Osten verkippt. Durch das Zusammenspiel von ungleichmäßiger Hebung und Abtragung entstand im Laufe der Zeit die gigantische »Treppe« des Schichtstufenlandes mit ihrem Wechsel von steilen Anstiegen im Nordwesten und flachen Abdachungen nach Südosten hin. Harte, verwitterungsresistente Gesteine wie Sand- oder Kalkstein erzeugen Steilstufen im Gelände, weiche, leichter verwitterbare Sedimente wie Ton- oder Mergelstein fungieren dagegen als Sockelbildner. Besonders markant heben sich die Stufenränder von Frankenhöhe, Steigerwald und Fränkischer Alb von ihrem jeweiligen westlichen Vorland ab. Vielerorts belegen durch Erosion vom Stufenrand (dem sogenannten Trauf) abgetrennte **Zeugenberge** dessen einstmals weitere Ausdehnung nach Westen.
Flächenmäßig überwiegen im Wandergebiet Gesteine des Keupers. Ton- und Mergelsteine des Unteren Keupers bilden die flachwellige Gäulandschaft der Windsheimer Bucht. Darüber erhebt sich die Steilstufe der Frankenhöhe und des Steigerwaldes, die von Gesteinen des Gipskeupers gebildet wird. Auf dessen nährstoffreichen Böden gedeihen an den Berghängen erlesene Weine, vornehmlich der Rebsorte Silvaner. Die Abdachung der beiden Höhenzüge nach Osten hin wird großflächig von Gestei-

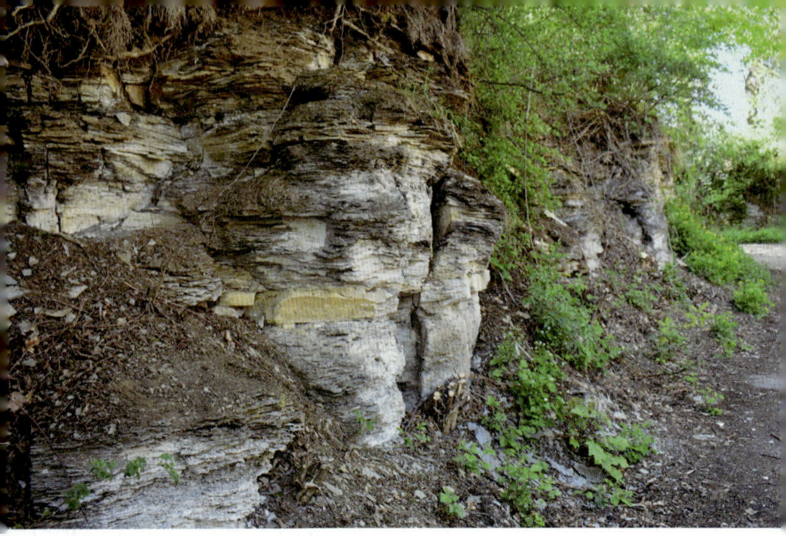

Posidonienschiefer bei Hetzles.

nen des Sandsteinkeupers eingenommen. Von einer welligen Hochfläche aus Blasensandstein heben sich westlich und südlich von Nürnberg bewaldete Bergrücken aus Burgsandstein deutlich ab. Namensgebend für die Schichteinheit ist der Nürnberger Burgberg, der aus diesem Gestein besteht. Gipskeuper und Sandsteinkeuper werden zum Mittleren Keuper zusammengefasst, der mit der Tonfolge des Feuerletten endet. Der Obere Keuper (Rhät) leitet im nördlichen Mittelfranken mit einer Abfolge von Sand- und Tonsteinen in den Unteren Jura (Lias) über. Dessen überwiegend dunklen Tone und Mergel bilden den Sockel der Frankenalb. Die dortigen fruchtbaren Böden sind ideal für die Anlage von Streuobstwiesen. Mit dem Braunen Jura (Dogger) beginnt der morphologische Anstieg der Alb, wofür vor allem der eisenreiche ockerfarbene Doggersandstein verantwortlich ist. Zuoberst prägen die harten Kalk- und Dolomitgesteine des Weißen Jura (Malm) mit ihrer markanten Schichtstufe elementar das Gesicht des Gebirgszuges. Und schließlich hat auch die Eiszeit ihre Spuren im Nürnberger Land in Gestalt ausgedehnter Dünengebiete hinterlassen.

Das Umland

Nürnberg verfügt zusammen mit seinen Nachbarstädten Erlangen, Fürth und Schwabach über ein ausgesprochen attraktives Umland, wo für alle etwas geboten wird, sei es für Wanderer, Radler oder Wochenendausflügler. Dank des gut ausgebauten Nahverkehrsnetzes sind eine Vielzahl an landschaftlichen Highlights und an tollen Freizeitmöglichkeiten für Jung und Alt mit Bus und Bahn einfach und bequem zu erreichen. Wer lieber mit dem eigenen PKW anreisen möchte, findet fast überall günstig gelegene Wanderparkplätze und sonstige Parkmöglichkeiten. Rund um Nürnberg gruppieren sich die folgenden Landschaften: im Norden der Talgrund der Regnitz und das Karpfenland des Aischgrundes, im Nordosten die Fränkische Schweiz, im Osten die Hersbrucker Schweiz und das Nürnberger Land, im Südosten der Bayerische Jura mit der Zeugenberglandschaft bei Neumarkt, im Süden das Spalter Hopfenland und das Fränkische Seenland, im Westen die Touristikregion Romantisches Franken und die Frankenhöhe und schließlich im Nordwesten die östlichen Ausläufer des Steigerwaldes. Im Folgenden stellen wir die Wandergebiete dieses Wanderführers kurz vor:

Knoblauchsland und Reichswald

Das zwischen Nürnberg, Fürth und Erlangen gelegene Knoblauchsland wird von Sandböden dominiert. Mit den Jahreszeiten wechseln die Farben auf den Freilandbeeten: Spargel und Erdbeeren im Frühjahr, Zwiebeln, Gemüse und Salate im Sommer, Kürbis und Kohl im Herbst. Die zunehmende Zahl von Gewächshäusern nimmt dem riesigen Gemüsegarten am Rand der Städte etwas von seinem Charme. Im Umbruch befinden sich auch die nach den beiden Nürnberger Hauptkirchen Sebald und Lorenz benannten Reichswaldteile. (Der Sebalder Reichswald liegt nördlich der Pegnitz, der Lorenzer Reichswald südlich der Pegnitz.) Der Klimawandel mit den trockenen Sommern setzt dem Nadelholz zu und erzwingt Mischwaldkulturen sowie den Anbau hitzeresistenter Bäume. Der Reichswald ist die grüne Lunge des Großraumes.

Gründlacher Moor im Sebalder Reichswald.

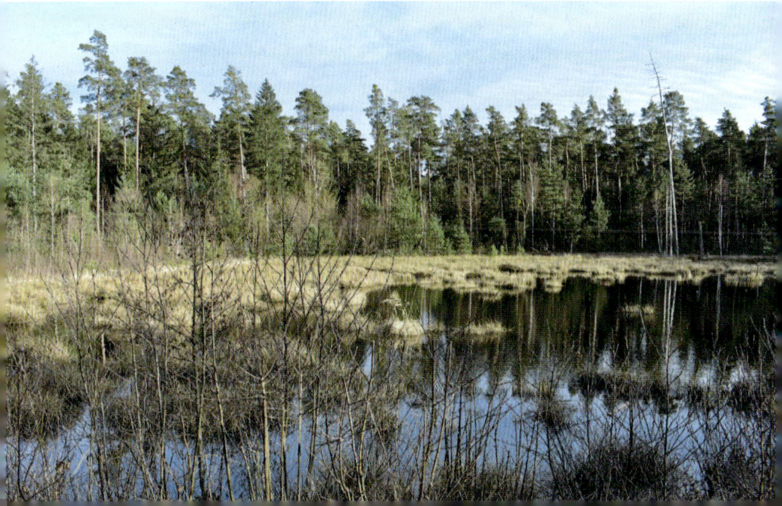

Hersbrucker Schweiz und Frankenalb

Die Hersbrucker Schweiz mit ihren tief eingeschnittenen Tälern, steil aufragenden Felswänden und bizarr geformten Felsnadeln war schon immer das beliebteste Ausflugsgebiet der Nürnberger. Für den kulinarischen Genuss sorgen viele gemütliche Gasthäuser mit guter fränkischer Küche und einladende schattige Biergärten. Aber besonders Aktivurlauber kommen in der herrlichen Mittelgebirgslandschaft voll auf ihre Kosten. Für Kletterer gibt es zahlreiche Felsen in unterschiedlichen Schwierigkeitsgraden und zwei Klettersteige. Die Wanderer erwartet mit mehr als 2000 km gut markierter Wege ein wahres Eldorado. Dazu lassen gleich mehrere »600er«-Berge die Herzen von Gipfelstürmern höher schlagen, und von steil abfallenden Aussichtsfelsen wie dem Glatzenstein kann man weit ins Land blicken. Auch wer eine Burg oder Ruine zum Ziel seiner Wanderung machen möchte, hat dazu ausreichend Gelegenheit. Touristisch betrachtet gehört die Hersbrucker Schweiz zur Urlaubsregion Nürnberger Land, die sich im Süden bis ins Altdorfer Land fortsetzt. Jenseits der Landkreisgrenze erstreckt sich die Frankenalb in die Oberpfalz hinein und wird nun Bayerischer Jura genannt. Besonders beeindruckend und für Wanderer reizvoll ist das Albvorland westlich von Neumarkt mit seinem Sporn aus markanten Zeugenbergen.

Romantisches Franken und Frankenhöhe

Der Landstrich westlich von Nürnberg und Fürth wird als Touristikregion Romantisches Franken vermarktet. Dies aus gutem Grund, denn es gibt hier eine bemerkenswerte Dichte an kleinen Städten und Marktflecken, die ihr historisches Ortsbild weitgehend bewahrt haben, dazu viele Burgen und Schlösser. Früher war für die Region auch der Name Rangau gebräuchlich. Den landschaftlichen Höhepunkt bildet die Frankenhöhe, über

Hersbrucker Schweiz: Happurger Stausee mit Hohlem Fels.

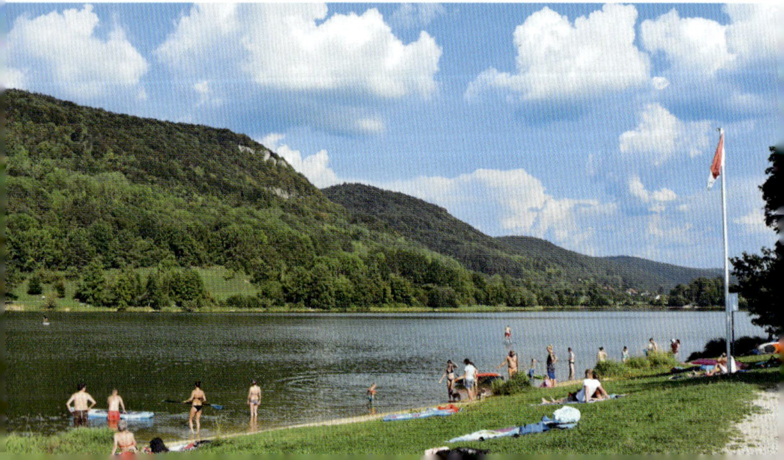

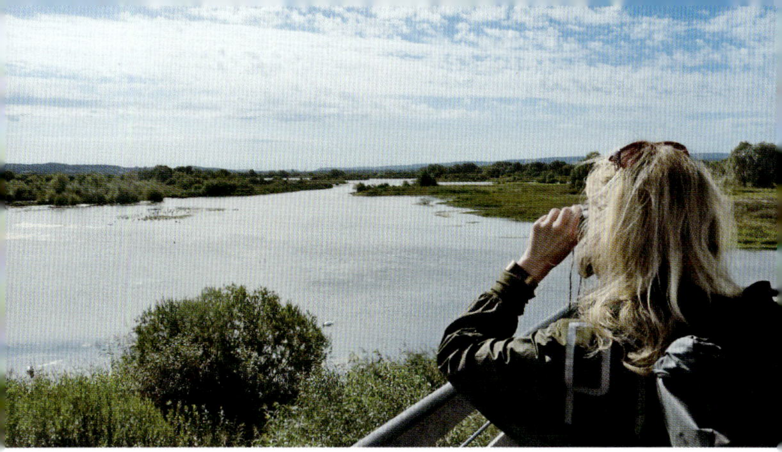

Fränkisches Seenland: der Beobachtungsstand auf der Vogelinsel im Altmühlsee.

deren Kamm die Europäische Hauptwasserscheide zwischen Rhein und Donau verläuft. Das dünn besiedelte, sonnenreiche und regenarme Gebiet verspricht Wandergenuss fernab von jeglichem Trubel. Man kann stundenlang durch lichte Laubmischwälder laufen, ohne einer Menschenseele zu begegnen. Idylle pur!

Aischgrund und Steigerwald

Als Wandergebiet ist der Steigerwald wegen seiner Buchenbestände beliebt – und weil er noch nicht so überlaufen ist. An seinen Süd- und Westhängen gedeihen auf den Keuperböden mineralische Weine. Bekannte Winzerorte sind Ipsheim, Bullenheim, Iphofen, Rödelsee, Castell oder Wiesenbronn. Im Osten wird der Steigerwald vom idyllischen Aischgrund mit seinen alten Städten wie Bad Windsheim und Neustadt begrenzt. Bei Feinschmeckern ist er bekannt, weil aus seinen 7000 Teichen der berühmte Spiegelkarpfen kommt. Bierliebhaber schätzen die vielen Privatbrauereien.

Fränkisches Seenland

Nur wenigen Wanderern fällt heute noch auf, dass es sich beim Fränkischen Seenland um eine von Ingenieuren geschaffene künstliche Landschaft handelt. Doch die Stauseen wurden nicht gebaut, um die Sehnsucht der Großstädter noch einem neuen Erholungsraum zum Baden und Segeln zu stillen. Das war ein willkommener Nebeneffekt. Hauptgrund für dieses moderne Mammutprojekt (ca. 1974–2000) war es vielmehr, das trockene Regnitz-Main-Gebiet im Sommer mit Wasser aus dem Donauraum zu versorgen. Die Überleitung von jährlich etwa 125 Millionen Kubikmeter Wasser geschieht über den Main-Donau-Kanal.

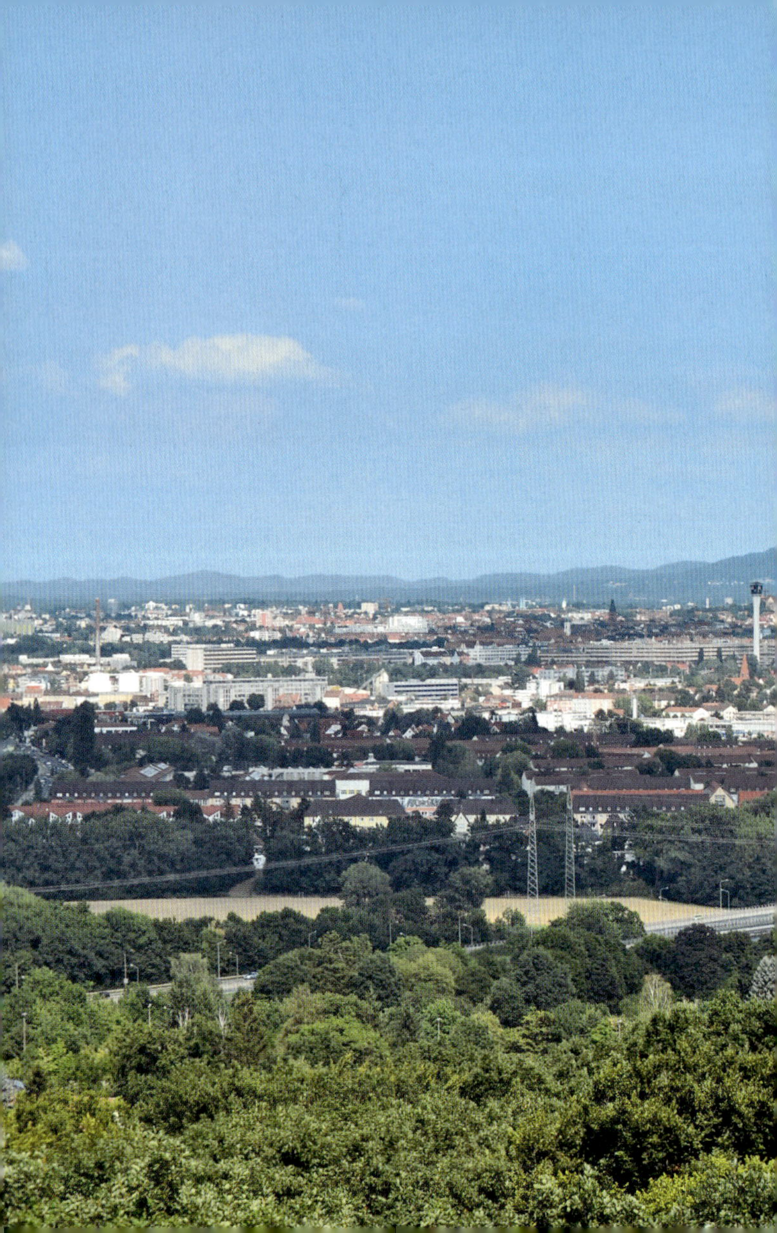

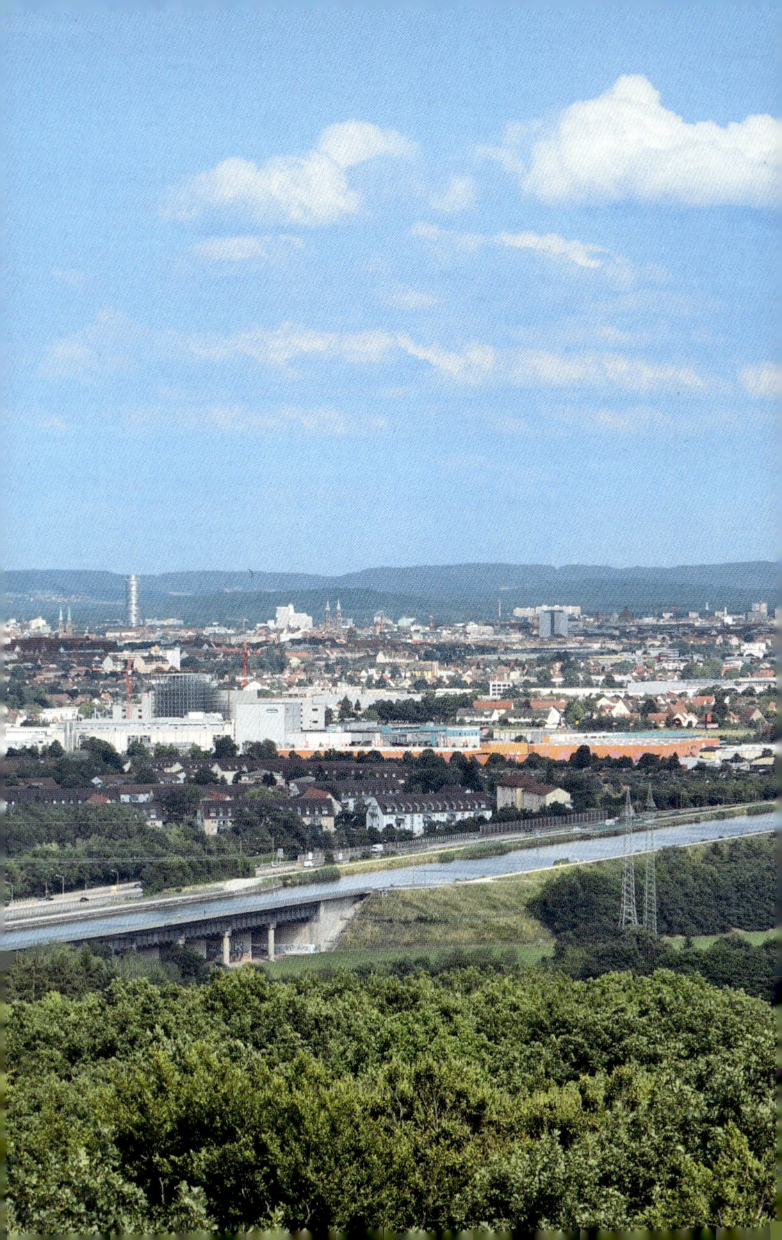

TOP

↗ 70 m | ↘ 90 m | 10.3 km

1 Durchs Pegnitztal West

2.45 h

Versteckte Gärten und Parks auf dem Weg von Nürnberg nach Fürth

Zu Fuß von Nürnberg nach Fürth? Wer Gärten und Parks liebt, wird Freude an dieser Tour haben. Das beginnt beim Merian-Gärtchen auf der Burg, geht über den Rosengarten auf der Bastei, den Bürgermeistergarten, den Kräutergarten auf den Wällen bis hin zur Hallerwiese, Nürnbergs erstem öffentlichen Park, und den Hesperidengärten. Am Ende erwarten uns mit der Kleinen Mainau und dem gepflegten Fürther Stadtpark zwei weitere Highlights.

Ausgangspunkt: Nürnberg Hbf, 309 m.
Endpunkt: Fürth, U-Bahn-Station Rathaus, 294 m. Mit U1 (Richtung Langwasser Süd) zurück zum Ausgangspunkt.
Anforderungen: Kaum Steigungen. Kurze Abschnitte mit Treppen, sonst gut ausgebaute Wege.
Markierung: Ohne Markierung, teilweise rotes X.
Einkehr: In Nürnberg: Kettensteg (Tel. +49/911/23585808, www.elkes-bierstadl.de). In Fürth: Stadtparkcafé (Tel. +49/911/7418884, www.stadtparkcafe-fuerth.de), Grüner Baum (Tel. +49/911/73990623, www.gruenerbaumfuerth.de).
Karte: ATK25 Blatt G09 Nürnberg.

Hinweise: 1) Bis zum Ende der Umbauarbeiten auf der Burg ist der Schwedenhof gesperrt. Zu den Gärten gelangt man über den Weg »Am Ölberg« unterhalb der Burg. 2) Von November bis Ende März sind die Bastei- und Hesperidengärten geschlossen. Dann die Burg via Himmelstor wieder verlassen, rechts in den Weg »Am Ölberg«, links die Treppen zum Tiergärtner Tor nehmen und entlang der Neutormauer zum Kettensteg.
Tipp: In Fürth lohnt sich ein Rundgang durch die authentische Altstadt mit engen Höfen und Durchgängen. Am Königsplatz rechts, dann links durch die Gustavstraße und über die Königstraße zurück zur U-Bahn am Rathaus.

Vom **Hauptbahnhof ❶** geht es zur Königstraße, wo einer der vier für Nürnberg charakteristischen Rundtürme steht. (Diese Tortürme waren einst eckig. Im 16. Jh. wurden sie ummantelt, damit Kanonenkugeln weniger Schaden anrichten konnten.) Über Königstraße, Hauptmarkt, Rathausplatz und Burgstraße gelangen wir zur **Kaiserburg**. Wir betreten sie links durchs Himmelstor. 50 Meter weiter, direkt neben dem Heidenturm, führt links eine Pforte zum **Maria-Sibylla-Merian-Gärtchen** (Zugang nur So u. Mo 14–18 Uhr). In wenigen Schritten gelangen wir zum äußeren Burghof; hier wenden wir uns nach rechts, passieren das Tor neben dem Sinnwellturm und erreichen die **Freiung ❷**, wo sich ein fantastischer Blick auf die Stadt bietet. Wenn wir uns sattgesehen haben, drehen

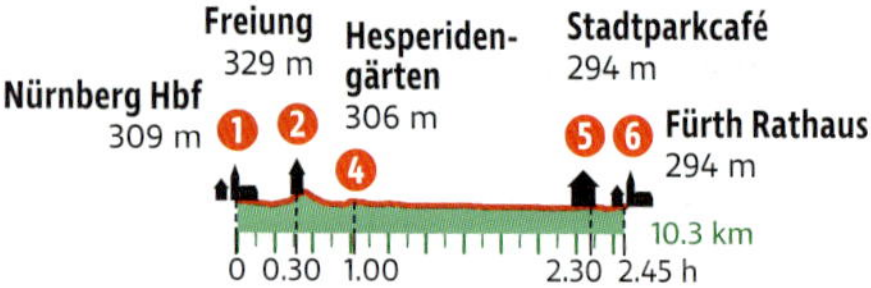

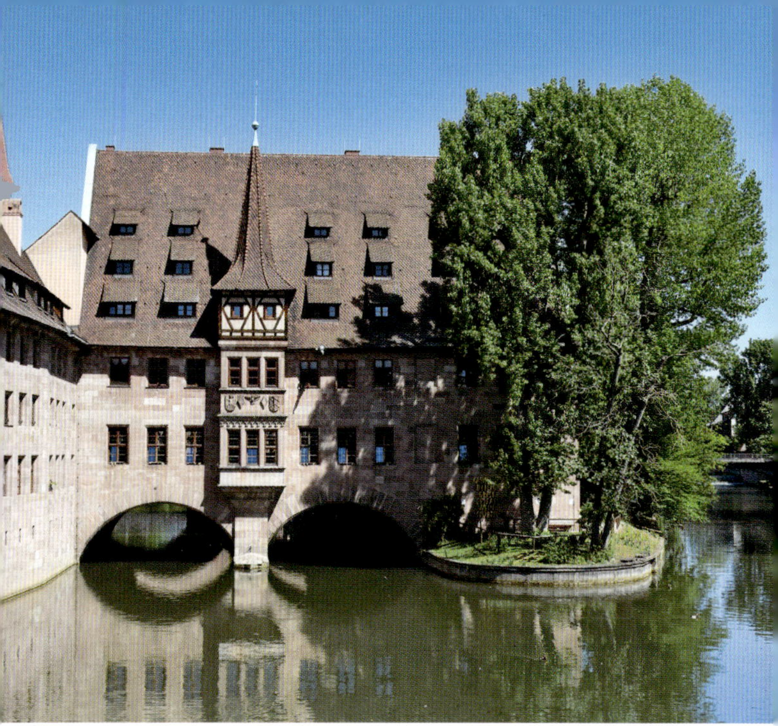

Heilig-Geist-Spital in der Nürnberger Altstadt.

wir uns um, steuern auf das Tor rechts zu und gehen links hoch zur Mauer, hinter der sich der Burggraben auftut. Durch den Eingang links kommen wir in den **Schwedenhof** mit dem Denkmal für Georg Christoph Eimmart. (Der Astronom richtete hier 1678 die erste Volkssternwarte ein. Standen besondere Himmelsereignisse bevor, öffnete er sein Observatorium für die Bürger.) Auf unserem Weg über die Bastionen und den Rosengarten gelangen wir am Tiergärtner Torturm zu einer Stiege, die auf den **Wehrgang** 3 führt. Von hier haben Besucher die schönste Sicht auf Dürerhaus und Burg. Vom Wehrgang geht es zurück zur Treppe; wir halten uns links und steigen hinunter zum Bürgermeistergarten. Am Neutor führen Stufen auf die Straße. Wir überqueren sie, nehmen die Treppe auf der anderen Seite und setzen unseren Weg auf den Wällen fort. Vor dem **Hallertor** verdient der Heilkräutergarten unsere Aufmerksamkeit.

Am Ausgang stoßen wir auf die Straße »Am Hallertor«, queren sie und nehmen beim **Kettensteg** rechts den Durchgang zur **Hallerwiese**. (Hier wurde das Ende des Dreißigjährigen Krieges gefeiert, nachdem sich die Vertragsmächte 1650 über die letzten Streitfragen geeinigt hatten.) Am Ende der Hallerwiese bietet sich ein Abstecher zu den drei **Hesperidengärten** 4 oben rechts an (Zugang über die Gasse »Riesenschritt«). Derartige Anlagen mit Brunnen und Barockskulpturen waren im 17. und 18. Jh. Mode. Reiche Bürger züchteten hier Zitronen und Pomeranzen, um ihre Weltläufigkeit zur Schau zu stellen. Von den Gärten gehen wir zurück zur Haller Wiese und geradeaus über die Brücke. Das historische Ensemble, das uns auf der anderen Seite erwartet, sind Reste der Kleinweidenmühle. Anfangs wurde hier Getreide gemahlen, später Messing und Eisen gehämmert. Wir nehmen den Weg nach rechts und wandern entlang der Pegnitz bis zum **Ledersteg**. Jetzt rechts zum anderen Ufer. Am Fluss dreht sich im Sommer ein altes Schöpfrad.

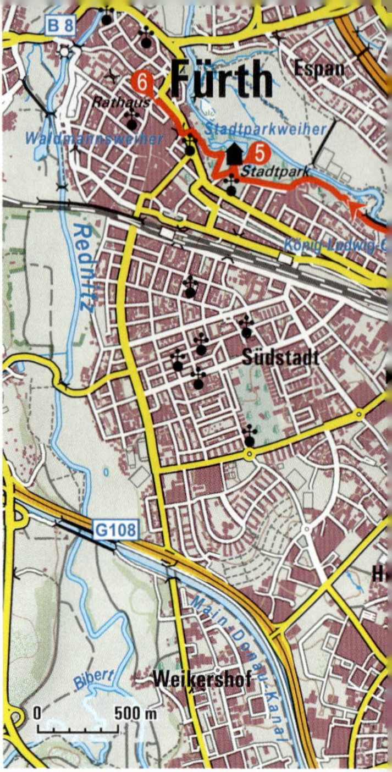

Vor dem Freibad links auf den befestigten Weg (Markierung »rotes X«) und immer geradeaus durch den Wiesengrund bis zur Stadtgrenze. Dabei überqueren wir noch zweimal die Pegnitz und kommen an einer Surfwelle vorbei, die nach dem Vorbild der Münchner Eisbachwelle in einem Kanal angelegt wird (Fertigstellung voraussichtlich im Mai 2021). Nach Unterquerung der A 73 betreten wir an der **Kleinen Mainau** Fürther Boden. Der Park mit dem Pavillon liegt rechter Hand hinter einem Hügel verborgen. (Hier entdeckte man 1901 eine Heilquelle, um die herum ein Kurbad angelegt wurde. Damit verband sich die Hoffnung, den Status eines Heilbades zu erlangen. Daraus wurde nichts. Das Heilwas-

Tiergärtnertorplatz mit Pilatushaus (links).

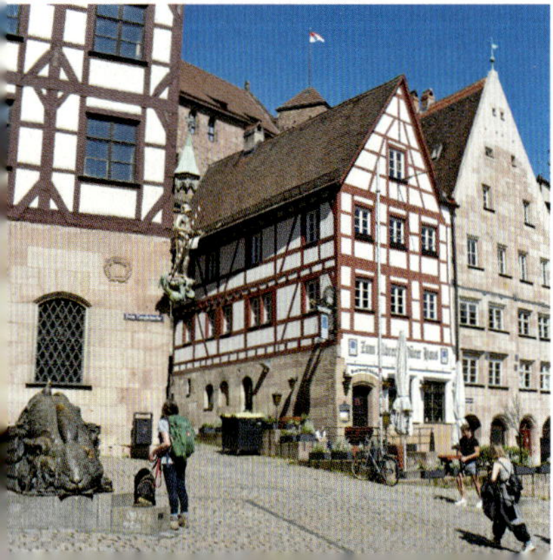

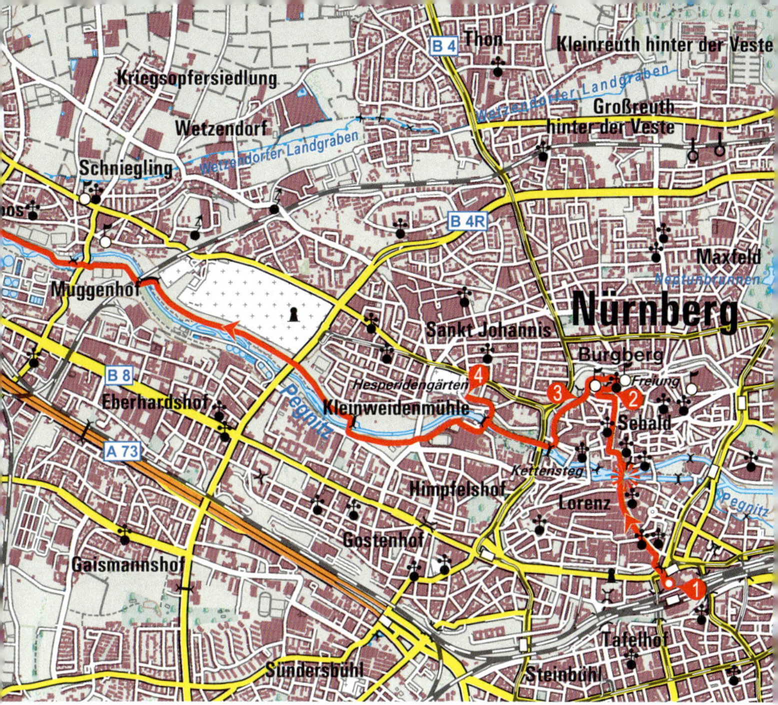

ser im Pavillon schmeckt, so viel sei verraten, gewöhnungsbedürftig.) Wir überqueren auf dem Quellensteg abermals die Pegnitz. Am Südufer halten wir uns rechts und wandern auf Holzbohlen über sumpfiges Gelände. Wieder festen Boden unter den Füßen, erreichen wir bald den Röllingersteg. Hier kurz links und gleich wieder rechts in den **Stadtpark** hinein – immer entlang der Pegnitz. Die nächste Kreuzung überqueren wir und steuern auf dem ersten Abzweig nach links die Hauptallee mit dem Schulgarten an, wo seltene Gehölze (Coloradotanne, Hopfenbuche, Eisenholzbaum) zu entdecken sind.

Über die Allee kommen wir vor dem Springbrunnen zum Rosengarten (linker Hand), aber auch rechts zur Terrasse des **Stadtparkcafés** ❺. Hinter der Fontäne führen Treppen hinunter in die Senke zum Weiher. Dort halten wir uns links, gehen bis zur T-Kreuzung beim Karlsteg und links hoch zur Königstraße (nicht durch den Fußgängertunnel!). Oben rechts, vorbei an Feuerwache und Jüdischem Museum. An der Kreuzung schließlich links zur **U-Bahn-Station** am **Rathaus** ❻. Hier fühlt man sich nach Italien versetzt – Pate für den Bau aus dem 19. Jh. stand der Palazzo Vecchio in Florenz.

↗ 60 m | ↘ 50 m | 16.8 km

2 Durchs Pegnitztal Ost

4.00 h

Vom Wöhrder See über Behringersdorf nach Erlenstegen

Diese Tour führt am Wöhrder See und der mäandernden Pegnitz entlang nach Oberbürg, Hammer und Behringersdorf. Das Tal mit seinen alten Bäumen, den Tümpeln und Wiesen, auf denen Schafe weiden, wurde 2018 vom Landschaftsschutz- zum Naturschutzgebiet aufgewertet. Wer hier wandert, vergisst über lange Strecken, dass er sich in einer Großstadt bewegt. Von Behringersdorf führt ein schöner Weg durch den Sebalder Reichswald zurück nach Nürnberg-Erlenstegen.

Ausgangspunkt: Nürnberg, U-Bahn-Station Wöhrder Wiese, 298 m. Erreichbar von Nürnberg Hbf mit U2 (Richtung Ziegelstein/Flughafen) oder U3 (Richtung Nordwestring).
Endpunkt: Bahnhof Nürnberg-Erlenstegen, 308 m. Mit Tram 8 (Endhaltestelle) zum Hbf Nürnberg.
Anforderungen: Geringe Steigungen, gut ausgebaute Wald- und Wiesenwege, zwischen Behringersdorf und Erlenstegen auch Wurzelpfade. Bis Behringersdorf für Kinderwagen geeignet.
Markierung: Radweg 20, Gelbstrich, Blaupunkt, Gelbstrich, Böhmischer Löwe (weißer Löwe auf rotem Schild).
Einkehr: In Malmsbach: Roter Löwe (Tel. +49/911/505998). In Behringersdorf: Weißes Ross (Tel. +49/911/5069, www.weissesross.de). In Erlenstegen: Goldener Stern (Tel. +49/911/47896036, www.goldenerstern-stellaaureum.de).
Karte: ATK25 Blatt G09 Nürnberg, Blatt G10 Lauf a. d. Pegnitz.
Varianten: 1) Kürzere Rundtour ab Bahnhof Erlenstegen (ca. 12 km, ohne Wöhrder See). Von der Wegtafel am Bahnhof dem Pegnitztalweg (»Gelbstrich«) über die Pegnitz folgen, dann flussaufwärts weiter wie beschrieben. 2) Wanderung am Bahnhof Behringersdorf beenden (ca. 12 km, ohne Reichswald).
Hinweis: Wegen Bauarbeiten kann der Weg am Nordufer des Wöhrder Sees abschnittsweise gesperrt sein. Dann auf das Südufer ausweichen. An der östlichen Seespitze führt ein Steg wieder zum Wanderweg.

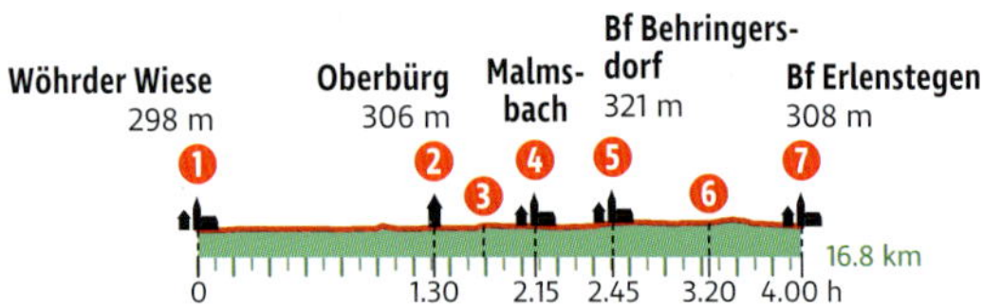

Am Südausgang der **U-Bahn-Station Wöhrder Wiese** ❶ gleich links (Radweg 20) und rechts über die Brücke, dann erneut links entlang der Wöhrder Wiese. Nach etwa 250 m links über den Holzsteg und gleich wieder rechts. Der stark befahrene Wöhrder Talübergang wird unterquert. Recht unvermittelt steht man am Wöhrder See, der 1981 geflutet wurde. Wir halten uns links und wandern auf dem Johann-Soergel-Weg am Sandstrand vorbei

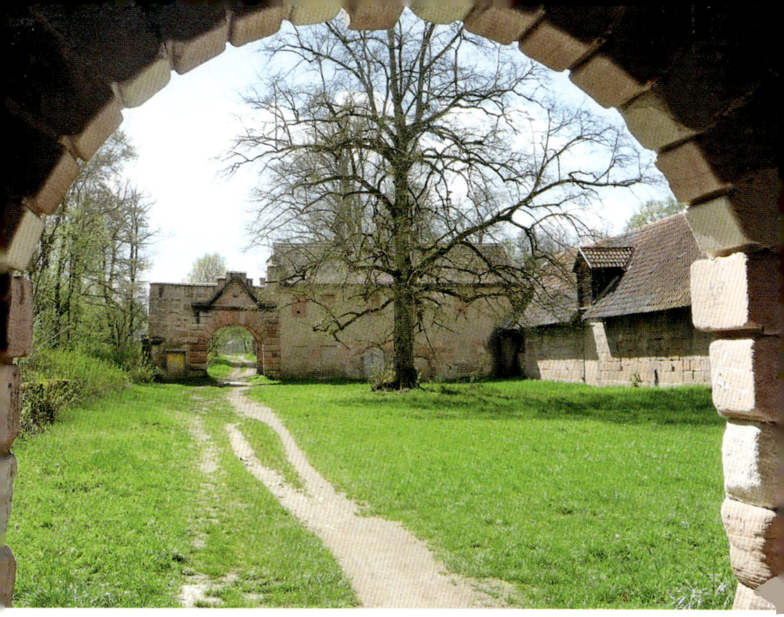

Das einstige Wasserschloss Oberbürg im östlichen Pegnitztal.

nach Osten. Dem Steg, der in Ufernähe in einem Bogen über das Wasser führt, folgen wir, bis wir wieder auf den Soergel-Weg stoßen.

Wir unterqueren die Bahnlinie und nach 300 m den Mittleren Ring. Bald darauf biegt ein Weg nach rechts zum See ab, der uns in einem Bogen wieder auf den Hauptweg bringt. Ca. 500 m weiter überqueren wir die Flussstraße und wandern weiter bis zur Seespitze. In einem weiten Linksbogen gelangen wir zum Bahndamm der Linie Nürnberg–Bayreuth, wo wir uns rechts halten. Die nächste Abzweigung führt uns rechts über den Fluss und unter dem Ebenseesteg hindurch auf dem Wiesengrund bis zum **Naturbad Langsee**.

Hinter dem Langsee tut sich eine Flusslandschaft auf, die von Auwäldern und Wiesen geprägt ist. Wir wandern weiter geradeaus, bald begleitet von der Markierung »Gelbstrich«, die uns bis Behringersdorf führen wird. An der Abzweigung mit dem Schild »Pegnitzweg« biegen wir nach rechts in eine Allee, an deren Ende wir links zum Eingang des einstigen **Wasserschlosses Oberbürg** ❷ gelangen. Die Ruine lässt noch etwas von der Pracht des 1943 durch alliierte Bomber zerstörten Herrensitzes erahnen. Wir durchqueren die Anlage mit ihren Wirtschaftsgebäuden und stoßen wieder auf unseren Wanderweg längs der Pegnitz, dem wir nach rechts in weiten Schleifen bis zum **Fabrikgut Hammer** ❸ folgen. Ein großes Tor führt auf das Areal

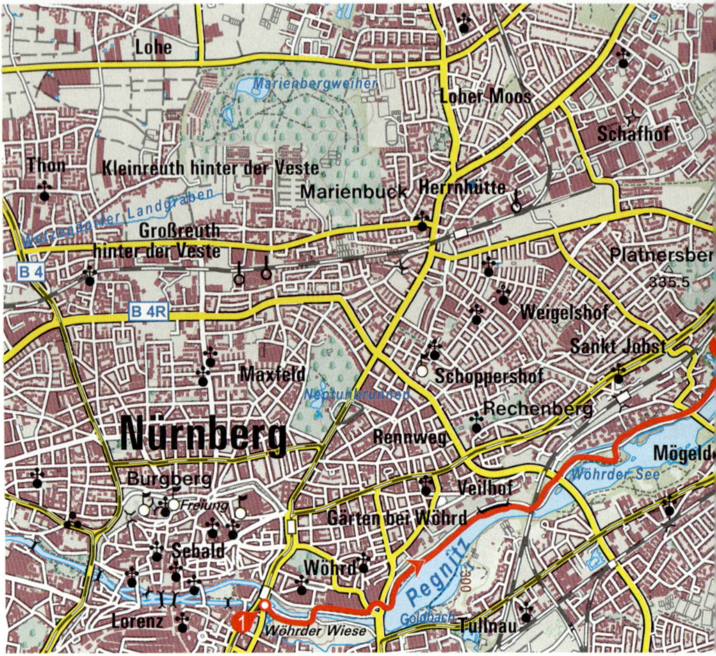

mit einem Obelisken in der Mitte. Die frühe Industriesiedlung entwickelte sich aus einer Getreidemühle, die 1492 zu einem Messinghammer (Hammerwerk) umgebaut wurde. Wir durchqueren das Areal und biegen kurz danach links auf den Weg »Rüblander Ufer« ab.

Rund 1 km weiter unterqueren wir die A 3 und gehen geradeaus in in den Schwaiger Ortsteil **Malmsbach** 4. An der Kreuzung beim **Gasthof Roter Löwe** biegen wir links in die Schloßgrabenstraße ab, wandern am Falkenhof, einem prachtvollen Fachwerkhaus aus dem 14. Jh., vorbei und gelangen über einen Steg wieder auf die nördliche Seite der Pegnitz. Hier halten wir uns rechts. Nach gut 15 Min. erreichen wir Behringersdorf. Auf der Schwaiger Straße gehen wir um das Neue Schloss, passieren die kleine Kirche (kurz darauf verlässt uns »Gelbstrich« nach rechts) und kommen zur Hauptstraße (B 14) mit dem **Restaurant Weißes Ross**. Wir überqueren die B 14 und gehen geradeaus durch die Günthersbühler Straße zum **Bahnhof Behringersdorf** 5. (Der Zugang zu den Zügen nach Lauf ist vor der Brücke rechts, in Richtung Nürnberg nach der Brücke links.) Da wir noch durch den Reichswald wandern möchten, folgen wir am Verkehrskreisel der

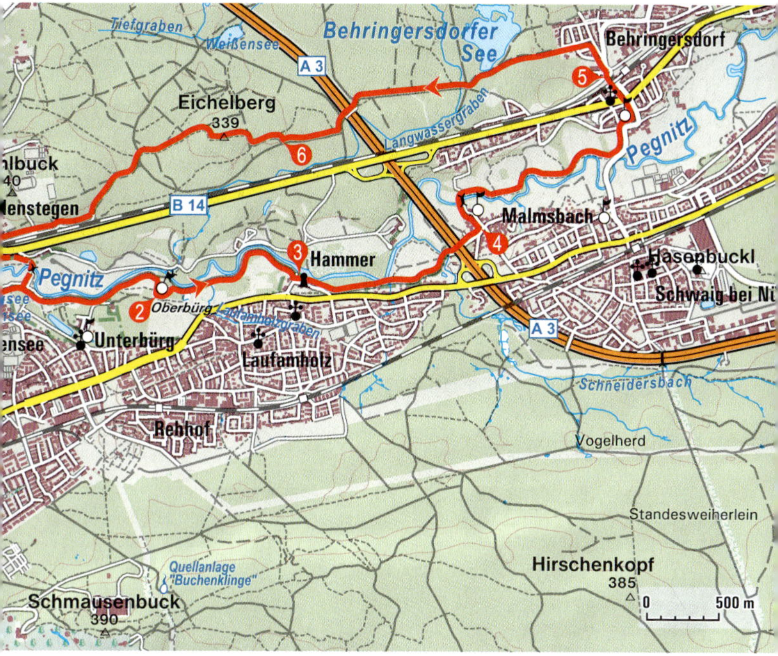

Markierung »Böhmischer Löwe« (weißer Löwe auf rotem Schild), die halb links in den Mörikeweg und wenig später links in die Prager Straße führt. Rasch gelangen wir in den Wald und sehen bald den Behringersdorfer See. Wer auf ein erfrischendes Bad gehofft hat, wird enttäuscht: Das Gewässer ist ein umzäuntes, streng geschütztes Naturreservat. An einer Wegspinne mündet unser Pfad in einen breiten Forstweg, der geradeaus auf die Autobahn zuführt. Über eine Brücke gelangen wir auf die Westseite der A 3, dort rechts an der Rastbank vorbei auf einer Forststraße wieder in den Wald. Hier gut aufpassen, denn die Löwen-Markierung, die uns nach rechts auf einen **Wurzelpfad** 6 weist, ist leicht zu übersehen. An einer Schneise geht es 50 m nach rechts und anschließend links auf sandigem Pfad in den Forst. Der Weg steigt leicht an, führt über den Eichelberg, 339 m, und mündet in einen Forstweg. Hier links über eine Brücke und weiter entlang der Bahnlinie auf dem Kohlbuckweg hinunter zum **Bahnhof Erlenstegen** 7. Hier befindet sich auch die Endhaltestelle der Tramlinie 8 zur Rückfahrt nach Nürnberg. Auf der rechten Seite der Straße lädt der Goldene Stern zur Einkehr ein.

↗ 20 m | ↘ 20 m | 13.3 km

3 Durch Knoblauchsland und Reichswald

3.15 h

Über den Irrhain zum einstigen Jagdschloss in Neunhof

Zu Beginn und am Ende durchwandern wir eine alte Nürnberger Kulturlandschaft, das Gemüseanbaugebiet Knoblauchsland. Kraftshof und Neunhof sind Vororte, die nicht nur ihren dörflichen Charakter bewahrt haben, sondern auch mit architektonischen und kunsthistorischen Kleinoden aufwarten: der spätgotischen Wehrkirche St. Georg, dem Irrhain, den der Pegnesische Blumenorden zu Ehren berühmter Dichter angelegt hat, und einem Jagdschloss samt Barockgarten. Dazwischen führt der Weg durch den südlichen Sebalder Reichswald, vorbei an dem bei Kindern beliebten Damwildgehege.

Ausgangspunkt: Nürnberg-Kraftshof, Bushaltestelle »Kraftshof«, 308 m. Von Nürnberg Hbf mit U1, 2 oder 3, von Fürth Hbf mit U1 bis U-Bahnhof »Plärrer«. Weiter mit Tram 4 bis »Am Wegfeld« und mit Bus 31 (Richtung Neunhof/Großgründlach) bis »Kraftshof«. Begrenzte Zahl kostenloser Parkplätze am Friedhof (Navi: 90427 Nürnberg, Lachfelder Str. 14/16).
Anforderungen: Wald- und Feldwege, Wurzelpfade und Forststraßen. Für gefederte Kinderwagen geeignet. Im Winter und Frühjahr kann der Kothbrunngraben nach längeren Regenperioden über die Ufer treten, dann wird der Weg unpassierbar.
Markierung: Ohne Markierung, Grünstrich, Burgenstraße, Rotkreuz, Grünstrich, ohne Markierung.
Einkehr: In Kraftshof: Alte Post (Tel. +49/911/305863, altepost.net). In Neunhof: Altes Forsthaus (Tel. +49/911/305596, www.forsthaus-neunhof.de), Grüner Baum (Tel. +49/911/936440, www.gruener-baum.com).
Karte: ATK25 Blatt G09 Nürnberg.

Von der **Bushaltestelle Kraftshof** ❶ sind es keine 100 m bis zum Torhaus der **Kirchenburg St. Georg**. Wer die spätgotische Anlage mit ihren fünf Türmen und dem heute noch teilweise zugänglichen Wehrgang betritt, fühlt sich tief in die Vergangenheit zurückversetzt. Im Innern beeindrucken der St.-Georgs-Altar (Ende 15. Jh.), die Seitenaltäre, der Taufstein sowie die Grabmäler der Patronantsfamilie Kress von Kressenstein.
Nach der Besichtigung wenden wir uns mit dem Rücken zum Ausgang nach links in die Schiestlstaße und an der Verzweigung wieder links in die Lachfelderstraße vorbei am Friedhof. Die beiden Abzweigungen nach links ignorieren wir. An der nächsten Kreuzung biegen wir ohne Markierung nach links ab und wandern auf den Waldrand zu. Der Weg führt im Rechtsbogen zu einem baro-

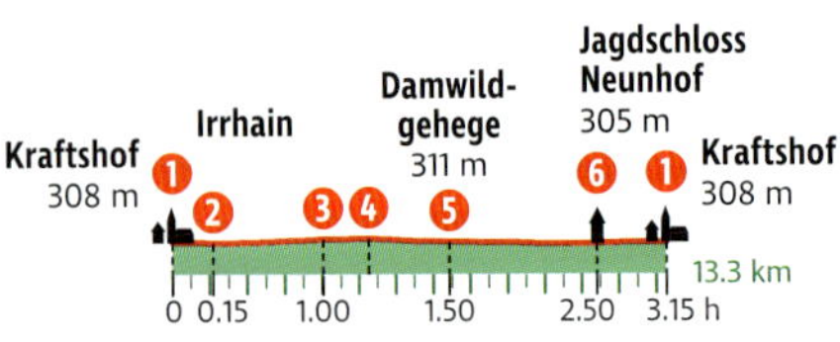

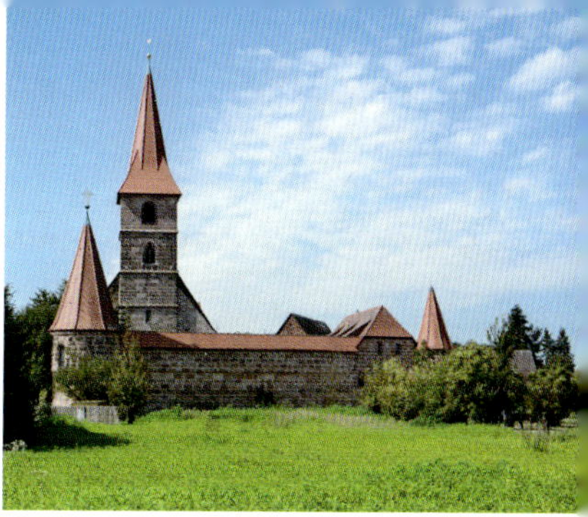

Wehrkirche in Kraftshof.

cken Portal mit der Inschrift »Irrhain 1676«, der dem Poetenkreis um den Patrizier Georg Philipp Harsdörffer als Treffpunkt für den von ihm gegründeten Pegnesischen Blumenorden diente. Hinter dem geheimnisvollen Namen verbirgt sich eine der ältesten Gesellschaften zur »Pflege und Verbesserung der deutschen Sprache und Dichtkunst«. Über eine Allee aus Kastanien und Eichen gelangen wir durch eine zweite Pforte mit der ironischen Inschrift »Irret nicht« zu den Gedenksteinen des Ordens, darunter für Harsdörffer, Wieland und Schiller. Die Gesellschaft nutzt den **Irrhain** 2 bis heute. Unter den alten Bäumen wird jährlich ein Poetry-Slam ausgetragen. Am anderen Ende des Hains stoßen wir auf ei-

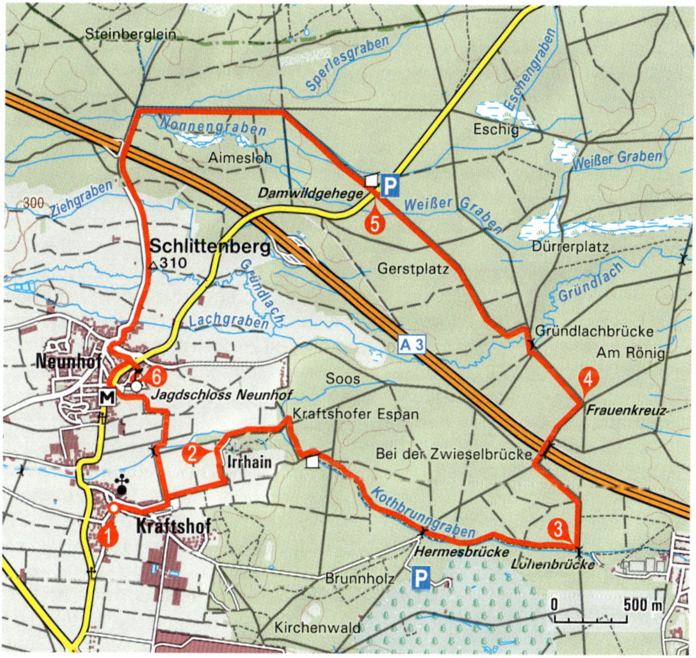

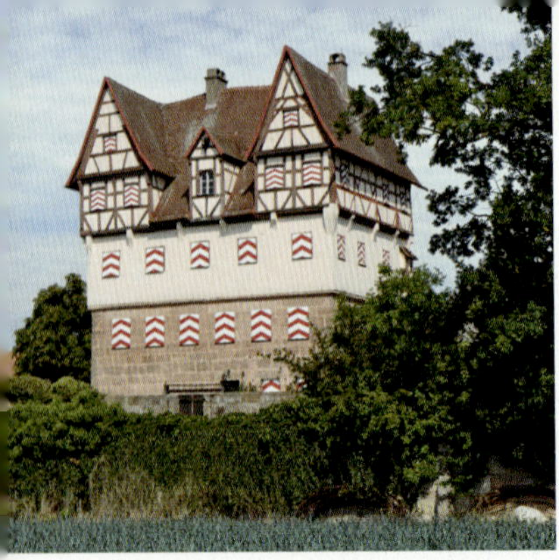

Jagdschloss Neunhof.

nen Waldweg und gehen rechts bis zur nächsten Kreuzung. Dort wieder rechts. Die Markierung »Grünstrich« übernimmt für die nächsten 3 km die Führung. An der T-Kreuzung kurz links und gleich wieder rechts auf einen Pfad, der sich neben dem Kothbrunngraben durch den Wald windet. Den nächsten Forstweg an der Hermesbrücke (rechts hinten der Eingang zum Golfplatz) überqueren wir und setzen unsere Tour bis zur **Lohenbrücke** ❸ fort, wo wir auf einen breiten Forstweg stoßen. Hier geht es ohne Markierung nach links (gelegentlich ist das Radwegzeichen Burgenstraße zu sehen). Wir nähern uns der A 3, überqueren sie und wandern bis zum **Frauenkreuz** ❹. Seinen Namen hat der Stein von einer Frau, die hier im harten Winter 1812/13 erfroren aufgefunden wurde. Ab hier orientieren wir uns am »Rotkreuz« und gelangen links auf breiten Forstwegen zur Gründlachbrücke, queren etwa 20 Min. später die Straße Nürnberg–Kalchreuth und erreichen das **Damwildgehege** ❺, wo die Tiere von einer Kanzel aus beobachtet werden können. Wir wandern weiter mit »Rotkreuz« durch den Forst, bis wir an einer Kreuzung auf die Markierung »Grünstrich« stoßen. Hier gehen wir nach links, überqueren erneut die A 3 und gelangen auf der Kreuzäckerstraße nach **Neunhof**. Links durch die Untere Dorfstraße, kommen wir auf den Dorfplatz mit dem **Gasthof Altes Forsthaus**. Gegenüber steht ein flaches Gebäude, das einer Scheune ähnelt: Das ist der Eingang zum Barockgarten des **Jagdschlosses Neunhof** ❻, das zu den eindrucksvollsten Nürnberger Herrensitzen gehört. Die Geschichte dieser Adelsresidenz reicht bis in die Mitte des 13. Jh. zurück. Der Wandel von einer Wasserburg mit Graben und Zugbrücke zum Jagdschloss erschließt sich dem Besucher bei der Besichtigung. Seit 1956 beherbergt das mehrstöckige Fachwerkgebäude mit seinem Doppelgiebel die Jagdsammlung des Germanischen Nationalmuseums.

Der Rückweg nach Kraftshof durch die Felder des Knoblauchslandes erfordert etwas Aufmerksamkeit, weil uns keine Markierung leitet. Am Ausgang des Barockgartens gehen wir auf der Oberen Dorfstraße nach links bis zum Neunhofer Schlossplatz, dort links und geradeaus auf dem Feldweg an der Südmauer des Schlosses vorbei. Am Ende des Weges nach rechts bis zur T-Kreuzung; hier kurz links und gleich wieder rechts. An der nächsten T-Kreuzung rechts und gleich wieder links. Dann geradeaus zum Friedhof. Schließlich rechts und wie auf dem Herweg zurück zur **Bushaltestelle Kraftshof** ❶.

↗ 50 m | ↘ 40 m | 8.1 km

2.00 h

Rund um den Dutzendteich

4

Über das ehemalige Reichsparteitagsgelände

Ein ausgedehnter Rundgang über das ehemalige NS-Parteitagsgelände? Ja! Die Tour trägt dazu bei, die Geschichte der ersten Hälfte des 20. Jh. besser zu verstehen: Ludwigshain, Kongresshalle, Zeppelinfeld, Große Straße, die Baugrube des Deutsches Stadions, der Trümmerberg Silberbuck (schöne Aussicht auf die Stadt) und die Weiher des ersten Nürnberger Zoos sind Teil dieser Wanderung. Wer die Informationstafeln liest, muss drei Stunden veranschlagen. Im Anschluss empfehlen wir den Besuch des Dokuzentrums Reichsparteitagsgelände und des Memoriums Nürnberger Prozesse.

Ausgangspunkt: Nürnberg, Haltestelle »Meistersingerhalle«, 313 m. Von Nürnberg Hbf mit Tram 8, von Nürnberg Plärrer mit Bus 36 erreichbar. Kostenlose Parkplätze an der Meistersingerhalle (Navi: 90478 Nürnberg, Schultheißallee 4).
Endpunkt: Haltestelle »Dokuzentrum«, 316 m. Mit Tram 8 zum Hbf Nürnberg.
Anforderungen: Bis auf den Aufstieg zum Silberbuck keine Steigungen. Befestigte Wege. Für Kinderwagen geeignet.
Einkehr: Gutmann am Dutzendteich (Tel. +49/911/988187710, www.gutmann-am-dutzendteich.de), Restaurant Bootshaus (Tel. +49/911/402250, www.bootshaus-nbg.de).
Karte: ATK25 Blatt G09 Nürnberg.
Tipp: Dokuzentrum und Memorium Nürnberger Prozesse. Das Museum dokumentiert den Aufstieg Hitlers und die Geschichte des Dritten Reiches; das Memorium im Justizpalast (U1 bis »Bärenschanze«) erinnert an die Prozesse gegen NS-Verbrecher (museen.nuernberg.de).

Am Dutzendteich.

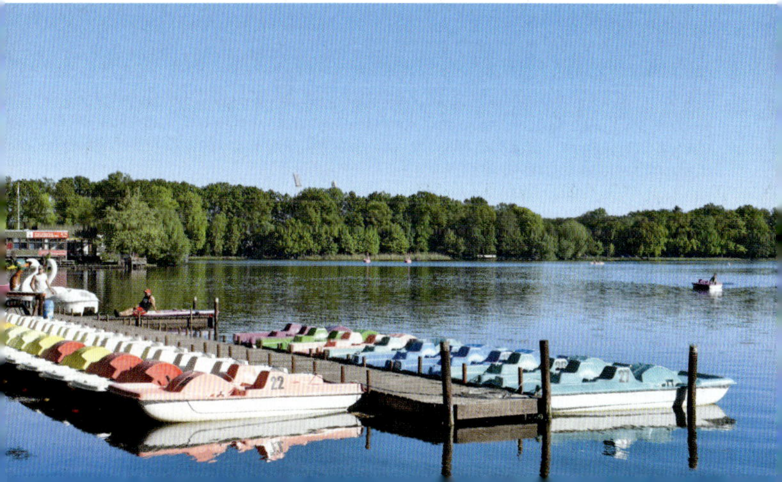

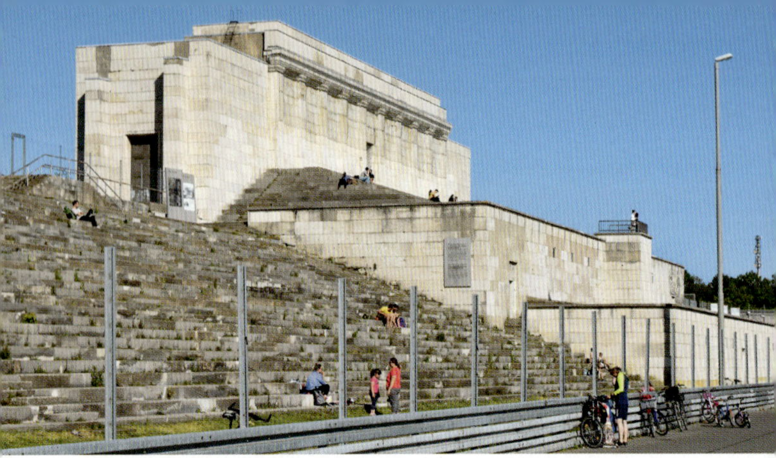

Zeppelintribüne auf dem ehemaligen Reichsparteitagsgelände.

Von der **Haltestelle Meistersingerhalle** ❶ gehen wir zwischen dem Konzerthaus und dem Großparkplatz in den vor uns liegenden Park. Wir steuern geradeaus auf die halbrunde Anhöhe und drehen oben nach links. Schon auf dem Weg dorthin ist erkennbar, dass der **Luitpoldhain** früher eine Arena war. Angelegt wurde sie von den Nazis, die das Gelände in ihre Parteitagsinszenierungen einbezogen und nach der Machtübernahme ganz für ihre Zwecke umgestalteten. Direkt gegenüber der Ehrenhalle, der städtischen Gedenkstätte für die Opfer des Ersten Weltkrieges, ließ Hitler eine Tribüne errichten, die 50.000 Zuschauern Platz bot.
Von den in den Park integrierten Tribünenresten steigen wir hinab, um die **Ehrenhalle** ❷ zu besichtigen. Von dort laufen wir am Rand des Hains nach Südosten über die Bayernstraße zur Kongresshalle, dem größten erhalten gebliebenen Relikt der NS-Zeit. Wir gehen nach links, passieren die **Haltestelle** und den Eingang des **Dokuzentrums** ❸ und laufen geradeaus am See entlang bis zum **Biergarten Gutmann**, wo wir rechts in eine Eichenallee einbiegen. Die Bäume wurden 1898 gepflanzt, um den Dutzendteich für die große Jubiläums- und Landesausstellung 1906 aufzuhübschen. Neben heimischen Stieleichen wurden amerikanische Rot- und Sumpfeichen gesetzt, die im Herbst eine ganz eigene Farbenpracht entfalten.

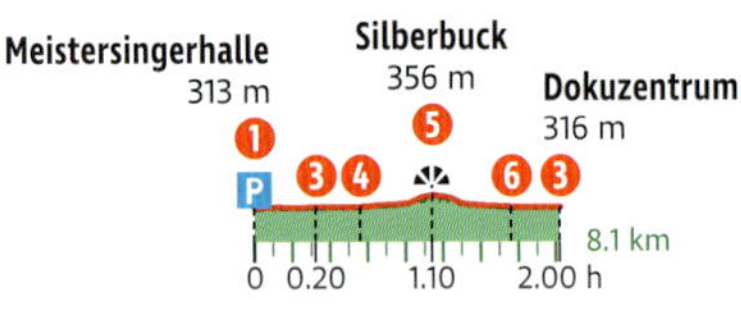

Am Ende der Allee machen wir einen Abstecher zur baufälligen **Zeppelintribüne** ❹, an die sich das Aufmarschgelände der NSDAP, das **Zeppelinfeld**, anschloss. Dazu gehen wir nach links entlang der Leitplanken bis zum Durchgang rechts.

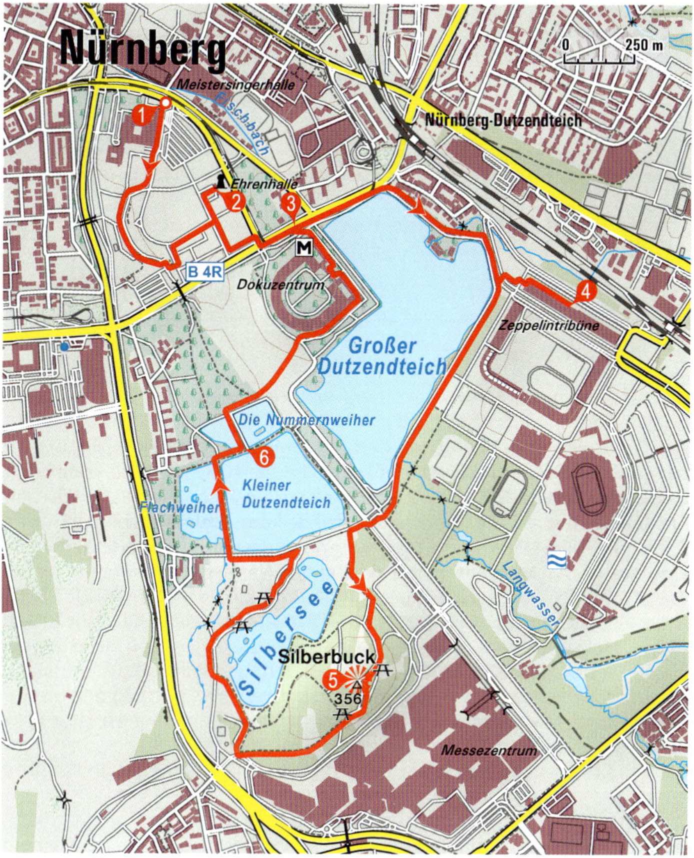

Es lohnt sich schon, bis zur Rednerkanzel hochzusteigen. Erst der Blick von dort offenbart, welche Dimensionen das Areal mit seinen 34 Türmen hat. Bis zu 300.000 Menschen konnten von dort ihrem »Führer« zujubeln. Wir gehen auf demselben Weg zurück zum See, wo wir uns links halten und den Rundgang am Ufer fortsetzen. Von hier eröffnen sich reizvolle Ausblicke auf die Kongresshalle am anderen Ufer.
Der Weg mündet in eine aus 60.000 Granitquadern bestehende Piste, die **Große Straße**. Die zentrale Achse des Parteitagsgeländes war als Aufmarschgelände für die Wehrmacht gedacht. Im Norden weist sie direkt auf

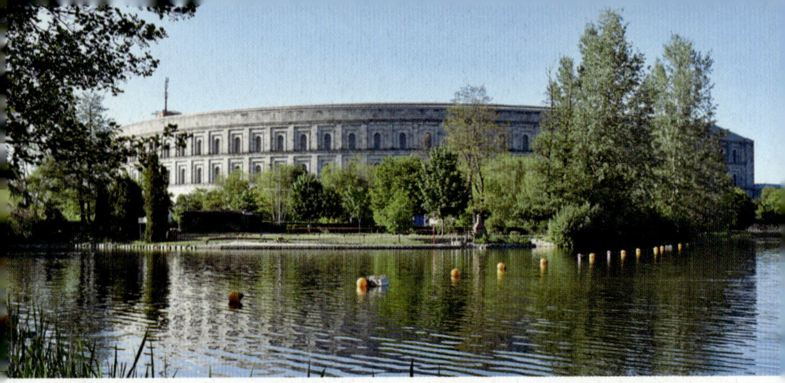

Kongresshalle am Dutzendteich.

die Kaiserburg. Damit wollte Hitlers Architekt Speer eine ideelle Verbindung zwischen dem historischen Nürnberg und dem NS-Staat schaffen – von der Stadt der Reichstage zur »Stadt der Reichsparteitage«. Heute wird der südliche Teil zum Parken, der nördliche für Volksfeste und Großveranstaltungen genutzt.

Wir überqueren die Piste und gelangen auf der anderen Seite links zum **Silbersee**. Dieses Gewässer entstand, als sich die Baugrube des Deutschen Stadions nach dem Ende der NS-Herrschaft mit Wasser füllte. Hitler wollte hier die größte Arena der Welt errichten lassen, die einmal 400.000 Besucher fassen sollte. (Zum Vergleich: Im Olympiastadion in Berlin finden rund 75.000 Menschen Platz.) Der See ist mit Schwefelwasserstoff belastet, der wie ein Nervengift wirkt. Deshalb gilt ein striktes Badeverbot! Wir lassen das toxische Gewässer rechts liegen und steigen links hoch zu dem bewaldeten Hügel, dem **Silberbuck** 5. Oben bietet sich ein ungewohnter Blick auf die Südstadt und die von der Burg gekrönte Altstadt. Wer es nicht weiß, würde es kaum vermuten: Der Hügel ist eine Folge des Krieges und besteht aus zehn Millionen Tonnen Trümmern.

Wir verlassen den Silberbuck in westlicher Richtung und wandern um den Silbersee herum bis zum Querweg zwischen Silbersee und Kleinem Dutzendteich. Dort links unter alten Eichen bis zu einem Damm, der den Flachweiher vom Kleinen Dutzendteich trennt. Am Ende das Dammes nach rechts und gleich wieder links zwischen den **Nummernweihern** 6 hindurch. In diesem Teil des Volksparks lag früher der Nürnberger Zoo. Er musste dem Reichsparteitagsgelände weichen und wurde zum Schmausenbuck verlegt. Wir wenden uns nach rechts, überqueren erneut die Große Straße und gehen rechts um die **Kongresshalle**. Zwischen Nord- und Südflügel führt ein Tor ins Innere des Torsos, das überdacht und 50.000 Menschen fassen sollte. Am Nordflügel erreichen wir schließlich wieder den Eingang des **Dokuzentrums** 3 und die gleichnamige **Haltestelle**.

↗ 140 m | ↘ 140 m | 17.7 km

4.30 h

Über den Kornberg

5

Zu den alten Steinbrüchen bei Wendelstein

Diese Tour im südwestlichsten Eck des Lorenzer Reichswaldes hat sowohl landschaftlich wie kunsthistorisch einiges zu bieten. Ausgehend vom sehenswerten Marktflecken Wendelstein folgen wir zunächst dem Verlauf der Schwarzach bis Neuses. Dort wenden wir uns nach Norden und steuern Kornburg an, wo uns ein malerisches Schloss sowie nette Einkehrmöglichkeiten erwarten. Weiter geht es dann auf einer idyllischen Passage längs des Alten Kanals bis Worzeldorf, bevor wir den anspruchsvollsten Part unserer Wanderung in Angriff nehmen – gilt es doch, den Kornberg zu bezwingen, wie der Höhenzug aus Worzeldorfer Berg, Glasersberg und Steinberg einst genannt wurde. Der Abbau des hier anstehenden Burgsandsteins hat in der Landschaft viele Narben hinterlassen. Der sogenannte Wendelsteiner Quarzit (auch Nürnberger Quarzit) war über Jahrhunderte ein begehrter Baustein in der Region. Heute sind die einstigen Abbaustellen ein Refugium für Farne, Moose und Flechten sowie für Berg- und Teichmolche, die in vielen kleinen Tümpeln ideale Lebensbedingungen vorfinden. Die Überquerung der bewaldeten Hügelkette in leichtem Auf und Ab bildet den absoluten Höhepunkt unserer Tour. Über das spektakuläre Wernloch geht es schließlich zurück nach Wendelstein.

Alter Kanal bei Worzeldorf.

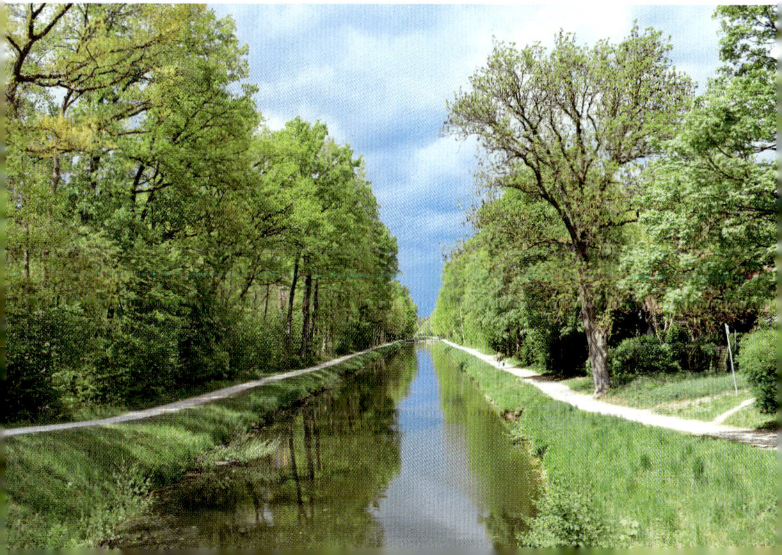

Ausgangspunkt: Markt Wendelstein, Hauptstraße beim Wendenbrunnen (Schöner Brunnen), 346 m. Mit U1 von Nürnberg Hbf bis Langwasser Mitte, von dort mit Bus 602 oder 610 bis Haltestelle »Wendelstein Altes Rathaus«. Kostenlose Parkplätze an der Ecke Nürnberger Str./Hauptstr. (Navi: 90530 Wendelstein, Nürnberger Str. 1).
Anforderungen: Wenige moderate An- und Abstiege. Überwiegend auf befestigten Wegen (Asphalt, Schotter), dafür verläuft die schönste Passage über den Kornberg auf naturbelassenen Pfaden. Auch mit Kindern empfehlenswert.
Markierung: Blaukreuz, Blaustrich, Rotkreuz, Blaustrich, Gelbstrich.
Einkehr: In Neuses: Zum weißen Roß (Tel. +49/9122/76414, www.weisses-ross-neuses.de). In Kornburg: Grüner Baum (Tel. +49/9129/5060, www.gasthof-bloedel.de), Weißes Lamm (Tel. +49/9129/28160, www.weisses-lamm.de). In Worzeldorf: Zirbelstube (Tel. +49/911/998820, www.zirbelstube.com). In Wendelstein: Goldener Stern (Tel. +49/9129/2229, www.flaschner-wendelstein.de), Zum Wenden (Tel. +49/9129/90130, www.hotel-zum-wenden.de).
Karte: ATK25 Blatt H09 Schwabach.
Variante: Von Worzeldorf mit »Rotkreuz« und »Grünpunkt« zum Steinbrüchlein, einem Waldgasthaus (www.steinbruechlein-biergarten.de), und von dort mit dem »Gelbstrich« zum Worzeldorfer Berg. Weiter wie beschrieben. (Tour verlängert sich um 3,3 km.)

Beim **Wendenbrunnen** in **Wendelstein** ❶ gibt uns die Blaukreuz-Markierung des Schwarzachtalweges die Richtung vor. Zunächst auf der Hauptstraße einige Meter ortsauswärts, dann links in den Enßerweg, der am Ortsende in einen Fußweg übergeht. Er führt uns über den weiten Wiesengrund der Schwarzach (hier lohnt ein Blick zurück auf die Ortsmitte von Wendelstein) hinweg bis zu einer Wandertafel an der Straße »In der Au«. Dort weiter mit dem »Blaukreuz« halb rechts und dann auf schönem Weg immerzu am Rande eines Wäldchens längs des Schwarzachgrundes bis zur schmucken Kapelle »Zur Heiligen Familie« am Ortsrand von **Sorg** ❷. Wer im Dorf das barocke Schlösschen näher in Augenschein nehmen möchte, muss einen kleinen Abstecher nach links machen, ansonsten bleiben wir geradeaus auf der Talstraße. Vor der Brücke über die Schwarzach biegen wir links in die Straße »Am Sillberg« ab, auf der wir Sorg verlassen und leicht aufwärts durch ein Wäldchen hindurch das benachbarte **Großschwarzenlohe** erreichen. Nun geht es über den langen Sorger Weg stetig hinunter zur Ortsmitte, wobei wir die Bergstraße queren und dann halb rechts in den Raubersrieder Weg abbiegen. Dieser mündet in die breite Rother Straße, der wir nach links folgen. Nach Überqueren eines Bächleins

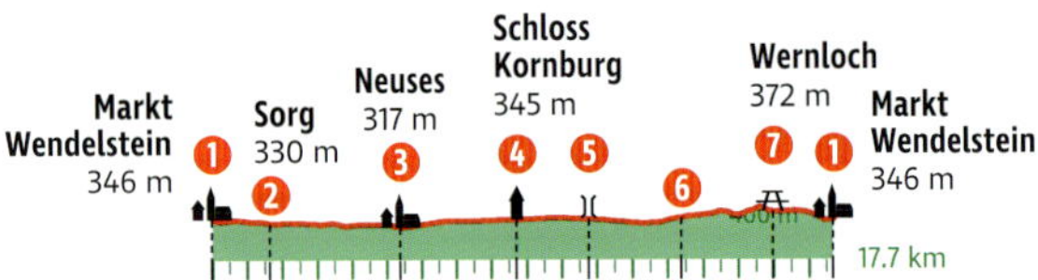

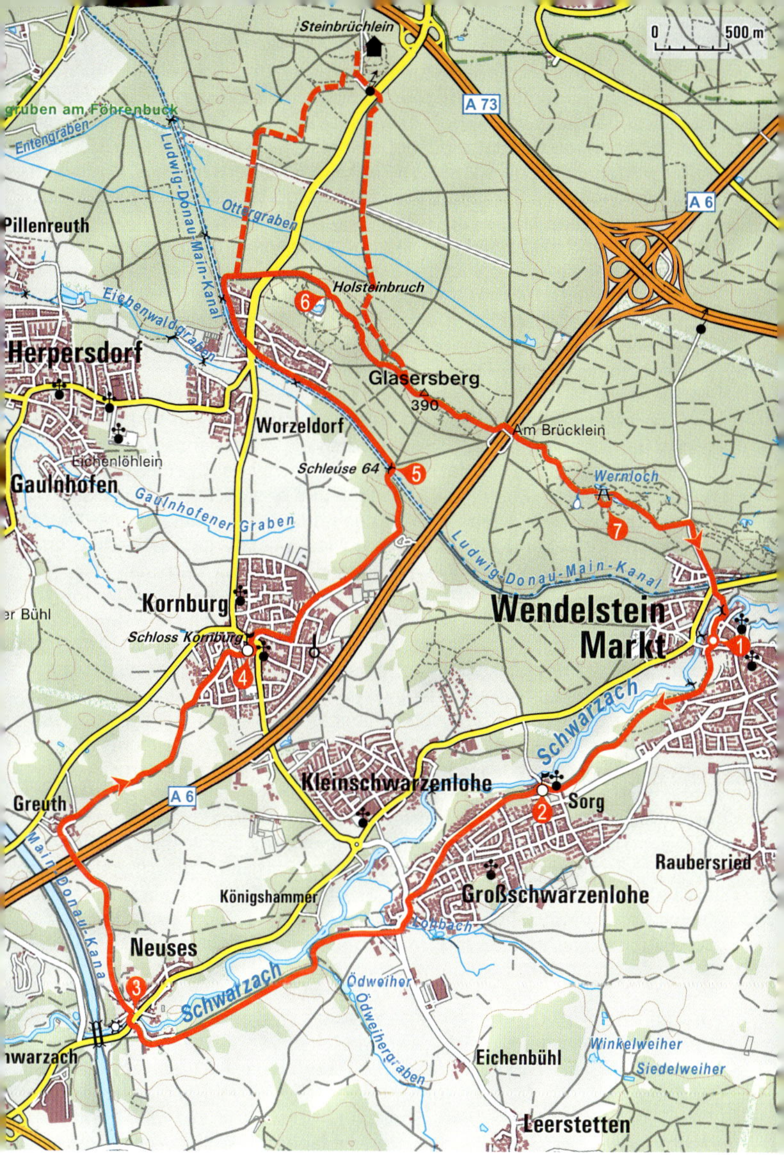
Steinbrüchlein
0
500 m
A 73
A 6
gruben am Föhrenbuck
Entengraben
Ludwig-Donau-Main-Kanal
Ottergraben
Pillenreuth
Holsteinbruch
6
Eichenwaldgraben
Herpersdorf
Glasersberg
390
Am Brücklein
Worzeldorf
Eichenlöhlein
Schleuse 64
5
Gaulnhofen
Wernloch
Gaulnhofener Graben
7
Ludwig-Donau-Main-Kanal
Kornburg
Wendelstein
Markt
er Bühl
Schloss Kornburg
1
4
Schwarzach
Kleinschwarzenlohe
Sorg
Greuth
A 6
2
Raubersried
Main-Donau-Kanal
Königshammer
Großschwarzenlohe
Lohbach
Neuses
Ödweiher
3
Schwarzach
Ödweihergraben
Winkelweiher
Siedelweiher
hwarzach
Eichenbühl
Leerstetten

gleich rechts und bei der Kreuzung am Flurdenkmal Schwedenkreuz geradeaus in den Schaftnacher Weg. Dann aus dem Ort hinaus auf die Feldflur und leicht hangabwärts vorbei am Wasserwerk. (Rechter Hand am anderen Ufer der Schwarzach liegt die Einöde Königshammer, in der ab 1200 eine Mühle betrieben wurde, später, um 1340, ein Hammerwerk.) Weiter abwärts gelangen wir in den Einschnitt des Ödweihergrabens, wo sich ein schöner Rastplatz für eine kurze Pause anbietet. Nun die Böschung hoch in ein Waldgebiet und etwas mehr als 1 km geradewegs in leichtem Auf und Ab durch das Nadelgehölz bis an den Ortsrand von Neuses. Dort rechts in den Hembacher Weg, der hinunter zur Penzendorfer Straße führt und auf ihr rechts über die Schwarzachbrücke. Hier in **Neuses** ❸ endet der Schwarzachtalweg, dafür orientieren wir uns nun am »Blaustrich« und biegen mit ihm links in die Greuther Straße ab.
Bei Hausnummer 2 gleich wieder rechts halten und auf einem Flurweg den Abhang hoch und aus dem Dorf hinaus. Oben durch ein Waldstück hindurch, dann über Felder und erneut durch ein Wäldchen, an dessen Ende wir bei einer Gabelung den linken Weg nehmen, der uns über die Feldflur zur A 6 bringt. Wir unterqueren die Autobahn und erreichen den Weiler **Greuth**, dessen Ortsbild von vielen Bauernhöfen und alten Backöfen geprägt wird. Dort rechts über den Katzwanger Weg wieder hinaus auf die Feldflur und nach etwa 500 m in einen Nadelwaldstreifen hinein. Darin bei einer Gabelung links halten und dem nächsten querenden Weg nach links folgen. Nach Verlassen des Waldes erneut über Felder und nach Unterqueren der Hochspannungsleitung bei einer Wegkreuzung rechts abbiegen. Am Ortsrand von Kornburg gleich links auf einen Fußweg einschwenken, der längs der Häuser an einem Acker entlang verläuft. Bei den drei Schwedenkreuzen geht unser Weg in die Römerstraße über, der wir nun ortseinwärts bis zur Einmündung der Florentiner Straße folgen. Hier biegen wir rechts ab und halten uns dann geradeaus in das Gässchen »Am Schlossgraben«. Rechter Hand passieren wir **Schloss Kornburg** ❹. Es lohnt sich unbedingt, mehr als einen Blick auf die Anlage zu werfen. Der im 13 Jh. erbaute Adelssitz ist von einem heute ausgetrockneten Wassergraben umgeben. Mehr als 300 Jahre lang gehörte das Anwesen der Nürnberger Patrizierfamilie Rieter, daher wird es auch Rieterschloss genannt. Heute befindet es sich in Privatbesitz (keine Besichtigung).
Wir gehen weiter in Richtung Hauptstraße, wo wir links abbiegen und die sehenswerte St.-Nikolaus-Kirche sowie das leider unlängst geschlossene Heimatmuseum passieren. Wem nach einer ausgiebigen Rast zumute ist, der findet in der Ortsmitte von Kornburg mit dem »Grünen Baum« und dem »Weißen Lamm« gleich zwei empfehlenswerte Gasthäuser. Ansonsten rechts in die Flockenstraße und dieser in einer Rechtsbiegung folgen und dann links in die Kellermannstraße. Auf ihr stetig geradeaus bis ans Orts- und Straßenende beim Sportplatz (Gaststätte des TSV Kornburg). Weiter geradeaus auf einem Schotterweg längs des Waldes, rechts von uns

verläuft die A 6 hinter einem Lärmschutzwall. Dann links in den Wald hinein – nach wie vor ist der »Blaustrich« unsere Markierung – und auf geschottertem Weg bis zur **Schleuse 64** 5 am **Alten Kanal**.
Dort wechseln wir über eine Brücke auf die andere Seite und biegen bei einem alten Schleusenwärterhäuschen links ab. Geführt von der Markierung »Rotkreuz« genießen wir die etwa 1 km lange idyllische Wegstrecke auf dem einstigen Treidelpfad längs der alten Wasserstraße bis hinein nach **Worzeldorf**. In der Ortsmitte überqueren wir die St 2406 (Spitzwegstraße) und passieren kurz danach den alten Kanalhafen, wo noch ein alter Verladekran steht. Früher wurden damit die Quader aus den nahen Steinbrüchen auf Kähne verladen und bis nach Nürnberg verschifft. Etwa 180 m weiter verlassen wir bei einem Abzweig den Kanal nach rechts in den Wald hinein. Ab hier übernimmt wieder der »Blaustrich« unsere Führung, denn »Rotkreuz« biegt nach wenigen Metern nach links ab (siehe Variante). Nach Überqueren der St 2406 (Vorsicht, starker Verkehr!) halten wir uns bei einem Parkplatz auf einem breiten Schotterweg weiter geradeaus in den Wald hinein und gelangen, vorbei an einer alten Schranke, an den Rand des **Holsteinbruchs** 6. Er ist der einzige von einst vielen Steinbrüchen, der heute noch in Betrieb ist. Nach wie vor gibt es in und um Nürnberg Bedarf am sogenannten Wendelsteiner Quarzit, einer besonders widerstandsfähigen Varietät des Burgsandsteins. Allein für die Restaurierung des Pellerhauses wurden in jüngster Zeit 900 Quader benötigt. Wer im Frühsommer hierher kommt, kann bei gutem Wetter das Quaken der seltenen Gelbbauchunke hören. Sie findet in den durch den Abbau entstehenden Wasserflächen ideale Lebensbedingungen.

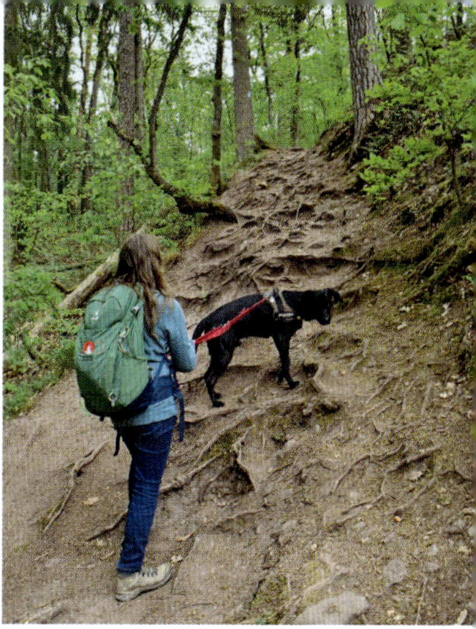

Ein Wurzelpfad führt hoch zum Glasersberg.

Weiter links hangaufwärts auf einem schönen Wurzelpfad; oben angekommen, ebenerdig durch den lichten Kiefernwald bis zu einer Gabelung, wo wir uns rechts halten. Nun stetig hangaufwärts bis zum Scheitelpunkt auf dem Worzeldorfer Berg, dann auf einem Pfad abwärts hinunter zu einem querenden Schotterweg. Hier links und bei der breiten Weggabel geradeaus halten, dann aber gleich rechts ab auf einen Pfad, der zunächst eine Biegung macht und dann immer geradeaus verläuft. Bei der nächsten Gabelung stößt von links der »Gelbstrich« hinzu, der uns nun zurück nach

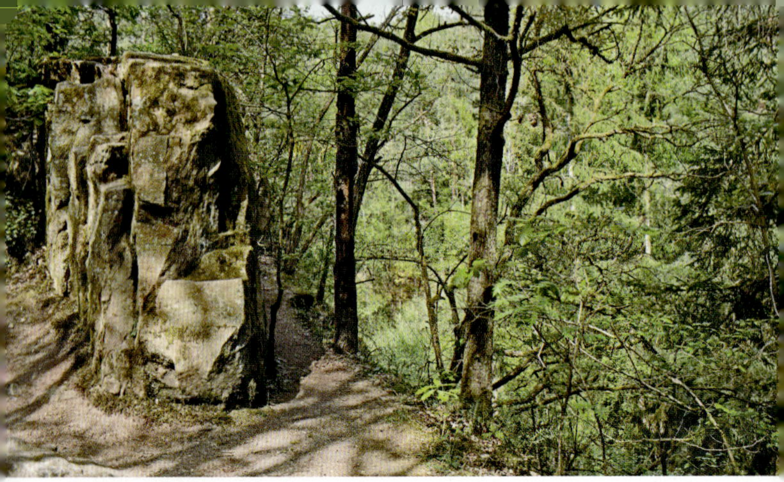

Oberhalb des Wernloches.

Wendelstein führen wird. Mit ihm biegen wir rechts ab und halten uns hangaufwärts hoch auf den **Glasersberg**, wo die alten Steinbrüche und Abraumhalden ein abwechslungsreiches Landschaftsbild formen. Beim nächsten Abzweig links, dann nach wenigen Metern in einer Rechtsbiegung bis zu einer Gabelung. Hier links und dann nach einer Rechtskehre stetig hangabwärts durch den Wald bis zu einer Wegspinne. Kurz dahinter erreichen wir den Waldrand, halten uns dort geradeaus und überqueren die A 6 auf einer Brücke. Danach zunächst einige Meter nach links, dann aber gleich wieder rechts auf einen breiten Schotterweg. Beim nächsten Abzweig rechts auf einen Pfad, der in leichtem Auf und Ab über den Steinberg verläuft. Bei einem Rastplatz erreichen wir die Oberkante des **Wernlochs** 7 – ein ehemaliger Steinbruch, an dessen Sohle sich zwei Weiher gebildet haben. (Vorsicht beim Hinunterblicken, Absturzgefahr!)
Zunächst verläuft der Weg oberhalb der alten Steinbruchkante, dann in einer Kehre daran vorbei und beschreibt unten eine Rechtskurve um einen dritten Weiher herum. Bei der nächsten Wegkreuzung mit dem »Gelbstrich« links ab und etwas mehr als 200 m geradeaus bis zu einem breiten Querweg. Hier rechts und auf diesem bis zu einem Parkplatz am Ortsrand von Wendelstein. Der Asphaltweg wird dort zu einem Sträßchen, das den Alten Kanal überquert (links von uns liegt der alte Kanalhafen von Wendelstein) und in die Nürnberger Straße (St 2239) mündet. Dieser einige Meter nach rechts folgen, dann auf die andere Straßenseite wechseln und dort links bei der Fußgängerampel in einen Fußweg, der auf einer Treppe hinunter zur Schwarzach führt. Beim Wehr den Fluss überqueren, dann rechts auf der Mühlstraße zurück zum **Wendenbrunnen** in **Wendelstein** 1.

↗ 80 m | ↘ 80 m | 13.5 km

3.30 h

Rund um den Schmausenbuck 6

Über den Valznerweiher nach Fischbach zum Pellerschloss

Seit Langem gehören der Valznerweiher und der Ort Fischbach zu den beliebten Ausflugszielen der Nürnberger. Die erste Etappe dieser Wanderung führt vom Tiergarten durch den Forst und entlang des Fischbaches zum gleichnamigen Stadtteil im Südosten. Als »Fischpekken« taucht die Siedlung 1339 erstmals in einer Urkunde auf. Das Dorf, in dem sich Nürnberger Patrizier Herrensitze bauen ließen, wurde mehrfach zerstört. Uns soll ein Blick auf das am Weg liegende Pellerschloss genügen. Über den Schüsselstein, die alten Nürnberger Steinbrüche und den Aussichtsturm am Schmausenbuck kehren wir zum Ausgangspunkt zurück.

Ausgangspunkt: Nürnberg, Haltestelle »Tiergarten«, 326 m. Ab Nürnberg Hbf mit Tram 5 bis zur Endstation. Oder S1 bis Mögeldorf, weiter mit Tram 5. Kostenlose Parkplätze am Tiergarten (Navi: 90480 Nürnberg, Schmausenbuckstraße oder Am Tiergarten).
Anforderungen: Moderate Steigungen und Abstiege. Über weite Strecken befestigte Feld- und Waldwege, im ersten und im letzten Drittel auch Wurzelpfade.
Markierung: Bethang-Weg, Blaupunkt, Blaustrich/Bethang-Weg.
Einkehr: Inselrestaurant Valzner Weiher (Tel. +49/911/404424, www.valznerweiher.de, So u Fei Reservierung empfohlen). In Fischbach: Zum Blauen Stern (Tel. +49/911/555555).
Karte: ATK25 Blatt G09 Nürnberg, Blatt G10 Lauf a. d. Pegnitz.
Hinweis: Der Aussichtsturm auf dem Schmausenbuck ist nur von Mai bis Sept. sonntags 13–17 Uhr geöffnet.
Tipp: Tiergarten (tiergarten.nuernberg.de). Der Nürnberger Tiergarten gehört mit 65 Hektar und ca. 280 Arten zu den großen europäischen Landschaftszoos. 2019 hatte er über 1,2 Mio. Besucher.

An der **Endhaltestelle Tiergarten** ❶ nehmen wir den Fußweg in südwestlicher Richtung, der nach ca. 300 m in die Straße mündet. Dort wenden wir uns nach rechts, gehen bis zur Bingstraße und überqueren sie. Nun wandern wir auf dem Fußweg mit der Markierung Bethang-Weg in Richtung Valznerweiher. (Der Rundwanderweg BETHANG erschliesst räumlich die Stadtutopie BETHANG des Künstlers Karsten Neumann zur Fusionierung von nürnBErg, fürTH und erlANGen. Das rote Gebilde zeigt das Städtedreieck, die drei roten Kreise symbolisieren Nürnberg, Fürth und Erlangen.)
Wir wandern durch Laubwald an der Akademie der Bildenden Künste vorbei, ignorieren alle Abzweigungen und steuern geradeaus auf den **Valznerweiher** ❷ mit seinem Inselrestaurant zu. Am Weiher biegen wir nach links zum Uferweg ab und gehen beim nächsten Abzweig über die Brücke erneut links in den Wald hinein. Das Gelände ist hier sumpfig. Hier und da werden Bachläufe und Tümpel sichtbar. Nach knapp 1 km stoßen wir auf eine breite Forststraße. Hier kurz links und mit den Markierungen Bethang-Weg und »Blaukreuz« rechts über die Brücke. Eine halbe Stunde später

erreichen wir den idyllischen **Eisweiher** und bald darauf werden links die ersten Häuser des Stadtteils **Fischbach** sichtbar. Wir wandern weiter geradeaus, vorbei an Wiesen, Brachflächen und Feldern, und gelangen in den Eisweiherweg, an dessen Ende das **Pellerschloss** 3 mit seinen vorkragenden Obergeschossen steht. Das schmucke Gebäude mit seinem kleinen Park wird heute für Kulturveranstaltungen genutzt.

Der Eisweiherweg mündet in die Straße Pellergasse. Der Bethang-Weg weist hier nach rechts; wir gehen stattdessen mit dem Zeichen »Blaupunkt« nach links, wandern durch die Siedlung und gelangen wieder in den Wald. Auf der Forststraße wandern wir gut 1 km zum **Schüsselstein** 4. Der etwa 10 m lange und ebenso breite Sandsteinfelsen ragt fünf Meter in die Höhe. Seinen Namen hat er, vermuten Heimatforscher, von mehreren schüsselartigen Vertiefungen, die sich bei Regen mit Wasser füllen. In vorgeschichtlicher Zeit diente der Monolith wohl kultischen Zwecken.

Wir folgen weiter der Forstraße, überqueren das Amtmannsbrücklein und biegen 50 m weiter, geleitet vom »Blaupunkt«, rechts in einen Pfad ein. Ca. 1,5 km wandern wir leicht ansteigend durch den Forst, bis wir auf einen Querweg stoßen – den mit »Blaustrich quer« markierten Anton-Leidinger-

Inselsrestaurant im Valzner Weiher.

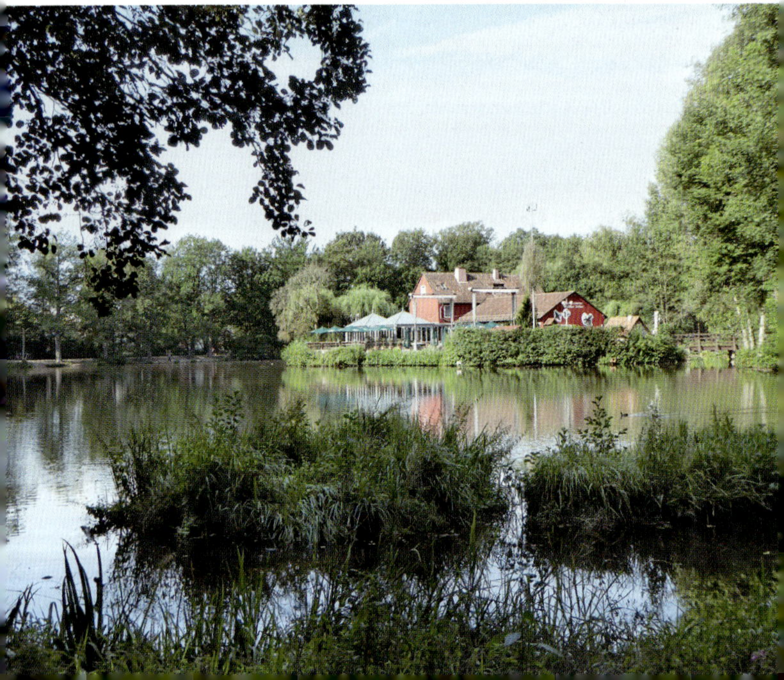

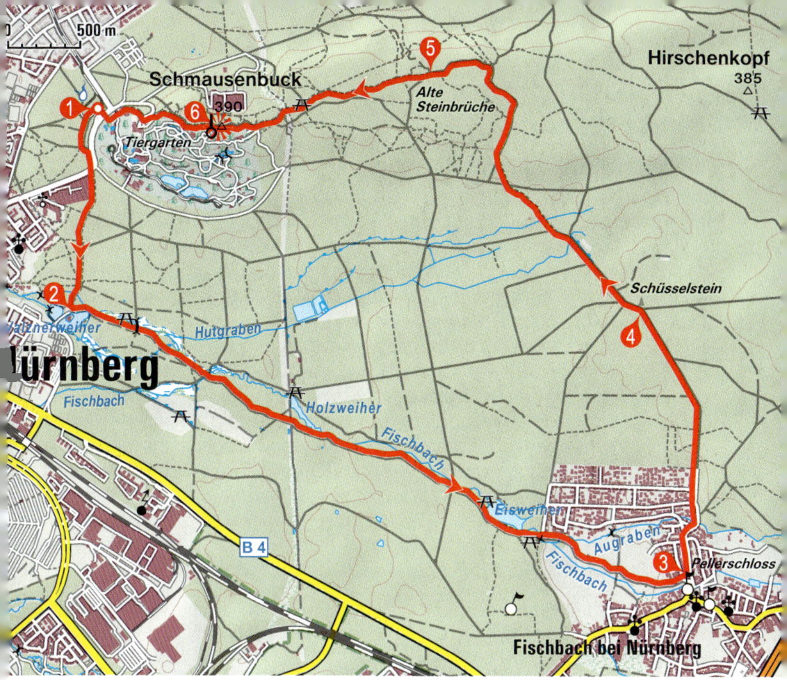

Weg. Wir biegen nach links und entdecken auch das Bethang-Zeichen wieder. Auf schmalen Pfaden wandern wir jetzt zu den **Alten Steinbrüchen** 5. Wer etwas genauer hinblickt, kann die Spuren der Werkzeuge erkennen, mit denen die Blöcke mühsam aus dem Fels gesägt und gehauen wurden. Bald erreichen wir den **Schmausenbuck** 6 mit seinem Turm. Der Schmausenbuck war schon im späten Mittelalter ein gerne besuchter Ort, weil sich hier die »Vogelherde« (Fallen für Singvögel) befanden. Wer die 135 Stufen des Aussichtsturms erklimmt, hat in 413 m Höhe einen fantastischen Blick auf den Reichswald und Teile der Stadt.
Durch herrlichen Laubwald geht es zurück zur **Haltestelle Tiergarten** 1.

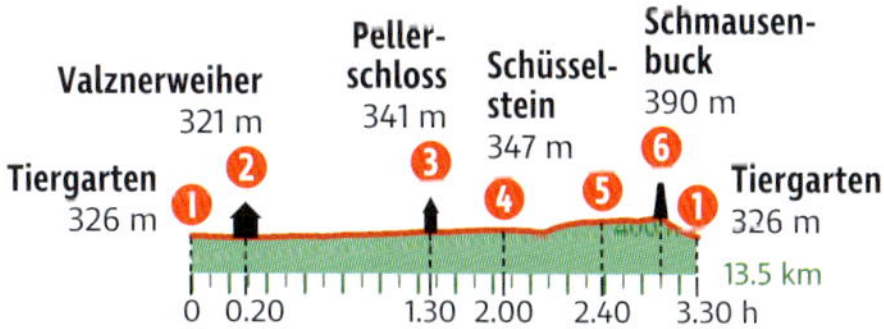

TOP

7

Durch die Schwarzachklamm

↗ 60 m | ↘ 60 m | 10.3 km

2.45 h

Zum Brückkanal und längs des Alten Kanals zurück

Eine grandiose Naturkulisse und ein eindrucksvolles Denkmal einstiger Ingenieurskunst lassen sich auf dieser kurzen, dafür äußerst erlebnisreichen Tour miteinander kombinieren. Die Durchquerung der knapp 2,5 km langen Schwarzachklamm ist nicht nur für Hobbygeologen purer Genuss, sondern auch für alle, die eine intakte Naturlandschaft zu schätzen wissen. Beeindruckend lässt sich hier studieren, wie sich die Schwarzach im Laufe der Zeit in den Burgsandstein eingeschnitten und dabei faszinierende Felsformationen herausgebildet hat. Im Kontrast dazu steht der zweite Abschnitt unserer Wanderung auf einem Treidelpfad längs des Alten Kanals (Ludwig-Donau-Main-Kanal). Entschleunigung sei die Devise auf unserem Weg vorbei an acht Schleusen und drei schmucken Schleusenwärterhäuschen längs des Ufers. Die alte Wasserstraße, erbaut von 1836 bis 1846, steht im Gegensatz zum ungezügelten Wirken der Naturkräfte und strahlt heute eine unglaubliche Ruhe aus. Was einst eine Meisterleistung der damaligen Ingenieure war, ist zu einem einmaligen Biotop und Technikdenkmal geworden – und zu einem El Dorado für Radfahrer, Spaziergänger und Wanderer.

Ausgangspunkt: S-Bahnhof Ochenbruck, 368 m. Von Nürnberg Hbf mit S3 Richtung Neumarkt erreichbar. Parkmöglichkeiten am Bahnhof (Navi: 90592 Schwarzenbruck-Ochenbruck, Am Bahnhof 3).
Anforderungen: Erlebnisreiche Wanderung ohne nennenswerte Höhenunterschiede. Zumeist auf geschotterten Wegen. Mit Kindern sehr empfehlenswert. Nach langen Regenfällen oder bei Eis und Schnee besteht Rutschgefahr in der Klamm!
Markierung: Blaupunkt, Blaukreuz/Fränkischer Dünenweg, weiße 5 auf Blau, Blaukreuz/Fränkischer Dünenweg, Blaupunkt.
Einkehr: Waldschänke Brückkanal (Tel. +49/9128/4326, www.brueckkanal.com).
Karte: ATK25 Blatt H10 Allersberg.
Tipp: Die Schwarzachklamm ist zu allen Jahreszeiten ein Erlebnis. In heißen Sommern ist es dort angenehm schattig, dafür lassen sich im Spätherbst und Winter die faszinierenden Felsformationen ohne Laubbedeckung viel besser betrachten.

Vom **S-Bahnhof Ochenbruck** ❶ gehen wir gegenüber der Unterführung geradeaus in den Fußweg durch das Wohngebiet, wo wir auf die Blaupunkt-Markierung stoßen. Sie führt uns in die Marienstraße, der wir in einem Rechtsbogen folgen. Auf einem Fußgängerüberweg überqueren wir die Frauenfeldstraße und halten auf die breite Regensburger Straße (B 8) zu. Dort einige Meter nach rechts, dann links durch die Unterführung. Nun links und über die Straße »Zum Wiesengrund«, die in einen Fußweg übergeht, hinunter in den Schwarzachgrund bis zu einem querenden Schotterweg. Hier biegen wir rechts ab und orientieren uns nun an der

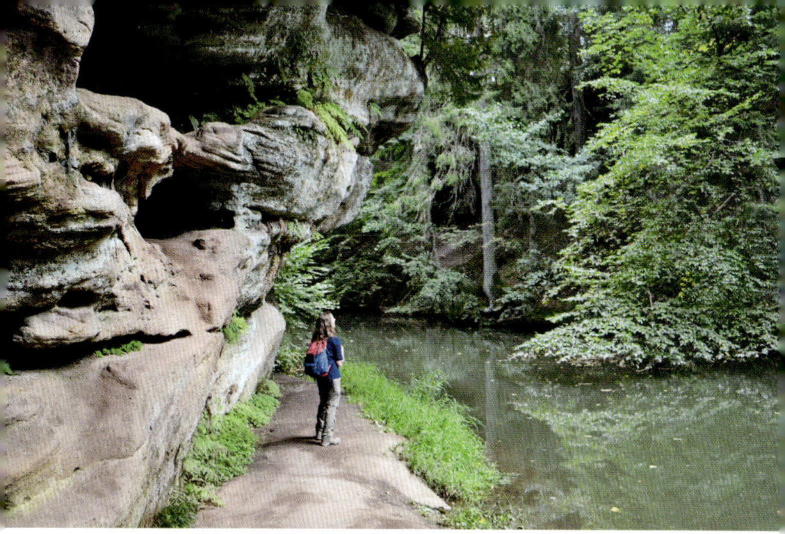

In der Schwarzachklamm.

Blaukreuz-Markierung des Schwarzachtalwegs und dem Symbol des Fränkischen Dünenwegs, die uns nun beide die Richtung bis zum Brückkanal vorgeben. Zunächst geht es ebenerdig über den Wiesengrund, dann leicht ansteigend längs des bewaldeten Abhangs an einem Zaun entlang. Beim nächsten Querweg einige Meter leicht abwärts nach links, dann gleich wieder rechts abbiegen. Unser Weg verläuft jetzt auf sandigem Untergrund direkt am Fluss entlang. Rechts von uns thront auf einem Felsen das sehenswerte **Petzenschloss**. (Wer es näher betrachten will, muss einen kleinen Abstecher nach rechts machen.) Von der gegenüberliegenden Flussseite grüßt das mondäne **Faberschloss** (erbaut 1883) herüber, heute ein Alten- und Pflegeheim. (Der stinkreiche Bleistiftfabrikant Lothar Freiherr von Faber ließ es angeblich errichten, um die verarmte Sippe derer von Petz im Schloss gegenüber zu ärgern.) In einem Rechtsbogen steuern wir auf die Schwarzachbrücke und die sie überquerende Dürrenhembacher Straße zu. Wir folgen der Straße ein Stück hangaufwärts nach rechts und biegen dann links in den Hirtenweg ab, wo erstmals ein Wegweiser auf die Schwarzachklamm aufmerksam macht. Am Ende des Sträßchens führt ein Fußweg die Uferböschung hinunter zu einem Steg, auf dem wir den Fluss überqueren. Dann rechts halten und nun

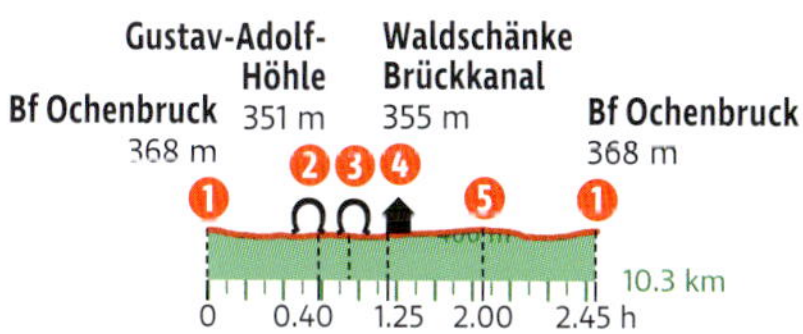

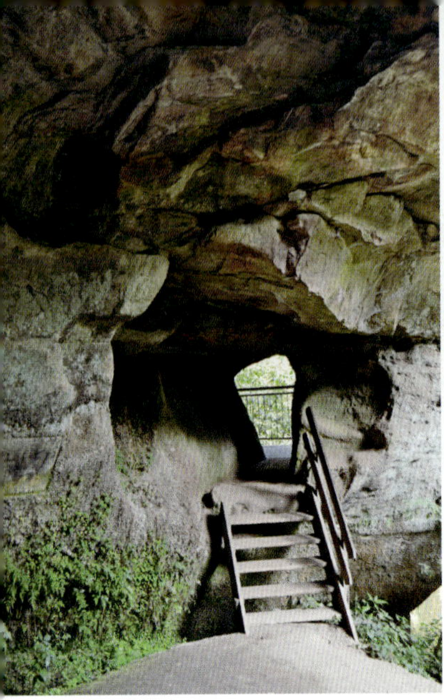

Da müssen wir durch.

immer am Waldrand entlang, der in etwa parallel zum Fluss verläuft. In der Flussbiegung knickt unser Weg nach links ab und führt auf einem weiteren Steg erneut über die Schwarzach. Vorbei an einem Sportgelände, tauchen endlich die ersten Felswände auf – wir haben den Zugang zur **Schwarzachklamm** erreicht. Zunächst geht es jedoch über ein größeres freies Areal. In der steilen Felswand rechts von uns erkennen wir höhlenartige Öffnungen und Mauerreste – Reste eines ehemaligen Granitschleifwerks. Kurz darauf erreichen wir die **Gustav-Adolf-Höhle** ❷, eigentlich nur eine Halbhöhle, die ihre Entstehung der Unterspülung des Ufers bei Hochwasser der Schwarzach verdankt. Die Namensgebung geht auf den Schwedenkönig Gustav-Adolf zurück, der hier im Dreißigjährigen Krieg im Jahr 1632 einen Feldgottesdienst abhalten ließ. Auf einer Erinnerungstafel ist zu lesen: »Hic fuit MDCXXXII« (»Hier war er 1632«). Gleich hinter der Höhle führt unser Weg durch einen Felsbogen, den die Erosion aus dem Sandstein herausmodelliert hat. Weiter an Felsen entlang, an denen häufig das Phänomen der sogenannten Wabenverwitterung studiert werden kann. Dann muss die Schlucht kurz verlassen werden, um die kleine Staustufe des Flusskraftwerkes Gsteinach (früher befand sich hier eine Papiermühle) zu umgehen. Dazu nehmen wir eine Treppe hoch zur Straße »Felsenweg«, gehen auf dieser etwa 200 m nach links und steigen dann auf einer zweiten Treppe wieder hinunter in die Klamm. Diese hat im weiteren Verlauf noch viel fürs Auge zu bieten, auch auf der gegenüberliegenden Uferböschung. Durch einen engen Felsdurchlass gelangen wir schließlich über eine kleine Holztreppe in die **Karlshöhle** ❸, die zweite durch Auswaschung entstandene große Halbhöhle in der Schwarzachklamm. In ihr plätschert eine Quelle und ihre Wände sind von Moosen und Flechten überzogen. Im Anschluss führt der Weg über einen Metallsteg, der an der Felswand angebracht wurde und teilweise direkt über dem Wasser verläuft. Danach weiter auf dem naturbelassenen Weg, der einige Meter vom Fluss wegführt und sich längs des bewaldeten Uferhanges entlangzieht. Schließlich rechts auf Treppenstufen, vorbei an einer Quelle, den bewaldeten Abhang hoch und oben auf

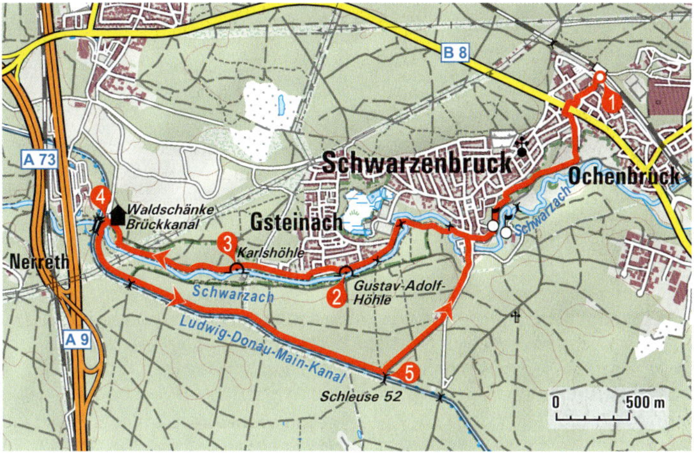

dem querenden Schotterweg links. Hier am Ende der Schwarzachklamm befindet sich bei der **Waldschänke Brückkanal** ❹ einer der schönsten Biergärten im Nürnberger Land. Dort sollte man nicht versäumen, einen Blick hinunter zum Architekturdenkmal Brückkanal zu werfen; auf dieser Trogbrücke überquert der **Alte Kanal** die Schwarzach 18 m über ihrem Tal auf einer Länge von 90 m und einer Spannweite von ca. 14 m.

Wir folgen nun hinter dem Biergarten der »weißen 5 auf Blau« (Wasserwirtschaftlicher Lehrpfad) über den Brückkanal hinweg immer am linken Kanalufer entlang. Auf dem alten Treidelweg passieren wir nun auf den nächsten 2 km insgesamt acht Schleusen und drei schmucke Schleusenwärterhäuschen. Außerdem vermitteln einige originell gestaltete Infotafeln viel Wissenswertes über den Alten Kanal. Unser erholsames Flanieren endet dann bei **Schleuse 52** ❺, wo wir nach links auf einen Schotterweg abbiegen. Der Wasserwirtschaftliche Lehrpfad (»weiße 5 auf Blau«) bringt uns zurück an den Ortsrand von Schwarzenbruck, wo wir die Schwarzachbrücke überqueren. Nach rechts geht es wie auf dem Herweg zurück zum **S-Bahnhof Ochenbruck** ❶.

Der Rückweg führt den Alten Kanal entlang.

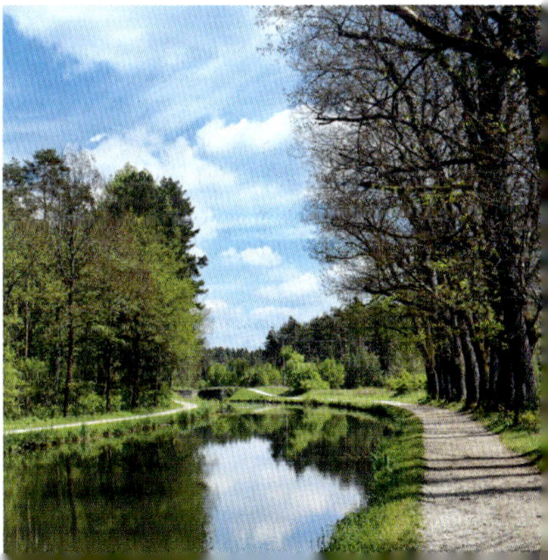

TOP

8

↗ 240 m | ↘ 240 m | 18.7 km

Von Altdorf zur Dünenlandschaft bei Weißenbrunn

5.00 h

Strand-Feeling mitten im Reichswald

Dass der Nürnberger Reichswald mehr oder weniger auf Sand gebaut ist, lässt sich auf dieser Tour unzweifelhaft nachvollziehen. Besonders eindrucksvoll zeigt sich die Sandlandschaft nördlich von Altdorf, wo bis zu 40 m hohe Sanddünen eines der größten Dünenfelder in Bayern bilden. Dabei mag es seltsam klingen, dass dieses Phänomen der letzten Eiszeit vor ca. 10.000 Jahren zu verdanken ist. Denn damals bliesen eiskalte Stürme aus den westlich gelegenen Sandsteinkeuper-Gebieten gigantische Sandmengen aus und lagerten sie unterhalb des Albanstieges wieder ab. In diesen Flugsandgebieten bildeten sich durch anhaltende Winde ausgedehnte Dünenfelder wie sie sonst nur in Wüstengebieten oder am Meer vorkommen. Charakteristisch für die trockenen und nährstoffarmen Böden ist eine karge Vegetation in Form ausgedehnter Kiefernwälder. Daneben bieten die wenigen verbliebenen freien Sandflächen einen einzigartigen Lebensraum für viele bedrohte Pflanzen und Tiere. Eine Tatsache, die dazu führte, das gesamte Gebiet unter Naturschutz zu stellen. Ausgehend von Altdorf wollen wir uns mit einem kleinen Umweg über Hegnenberg eine der faszinierendsten Landschaften im Nürnberger Osten erwandern.

Ausgangspunkt: S-Bahnhof Altdorf, 439 m. Von Nürnberg Hbf mit S2 (Endhaltestelle) erreichbar. Kostenlose Parkplätze am Bahnhof (Navi: 90518 Altdorf, Bahnhofstr. 20).
Anforderungen: Überwiegend moderate An- und Abstiege, lediglich der Anstieg von Hegnenberg auf den Ernhofer Berg ist etwas steiler. Teils auf geschotterten/geteerten Wegen, teils auf sandigen bzw. naturbelassenen Pfaden. Auch mit Kindern empfehlenswert (Ausdauer vorausgesetzt).
Markierung: Main-Donau-Weg, Frankenweg, Fränkischer Dünenweg, Rotkreuz, Rotpunkt, ohne Markierung, Fränkischer Dünenweg (auch Blaukreuz).
Einkehr: In Weißenbrunn: Zum Lindenhof (Tel. +49/9187/901869), Schwarzer Adler (Tel. +49/9187/959873, schwarzer-adler-weissenbrunn.jimdofree.com).
Karte: ATK25 Blatt G10 Lauf a. d. Pegnitz.
Tipp: Der 84 km lange Fränkische Dünenweg führt in fünf Etappen zu landschaftlichen und kulturhistorischen Highlights im südöstlichen Nürnberger Land (www.frankentourismus.de/wege/fraenkischer_duenenweg-885).

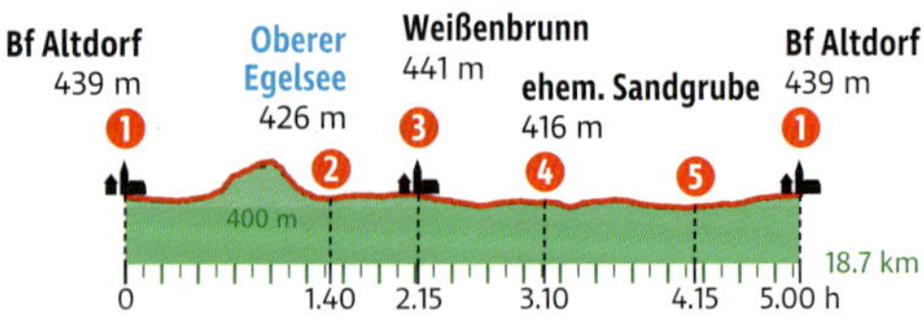

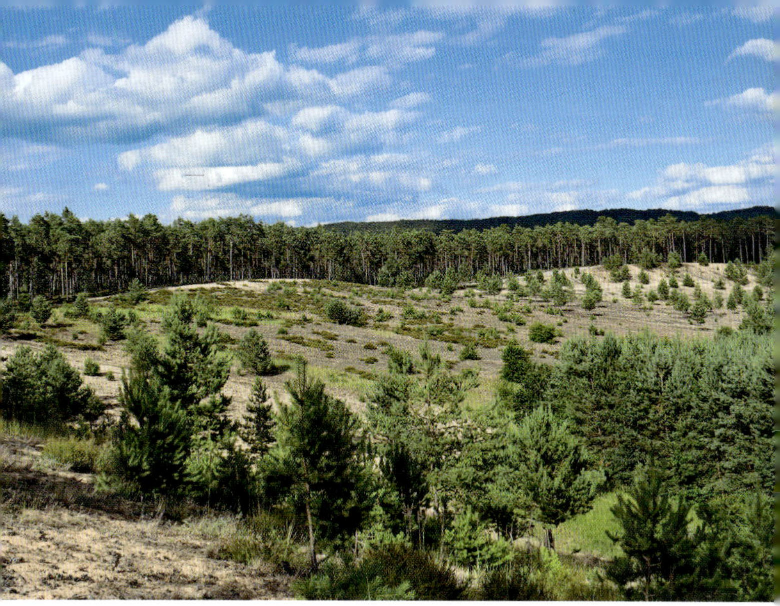

Der Sebalder Reichswald ist auf Sand gebaut.

Beim **S-Bahnhof Altdorf** ❶ gibt uns zunächst der Main-Donau-Weg die Richtung vor. Er führt uns links (südöstlich) über den Parkplatz und dann links in die Straße »Am Berglein«. Bei der Einmündung in die breite Riedener Straße stoßen wir auf den Frankenweg und folgen nun beiden Markierungen nach links. Am Ortsende links auf einen Schotterweg und nach wenigen Metern bei einer Gabelung an einer Pferdekoppel rechts. Dann durch eine Gartensiedlung und über ein querendes Sträßchen hinweg bis zu einer weiteren Gartensiedlung. Dort rechts auf einen Pfad und bei der nahen T-Kreuzung wieder links. Dann über den Röthenbach hinweg und immer geradewegs auf die A 6 zu, die wir durch eine Unterführung passieren. Auf einem Schotterweg in einer Linkskehre leicht aufwärts, dann gleich wieder rechts und jetzt auf einem schönen Grasweg geradlinq über Streuobst den Wiesenhang hoch nach **Hegnenberg**. Dort bietet sich uns beim Gasthaus zur schönen Aussicht (leider geschlossen) tatsächlich ein herrlicher Blick zurück auf Altdorf mit dem Dillberg links daneben.

Auf der Hauptstraße halten wir uns links bis ans Ortsende, wo wir links in einen unbefestigten Weg abbiegen, der zwischen zwei Grundstücken in den Wald hineinführt. Wir passieren rechter Hand in einer Felswand zwei alte Keller, dann geht es in einem schönen Hohlweg (Doggersandstein) stetig aufwärts durch den Wald. Oben auf dem Plateau bei einer Wegkreu-

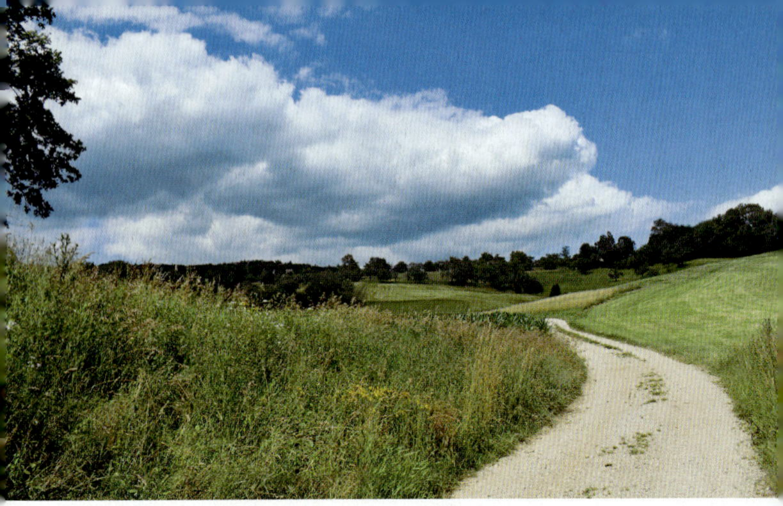

Unterwegs nach Hegnenberg.

zung (mit Wandertafel) halb links, nach wie vor geführt von den Symbolen des Main-Donau-Weges und des Frankenweges. Beim nächsten Querweg links und nun etwa 100 m an einer weiten Wiesen-Lichtung entlang, dann erneut in den Wald. Achtung: Kurz danach verabschieden wir uns bei der nächsten Wegkreuzung (Wandertafel) von unseren bisherigen Markierungen und wenden uns mit dem Fränkischen Dünenweg nach links. Zunächst geht es nur moderat abwärts, doch dann folgt eine längere, halbwegs steile Abwärtspassage (Rutschgefahr!) hinunter zu einem Querweg, der sich am Waldrand entlangzieht. Ihm folgen wir nach links und biegen nach etwa 200 m rechts ab. Stetig leicht abwärts, gelangen wir erneut zur A 6, deren Verkehrslärm schon länger zu hören war. Hier rechts und auf einem Pfad einige Meter längs der Autobahn. Unser Pfad mündet kurz vor der St 2240 in einen breiten Schotterweg, dem wir nach rechts folgen. Vorbei am **Oberen Egelsee** ❷, einem Waldtümpel umgeben von alten Eichenbäumen, nun immer auf dem gut markierten Weg bleiben, der ebenerdig durch den Wald verläuft.

Kurz hinter dem nur schwer zwischen den Bäumen wahrzunehmenden Unteren Egelsee biegt der Fränkische Dünenweg nach links ab; wir halten uns jedoch weiter geradeaus durch den Wald – bis nach **Weißenbrunn** ❸ ist jetzt das »Rotkreuz« unser Wanderzeichen. Im Ortszentrum (schöne Einkehrmöglichkeiten) links in die Hauptstraße und nun an der Rotpunkt-Markierung orientieren. Sie führt uns rechts in die Föhrenstraße und dann gleich wieder links in den Lehmweg, der uns aus dem Ort hinausbringt. Durch das Sportgelände hindurch über die Wiesenflur bis zur St 2240, die

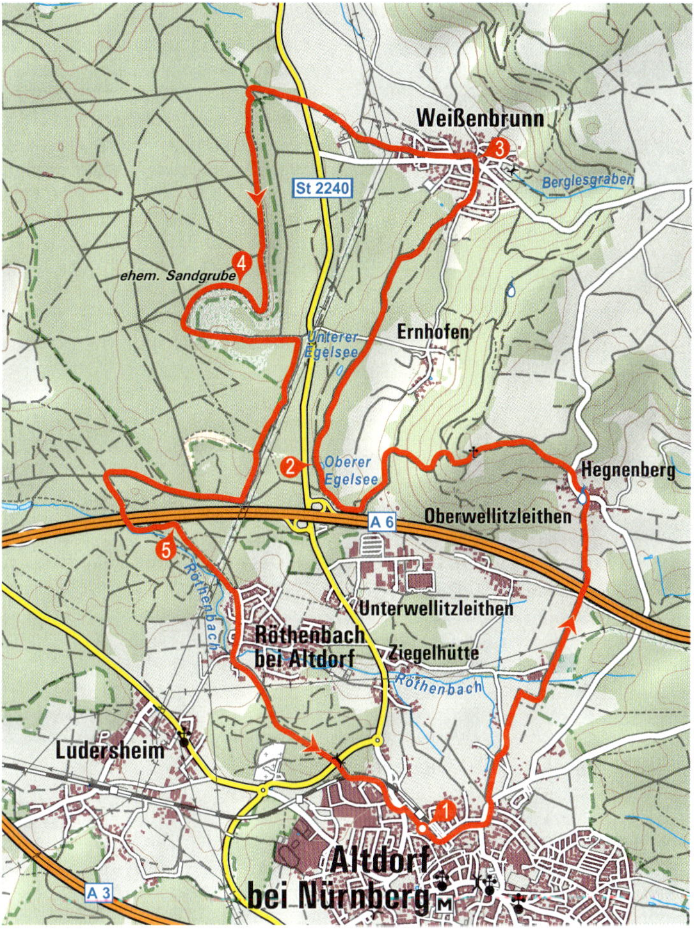

wir überqueren (Vorsicht, Verkehr!). Dann in den Wald hinein, wo unser Weg in einen breiten Schotterweg mündet. Achtung: »Rotpunkt« verläuft hier geradeaus weiter, wir biegen jedoch ohne Markierung links ab. Nach knapp 100 m rechts ab und sogleich wieder links auf einen Pfad, der sich an der Hangkante einer lang gestreckten Düne durch den Kiefernwald dahinzieht. Nicht zuletzt der sandige Boden unter unseren Wanderstiefeln sagt

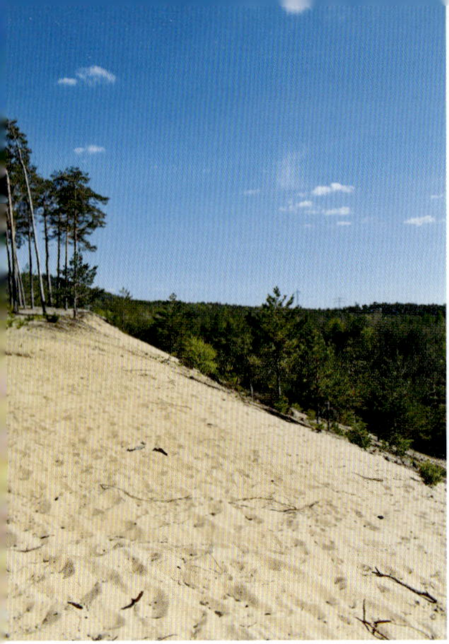

Wie am Strand, nur ohne Meer.

uns, dass wir endlich das **Dünengebiet** erreicht haben. Nach etwas mehr als 1 km, die wir längs des für Sandgebiete typischen »Steggerlaswaldes« gegangen sind, erreichen wir einen Rastplatz bei einem nach rechts abzweigenden Waldweg. In der Folge beschreibt unser Pfad eine enge Biegung nach rechts und wir stehen am Rande einer gigantischen Sanddüne – unter uns eine weitläufige **ehemalige Sandgrube** 4. Strand-Feeling mitten im Reichswald und Barfußwandern durch den warmen Sand macht auch ohne Meer Spaß! Immer am Dünenkamm entlang, können wir die einzigartige Vegetation dieses extrem trockenen (im Sommer kann der Boden bis zu 70°C heiß werden) und nährstoffarmen Standortes studieren: neben Silbergrasbüscheln immer wieder Besenginstergebüsche und Heidekraut-Zwergsträucher. Mit etwas Glück begegnet uns unterwegs auch einer der selten gewordenen Bewohner dieser Sandlandschaft wie die Blauflügelige Ödlandschrecke, der Walker oder die Goldwespe.

Bei einer Ruhebank können wir eine kurze Rast einlegen. Kurz danach links den Abhang hinunter und dann geradlinig an der Sohle der Grube auf einem Schotterweg durch den lichten Wald. Kurz vor der St 2240 stoßen wir erneut auf den Fränkischen Dünenweg, dem wir nach rechts folgen, zunächst durch den Wald, dann längs einer lang gezogenen Schneise für die Hochspannungsleitung. Es geht nun über sandigen Boden mit karger Vegetation bis kurz vor die A 6; dort rechts auf einen breiten Schotterweg und diesem stetig folgen. (Wer mag, biege beim nächsten abzweigenden Schotterweg rechts ab. Ein Abstecher von etwa 250 m führt zu einer weiteren Düne mit einer Infotafel zum Geotop Sanddünen.) Nach etwa 1 km biegen wir mit dem Fränkischen Dünenweg links auf einen Pfad ab, der hinunter in den Taleinschnitt des Röthenbaches führt. Wir unterqueren die A 6, überqueren den Bach und halten uns dann längs der nicht begehbaren **Röthenbachklamm** 5 hinein in den Ort **Röthenbach**. Über die Straße »Zur Röthenbachklamm« und die Röthenbacher Straße durchqueren wir den Ort. Durch das Röthenbacher Holz (Waldgebiet) hindurch, bringt uns schließlich der Fränkische Dünenweg wieder zurück nach Altdorf. Dort das Bahngleis unterqueren und links zurück zum **S-Bahnhof Altdorf** 1.

↗ 80 m | ↘ 80 m | 10.2 km

2.30 h

Im Tennenloher Forst

9

Vom Skulpturenpark zu den Wildpferden

Es mag seltsam klingen, aber im Tennenloher Forst, vor den Toren Erlangens, sind Wildpferde zu Hause. Nicht in freier Wildbahn, aber immerhin in einem fast 90 Hektar großen Freigehege. Es gehört zum Naturschutzgebiet Tennenloher Forst, das mit einer Fläche von 930 Hektar eines der größten in Bayern ist. Bis 1993 wurde das Gelände als militärischer Truppenübungsplatz, zuletzt von der US-Armee, genutzt. Dadurch entstanden offene Sandflächen, die für viele Tier- und Pflanzenarten ideale Lebensbedingungen bieten. Mit dem Abzug der Amerikaner verschwanden auch die Panzer, die die Sandmagerrasen und Heiden offen hielten. Seit 2003 sorgt nun eine kleine Junghengst-Herde der seltenen Przewalski-Pferde dafür, dass die steppenartige Landschaft erhalten bleibt. Die Przewalski-Pferde hielt man lange für die letzten echten Urwildpferde, nach neuesten Erkenntnissen waren ihre Vorfahren aber domestiziert. Seit Anfang der 1970er-Jahre galten sie in der Natur als ausgestorben und nur wenige Individuen überlebten in Zoos. Dort konnte der weltweite Bestand durch gezielte Nachzucht auf aktuell rund 2000 Tiere erhöht werden. Durch Auswilderungen sollen die Przewalski-Pferde wieder in ihrer ursprünglichen Heimat in Kasachstan und in der Mongolei neu angesiedelt werden. Auch die Junghengste vom Tennenloher Forst sollen einmal dorthin zurückkehren. Aber noch haben wir genügend Zeit, um ihnen einen Besuch abzustatten. Auf dem Weg zu ihnen können wir längs des Weges einige moderne Kunstwerke ebenso bestaunen wie zahlreiche historische und teils neu geschaffene Flurdenkmale. Aber die Wildpferde sind natürlich eindeutig die Stars auf unserer Wanderung.

Ausgangspunkt: Erlangen-Tennenlohe, Bushaltestelle »Skulpturenpark«, 292 m. Erreichbar mit Bus 20 (Erlangen Arcaden – Nürnberg Am Wegfeld). Parkplätze vorhanden (Navi: 91058 Erlangen-Tennenlohe, Sebastianstr. 1).
Anforderungen: Leichte Wanderung ohne nennenswerte Steigungen auf zumeist geschotterten Waldwegen. Auch mit Kindern empfehlenswert.
Markierung: Ohne Markierung, Rotkreuz, Grünkreuz, Blaukreuz, Grünstrich, Rotkreuz, ohne Markierung.
Einkehr: Unterwegs keine. Am Ausgangspunkt: Restaurant zur Wied (Tel. +49/9131/601201, www.restaurantzurwied.de). Café im Walderlebniszent-

Przewalski-Pferd im Tennenloher Forst.

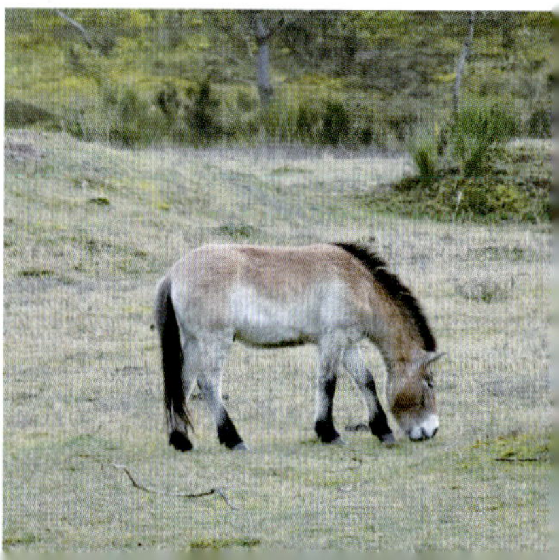

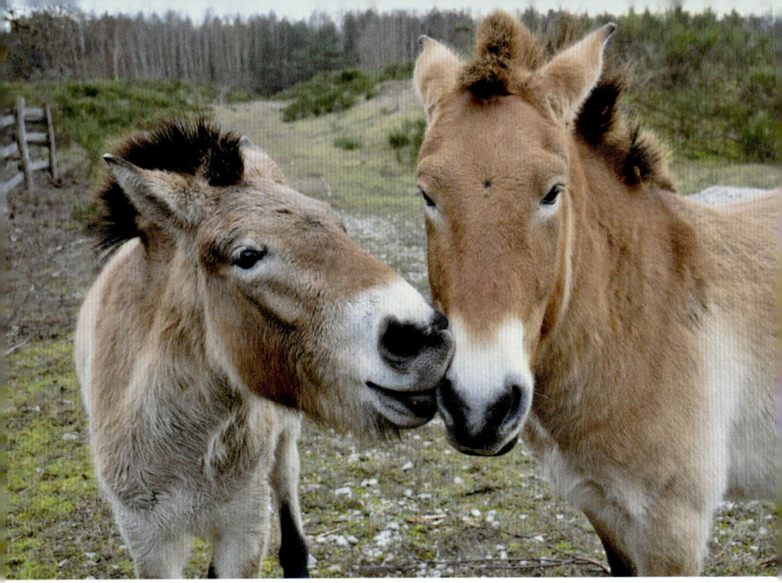

Manchmal kommen die Wildpferde nahe an die Einzäunung.

rum (Tel. +49/9131/604640, www.noris-gastro.de/waldcafe).
Karte: ATK25 Blatt F09 Erlangen.
Hinweis: Weitere Informationen zu den Wildpferden auf www.wildpferde-tennenlohe.de. Die Tiere nicht füttern, und Hunde an die Leine nehmen!
Variante: Nicht nur für Familien mit Kindern bietet sich als kleine Zugabe ein Abstecher ins nahe gelegene Walderlebniszentrum an (www.aelf-fu.bayern.de). Es gibt mehrere Themenhäuser, einen Naturerlebnispfad und ein Café. Von der Bushaltestelle »Skulpturenpark« längs der Sebastianstraße ortsauswärts und gleich hinter dem Sportgelände links in den Wald.

Von der **Bushaltestelle Tennenlohe Skulpturenpark** ❶ gehen wir längs der Sebastianstraße einige Meter in Richtung Süden, passieren den Skulpturenpark und einen Weiher und biegen dann beim Feuerwehrhaus links auf einen Fußweg ab. Nun führt uns das Wegzeichen »Rotkreuz« auf einem Fußgängersteg über die breite B 4 hinweg zu einem querenden Schotterweg am Rand des Tennenloher Forstes. Hier halten wir uns bei einer originellen Infotafel zu den Wildpferden mit der Markierung »Grünkreuz« nach links. Nach etwa 200 m bei einem Stahlkunstwerk rechts ab und in den Wald hinein. Nun dem breiten, Heuweg genannten, Schotterweg immer geradeaus folgen,

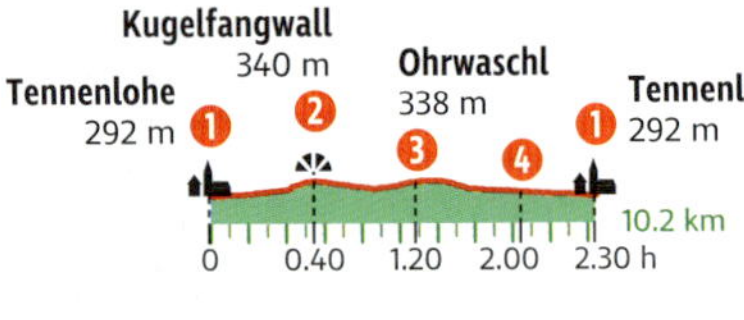

vorbei an diversen Kunstwerken des Skulpturenweges, bis zum Flurdenkmal Quellstein. Gleich danach beginnt das weitläufige **Wildgehege**, an dessen Holzgatter wir nun etwas mehr als 1 km entlangwandern. Mit etwas Glück lassen sich auch einige der Wildpferdhengste in dem riesigen Areal blicken; wenn Gebietsbetreuer in der Nähe sind, kommen sie manchmal sogar ans Gatter und können aus nächster Nähe betrachtet werden. Neben den Pferden beweidet auch eine Herde Pfauenziegen, eine seltene Schweizer Ziegenrasse, die Sandmagerrasen und Heideflächen und verhindert dadurch eine Verbuschung dieses seltenen Sandökosystems.
Bei der Infotafel der Deutschen Bahn wechseln wir auf einen schmalen Pfad, der sich rechts an der Böschung hochzieht und dann direkt am Holzgatter des Wildgeheges entlang verläuft. Von dieser etwas höher gelegenen Warte lässt sich das Gelände besser überblicken, aber nach etwa 200 m kehren wir auf den breiten Schotterweg zurück. Nun ist es nicht mehr weit bis zum **Weißen Kreuz**, einem weiteren der vielen Flurdenkmale im Sebalder Reichswald. Hier lohnt sich ein Abstecher nach rechts hinauf auf den riesigen **Kugelfangwall** ❷ des ehemaligen Manövergeländes. Von seinem Topp bietet sich uns eine tolle Aussicht nach Westen (Fürth, Nürnberg mit Burg, Fernsehturm und Businesstower) und nach Osten (Erlangen, Marloffstein, Neunkirchen am Brand) sowie über das Areal des Wildgeheges zu unseren Füßen.
Dann wieder zurück auf unseren Grünkreuz-Weg und weiter längs des Holzgatters bis in den Wald hinein. Dort knickt der Zaun nach etwa 150 m nach rechts ab, wir bleiben aber weiter geradeaus auf unserem Weg. Bei der fol-

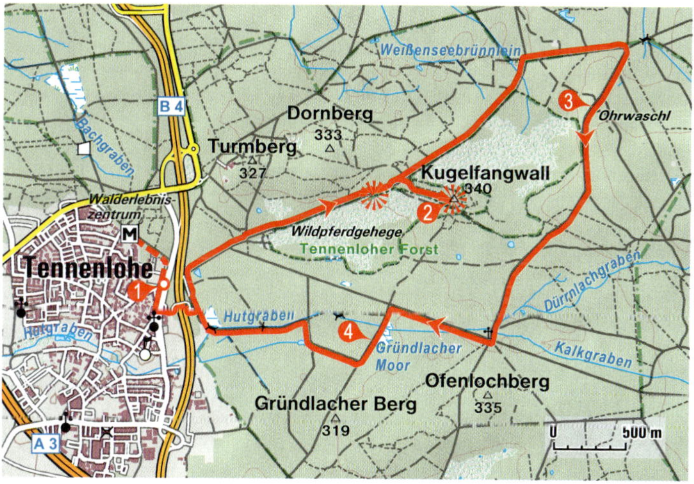

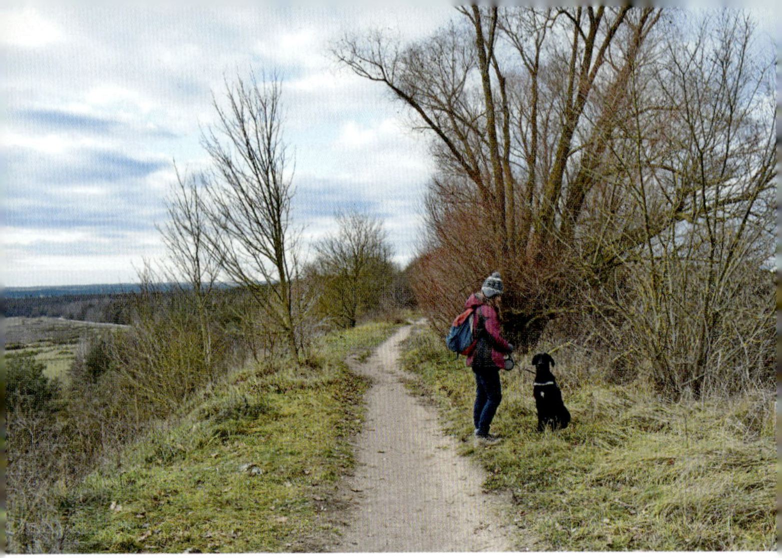

Auf dem Kugelfangwall.

genden Wegkreuzung rechts ab und jetzt mit »Blaukreuz« geradlinig durch den Wald. Vorbei am Flurdenkmal Hundstein, gelangen wir zu einer Wegspinne bei einer Ruhebank und einer weiteren Infotafel zu den Wildpferden. Hier biegen wir rechts ab und folgen nun der Markierung »Grünstrich«. Nach knapp 500 m machen wir einen kleinen Abstecher nach links zum **Ohrwaschl** ❸, einem alten Sandsteinbruch, wo sich früher ein beliebtes Ausflugslokal befunden hat. Ein alter Keller ist noch gut in einer Felswand zu erkennen. Zurück auf dem Hauptweg, tangieren wir kurz darauf erneut das Wildgehege und gehen einige Meter am Holzgatter entlang, das dann wieder nach rechts abzweigt. Der »Grünstrich« führt uns nun kontinuierlich durch den Forst, bis wir eine Wegspinne bei der Martersäule **Maulaufreißer** erreichen. Ab hier übernimmt das »Rotkreuz« unsere Führung zurück nach Tennenlohe. Wir biegen rechts ab und gehen dann etwa 250 m geradeaus über den Hutgraben hinweg bis zu einer weiteren Wegkreuzung. Dort links halten, erneut über den Hutgraben und beim **Gründlacher Moor** ❹ eine Pause einlegen und sich von der Infotafel über den Artenreichtum dieses Biotops aufklären lassen.

Beim ersten Abzweig danach rechts bis zum Flurdenkmal Hirschstein und dort links abbiegen. Dann längs des Hutgrabens geradeaus und schließlich in einer Rechtskehre zurück zum Abzweig bei der ersten Infotafel zu den Wildpferden. Von hier wie auf dem Herweg über die B 4 zurück zur **Bushaltestelle Tennenlohe Skulpturenpark** ❶.

↗ 80 m | ↘ 140 m | 10.6 km

2.45 h

Von Kalchreuth nach Heroldsberg 10

Durch Kirschhaine und Schluchten

Die reizvolle Landschaft um Kalchreuth mit ihren Obsthainen, Schluchten und Wäldern zog die Nürnberger schon zu Dürers Zeiten an. Daran hat sich nichts geändert. Das ganze Jahr über, besonders während der Kirschblüte, ist der Höhenrücken um den Ort auch deshalb ein beliebtes Ausflugsziel, weil traditionsreiche Gasthäuser und im Sommer der Felsenkeller locken. Etappenziele dieser Wanderung sind die Schluchten mit der Dürerquelle, dem Teufelsgraben und dem Stettenbach. Belegt ist, dass Dürer mehrfach im Hallerschloss zu Gast war. Während seiner Besuche entstanden zwei Aquarelle, die kunsthistorisch bedeutend sind, weil Landschaftsbilder damals in Deutschland etwas Neues waren: »Tal bei Kalchreuth« (um 1495–1500) und »Ansicht des Dorfes Kalchreuth« (um 1511).

Ausgangspunkt: Bahnhof Kalchreuth, 413 m. Von Nürnberg Hbf mit U2 Richtung Flughafen/Ziegelstein bis Nordostbahnhof, weiter mit RB (Gräfenbergbahn). Kostenlose P+R-Parkplätze am Bahnhof (Navi: 90562 Kalchreuth, Bahnhofstr. 2).
Endpunkt: Bahnhof Heroldsberg, 350 m. Mit RB bis Nürnberg Nordostbahnhof weiter mit U2 bis Nürnberg Hbf. Oder Rückfahrt mit RB zum Bahnhof Kalchreuth.
Anforderungen: Moderate Anstiege. Geschotterte Feld- und Waldwege, um und in den Schluchten schmale Pfade.
Markierung: Gelbpunkt, Kirsche, Grünring, Rotpunkt.
Einkehr: In Kalchreuth: Roter Ochse (Tel. +49/911/5180917, www.roter-ochse-kalchreuth.de), Landgasthof Meisel (Tel. +49/911/5626956, landgasthof-meisel.de), Drei Linden (Tel. +49/911/5188479, www.gasthausdreilinden.de). Felsenkeller (Tel. +49/911/5180868, www.landgasthof-sussner-kalchreuth.de). In Heroldsberg: Freihardt (Tel. +49/911/5180805, www.freihardt.com).
Karte: ATK 25 Blatt F09 Erlangen.
Variante: Rückkehr nach Kalchreuth (5 km länger). Wo der Schimmelleitenweg in Heroldsberg auf die Straße »Am Bühl« trifft, nach links und mit dem Zeichen »schwarz-grüner Triebwagen« über die Fluren zurück zum Bahnhof Kalchreuth.

Vom **Bahnhof Kalchreuth** ❶ geht es rechts auf die Bahnhofstraße und an der Schulstraße links. Hier wird auch die Markierung »Gelbpunkt« sichtbar, der wir nun folgen. Über die Weißgasse, vorbei am Gasthaus Roter Ochse, kommen wir zum Dorfplatz. Unser Zeichen weist geradeaus in eine schmale Gasse (Rosenwinkel) – zuvor empfiehlt sich aber links noch ein Abstecher zur **Pfarrkirche St. Andreas** wegen ihrer spätgotischen Kunstwerke. Der Hochaltar wird der Werkstatt Michael Wolgemuts zugeschrieben, bei dem Albrecht Dürer gelernt hat. Das Sakramentshäuschen stammt wohl von Adam Kraft. Bemerkenswert ist die vollständig erhaltene Apostelgruppe aus Ton (14. Jh.). Neben der Kirche steht das **Hallerschloss**, in dem Dürer mehrfach zu Gast war.

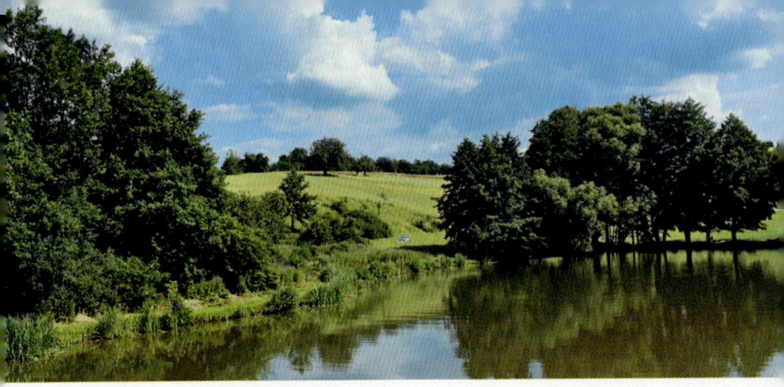

Der Sklavensee unterhalb von Kalchreuth.

Zurück auf dem Dorfplatz (links der Landgasthof Meisel), wandern wir mit »Gelbpunkt« durch den Rosenwinkel ortsauswärts. Hinter den letzten Häusern bieten sich weite Ausblicke in die Fränkische Schweiz. Hier beginnt ein Lehrpfad, der über eine Kalchreuther Spezialität informiert: die Kirschen. Wir queren die Straße Kalchreuth–Dormitz, wenden uns gut 100 Meter weiter an einem Holzgeländer nach rechts und steigen (mit dem Zeichen »Kirsche«) erst ein paar Stufen und schließlich den Pfad hinunter zum **Sklavensee** 2. Auf dem Fisch-Lehrpfad machen wir einen halben Bogen um den Weiher und gehen an der Wegtafel mit »Grünring« auf der Kalchreuther Panoramarunde nach links Richtung Felsenkeller. Der geschotterte Weg verengt sich am Eingang der Schlucht zum Pfad und führt hinunter zur **Dürerquelle** 3. Ob Dürers Federzeichnung »Quelle im Wald mit Antonius und Paulus« tatsächlich von dem Rinnsal im Kehlgraben inspiriert wurde, lässt sich nicht belegen. An der Quelle verlassen wir den »Grünring« und gehen mit »Rotpunkt«, der uns bis Heroldsberg begleitet, hoch zum Querweg. Hier halten wir uns links. Der Weg steigt sanft bergan und führt in einem weiten Linksbogen um die Untere Heide. Am nächsten Hauptweg wenden wir uns nach rechts und nehmen dann die zweite Abzweigung nach links. Entlang des Säuerlesgrabens wandern wir durch den streckenweise von Nadelbäumen dominierten Forst, queren die Straße Nürnberg–Kalchreuth und steigen hoch zum Rand des Teufelsgrabens, einer Schlucht, die zum **Felsenkeller** 4 führt. Wir steigen in die Schlucht hinab, überqueren sie auf der Brücke und steigen auf der anderen Seite wieder hoch. Oben rechts am Waldrand entlang, dann links und tief in den Forst hinein. Der Pfad führt auf einen Waldweg; bald

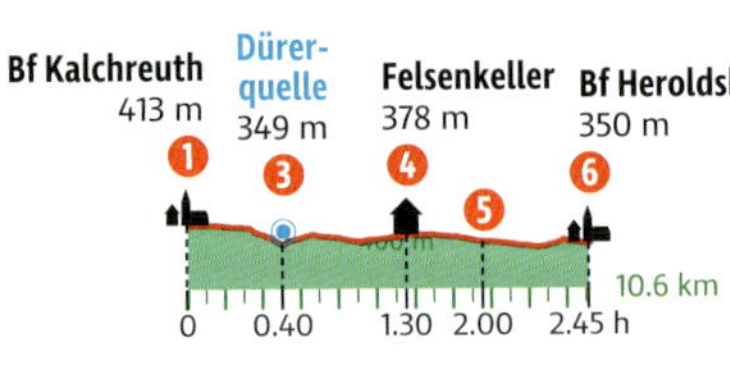

darauf überqueren wir die Straße Buchenbühl–Kalchreuth und biegen nach 300 m links auf einen Wurzelpfad, der uns zum felsigen Einschnitt der **Stettenbachschlucht** 5 führt. Der Pfad mündet nach rund 10 Min. in einen Forstweg, hier geht es nach rechts. Ein paar Schritte weiter passieren wir einen Grabhügel (grünes Schild) aus der Urnenfelderzeit (1300–800 v. Chr.). An der Kreuzung mit dem Rastplatz halten wir uns links und wandern geradeaus bis zum Naturdenkmal **Grenzbuche**, einem Methusalem unter den Laubbäumen dieses Forstbezirks. Der »Rotpunkt« zeigt nach links. Es geht an zwei Weihern vorbei und an der Verzweigung nach links. Die Laubbäume machen vermehrt Föhren und Fichten Platz, der Weg wird zum Wurzelpfad. Nach etwa 10 Min. gelangen wir zum Waldrand (links ein Trafohäuschen) und stoßen in Heroldsberg auf den Schimmelleitenweg. Ihm folgen wir rechts abwärts bis zur Straße »Am Bühl«, hier wieder rechts parallel zu den Schienen zum **Bahnhof Heroldsberg** 6.

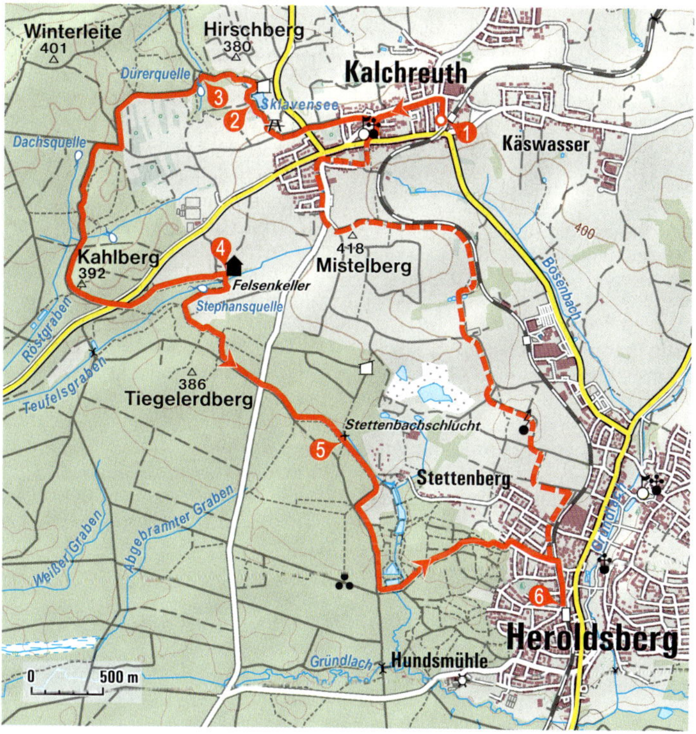

↗ 110 m | ↘ 120 m | 13.4 km

11 Durch die Bitterbachschlucht

3.30 h

Alte Kirchen, malerische Dörfer und frühere Herrensitze

Das waldreiche Hügelland zwischen Eckental und Lauf im Nordosten Nürnbergs gehört zu den Wandergebieten, die am Wochenende stark frequentiert sind. Kein Wunder: Diese Region ist durch den Fränkischen Albverein gut erschlossen. Unser Tourenvorschlag vereint, was sich jeder von einem Ausflug wünscht: Natur, Kultur und Möglichkeiten zur Einkehr. Wir gehen durch Schluchten bei Neunhof und Lauf-Rudolfshof und kommen zu kulturhistorischen Kleinoden – der Kirche in Beerbach und der Kaiserburg in Lauf. Unterwegs und am Zielort locken traditionsreiche Gaststätten.

Ausgangspunkt: Bahnhof Eschenau (Mittelfranken), 345 m. Von Nürnberg Hbf mit U2 Richtung Flughafen/Ziegelstein bis Nordostbahnhof, weiter mit RB (Gräfenbergbahn). Kostenlose Parkplätze am Bahnhof (Navi: 90542 Eckental, Neunkirchener Str. 7).
Endpunkt: Bahnhof Lauf rechts der Pegnitz, 327 m. Mit RB bis Nürnberg Hbf. Rückfahrt zum Bf Eschenau mit Rufbus 344 möglich (Voranmeldung erforderlich, Tel. +49/9123/12788).
Anforderungen: Geschotterte, auf kurzen Strecken geteerte Feld- und Waldwege, in den Schluchten und im Forst teilweise Wurzelpfade. Moderate Auf- und Abstiege. Am Bitterbach bei Nässe Rutschgefahr.
Markierung: Gelbkreuz, Rotpunkt, Rotkreuz, ohne Markierung, Goldene Straße.
Einkehr: In Neunhof: Brauereigasthof Wiethaler (Tel. +49/9126/5460, www.brauerei-wiethaler.de). In Nuschelberg: Hallerschlösschen (Tel. +49/9123/3396, www.hallerschloesschen.de). In Lauf: Altes Rathaus (Tel. +49/9123/2700, www.altes-rathaus-lauf.de), Gasthof zur Post (Tel. +49/9123/9590, www.hotelzurpost-lauf.de).
Karte: ATK25 Blatt F10 Eckental, Blatt G10 Lauf a. d. Pegnitz.

Vom **Bahnhof Eschenau** ❶ mit »Gelbkreuz« auf der Bahnhofstraße zur Hauptstraße, dort links und schon nach 100 m rechts in die Laufer Straße einbiegen. Kurz darauf erneut rechts (Tauchersreuther Straße) und durch die Neubausiedlung zum Ortsrand. An der Kreuzung geradeaus (geschotterter Weg) auf den Wald zu. An einer Verzweigung halten wir uns links und kommen nach wenigen Schritten in den Forst. Wir durchqueren eine Senke und gelangen am Waldrand auf eine Hochebene. Bald wird links eine Kirchturmspitze sichtbar – unser erstes Ziel. Immer geradeaus bis

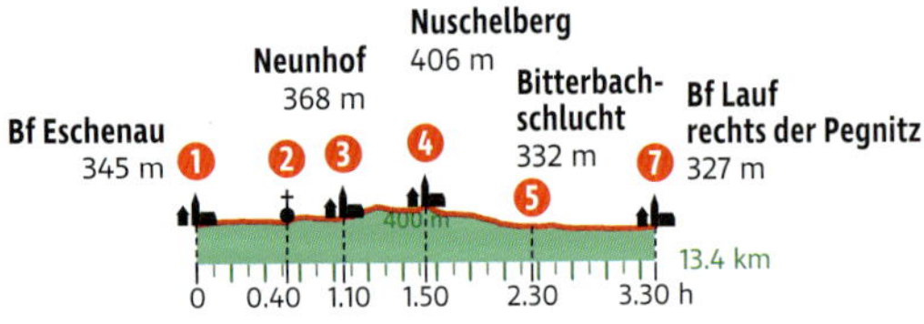

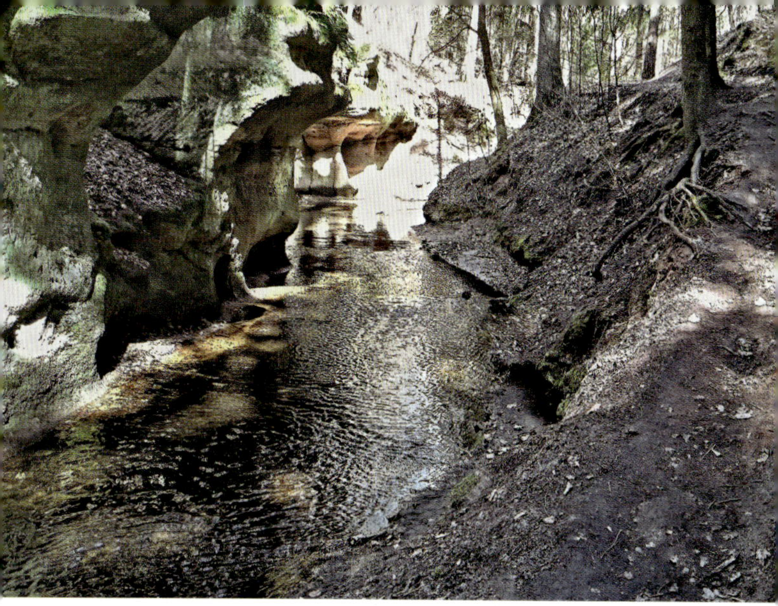

In der Bitterbachschlucht.

zum Ortskern von **Beerbach**, an der Kreuzung links (jetzt übernimmt »Rotpunkt« die Führung) in die Egidienstraße, die uns zur **St.-Egidien-Kirche** 2 führt. Bemerkenswert ist der Hochaltar, der aus der Werkstatt Michael Wolgemuts stammt. Totenschilde und Glasfenster mit den Wappen Nürnberger Patrizier belegen, welche Bedeutung das Gotteshaus einst hatte. Jüngste Forschungen lassen vermuten, dass Beerbach die erste evangelische Gemeinde Frankens war.

Nach der Besichtigung verlassen wir den Friedhof durch den Hinterausgang. Auf Treppen geht es hinunter in den von alten Bäumen gesäumten schluchtartigen Graben des Angerbaches. Beim Aufstieg auf halbem Weg ist ein Hinweis auf die Nikolausquelle, der im Mittelalter heilende Wirkung nachgesagt wurde. Oben weist der »Rotpunkt« halb links auf einen Feldweg, dem wir bis **Neunhof** 3 folgen, einem ehemaligen Königsgut, das zuletzt im Besitz des Nürnberger Zweiges der Welser war. Wer sich eine Pause gönnen möchte, ist im **Brauereigasthof** gut aufgehoben. Außerdem sei der Besuch der einstigen Wehrkirche **St. Johannis** mit der Welsergruft empfohlen.

Von der Kirche müssen wir auf der Hauptstraße etwa 100 m zurück bis zur Wegtafel »Am Brunngraben«. Hier weist uns das Zeichen »Rotkreuz« nach links (es wird uns nun bis Lauf führen). Der Weg steigt langsam an. An der

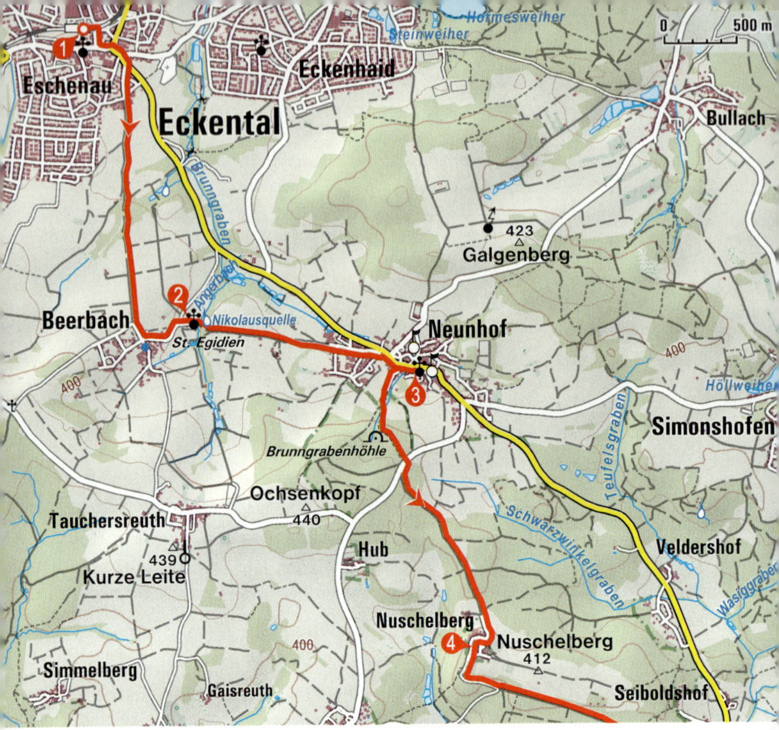

Verzweigung nach dem Eintritt in den Wald folgen wir dem Rotkreuz-Zeichen aufwärts. Der Brunngraben wird Schritt für Schritt zur Schlucht. Oben angekommen, erreichen wir nach ein paar Minuten die Straße Neunhof–Günthersbühl; wir halten uns rechts und biegen nach knapp 50 m gleich wieder links in eine Forststraße ein, die uns nach **Nuschelberg** 4 bringt. In der Hauptstraße 5a liegt etwas versteckt die Bäckerei Gottschalk, in der das bekannte Nuschelberger Brot gebacken wird. Am Ortsende kommen wir zum Ausflugslokal **Hallerschlösschen** (ein ehemaliger Herrensitz) mit Biergarten.

Wir bleiben zunächst auf der wenig befahrenen Hauptstraße, in der Haarnadelkurve wechseln wir jedoch links auf einen Waldweg. Nach etwa 20 Min. geht es rechts auf einen Wurzelpfad, an dessen Ende wir in einem Linksbogen auf die Straße Neunhof–Lauf (St 2240) stoßen. Weiter geht es auf der anderen Seite, wo wir im Tal erstmals den Bitterbach überqueren. Der Pfad führt über eine Wiese und beim Pumpwerk Rudolfshof erneut in den Wald. Langsam nähern wir uns der **Bitterbachschlucht** 5, die durch

Holzstege gut erschlossen ist. An einigen Stellen kommen wir direkt zum Wasser.

Der Aufstieg aus dem Grund führt über eine Brücke und mündet links des Baches in den einstigen Hutwald mit alten Eichen. Bald erreichen wir die ersten Häuser. Wir stoßen auf die Daschstraße und halten uns rechts bis zur Eschenauer Straße, die wir überqueren. Dort gleich wieder (ohne Markierung) die Einfahrt rechts hinunter und vor der Brücke links auf den geschotterten Weg am Ufer des **Bitterbachsees** entlang. Am südlichen Ende des Sees steigen wir die Stufen hoch, wenden uns nach rechts und gelangen über Stufen zum Talgrund, dem wir bis zum Bahndamm folgen. Hier rechts und 100 m weiter links durch den Viadukt. Wir überqueren die Nürnberger Straße und biegen kurz danach links in die Sichartstraße ein. Vor dem Industriemuseum rechts auf dem Steg über die Pegnitz und sofort wieder links. Jetzt mit dem Zeichen der Goldenen Straße (»weißer Löwe auf rotem Schild«) immer geradeaus, vorbei am Barth-Park, bis zu dem auf einer Insel der Pegnitz errichteten **Wenzelschloss** 6 mit seinem berühmten Wappensaal. Lauf war zur Zeit Karls IV. (Taufname Wenzel) der westlichste Stützpunkt seiner Besitzungen.

Der schnellste Weg zum Marktplatz mit seinen Gasthäusern und Cafés führt über den Hof des Schlosses und auf der anderen Seite der Pegnitz durch die Burggasse. Von hier geht es links durchs Nürnberger Tor zum **Bahnhof Lauf rechts der Pegnitz** 7.

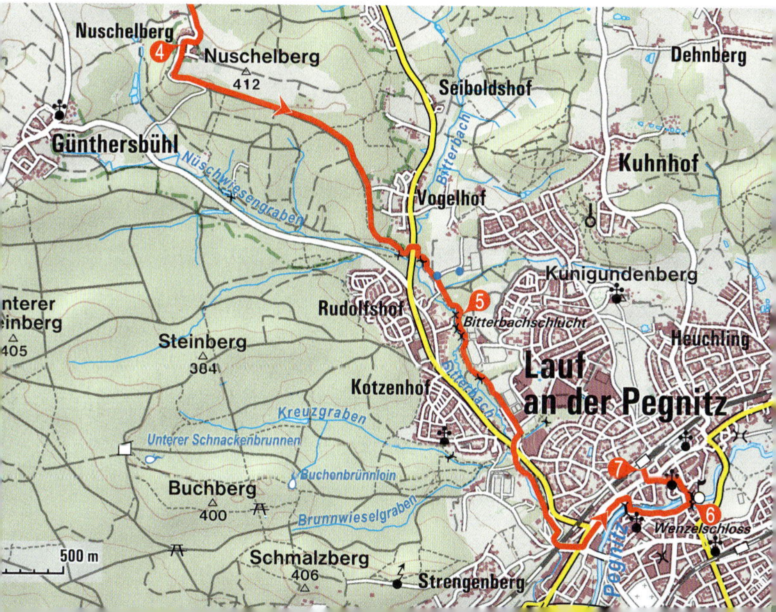

↗ 400 m | ↘ 450 m | 22.1 km

6.15 h

12 Auf dem Frankenweg

Von Gräfenberg nach Schnaittach

Wer östlich und südlich des Großraums wandert, begegnet immer wieder der Markierung des Frankenwegs. Wir laden dazu ein, das Teilstück zu erkunden, das Ober- und Mittelfranken miteinander verbindet, weil es hier ein einzigartiges, aber gefährdetes Naturphänomen zu bestaunen gibt: die Sinterterrassen der Lillach. Vielleicht reift während dieser Tour die Idee, sich auch einmal auf eine längere Strecke dieser Fernwanderroute einzulassen.

Ausgangspunkt: Bahnhof Gräfenberg, 390 m. Ab Nürnberg Hbf mit U2 bis Nordostbahnhof, weiter mit RB (Gräfenbergbahn). Gebührenfreier P+R-Parkplatz am Bahnhof (Navi: 91322 Gräfenberg, Bahnhofstr. 48).
Endpunkt: Bahnhof Schnaittach Markt, 346 m. Mit RB nach Nürnberg Hbf, am Wochenende mit Umsteigen in Neunkirchen am Sand. (Navi: 91220 Schnaittach, Hersbrucker Str. 18.)
Anforderungen: Gute Kondition und Trittsicherheit erforderlich. Ein paar steile Auf- und Abstiege. Geschotterte Feld- und Waldwege, teilweise auch Wurzelpfade.
Markierung: Frankenweg.
Einkehr: In Weißenohe: Klosterbrauerei (Tel. +49/9192/591, www.das-wirtshaus-klosterbrauerei-weissenohe.de). In Dorfhaus: Zum Lillachtal (Tel. +49/178/5502478, zum-lillachtal.de). In Schnaittach: Rothenberger Hof (Tel. +49/9153/7862, www.rothenberger-hof.de), Zum Wasserbeck (Tel. +49/9153/9709944, wasserbeck-schnaittach.de).
Karte: ATK25 Blatt F10 Eckental.
Variante: Wer die Tour um ca. 3 km verkürzen will, startet am Bahnhof Weißenohe, folgt dem Fußgängerweg über die B 2 und geht links zum ehemaligen Benediktinerkloster. Von dort aus weiter wie beschrieben.
Tipp: Als Zweitageswanderung bei Übernachtung in Schnaittach mit Tour 16 oder 21 kombinierbar.

Sinterterrassen in der Lillach.

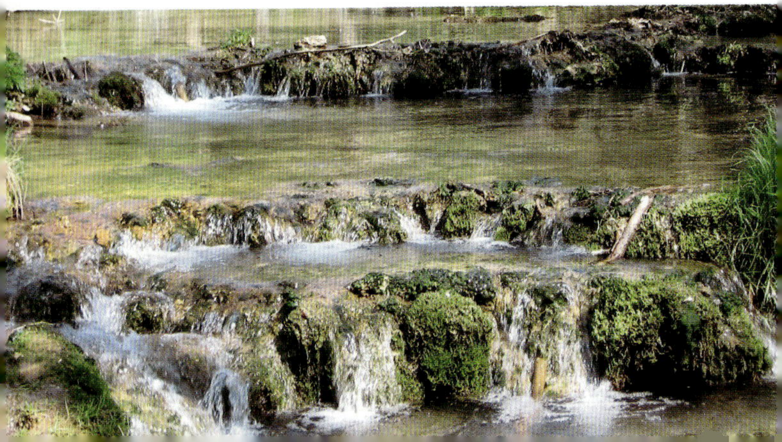

Am **Bahnhof Gräfenberg** ❶ halten wir uns ortseinwärts und biegen von der Bahnhofstraße rechts ins Friedhofsgäßchen ein, das teils auf Stufen hinauf zur Bayreuther Straße führt. Hier rechts bis zur Ampel an der B 2. Wir überqueren die Straße, gehen nach rechts und gleich wieder links (von nun an führt uns die Markierung des Frankenwegs) hoch zur Sollenberger Straße. Jetzt rechts und weiter bis zum Ortsrand. Wir durchqueren ein Wäldchen und kommen auf die Hochebene. An der Kreuzung nach rechts über Felder und Wiesen in den Wald. Auf steinigem Pfad erst rechts, dann links abwärts nach **Weißenohe**, wo wir auf einen Fahrweg (Fuchsbergstraße) stoßen. Hier rechts und hinunter zum ehemaligen **Kloster** ❷ in der Ortsmitte; der Turm der Kirche erleichtert die Orientierung. Wer das bekannte Weißenoher Bier probieren möchte, hat dazu im Klosterhof Gelegenheit. Auf jeden Fall lohnt es sich, der von Wolfgang Dientzenhofer erbauten Kirche St. Bonifatius einen Besuch abzustatten.

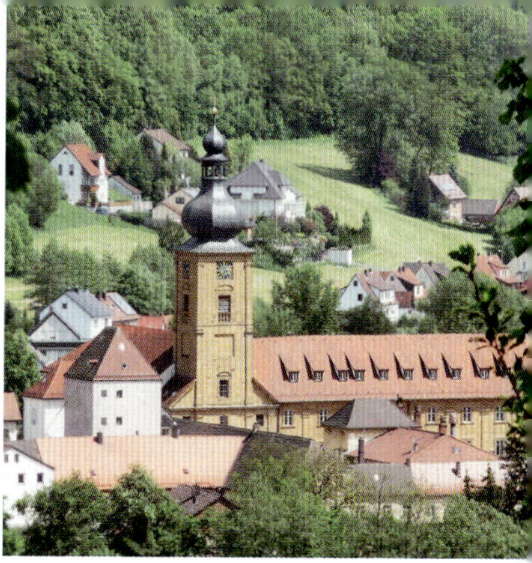

Klosterkirche in Weißenohe.

Vom Kloster weiter geradeaus durch die Weiherstraße. An der Kreuzung rechts hoch in die Mühlackerstraße und links durch die Felder nach **Dorfhaus**. Hinter dem Ort geht es weiter bergauf zu den **Sinterstufen**. Wenn der Bach genügend Wasser führt, ergießt es sich in Kaskaden von der nahe gelegenen Quelle in Richtung Weißenohe. Kalksinter entstehen, wenn sich kalkhaltiges Quellwasser an der Erdoberfläche erwärmt. Dadurch entweicht Kohlendioxyd, und Kalk fällt in Form feinster Nadeln aus. Unter Mitwirkung von Algen und Moosen lagern sich die Teilchen ab und bilden Terrassen.

Am Ende des Tales stoßen wir auf einen mächtigen Felsen mit der **Lillachquelle** ❸. Unser Weg führt in einer Kurve vom Tal auf die Ebene nach **Oberrüsselbach**, dann am **Flugplatz Lillinghof** vorbei und in einem Bogen in den gleichnamigen Weiler. Unterwegs bieten sich weite Ausblicke auf das Bergland im Süden. Im Ort geht es auf der Hauptstraße leicht aufwärts

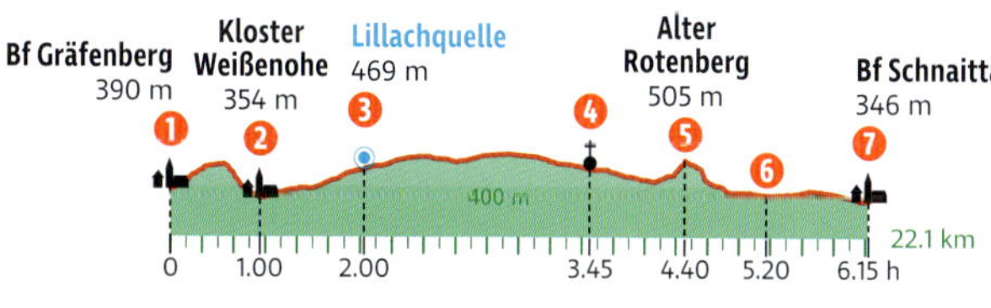

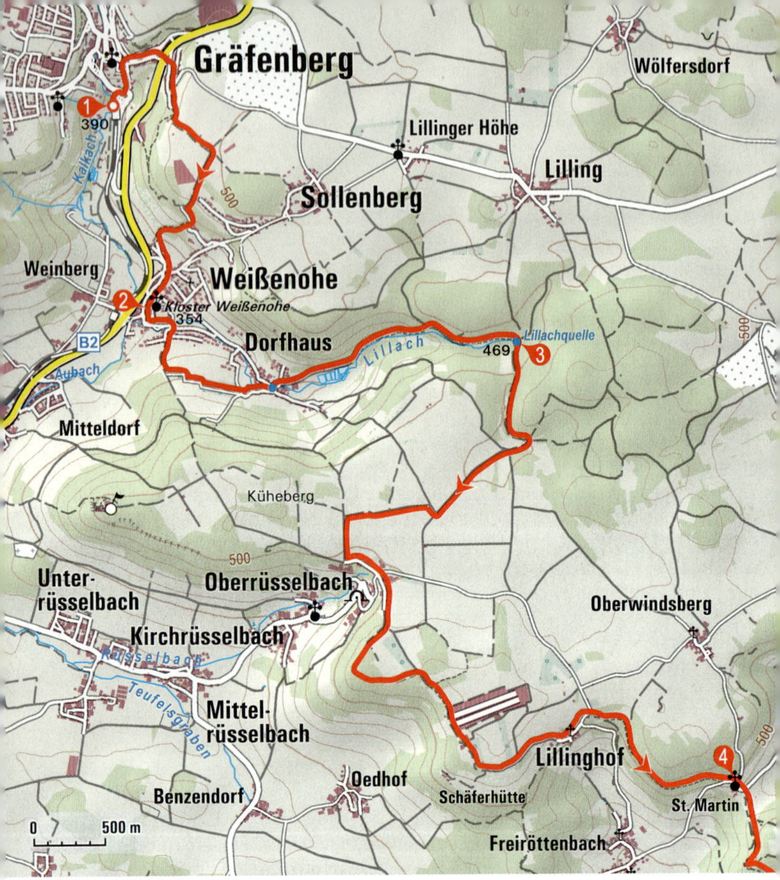

und rechts in den Wald hinein entlang der Martinsleite. Ca. 20 Min. später stehen wir vor der **Kapelle St. Martin** ❹, wo eine Bank zur Pause einlädt. Die Markierung weist nach rechts auf die Straße St. Martin–Hüttenbach. An der Kurve zweigt der Wanderweg nach rechts ab und führt wieder in den Forst hinein. Es geht erst leicht aufwärts, später bergab und eine Weile gemächlich geradeaus. Hier ist Aufmerksamkeit geboten, denn das Zeichen des Frankenwegs führt unvermittelt vom bequemen Waldweg auf einen steilen Steig – den Aufstieg zum **Alten Rotenberg** ❺. Der Abstieg auf einem Zick-Zack-Weg ist nicht minder steil und deshalb durch Seile gesichert. Nach dieser Anstrengung stoßen wir ein paar Minuten später am

Waldrand auf einen Wirtschaftsweg. Jetzt rechts bis zur Kuppe, dann scharf nach links und auf einem Pfad über die Wiese in den Wald. Wir durchqueren den Forst und stehen recht unvermittelt an der Straße Großbellhofen–Schnaittach (St 2236). Es ist nicht auf Anhieb erkennbar, wo es weitergeht. Wir müssen über die Straße und halb rechts am Waldrand entlang **6**. An einem Weiher stoßen wir auf eine Nebenstraße, auf der wir rechts nach **Kleinbellhofen** gelangen.

An der T-Kreuzung am Ortseingang links in Richtung Sportanlagen, weiter in den Wald bis zur A 9 und über die Fußgängerbrücke auf die andere Seite. Hier kurz links und am Waldrand entlang Richtung Schnaittach. Wir stoßen auf die Erlanger Straße, überqueren sie und halten uns rechts. Auf dem Krankenhausweg kommen wir am alten jüdischen Friedhof vorbei und erreichen bald darauf den Marktplatz. Via Brauhausgasse geht es über den Fluss Schnaittach und rechts schließlich zum **Bahnhof Schnaittach Markt** **7**. Wer noch Energie und Zeit hat, kann zuvor noch in der Museumsgasse das Jüdische Museum in der früheren Synagoge besichtigen.

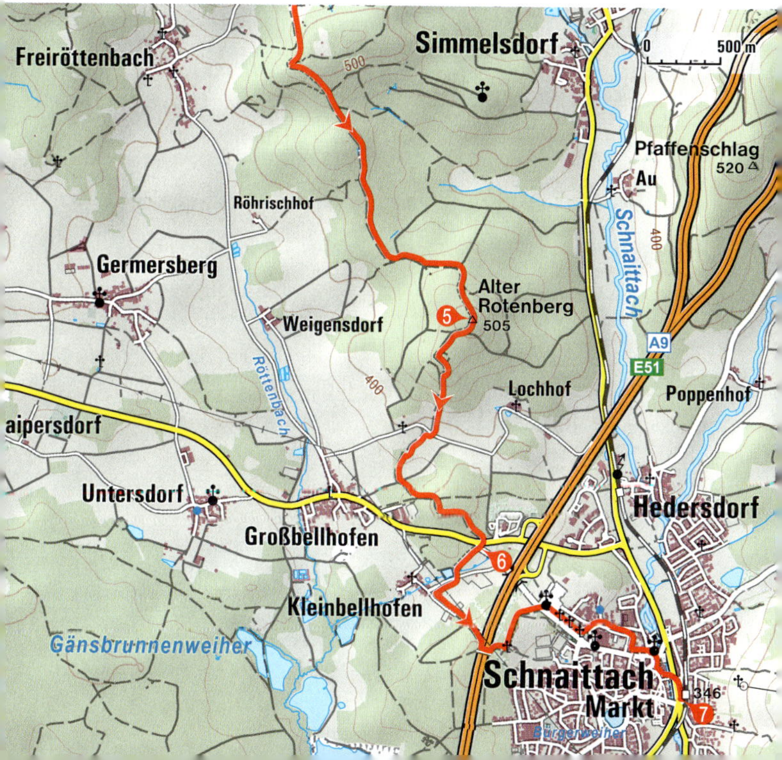

↗ 340 m | ↘ 340 m | 13.6 km

13 Über den Hetzleser Berg

4.00 h

Vom Fachwerkdorf Hetzles zum Aussichtspunkt Waldlucke

Der lang gestreckte Bergrücken des Hetzleser Berges ist ein beliebtes Ausflugsziel im Erlanger Umland. Gerade einmal 10 km ist der markante Ausläufer der Fränkischen Alb von der Hugenottenstadt entfernt. Neben dem benachbarten Walberla gilt der früher Leyerberg oder Hetzlas genannte Tafelberg als Tor zur Fränkischen Schweiz. Der Weg hinauf auf sein knapp 550 m hohes Hochplateau ist ohne große Anstrengung zu bewältigen. Aussicht bietet sich allerdings nur an wenigen Stellen, denn die Hochfläche ist allseitig von dichten Laubmischwäldern umgeben. Hochsaison herrscht rund um den Berg während der Kirschblüte, wenn die Streuobstwiesen schneeweiß leuchten und jede Menge Ausflügler, Wanderer und Radler anziehen. Unsere Tour ist jedoch zu jeder Jahreszeit ein Erlebnis: Sie führt uns ausgehend vom wunderschönen Fachwerkdorf Hetzles über den Streitbaum auf die Hochfläche des Berges nach Pommer und von dort zum Aussichtspunkt bei der Waldlucke. Zurück geht es über den alten Burgstall am Nordwestsporn und durch einen eindrucksvollen Hohlweg im Doggersandstein sowie über Streuobstwiesen.

Ausgangspunkt: Hetzles, Am Kirchplatz, 340 m. Mit S1 nach Forchheim, dann Bus 224 bis »Hetzles, Schule« (So u. Fei als Anrufsammeltaxi, Anmeldung erforderlich, Tel. +49/9191/862511). Parkmöglichkeiten am Kirchplatz (Navi: 91077 Hetzles, Am Kirchplatz).
Anforderungen: Moderate An- und Abstiege, bis Pommer auf geteerten u. geschotterten Wegen, danach überwiegend auf naturbelassenen Wegen.
Markierung: Jakobsweg, Blaukreuz, Rotstrich, ohne Markierung, gelber Punkt, Blaukreuz, Ammonit, ohne Markierung, Blaukreuz, Jakobsweg.

Einkehr: Waldschänke am Streitbaum (Tel. +49/9134/1245, www.waldschaenke-weber.de, nur So u. Fei geöffnet). In Pommer: Gasthaus Zum grünen Tal (Tel. +49/9192/7174).
Karte: ATK25 Blatt F10 Eckental.
Tipp: Der Rundwanderweg »Kopfeichenland« erläutert auf 18 Infotafeln das Phänomen der seltenen Kopfeichen, die in Bayern nirgendwo sonst so häufig anzutreffen sind wie hier. Ferner erfährt man viele Hintergründe zur Entstehung der alten Kulturlandschaft am Hetzleser Berg (www.lpv-fo.de/kopfeichen_wanderweg).

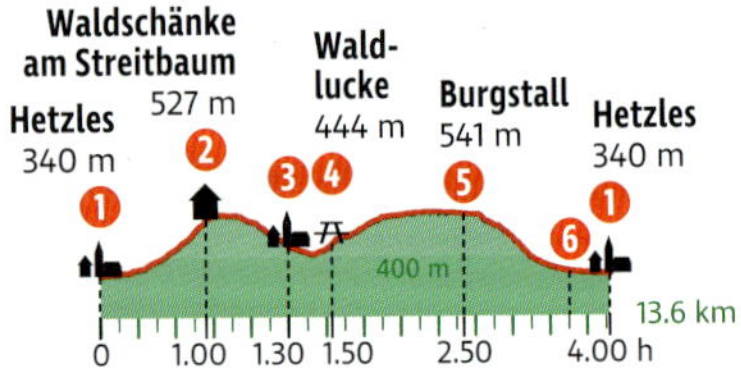

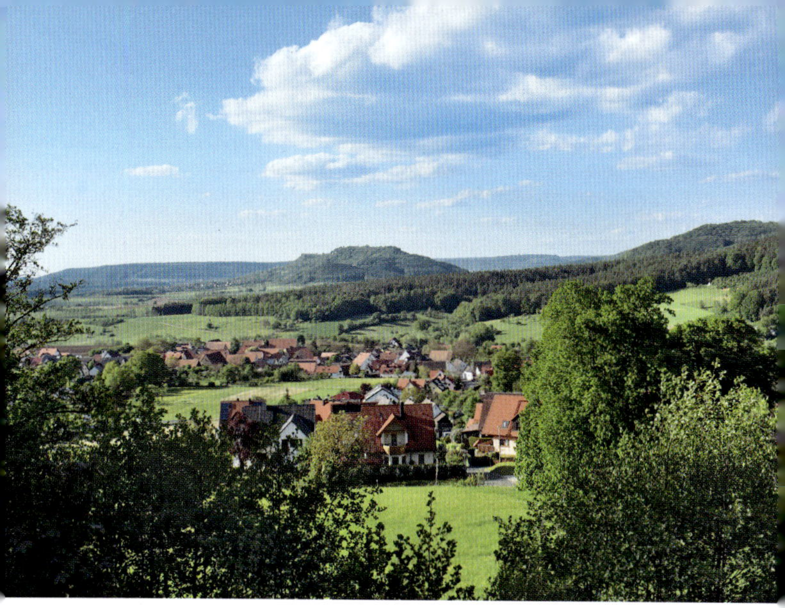

Blick von der Waldlucke hinüber zum Walberla.

Vom Kirchplatz in **Hetzles** ❶ gehen wir mit der Jakobsweg-Markierung auf der langen Hauptstraße nach Hetzles hinein, vorbei an einer Vielzahl bestens restaurierter Fachwerkgebäude – darunter das pittoreske Gasthaus Schwarzer Adler. Ab der Einmündung des Honingser Weges kommt die Markierung »Blaukreuz« hinzu, an der wir uns nun vorrangig orientieren. Über die Straße »Zum Streitbaum« geht es leicht aufwärts aus dem Ort hinaus, wobei der Belag des Sträßchens von Asphalt zu Schotter wechselt. Links und rechts von uns passieren wir Streuobstwiesen, die zur Zeit der Kirschblüte in strahlendem Weiß leuchten. Stetig an Höhe gewinnend, gelangen wir in einen Waldstreifen, wo wir unserem Sträßchen in einer Linkskurve weiter hangaufwärts folgen (nicht dem Pfad geradeaus). Nur wenige Schritte sind es dann bis zu einer Infotafel, die rechts des Weges an den alten Flurnamen Streitbaum erinnert. In früheren Jahrhunderten wurde hier auf dem Hetzleser Berg unter einem markanten Baum Gericht gehalten und Recht gesprochen – so wie es auch anderswo üblich war. Bei diesem Gerichtsbaum muss es sich aber um einen Vorgänger der jungen, heute hier stehenden Kiefer gehandelt haben. Gleich ums Eck verführt an Sonn- und Feiertagen die **Waldschänke am Streitbaum** ❷ zu einer Erfrischung. Dann ist es nicht mehr weit hinauf auf die weite Hochfläche des Berges, wo wir sogleich bei der ersten Wegkreuzung rechts abbiegen. Wir folgen nun dem mittlerweile wieder geteerten Sträßchen, das die Dörfer Hetzles und Pommer verbindet. Zunächst mit der Markierung »Rotstrich«, dann ohne Wegzeichen. Glücklicherweise hält sich der Autoverkehr in Grenzen. Links von uns ein großer Acker mit den für die Jurahochflächen typischen Kalkscherben, vor uns am Horizont das Panorama vom Hohenstein über den Lindelberg bis zum Moritzberg. Es geht stetig leicht abwärts, vorbei an einer Siedlung hinunter an den Ortsrand von **Pommer** 3. Dort biegen wir in einer scharfen Rechtskurve des Sträßchens links auf einen geteerten Flurweg ab, der in Richtung Weingarts führt (wer eine Rast einlegen möchte, folge dem Sträßchen rechts hinunter zum Gasthaus Zum grünen Tal). Jetzt führt uns der »gelbe Punkt« vorbei an zwei Aussiedlerhöfen und einem Wildgehege in ein Waldgebiet hinein. Dort wird der geteerte Flurweg zu einer Schotterpiste, die uns stetig hangaufwärts bis zur St 2236 bringt. Auf ihr einige Meter nach links bis zum **Wanderparkplatz Waldlucke** 4 mit einem schönen Rastplatz. Wer einen tollen Ausblick auf das nahe Walberla mit der Langen Meile im Hintergrund genießen möchte, halte sich ein paar Meter den Hang hinunter. Vom Parkplatz mit »Blaukreuz« und »Rotstrich« scharf links (südwestlich) aufwärts auf einem Schotterweg in ein Waldstück hinein, das wir in leichtem Auf und Ab durchqueren. Dann etwa 350 m längs des Waldes über eine weite Ackerlichtung, wo wir ein großes Bienenhaus passieren. Erneut im Wald steigt unser Weg leicht an und verläuft danach halbwegs ebenerdig. Er geht in einen Grasweg über, der sich längs einer Wiesenlichtung am Waldrand entlangzieht. Bei der folgenden Weggabelung links und dann auf einem schönen Pfad immerzu längs des Waldsaumes am Rand der weiten Ackerhochfläche entlang. An manchen Stellen können wir durch die Bäume einen Blick auf das Walberla und die Vexierkapelle bei Reifenberg erhaschen. Bei zweiter Gelegenheit verabschieden sich unsere beiden Markierungen nach links (sie führen zu unserem Herweg zurück), dafür ist ab jetzt der »Ammonit« unser Wanderzeichen. Mit ihm weiter geradeaus auf den Wald zu und darin bei einer Weggabelung links auf einen schmalen Pfad, der an der steilen Plateaukante entlang verläuft. Kurz an der Wiesenflur entlang, dann wieder in den Forst, wo unser Pfad zu einem breiten Weg wird. Bei der nächsten Gabelung rechts auf einen Pfad, der sich im weiteren Verlauf längs der Hangkante um den Nordwestsporn des Hetzleser Berges herumschlängelt (Wegweiser »Streitbaum 1,7 km, Hetzles 10,4 km«). Dabei durchqueren wir die Reste einer **Burgstall** 5 genannten Befestigungsanlage aus vor- bis frühgeschichtlicher Zeit. Bei einer Weggabelung dahinter erläutert eine Infotafel die Ausmaße und den historischen Kontext der Anlage. Wir folgen hier dem »Ammonit« geradeaus aus dem Wald hinaus über die Wiesenhochfläche und halten uns beim nächsten Waldrand rechts auf einen Schotterweg, der hangabwärts in den Buchenmischwald führt. Dort ist der Boden im Frühjahr mit einem Meer von weiß blühendem (und würzig duftendem) Bärlauch bedeckt. Ihn zu pflücken ist verboten, da der ganze Hangwald unter Naturschutz steht.

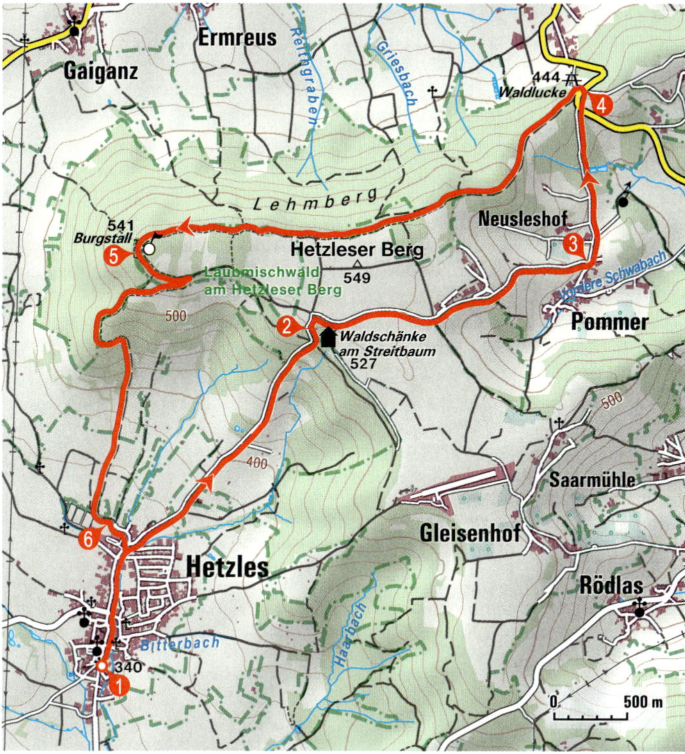

Weiter über eine Wiesenverebnung mit schönem Blick bis nach Nürnberg und bis zum Moritzberg auf einem Pfad, der in einen Querweg mündet. Hier links und stetig hangabwärts. Achtung: Der offizielle Ammonit-Weg geht bald darauf zwar halb rechts weiter (und führt ebenfalls nach Hetzles), wir bleiben jedoch ohne Markierung geradeaus und gelangen in einen beeindruckenden Hohlweg aus Doggersandstein. An seinem Ende weiter abwärts und schließlich aus dem Wald hinaus auf die Wiesenflur, wo schon der Kirchturm von Hetzles zu sehen ist. Über bunt blühende Wiesen weiter hinunter bis zum Sportplatz am Dorfrand. Der Weg macht hier eine Linkskurve und führt an Böschungen aus Ölschiefern vorbei; eine Infotafel erläutert dieses interessante **Geotop 6**. Dann in den Ort hinein und über die Straße »Kohlenplatte« rechts in die Hauptstraße. Wie auf dem Herweg zurück zum Kirchplatz in **Hetzles 1**.

↗ 180 m | ↘ 180 m | 7.8 km

14 Rund um Marloffstein

2.15 h

Genusstour für Auge und Gaumen

Lang ist sie nicht wirklich, unsere Tour im Nordosten von Erlangen. Und das ist auch gut so, denn für diese Genusswanderung sollte man viel Zeit mitbringen. Einmal der herrlichen Ausblicke wegen, die sich unterwegs immer wieder auftun – der schönste davon vom Marloffsteiner Pass weit hinein in die Fränkische Schweiz. Wer hier schnell vorbeirennt, ist selber schuld. Dann liegen gleich drei Schlösser auf unserer Route und wollen von uns ausgiebig – zumindest von außen – besichtigt werden. Und last, not least kommen auch die kulinarischen Freuden nicht zu kurz, denn zwei urige Biergärten und ein Gasthof mit aussichtsreicher Terrasse erwarten uns. Jede Menge Aussicht, drei Schlösser und dreimal einkehren – was will man mehr?

Ausgangspunkt: Marloffstein, Ortsmitte beim Alten Brunnen, 358 m. Von Erlangen Busbahnhof mit Bus 208 bis Haltestelle »Marloffstein, Feuerwehrhaus«. Innerorts nur wenige Parkmöglichkeiten (Navi: 91080 Marloffstein, Am Alten Brunnen 2).
Anforderungen: Gemütliche Wanderung mit moderaten An- und Abstiegen, überwiegend auf geschotterten Wegen, auch mit Kindern empfehlenswert.
Markierung: Berg- und Talpfad.
Einkehr: In Atzelsberg: Atzelsberger (mit großem Biergarten, Tel. +49/9131/27361, www.atzelsberger.de). In Adlitz: Gasthaus Zur Ludwigshöhe (mit Biergarten, Tel. +49/9131/5292, www.adlitzer-biergarten.de). In Marloffstein: Hotel & Gasthof Alter Brunnen (Tel. +49/9131/53650, www.alterbrunnen.net).
Karte: ATK25 Blatt F09 Erlangen.
Tipp: Der komplette Berg- und Talpfad führt weiter in die Orte Weiher, Uttenreuth und Buckenhof und ist insgesamt 20 km lang (www.marloffstein.vg-uttenreuth.de/kultur-freizeit/wanderwege).

In der Ortsmitte von **Marloffstein** ❶ beim **Alten Brunnen** von 1730 orientieren wir uns an der Markierung des Berg- und Talpfades, die uns auch wieder hierher zurückführen wird. Zunächst am gleichnamigen Gasthof vorbei durch die Gasse »Am Alten Brunnen« und über eine Treppe hinunter zur Wassergasse. Dort links und auf der Straße hangabwärts durch das Wohngebiet; am Ortsende geradeaus auf einen geteerten Flurweg, der über Wiesen und Felder stetig leicht aufwärts zur St 2242 führt. Ihr folgen wir auf einem geteerten Fuß- und Radweg hinein nach **Spardorf** ❷; dort rechts in die Rathsberger Straße und auf ihr aus dem Dorf hinaus. Über die Feld- und Wiesenflur geht es nun leicht hangaufwärts auf einen Wald zu. Dort bei einer Ruhebank rechts halten und bei der gleich folgenden Weggabelung erneut rechts; zunächst in den Wald hinein, dann längs des Waldrandes an

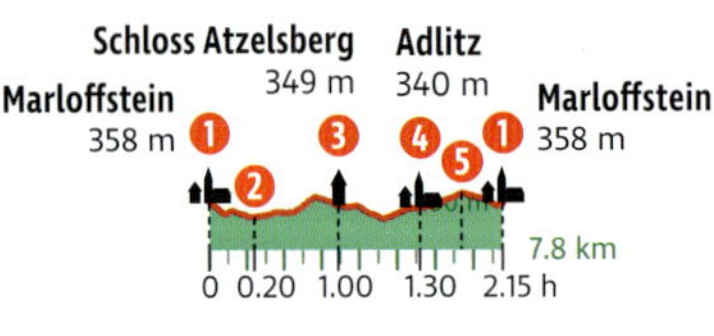

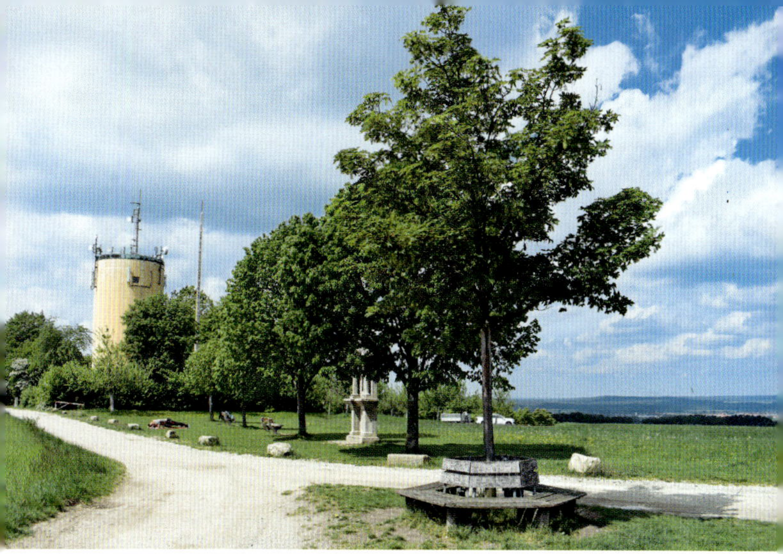

Auf dem Pass Marloffstein.

einem Taleinschnitt entlang. Danach macht unser Weg eine Biegung nach rechts und führt über einen Holzbalkensteg über den feuchten Talgrund des Hirschtales. Erneut im Wald, nehmen wir bei einer Gabelung den linken Weg, der nun stetig etwas steiler hangaufwärts führt. Oben beim Querweg links halten und weiter leicht aufwärts. Auf der Hochfläche angelangt, verlassen wir den Wald, halten uns zunächst geradeaus und steuern dann in einer leichten Rechtsbiegung auf die Landstraße (ERH 7) zu. Schloss Atzelsberg bereits vor Augen, genießen wir erstmals auf unserer Tour einen schönen Ausblick in die Fränkische Schweiz, die sich hinter dem Bauwerk erstreckt. Über die Landstraße ist es nur noch ein Katzensprung bis zum großen Parkplatz beim **Schloss Atzelsberg** 3. Es beherbergt heute ein Tagungs- und Veranstaltungszentrum sowie ein Restaurant mit gehobener Küche und dazu ein Standesamt. Besichtigt werden kann es nur von außen, aber auch ein kleiner Spaziergang durch die barocke Gartenanlage hat ihren Reiz. Eine Infotafel erläutert zudem die Baugeschichte. Der nahe **Biergarten** ist einer der größten in der Region und dennoch meistens überfüllt, denn im Sommer gibt sich hier halb Erlangen ein Stelldichein, nicht zuletzt Scharen von Studenten der nahen Uni. Aber es lohnt sich durchaus, ein bisschen zu warten, um einen der begehrten Plätze unter den schattigen Kastanien zu ergattern.

Beim Bushaltestellenschild setzen wir unsere Wanderung fort und halten uns mit Blick zum Schloss rechts auf einem Fußweg, der längs des Ortsrandes über eine Streuobstwiese (mit zahlreichen Infotafeln) führt. Er geht in einen Flurweg über, auf dem wir in ein Waldgebiet gelangen. Dort hinunter in eine Geländevertiefung und in einer Linkskurve unseres Weges einige Meter hangaufwärts zu einer malerischen Quellfassung unterhalb eines Rhätsandstein-Felsens. Zurück auf unserem Berg- und Talpfad, passieren wir nach wenigen Metern eine weitere eingefasste Quelle und biegen dann beim folgenden Querweg rechts ab. Bei einer Schutzhütte könnten wir weiter geradeaus bleiben, doch wir folgen hier unserer Markierung nach links und machen in einer Schlaufe einen Abstecher zu den idyllisch gelegenen **Schwanenweihern**. Dann weiter längs unseres Weges durch den Wald – er geleitet uns stetig leicht hangaufwärts bis zu einem Schotterweg, auf dem wir nach links abbiegen und kurz danach den Ortsrand von Adlitz erreichen. Dort auf einem Sträßchen rechts ins Dorf. Bei der ersten Straßenkreuzung geht es später rechts weiter (Wegweiser »Marloffstein 2,1 km«) – zuvor gehen wir aber noch in die Mitte von **Adlitz** 4, um einen Blick auf das heute in Privatbesitz befindliche **Schloss** zu werfen. Im Biergarten des **Gasthauses Zur Ludwigshöhe** können wir zudem unter alten Nussbäumen eine Rast einlegen.

Dann aus dem Ort hinaus und auf einem geteerten Flurweg in leichten Windungen hangaufwärts halten. Bei einer Weggabel links und weiter aufwärts bis zur Feldkapelle »Zur Heiligen Familie« mit schönem Blick zurück auf Adlitz, links davon das Regnitztal, rechts davon die Fränkische Schweiz. Weiter aufwärts bis zu einem Querweg, der an der eingezäunten ehemaligen Tongrube von Marloffstein vorbeiführt – heute ein Biotop, früher ein bei Fossiliensammlern begehrter Fundpunkt von Ammoniten aus der Liaszeit. Hier links und dann beim Wanderparkplatz über die vielbefahrene St 2242 (Vorsicht!) hinüber zum Wasserturm auf dem 390 m hohen **Pass Marloffstein** 5. Vom nahen Bildstock »Heilige Dreifaltigkeit« schweift unser Blick von Forchheim zur Vexierkapelle bei Reifenberg und über Burg Feuerstein hinein in die innere Fränkische Schweiz, davor das Walberla und der Hetzleser Berg. Am besten setze man sich auf eine der Ruhebänke und lasse das herrliche Panorama ausgiebig auf sich einwirken.

Schloss Atzelsberg.

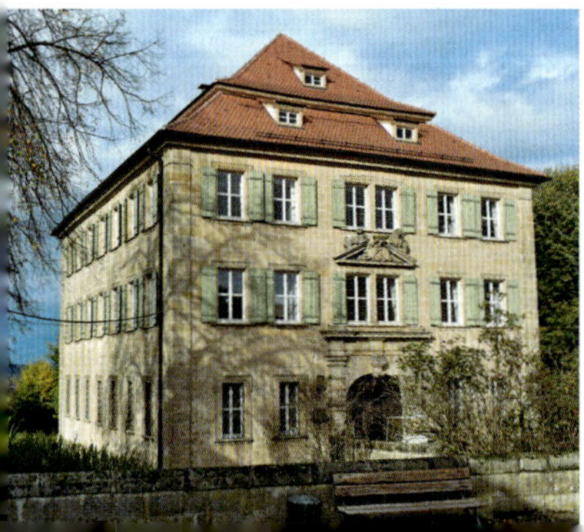

Dann über die Wiesen hinunter an den Ortsrand von Marloffstein und auf der Wasserturmstraße bis zur Rosenbacher Straße. Dort links und am Ortsende rechts auf einem Fußweg über Wiesen, vorbei an einem Pferdegestüt, in ein Wäldchen (mit Schutzhütte). Hier auf einem Pfad den halbwegs steilen Abhang hinunter bis zur Uttenreuther Straße. Wer mag, mache hier einen kleinen

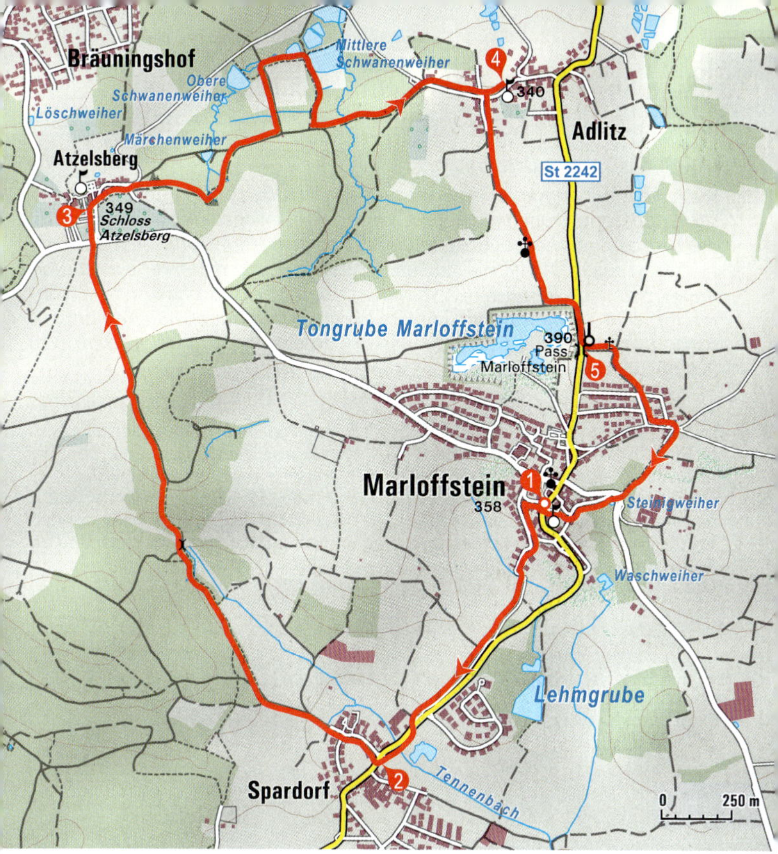

Abstecher nach links und bestaune die gewaltigen Felsen aus Rhätsandstein, die unterhalb des Ortsteiles Wunderburg eine steile Böschung bilden. Ansonsten längs der Straße ortseinwärts und hinter dem Ortsschild links in die Schloßstraße abbiegen. Bei einer alten Scheune rechts hoch zum **Schlossgarten**, diesen über ein Gartentor betreten und am anderen Ende die Treppe hoch zur Ortsmitte von **Marloffstein** ❶ nehmen. (Da derzeit am Schloss umfangreiche Renovierungsarbeiten durchgeführt werden, kann es sein, dass der Schlossgarten nicht zugänglich ist. Dann das Gässchen nehmen, das rechts vom Schloss hoch zur Hauptstraße führt.) Nun können wir die Tour auf der aussichtsreichen Terrasse des Gasthofes Alter Brunnen bei einem Seidla Bier ausklingen lassen.

↗ 20 m | ↘ 20 m | 9.3 km

15 Zu den Schöpfrädern von Möhrendorf

2.15 h

Durch das Tal des Urmains

Auch wenn wir immer festen Boden unter den Füßen haben, geht es bei dieser Wanderung vornehmlich ums Wasser. Wir bewegen uns nämlich im Tal des Urmains, das heute von der Regnitz und dem Main-Donau-Kanal dominiert wird. Hauptattraktion sind die Schöpfräder, mit deren Hilfe einst ufernahe Äcker und Wiesen in den Sommermonaten bewässert wurden. In Möhrendorf sind zehn dieser archaisch wirkenden Kulturdenkmäler erhalten – mehr als anderswo. Das macht den Ort vom Frühling bis zum Herbst zu einem spektakulären Freilandmuseum.

Ausgangspunkt: Möhrendorf, Bushaltestelle »Möhrendorf Mitte«, 272 m. Ab Erlangen Hbf mit Bus 254 erreichbar. Autofahrer starten am Parkplatz am Ortsrand, von der Ausfahrt Möhrendorf (A 73) kommend links vor der Regnitzbrücke (Navi: 91096 Möhrendorf).
Anforderungen: Keine Steigungen. Feld-, Wald- und Spazierwege, zwischendurch Wurzelpfade. Kaum Schatten, im Sommer an Sonnenschutz denken.
Markierung: Möhrendorfer Wappen (stilisiertes Wasserschöpfrad).
Einkehr: In Oberndorf: Fischküche Reck (Tel. +49/9131/47176, fischkueche-reck.de), Morgentau Wirtsstube (Tel. +49/931/47126, morgentauwirtsstube.de).
Karte: ATK25 Blatt F09 Erlangen.

Altes Wasserschöpfrad an der Regnitz.

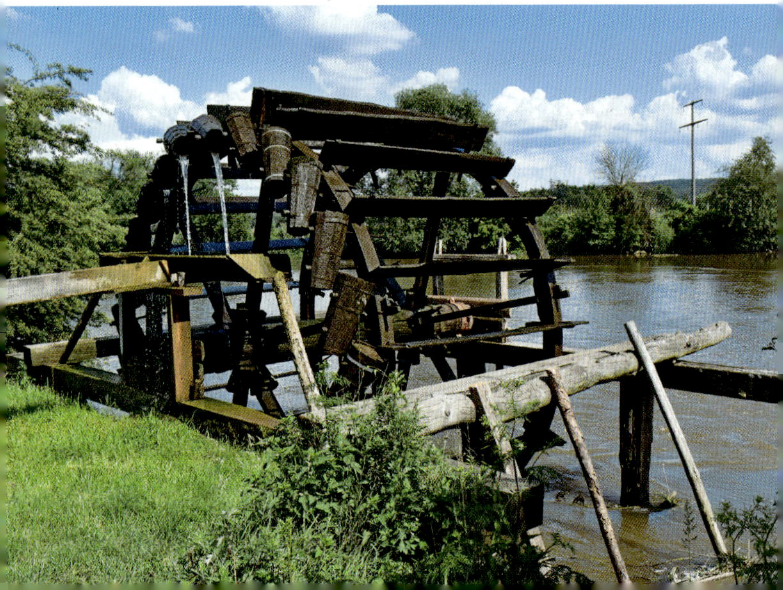

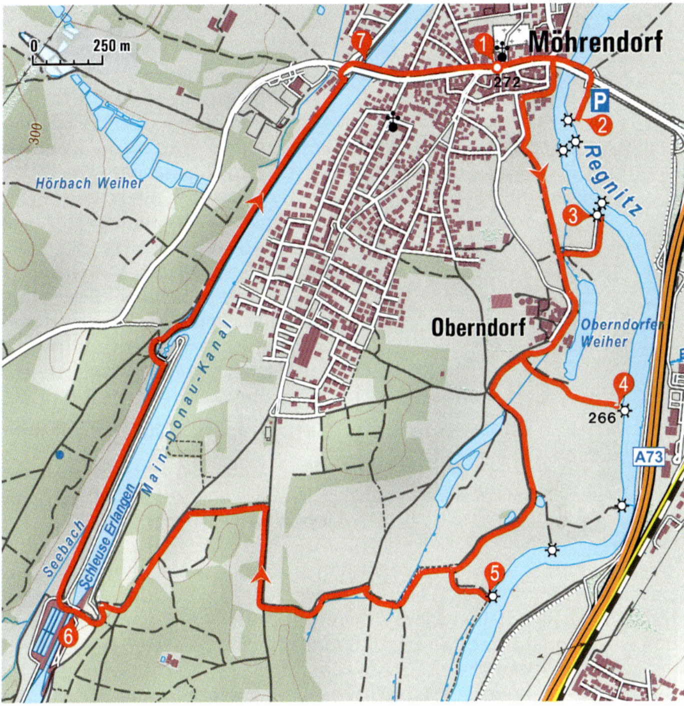

Von der Ortsmitte von **Möhrendorf** ❶ gehen wir nach Osten über die Regnitzbrücke und gleich rechts zum **Parkplatz** (Autofahrer starten direkt dort). Was auf der Informationstafel neben dem Parkplatz zu lesen ist, müssen Wanderer, die mit den geologischen Gegebenheiten der Region nicht so vertraut sind, erst einmal verdauen: Sie stehen im Tal des Urmains. Und anders als die ein paar Meter westlich vorbeifließende Regnitz strömte der Main nicht nach Norden, sondern nach Süden und mündete dort, wo heute Augsburg liegt, in die Urdonau. Ein paar Schritte südlich von der Informationstafel dreht sich das **Vierzigmannrad** ❷. Das ist eine beeindruckende Konstruktion mit 36 Kümpfen, so heißen die hölzernen Schöpfeimer, an beiden Radkränzen. Das Wasser speist heute ein Feuchtbiotop.

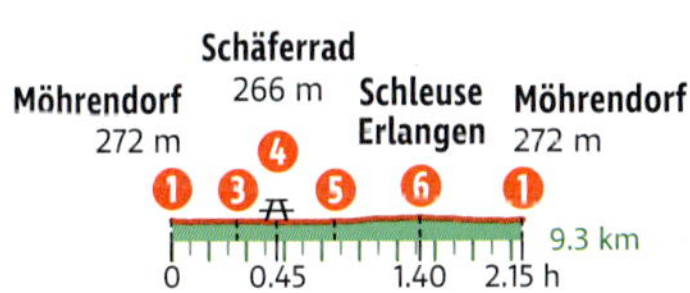

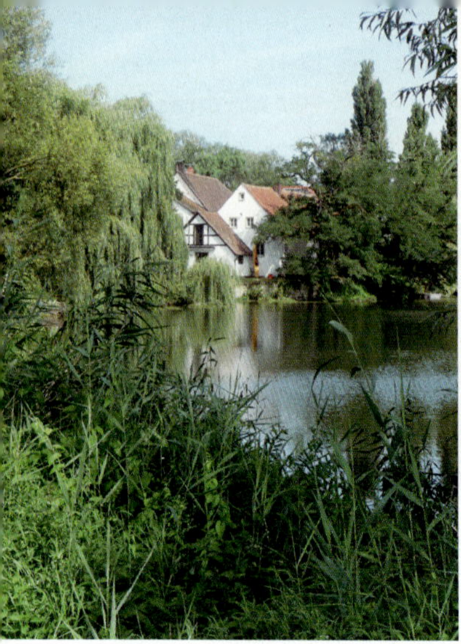

Der Oberndorfer Weiher.

Wir gehen zurück über die Regnitzbrücke und biegen nach der Gemeindescheune – geführt von der Schöpfrad-Markierung – links in die Ringstraße ein. Über die Straßen Gässlein und Wiesenweg kommen wir auf den sogenannten Oberndorfer Kirchweg, der direkt zum nahe gelegenen Weiler führt. Kurz vor Oberndorf empfehlen wir links einen Abstecher zum **Schlossangerrad** ❸ aus dem Jahr 1856. In **Oberndorf** werfen wir einen Blick auf des einstige Tuchersche Herrenhaus (rechts) und das frühere Patrimonialgericht (links). Das Gasthaus Reck und die Wirtsstube Morgentau locken zur Einkehr.

100 m hinter dem Weiler weist ein Weg nach links zum **Kleinen Schäferrad** ❹, wo Bänke und Tische für diejenigen warten, die Brotzeit und Getränke im Rucksack mitgebracht haben. Zurück auf dem Rundweg am Oberndorfer Ortsrand, geht es weiter nach Süden in Richtung Alterlangen. An der Wegspinne halten wir uns links, passieren Weiher und Tümpel. Am Ende einer lang gestreckten Hecke findet sich eine Wegtafel, die uns nach links zum **Bauernrad** ❺ weist, dessen Geschichte bis 1693 zurückreicht. Das Rad schöpfte pro Tag fast 1,4 Millionen Liter Wasser auf die Wiesen und Felder. Auf dem Boden sind die alten Bewässerungsgräben noch gut zu erkennen. Wir gehen zurück zur Wegtafel und folgen unserem Zeichen nach links auf dem Pfad am Rande eines Ackers. Am nächsten Querweg rechts, vorbei an einer von Schilf dominierten Landschaft bis zur nächsten Verzweigung an einer Silbertanne. Hier links und hinauf in ein Wäldchen. An dessen Ausgang stoßen wir auf den Radweg Erlangen–Möhrendorf, dem wir etwa 300 m nach rechts folgen. Jetzt geht es links durch den Wald, am nächsten Querweg erneut links, vorbei an einem großen Areal mit Sandmagerrasen, dessen ungewöhnliche Flora auch botanischen Laien ins Auge fällt. Wir tauchen noch einmal kurz in den Wald ein und gelangen rechts zur **Schleuse Erlangen** ❻.

Auf der Schleusenbrücke überqueren wir den Main-Donau-Kanal, halten uns jetzt rechts und wandern entlang der Wasserstraße in Richtung Möhrendorf. An der **Kanalbrücke** ❼ in Möhrendorf steigen wir die Böschung hoch, überqueren erneut den Kanal und gehen zurück zur Ortsmitte von **Möhrendorf** ❶ mit dem Rathaus und der wuchtigen Martins-Kirche.

↗ 570 m | ↘ 580 m | 14.4 km

4.30 h

Von Schnaittach nach Hersbruck

16

Vier-Gipfel-Tour in der Hersbrucker Alb

Nicht über sieben Brücken, dafür über vier Gipfel der Hersbrucker Alb führt uns diese erlebnisreiche Wanderung. Ausgehend von Schnaittach folgen wir überwiegend der bestens markierten Route des Frankenweges. Unser erstes Zwischenziel ist die unlängst frisch sanierte Festungsruine auf dem Rothenberg – immerhin Europas größte Barockfestung mit über 22 m hohen Wällen. Weiter geht es zum Glatzenstein, einem der schönsten Aussichtspunkte im Nürnberger Land. Immer dem Plateaurand folgend, erreichen wir den Großen und den Kleinen Hansgörgel, die beide zwar keine Aussicht bieten, aber dennoch reizvolle Geländepunkte darstellen. Über Kühnhofen steuern wir schließlich unser Ziel in Hersbruck an. Nimmt man den Michelsberg hinzu, den Hausberg der Pegnitzstadt, sind es sogar fünf Berge, die wir auf dieser Tour überschreiten werden.

Ausgangspunkt: Bahnhof Schnaittach Markt, 346 m. Von Nürnberg Hbf mit RB (Richtung Simmelsdorf-Hüttenbach) erreichbar, am Wochenende Umsteigen in Neunkirchen am Sand erforderlich. Kostenlose Parkplätze vorhanden (Navi: 91220 Schnaittach, Hersbrucker Str. 18).
Endpunkt: Bahnhof Hersbruck rechts der Pegnitz, 341 m. Mit RB/RE zurück nach Nürnberg Hbf oder mit RB nach Neunkirchen am Sand und von dort mit RB zurück nach Schnaittach. (Navi: 91217 Hersbruck, Am Bahngelände 2.)
Anforderungen: Drei steilere Anstiege und ein sehr steiler Abstieg (hinunter vom Kleinen Hansgörgel) müssen auf dieser Tour bewältigt werden, daher gute Kondition und stellenweise Trittsicherheit nötig. Etwa zur Hälfte auf geschotterten und naturbelassenen Wegen.
Markierung: Rotes X, Frankenweg, Grünpunkt, Frankenweg, Fränkischer Gebirgsweg (auch Main-Donau-Weg).
Einkehr: Berggasthof Rothenberg (Tel. +49/9123/8480, www.berggasthof-rothenberg.de). In Leuzenberg (abseits der Route): Leuzenberger Hof (Tel. +49/9151/6894, www.leuzenbergerhof.de). In Kühnhofen: Landhotel Grüner Baum (Tel. +49/9151/609560, www.gruener-baum-kuehnhofen.de).
Karte: ATK25 Blatt F10 Eckental und Blatt G10 Lauf a. d. Pegnitz.
Hinweis: Die Festungsruine Rothenberg kann von April bis Nov. bei guter Witterung besichtigt werden (Mi bis So u. Fei zu jeder vollen Stunde, www.heimatverein-schnaittach.com).

Der Gipfel des Großen Hansgörgel liegt mitten im Wald.

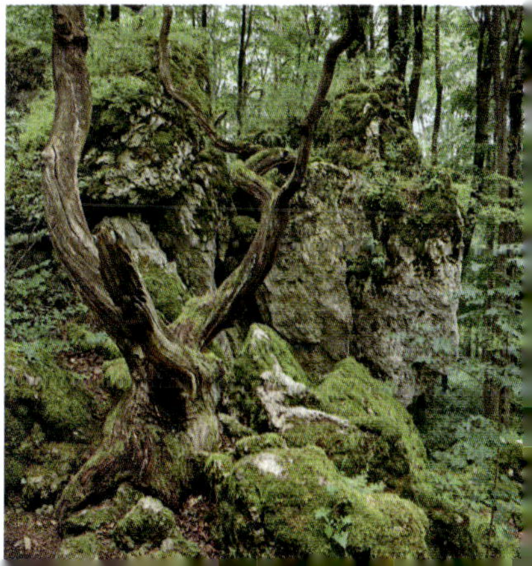

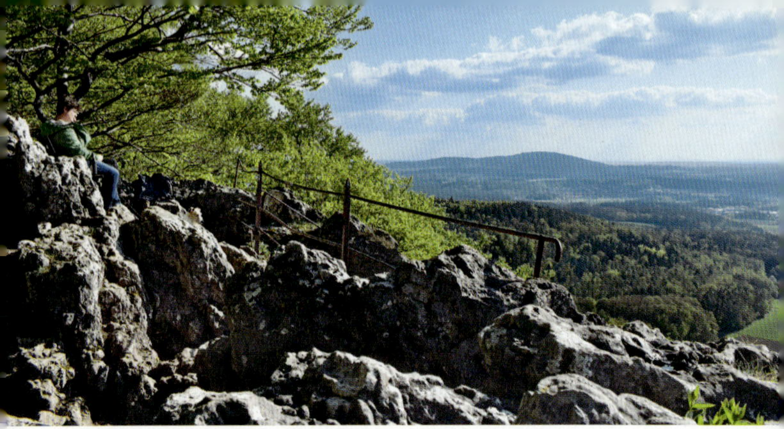

Blick vom Glatzenstein zum Moritzberg.

Vom **Bahnhof Schnaittach Markt** ❶ gehen wir mit dem »roten X« etwa 150 m auf der Hersbrucker Straße in Richtung Norden und biegen dann rechts auf den Bahnübergang ab. Dort stoßen wir auf den Frankenweg, an dessen Markierung wir uns nun bis ans Ende unserer Tour orientieren. Auf der Bergstraße hangaufwärts und auf Höhe der Jakob-Kinle-Straße halb links auf einen Fußpfad, der parallel zur Straße nach oben führt. Über Streuobstwiesen gewinnen wir weiter an Höhe und erreichen die Skilift-Bergstation. Bei der Gabelung dahinter links und auf einem schmalen und steilen Pfad zum **Berggasthof Rothenberg**, wo wir auf einer Treppe links vom Gebäude hoch in den Wald steigen. Oben auf der Plateaukante rechts halten, dann nach einem letzten kurzen Anstieg dem Pfad folgen, der auf die bereits durch die Bäume sichtbaren Mauern der Festung Rothenberg zusteuert. Er macht aber zunächst einen scharfen Knick nach links, zieht sich dann geradlinig durch den Wald und führt nach einer Rechtskehre zu einer großen Wegkreuzung. Hier biegen wir rechts ab und stehen nach wenigen Metern vor dem Zugang zur **Festungsruine Rothenberg** ❷. Beim Kiosk erläutert eine Infotafel die Historie der Anlage.

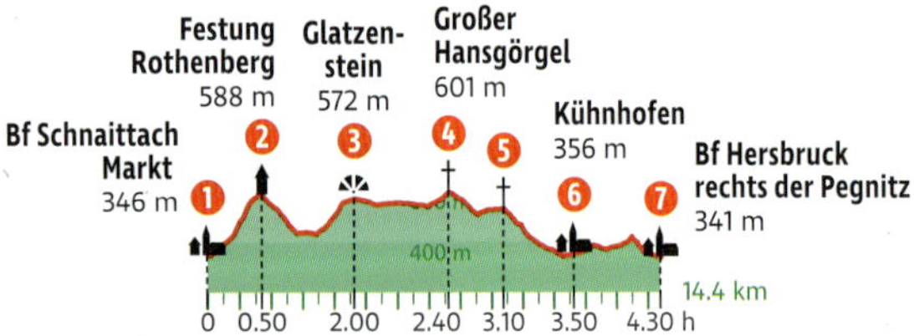

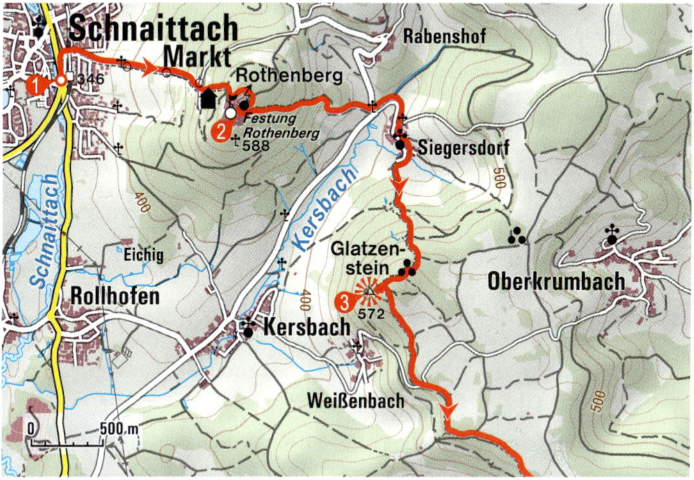

Zurück an der Wegkreuzung, halten wir uns nach rechts (Wegweiser »Glatzenstein 2,8 km«) und steigen längs des Drahtzaunes, der die Festung umgibt, den Abhang hinunter und biegen dann scharf links ab. Es folgt ein schöner Wegabschnitt auf felsigem Untergrund bis zu einer Gabelung, wo wir den linken Weg nehmen (rechts geht es zum alten Festungsfriedhof, der etwas abseits im Wald liegt). Weiter hangabwärts durch den Forst und bei einer Gabelung ohne ersichtliche Markierung den rechten Pfad wählen. Dann aus dem Wald hinaus und mit dem Glatzenstein im Blick auf einem Wiesenweg rechts am Waldrand entlang und in einer Linkskehre über die Wiesenflur hinunter zur Landstraße. Auf ihr links hoch nach **Siegersdorf** und den Ort auf der Siegersdorfer Straße durchqueren. Am Ortsende über Wiesen hangaufwärts, dann längs eines Waldes und schließlich in ihn hinein; es wird nun zunehmend steiler. Bei der ersten Gabelung links halten, aber nach etwa 80 m rechts auf einen schmalen Pfad abbiegen, der dann hohlwegartig bergan verläuft. Nach einer längeren steilen Passage beim nächsten Querweg links abbiegen und diesem weiter nach oben folgen, wobei die Steigung langsam abnimmt. Beim nächsten Abzweig rechts, längs einer Geländeverflachung geradeaus, dann ein erneuter kleiner Anstieg hoch in Richtung Glatzenstein-Gipfel. Wir passieren einen frühzeitlichen Kalkbrennofen (Infotafel) am Archäologischen Wanderweg, der ebenfalls hier entlangführt, und gelangen kurz dahinter zu einer Weggabel. Achtung: Hier verlassen wir kurzzeitig den Frankenweg, der hier links abbiegt, und folgen stattdessen der Markierung »Grünpunkt« weiter geradeaus (Wegweiser »Felslabyrinth 200 m, Glatzenstein 0,4 km«). Durch

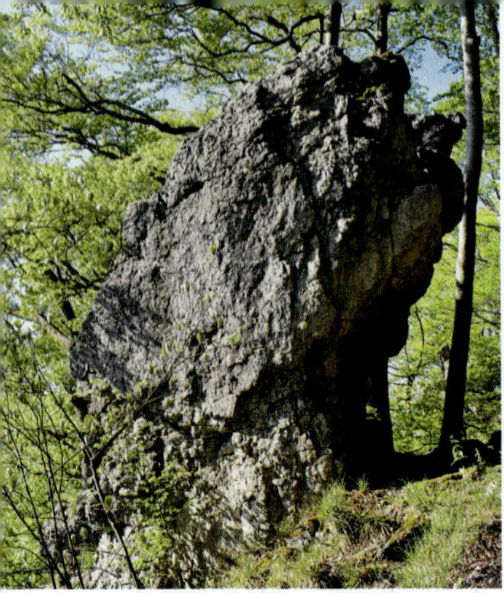

Dolomitfelsen auf dem Glatzenstein.

das eindrucksvolle Felslabyrinth erreichen wir an der Plateaukante den Aussichtsfelsen mit Gipfelkreuz auf dem **Glatzenstein** ❸ mit herrlichem Ausblick weit ins westliche Vorland der Hersbrucker Alb – vom Moritzberg im Südwesten über den mittelfränkischen Ballungsraum bis zum Rothenberg im Nordwesten.

Zurück an der Gabelung mit dem Frankenweg, biegen wir mit ihm nach rechts ab und wandern nun auf weitgehend ebenem Weg stets am Steilabfall der Albhochfläche entlang – meist durch Wald, streckenweise auch längs des Waldrandes vorbei an Äckern und Wiesen. Nach Überqueren des Sträßchens von Weißenbach nach Oberkrumbach weiter an der Hangkante entlang; der Weg knickt dann scharf nach rechts ab und führt zu einem Abzweig bei einer Wandertafel. Wer im Leuzenberger Hof einkehren möchte, biege hier rechts ab (ca. 2 km Umweg). Ansonsten gerade den Abhang hinunter und links auf einen breiten Schotterweg einschwenken, dem wir etwa 150 m folgen. Dann rechts auf einen Pfad, der uns in einer weiten Rechtsbiegung und in leichtem Auf und Ab zu einem querenden Schotterweg bringt. Dort links und nach etwa 100 m wieder rechts auf einen weiteren breiten Querweg. Von diesem zweigt nach ca. 100 m ein Pfad ab, der uns stetig nach oben bringt. Durch dichtes Gesträuch hindurch und vorbei an Dolomitfelsen und einem bemoosten Blockmeer, gelangen wir zu einer Gabelung bei einer Wandertafel. Von hier sind es nur noch wenige Meter hoch zum Gipfel des **Großen Hansgörgel** ❹, 601 m hoch, aber leider ohne Aussicht. Früher stand hier eine Aussichtskanzel, heute müssen wir uns mit dem Gipfelkreuz zufriedengeben, das mitten im Wald aber etwas verloren wirkt.

Unten bei der Gabelung dann links (Wegweiser »Kleiner Hansgörgel 1,9 km«) und jetzt immerzu hangabwärts bis zu einer weiteren Weggabel, bei der uns das Frankenweg-Zeichen nach halb links weist. In einer weiten Linkskehre geht es danach stetig hangaufwärts, vorbei an einer Ruhebank bei einem Holzkruzifix und einem Kriegergedenkstein. Nach Erreichen des Scheitelpunktes dem Schotterweg kontinuierlich abwärts folgen, beim nächsten Querweg rechts und beim übernächsten links abbiegen. Bei der folgenden Gabelung links den Hang hoch und dann in einer weiten Rechtsbiegung und schließlich geradlinig über eine weite Verflachung. Nach kur-

zem Steilanstieg hoch auf den **Kleinen Hansgörgel** ❺. Eine Steinpyramide markiert dessen 553 m hohen, kaum Aussicht bietenden Gipfel.
Der Abstieg hinunter an der Ostflanke des Berges hat es durchaus in sich – es geht steil abwärts durch ein Schotterfeld hindurch, wobei höchste Rutschgefahr besteht! Unten links auf einen Querweg, der wiederum in einen breiten Schotterweg mündet. Hier erneut links und dann nach etwa 100 m rechts auf einen Pfad, der uns zu einem weiteren Schotterweg bringt. Auf diesem rechts und nun immerzu dem bestens markierten Weg etwas mehr als 1 km durch den Wald folgen. Über Streuobstwiesen hinein nach **Kühnhofen** ❻, dort links und über den Sittenbach hinweg zur Hauptstraße. Auf ihr einige Meter nach rechts und am Ortsende links auf einen Flurweg. Dann in einer Kehre um das Dorf herum und beim nächsten Abzweig rechts hinein ins Schwarzholz. Dort stoßen bei einer Gabelung der Fränkische Gebirgsweg und der Main-Donau-Weg zu uns; mit allen drei Markierungen nach rechts und durch den Wald an den Ortsrand von Hersbruck. Über den Höhenweg und die Hohensteinstraße zur Max-Reger-Straße und dort auf einen Fußweg, der uns hoch auf den **Michelsberg** bringt. Von dort hinunter, über die Albrecht-Dürer-Straße hinweg, zur Straße »Zolltafel« und auf ihr rechts bis zur Gartenstraße. Hier geht es rechts direkt zum **Bahnhof Hersbruck rechts der Pegnitz** ❼. Wer mag, kann stattdessen dem Frankenweg noch weiter in die Altstadt folgen.

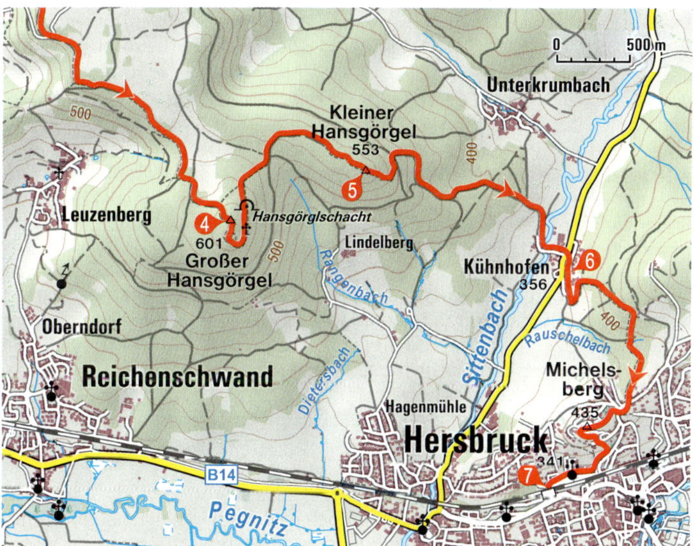

↗ 440 m | ↘ 410 m | 13.1 km

17 Von Happurg nach Hartmannshof

4.15 h

Zu Zeugnissen der Vorgeschichte

Schöne Ausblicke, bizarre Felsformationen und dichte Laubwälder sind die eine Seite dieser Tour, die andere besteht aus Zeugnissen der Vorgeschichte. Gleich vier Ziele liegen am Weg: die Reste der keltischen Wallanlage Houbirg, die von Menschen in der Steinzeit genutzte Höhle am Hohlen Fels, die keltische Kultstätte auf dem Hochberg und der »Urzeitbahnhof« – das archäologische Museum im Stationsgebäude von Hartmannshof. Gleich zu Beginn ist zudem ein Einblick in die jüngere deutsche Geschichte möglich – am KZ-Dokumentationsort Happurg.

Ausgangspunkt: Bahnhof Happurg, 350 m. Ab Nürnberg Hbf mit S1 (Richtung Hartmannshof) erreichbar. P+R-Parkplätze am Bahnhof (Navi: 91230 Happurg, Hohenstädter Str. 94).
Endpunkt: Bahnhof Hartmannshof, 376 m. Nach Nürnberg Hbf mit S1 oder RE. Rückfahrt nach Happurg mit S1.
Anforderungen: Anspruchsvolle Wanderung mit teils steilen An- und Abstiegen. Weitgehend Waldwege und Wurzelpfade.
Markierung: Geo, Grünpunkt, Rotpunkt, Grünstrich und Frankenalb-Panoramaweg, Gelbkreuz, rotes H, 1000 HMR, Gelbpunkt, Rotpunkt und rotes M.
Einkehr: Unterwegs keine. Pizzeria am Bahnhof Hartmannshof (Tel. +49/9154/9153757).
Karte: ATK25 Blatt G11 Hersbruck.
Tipp: Museum Urzeitbahnhof am Bahnhof Hartmannshof (www.vorgeschichtsmuseum-urzeitbahnhof.de).

Vom **Bahnhof Happurg** ❶ wandern wir mit dem Zeichen »Geo« auf der Hohenstädter Straße ortseinwärts und steigen nach 500 m links die Houbirgstraße und den Pommelsbrunner Weg bergauf bis zum Südring. Wer dem **KZ-Dokumentationsort Hersbruck/Happurg** ❷ einen Besuch abstatten will, geht hier rechts und gelangt nach 500 m an eine Gedenkstätte. Auf Stelen wird erklärt, warum Tausende Häftlinge 1944/45 hier unter unmenschlichen Bedingungen Gänge und Hallen ins Doggergestein schlagen mussten.
Vom Gedenkort gehen wir zurück zum Beginn des Südrings und steigen den Weg rechts hoch bis zum Wasserwerk. Hier links auf einem Hohlweg

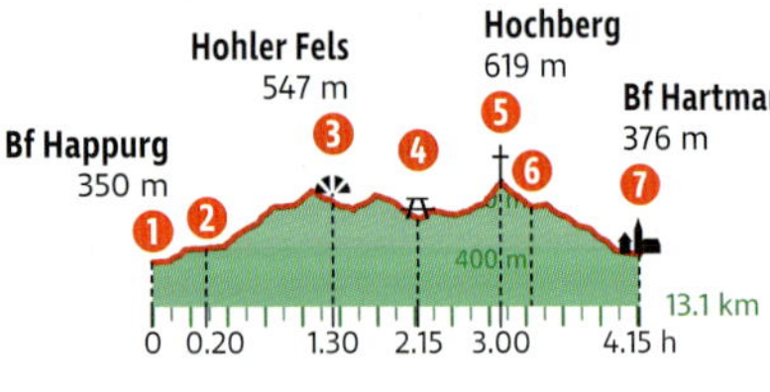

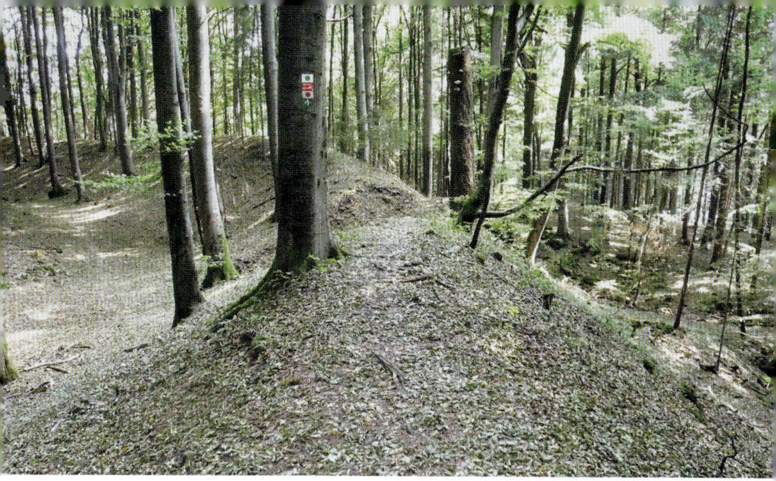

Der Wanderweg verläuft auf dem Keltenwall durch den Wald.

weiter bergauf und in einem Bogen entlang der Nordflanke der Houbirg. Oben an der T-Kreuzung stoßen wir auf den keltischen Wall, von dem noch nichts erkennbar ist. Wir verlassen die Geo-Markierung und wandern auf dem Waldweg mit »Grünpunkt« nach links. Nach etwa 200 m weist die Markierung nach rechts auf eine Anhöhe: Es ist der gratartige Ringwall, der allein wegen seiner Ausmaße erstaunt: Er ist 4,5 km lang, teils mit vorgelagertem Graben, und heute noch bis zu 6 m hoch. Eine gute Stunde wandern wir auf dem prähistorischen Bauwerk, das wir nur einmal verlassen müssen, weil es von einer Forststraße durchschnitten wird. Wir gelangen am Ende zu einem 300 m langen Stichwall, der uns zum **Aussichtspunkt** über dem **Hohlen Fels** 3 führt, von dem aus sich ein großartiger Blick auf Happurg und den tief unten liegenden See bietet. Bänke laden zur Rast ein. Zum eigentlichen Hohlen Fels müssen wir östlich des Aussichtspunktes die befestigten Stufen hinabsteigen. Durch ein natürliches Felstor gelangt man an die Höhle. Hier wurden Werkzeuge aus der Mittel- und Jungsteinzeit gefunden. Der breite Vorplatz ist in seiner jetzigen Form erst im 19. Jh. entstanden, als der Verschönerungsverein hier seine Sommerfeste feierte. Der mit »Rotpunkt« markierte Pfad führt uns wieder auf den Hauptweg. Dort halten wir uns rechts und vertrauen uns den Zeichen »Grünstrich« und Frankenalb-Panoramaweg an. Der Abstieg führt durch herrliche Laubwälder, anschließend geht es über den Kupfer, 598 m. An einer Wegspinne müssen wir uns neu orientieren: Wir biegen mit der Markierung »Gelbkreuz« nach links in Richtung Arzlohe ab. Nach dem Austritt aus dem Wald stoßen wir auf einen breiten Querweg; hier halten wir uns rechts und erreichen nach wenigen Schritten einen Hain mit Rastplatz und der **Kapellen-**

ruine »Zum heiligen Baum« ❹. Von dem spätgotischen Bau sind nur die Umfassungsmauern, der Eingang und ein spitzbogiges Fenster erhalten geblieben.

Bis zum Gipfel des Hochberges halten wir uns ab jetzt an das Zeichen »rotes H« (Hochberg-Weg). Wir umwandern den Lauberberg an seiner Flanke, gelangen auf einen Fahrweg. Jetzt müssen wir auf die Markierungen achten, denn unser Weg zum Gipfel biegt abrupt rechts ab. Neben dem »roten H« weist auch das Zeichen »1000 HMR« zum Gipfel des **Hochberges ❺**. Wanderer, die sich nur durch den Hinweis »Akropolis der Kelten« zum Aufstieg haben verleiten lassen, werden enttäuscht sein, wenn sie das kleine Plateau erreicht haben. Sichtbare Reste von Tempeln wie in Athen gibt es hier

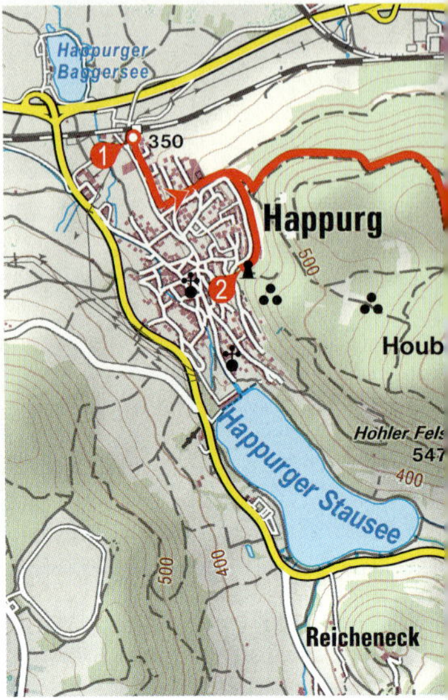

Traumhafter Blick vom Hohlen Fels auf den Happurger Stausee.

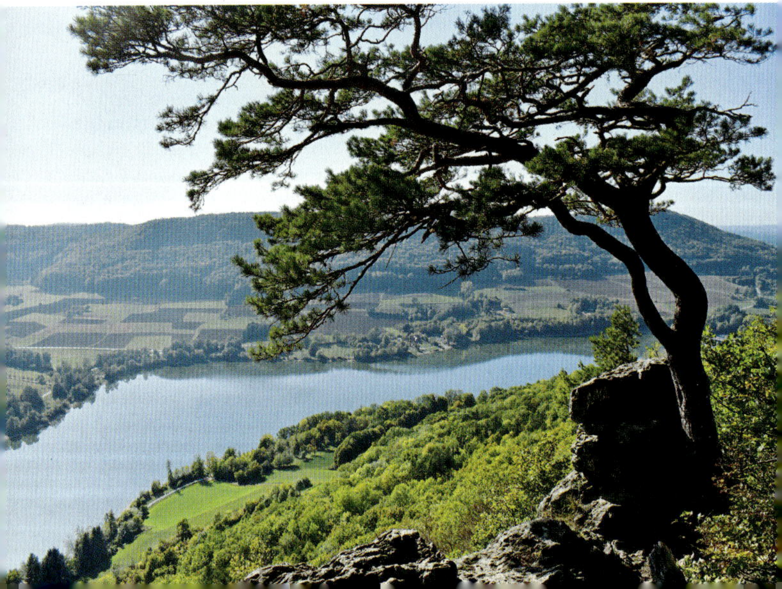

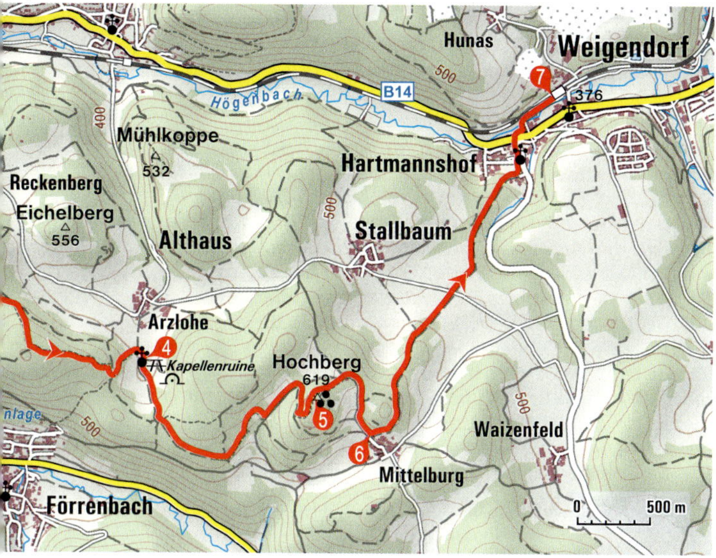

nicht, nur verwitterte Felskuppen und kaum sichtbare Spuren von künstlichen Wällen. Informationstafeln erklären uns, dass dieser Bergstock schon im 3. Jahrtausend v. Chr. besiedelt war. Wissenschaftler fanden hier schnurkeramische Scherben und Werkzeuge. Zwischen 600 und 800 v. Chr. befestigten Kelten den Gipfel.

Der Abstieg erfolgt, indem wir weiter den beiden Zeichen folgen. Am Wasserhaus stoßen wir auf einen breiten Waldweg; hier mit »Gelbpunkt« nach rechts in einem weiten Bogen hinunter an den Ortsrand von **Mittelburg**. Achtung, zwischen Waldrand und dem ersten Haus auf der linken Seite folgen wir einem Graspfad in den Forst – dem früheren **Mittelburger Schulweg** **6**. Er ist mit »Rotpunkt« markiert, der erst nach 30 m sichtbar wird. Daneben finden wir das verblassende Zeichen »rotes M«. Erhöhte Aufmerksamkeit ist noch einmal erforderlich, wenn wir aus dem Wald treten, weil dieser Teil der Strecke schlecht markiert ist. Wir halten uns halb rechts, queren die Wiese geradeaus und steuern auf den jenseits der Straße Stallbaum–Waizenfeld sichtbaren Feldweg zu. Jetzt peilen wir den Waldrand an und wandern auf einem Grat bis zu den ersten Häusern von Hartmannshof. Im Ort geht es teilweise steil abwärts ins Tal und zum archäologischen Museum **Urzeitbahnhof** am **Bahnhof Hartmannshof** **7**, wo visualisiert wird, was man sich während der Wanderung vielleicht nur bruchstückhaft vorstellen konnte.

↗ 410 m | ↘ 410 m | 19.4 km

18 Rund um Simmelsdorf

5.30 h

Wandeln auf Tuchers Spuren

Tucher? Biertrinker denken da sofort an die bekannte Nürnberger Brauerei, aber damit hat die gleichnamige Familie schon lange nichts mehr zu tun. Das Nürnberger Patriziergeschlecht hat eine 700-jährige Geschichte und verwaltet in der Tucher-Stiftung seinen Grund-, Immobilien- und Waldbesitz. Teile des Vermögens fließen in die Tucher'sche Kulturstiftung ein, über die zahlreiche gemeinnützige Projekte in der Region gesponsert werden. Seit 1598 hat die Familie ihren Stammsitz in Simmelsdorf, wo bis heute der Familienrat regelmäßig zusammenkommt. Auch in der Umgebung haben die Tuchers ihre Spuren hinterlassen: die Kirche in St. Helena, der Palas in Winterstein, der Herrensitz in Utzmannsbach und besonders das Mausoleum in den Wäldern hoch über Simmelsdorf. Alle diese Stätten wollen wir auf dieser Tour durch eine reizvolle Landschaft aufsuchen. Dabei gibt uns weitgehend der »Rotring« des Hüttenbacher Rundweges die Richtung vor, was uns die Orientierung unterwegs erheblich erleichtert.

Ausgangspunkt: Bahnhof Simmelsdorf-Hüttenbach, 376 m. Von Nürnberg Hbf mit RB erreichbar (Endstation), am Wochenende Umsteigen in Neunkirchen am Sand erforderlich. Kostenlose Parkplätze am Bahnhof (Navi: 91245 Simmelsdorf, Bahnhofstr. 12).
Anforderungen: Lange, aber abwechslungsreiche Tour mit einigen steileren Passagen, daher gute Kondition erforderlich. Zumeist auf geschotterten Wegen.
Markierung: Rotring, Blaupunkt.
Einkehr: In St. Helena: Zum Naifertal (Tel. +49/9155/441). In Unternaifermühle (abseits der Route am Naifer Bach): Zum Fichtenpark (Tel. +49/9155/814). In Utzmannsbach: Zu den Linden (Tel. +49/9155/446).
Karte: ATK25 Blatt F10 Eckental.

Vom **Bahnhof Simmelsdorf-Hüttenbach** ❶ gehen wir mit der Markierung »Rotring« auf der Bahnhofstraße ortseinwärts bis zur Kreuzung mit der Nürnberger Straße. Ihr folgen wir nach links durch den Ort, vorbei an der Umzäunung des **Tucherschlosses**. Das 1598 von den Tuchern als Rittergut erworbene Wasserschloss wurde in den 1850er-Jahren umgebaut und wird heute noch von Mitgliedern der Familie bewohnt. Es kann nicht besichtigt

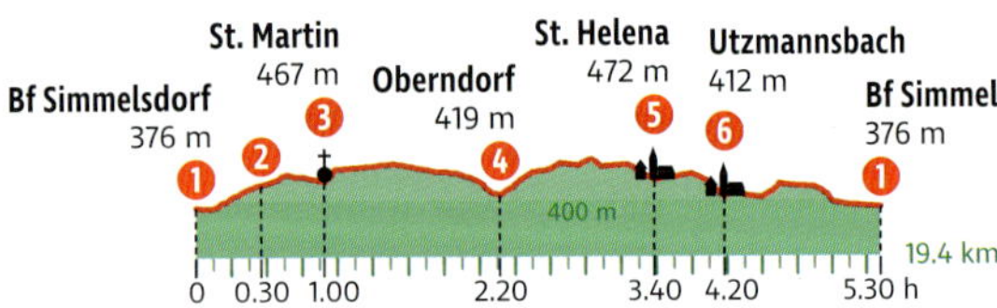

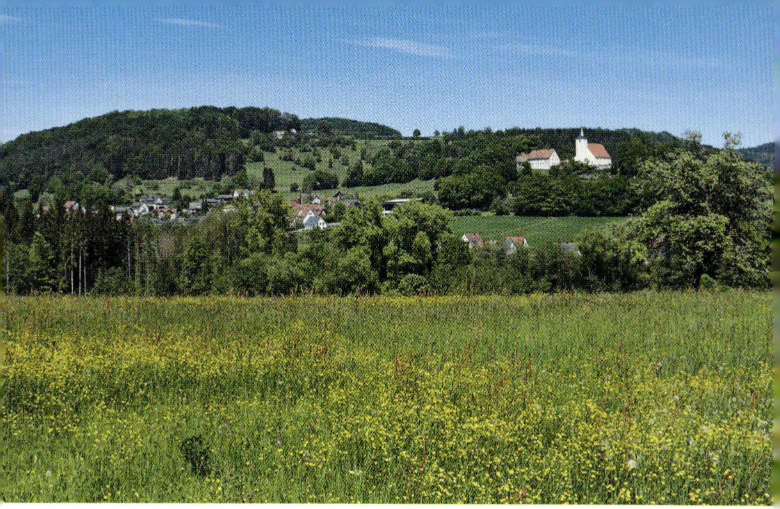

Die Kirche von Bühl ist ein markanter Blickfang.

werden. Auf Höhe der Bushaltestelle »Schule« rechts auf einen Schotterweg, der zur Brandstraße hochführt, und auf dieser hangaufwärts bis zu einer Weggabelung am Ortsrand. Dort links vorbei an einem Bauernhof, dann geradeaus und nach etwa 300 m rechts auf einem Pfad in den Wald hinein. Er mündet leicht ansteigend bei einem Wegweiser (»St. Martin 1,7 km«) in einen querenden Schotterweg. Hier machen wir einen kurzen Abstecher zum nahen **Tucher-Mausoleum** 2, das wir bereits beim Anstieg durch die Bäume wahrgenommen haben. Die Anlage kann nicht betreten werden, aber wir werfen zumindest einen Blick durch das schmiedeeiserne Gittertor auf das 1886 im neoromanischen Stil errichtete Gebäude.

Zurück beim Wegweiser, halten wir uns weiter geradeaus auf dem breiten Waldweg und biegen beim zweiten Abzweig rechts ab. Es folgt eine kurze, dafür sehr steile Aufwärtspassage auf eine Verebnung, wo unser Pfad eine Linksbiegung macht. Hinter einer kleinen Steinbank rechts und dann geradeaus – vorbei am sogenannten »Russengrab«, wo ein unbekannter russischer Soldat begraben ist. Gleich dahinter in einer Linksbiegung an der Hangkante entlang und dann stetig abwärts hinunter zu einem querenden Schotterweg. Auf ihm rechts hinunter zum Weiler **St. Martin** 3 mit seiner pittoresken Kapelle, die am Rande eines malerischen Wiesengrundes liegt. Dahinter zunächst einem Sträßchen nach rechts folgen, dann aber gleich links auf einen Trampelpfad, der bergan in den Mischwald führt. Er mündet schließlich wieder in das Sträßchen von vorhin, und auf ihm halten wir uns nach links weiter hangaufwärts. Über eine Hügelkuppe und über Wiesen hinweg geht es dann in das kleine Bauerndorf **Oberwindsberg**. Dort am

Dorfweiher rechts abbiegen und kurz vor dem Ortsende links auf einen geschotterten Feldweg. Er führt uns über die offene Feld- und Wiesenflur nach etwa 1 km zu einem Abzweig, wo uns der »Rotring« nach rechts weist. Über den bewaldeten Steinbühl hinweg, gelangen wir dann zu einer Wegkreuzung bei einem einzeln stehenden Haus (es gehört zum nahen Kaltenhof). Hier links und dem Sträßchen knapp 900 m folgen, bis ein Feldweg nach rechts abzweigt. Auf ihm geradeaus in den Wald und dort rechts an einem umzäunten Grundstück vorbei. Dann auf einem Pfad hinunter nach **Oberndorf** 4 und das nette Fachwerkdorf auf der Oberndorfer Straße (rechts) und dem Breitensteinweg (links) durchqueren. Bei der ersten Weggabelung hinter dem Ort links in den Wald; durch ihn hindurch und dann rechts über Wiesen stetig aufwärts bis **Winterstein**. Dort werfen wir einen Blick auf den **Palas Winterstein**, ein ehemaliges Rittergut aus dem 14. Jh., von dem heute nur noch das bewohnte Torhaus steht.
Am Ortsende folgen wir etwa 300 m der Landstraße (LAU 3) und biegen dann links auf einen schmalen Pfad ab. Er bringt uns hangdiagonal die Böschung hoch. Dann nach einer Rechtsbiegung weiter stetig aufwärts auf naturbelassenem Pfad, wobei wir an einigen mächtigen Dolomitfelsen vorbeikommen. Dann wieder rechts hinunter zur LAU 3 und auf der Straße einige Meter nach rechts, bis ein Feldweg links abgeht. Auf ihm bergan durch das Kappenholz – wieder säumen malerische Dolomitfelsen unseren Weg. Nun stetig hangabwärts und über Streuobstwiesen, vorbei an einem Reiterhof, an den Ortsrand von **St. Helena** 5. Ein Abstecher ins Dorf hinein lohnt nicht nur wegen des Wirtshauses, sondern auch, um einen Blick ins Innere der Kirche zu werfen. Über sie hatten seit 1574 die Herren von Tucher ein Patronat und kamen daher für den Unterhalt des Gotteshauses und für die Bezahlung des Pfarrers auf. Erst 2001 ging St. Helena in den Besitz der evangelischen Landeskirche über. Das Tucher'sche Wappen schmückt nach wie vor die Patronatsloge gegenüber der Kanzel.
Zurück an den Ortsrand und dort links auf einem Flurweg in Richtung Süden. Über Wiesen und durch kleinere Waldstücke hindurch, erreichen wir in leichtem Auf und Ab nach ca. 1,4 km das Dorf **Judenhof**. Dort links ab und auf einem Sträßchen an der steilen Talflanke

Tucher-Wappen am Tor zum Mausoleum.

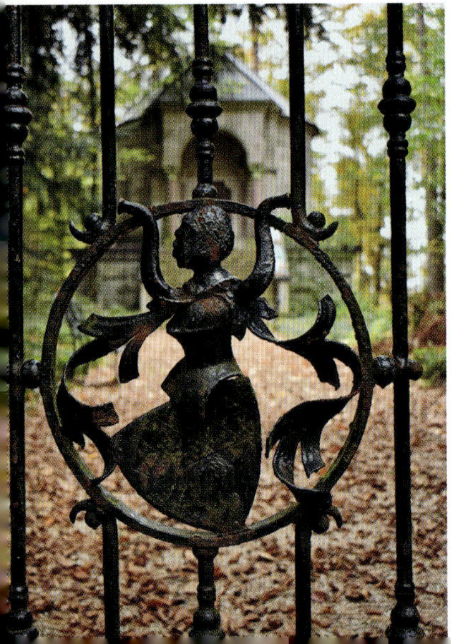

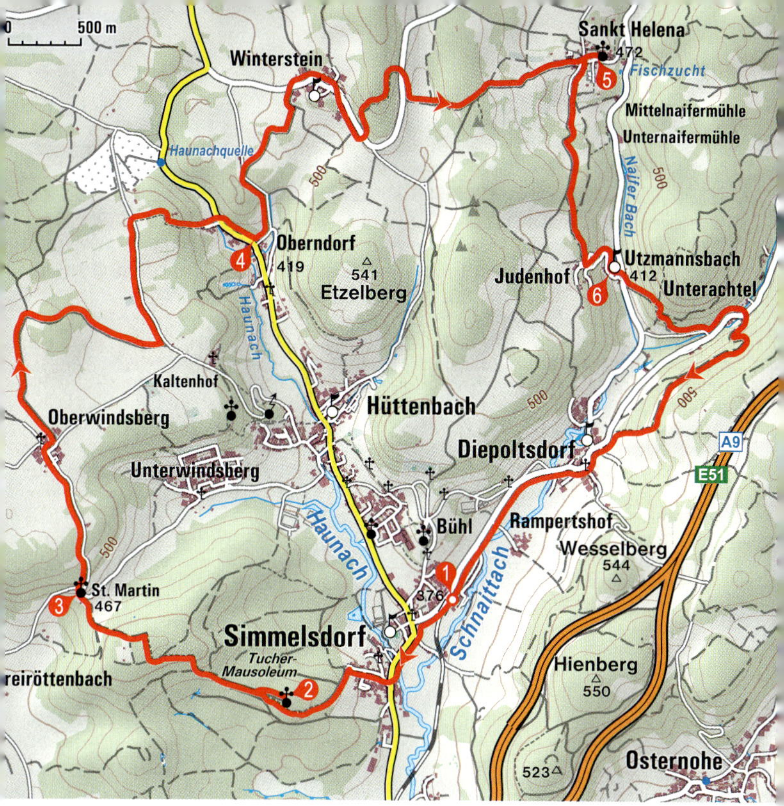

des Naifer Baches hinunter ins benachbarte **Utzmannsbach** ❻. Vorbei am sehenswerten Herrensitz aus dem 15. Jh. und dem Gasthaus Zu den Linden gleich wieder aus dem Dorf hinaus. Dahinter ein paar Meter längs der LAU 12, dann links auf einem Pfad den Berg hinauf. Beim Wachsteinhaus rechts und dann stetig hangdiagonal bergab bis zu einem querenden Sträßchen. Hier links und dann längs der LAU 2 hinein nach **Unterachtel**. Dort rechts auf einen Flurweg und in Kurven hoch in den Wald. Dann halbwegs eben durch den Wald und bei einer Weggabel links halten. Achtung: Bei der nächsten Gabelung verlassen wir den »Rotring« und biegen stattdessen mit dem »Blaupunkt« rechts ab. Er führt uns halbwegs steil hinunter nach **Diepoltsdorf** und dort links längs der Achtelstraße (Hauptstraße) durch den Ort. Auf einem Fußweg längs der LAU 2 kehren wir schließlich zurück zum **Bahnhof Simmelsdorf-Hüttenbach** ❶.

↗ 300 m | ↘ 300 m | 13.8 km

19 Von Engelthal auf den Keilberg

4.00 h

Durchs Hammerbachtal zu alten Hutangern

Ein Mix aus historischen Zeugnissen (die Reste des Klosters Engelthal, die Kapellenruine St. Ottmar und Ottilie auf dem Keilberg), der Kultur (die einstigen Hutanger bei Hallershof und Klingenhof sowie die Mühlen des Hammerbachtals) und der Natur (Steinerne Rinne am Osthang des Buchenbergs) macht diese Wanderung zu einem besonderen Erlebnis. Zudem laden beliebte Ausflugsgaststätten zur Rast ein.

Ausgangspunkt: Engelthal, Parkplatz in der Ortsmitte, 371 m. Von Nürnberg Hbf mit RE nach Hersbruck r. d. Pegnitz oder mit S1 nach Henfenfeld, weiter mit Bus 335 (tlw. als Rufbus) bis »Engelthal, Grüner Baum«. Am Wochenende sehr wenige Verbindungen, Anfahrt mit Auto empfehlenswert. Begrenzte Zahl von Parkplätzen in der Ortsmitte (Navi: 91238 Engelthal, Hauptstr. 23).
Anforderungen: Etwas Kondition erforderlich. Steiler Anstieg zum Keilberg. Feld- und Forstwege, im Wald auch längere Passagen auf Wurzelpfaden. Steiler Abstieg nach der Steinernen Rinne.
Markierung: Blaukreuz, Frankenalb-Panoramaweg (senkrechter Rotstrich auf Gelb), Rotpunkt, Frankenweg, Fankenalb-Panoramaweg, Blaukreuz.
Einkehr: In Engelthal: Weißes Lamm (Tel. +49/9158/929990, www.hotel-weisseslamm.de). In Egensbach: Zum stillen Bächlein (Tel. +49/9158/1417, www.stillesbaechlein.de).
Karte: ATK25 Blatt G11 Hersbruck.
Variante: Ab der Steinernen Rinne mit dem Zeichen Main-Donau-Weg nach Engelthal (bequemer und leichter).

Vom Parkplatz in **Engelthal** ❶ sind es ein paar Schritte bis zur Hauptstraße. Hier wenden wir uns nach rechts, und 50 m weiter wandern wir links in die Mühlstraße, die zum Talgrund führt. Bis Egensbach orientieren wir uns an der Markierung »Blaukreuz«. Die Mühlstraße verzweigt sich; wir gehen geradeaus und gelangen auf den Pfad, der neben der einstigen Klostermauer verläuft. An der T-Kreuzung geht es nach rechts über die Brücke des Hammerbaches. Der Feldweg führt in großen Bögen durch die Fluren bis zum Hutwald des Weilers Hallershof. Unterwegs erläutern Informationstafeln Wissenswertes über Getreide, Mühlen und deren Mahlgänge.

Steiler Abstieg von der Steinernen Rinne nach Schrotsdorf.

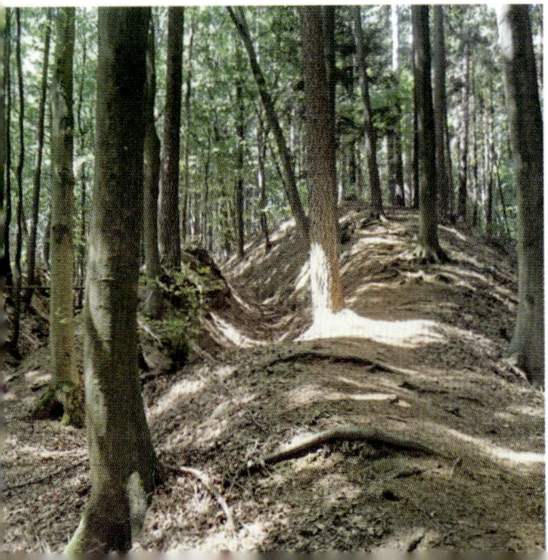

Bei Hallershof durchqueren wir den Eichenhain des einstigen Hutwaldes und biegen auf dem zweiten Weg

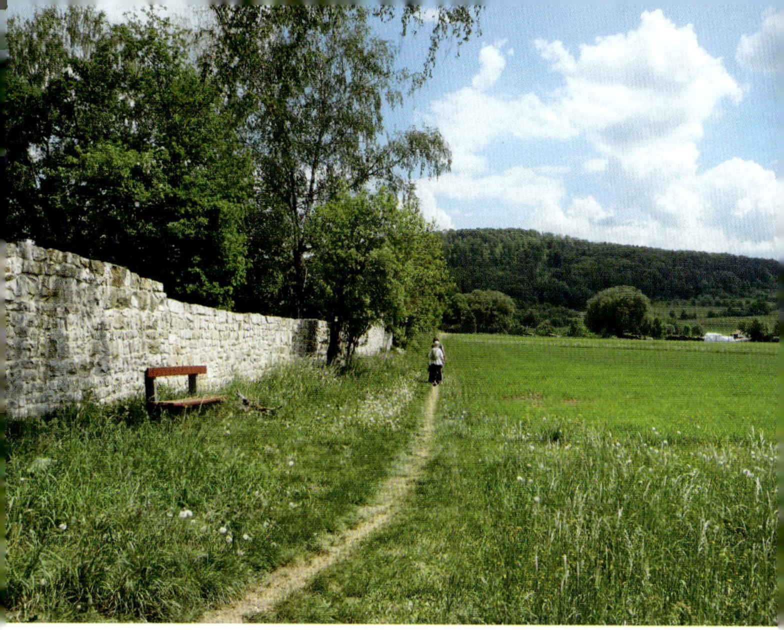

Längs der Klostermauer von Engelthal.

rechts ab. Nach ca. 200 m links auf einem Pfad am Waldrand entlang, der oberhalb von Schrotsdorf auf einen Querweg trifft. Hier rechts und nach etwa 100 m links in den Forst. Nach ca. 15 Min erreichen wir den Waldrand. Achtung: Vor uns im Tal liegt Offenhausen, wir müssen aber in einem spitzen Winkel nach rechts, um nach **Egensbach** 2 zu gelangen. In der Ortsmitte geht es mit dem Frankenalb-Panoramaweg rechts weiter – zuvor lohnt sich noch ein kurzer Abstecher nach links zum Landgasthof Zum stillen Bächlein mit seinem Biergarten.

Wir lassen Egensbach hinter uns und wandern auf den Wald zu. Der Weg wird zum Pfad und steigt kräftig an. Wir passieren Hof Birkensee (Christusbruderschaft Selbitz) und arbeiten uns über eine Bergwiese auf dem Pfad immer weiter nach oben. Im Wald queren wir zwei Forstwege und stehen wenige Minuten später auf dem Keilberg, 547 m. Unser Ziel ist die Ruine der Kapelle **St. Ottmar und Ottilie** 3. Als Erstes fällt uns ein hoher viereckiger Turm mit einem Zeltdach ins Auge. Über der

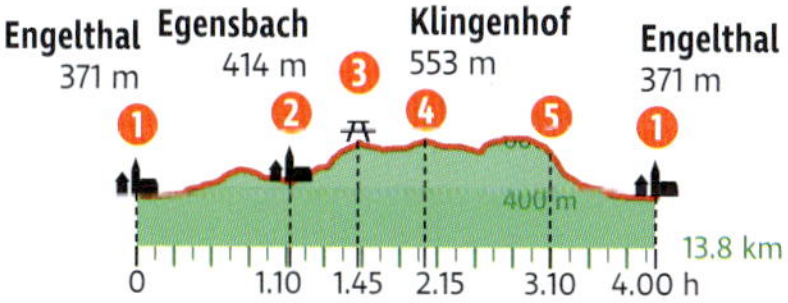

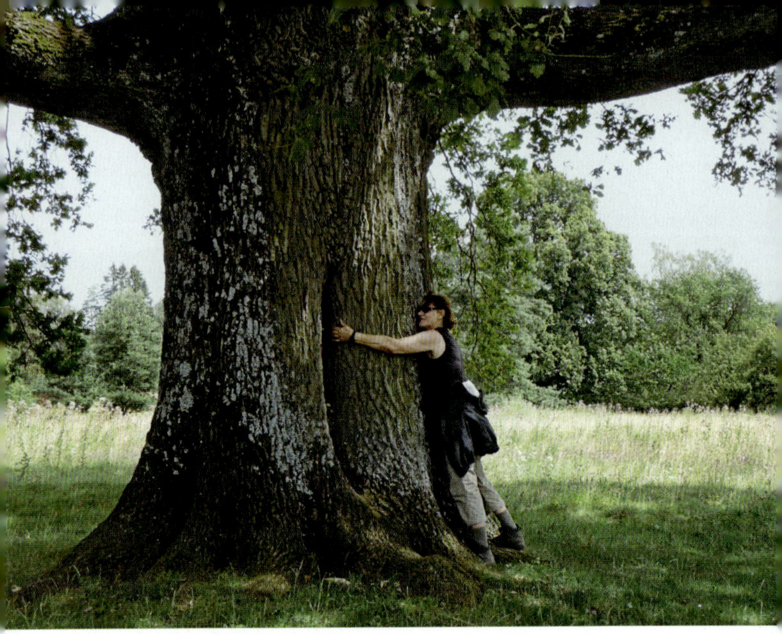

Imposante Eiche auf dem ehemaligen Hutanger vor Klingenhof.

Eingangstür ist ein überdachter Holzkasten angebracht. Hinter dem Turm sind die freigelegten Fundamente eines Kirchenbaus zu erkennen. Eine Informationstafel erläutert, was es mit dem Ort auf sich hat.
Neben dem Rastplatz suchen wir nach den Markierungen. Unser Zeichen bis Klingenhof ist der »Rotpunkt«. Am Waldrand lassen wir einen Sendemast links liegen und wandern rechts auf den geschotterten Waldweg. Die Reste der Pflasterung auf dem letzten Stück verweisen darauf, dass hier die Trasse einer alten Verbindungsstraße nach Hersbruck verlief. Schon vor Klingenhof fällt uns der einstige Hutanger mit seinem Magerrasen, Fichten, Föhren, Buchen und imposanten Eichen auf. Am Ortsrand von **Klingenhof** 4 halten wir uns rechts, wandern an der nächsten Verzweigung erneut rechts (Markierung Frankenweg und »Blaustrich«) und tauchen, leicht abwärtsgehend, in den Wald ein. Wir stoßen auf einen Querweg, hier links weiter durch herrlichen Buchenwald, bis wir auf eine Teerstraße gelangen. Dieser ein paar Meter nach links folgen, um gleich wieder rechts über einen Pfad auf einen Feldweg zu gelangen. Hier nach rechts (wo sich der Main-Donau-Weg zum Frankenweg gesellt) und zwischen Feldern und Hecken hinein in den Engelthaler Forst mit seinem höchsten Punkt, dem Buchenberg, 567 m. Von nun an geht es abwärts, und nach etwa 15 Min. stehen wir

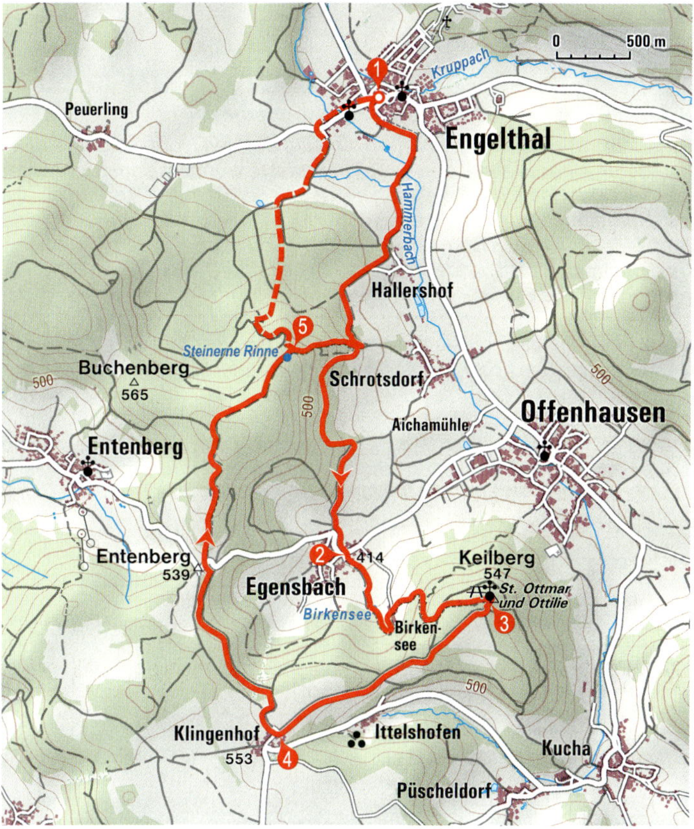

vor einem wegen des Mangels an Niederschlägen gefährdeten Wunder der Natur – der **Steinernen Rinne 5**. Eine Tafel klärt uns darüber auf, wie es zu diesem Phänomen kommt.

Wer bequemer zurück nach Engelthal wandern möchte, folgt dem Main-Donau-Weg weiter (Variante). Wir schlagen wegen des spektakulären Abstiegs vor, dem Frankenalb-Panoramaweg zu folgen. Dieser Pfad führt entlang der zerklüfteten Hänge steil bergab und erfordert Trittsicherheit. An seinem Ende stoßen wir auf einen Querweg, dem wir mit der Markierung »Blaukreuz« nach links folgen. Wie auf dem Herweg geht es schließlich zurück nach **Engelthal 1**.

↗ 240 m | ↘ 240 m | 9.7 km

20 Auf den Moritzberg

3.15 h

Von Leinburg auf den Hausberg der Nürnberger

Insgesamt 18 markierte Wege führen hinauf auf den Moritzberg und belegen damit eindrucksvoll, dass er das beliebteste Wanderziel im Nürnberger Land ist. Der Name des Berges leitet sich von der Mauritius-Kapelle ab, die der Nürnberger Patrizier Herdegen Valzner 1419 gestiftet hat. Heute kann man hier immer noch heiraten – oder aber Bergkirchweih feiern, zumindest am vorletzten Wochenende im August. Der gemütliche Berggasthof nebenan war einst die Einsiedelei der Kapelle, heute ist im Sommer vor allem der schattige Biergarten unter dichten Kastanienbäumen ein Magnet für Wanderer, Mountainbiker und Reiter. Die meisten, die hier oben waren, kommen immer wieder. Den absoluten Rekord hält der Laufer Schreinermeister Franz Greßmann, der im Laufe seines langen Lebens 2400 Mal seinen Lieblingsberg bestiegen hat. Da können wir natürlich nicht mithalten, wählen aber immerhin für unsere Tour den steilsten Anstieg auf den Moritzberg von Leinburg aus. Dafür ist die restliche Strecke umso gemütlicher. Wir bleiben im Flachland und kehren über Haimendorf, Rockenbrunn, Diepersdorf und die Scheerauweiher zurück nach Leinburg.

Ausgangspunkt: Leinburg, Marktplatz, 398 m. Von Röthenbach (S1) oder Altdorf (S2) mit Bus 331 bis »Leinburg, Marktplatz«. Parkmöglichkeiten in der Nürnberger Straße (Navi: 91227 Leinburg, Nürnberger Str. 3).
Anforderungen: Überwiegend geschotterte bzw. geteerte Wege, lediglich der Aufstieg auf den Moritzberg auf einem naturbelassenen Pfad ist sehr steil und erfordert Trittsicherheit und Kondition.
Markierung: Rotpunkt, Grünstrich, Blaustrich, Grünpunkt, Rotpunkt.
Einkehr: Berggasthof Moritzberg (Tel. +49/9120/8393, www.berggasthof-moritzberg.de). In Rockenbrunn: Historisches Gasthaus Zum Rockenbrunn (Tel. +49/9120/798, www.zumrockenbrunn.de). In Leinburg: Bräustüberl Leinburg (Tel. +49/9120/180213, www.bräustüberl-leinburg.de).
Karte: ATK25 Blatt G10 Lauf a. d. Pegnitz.
Tipp: In Leinburg ist mit der Brauerei Bub die älteste Privatbrauerei im Nürnberger Land ansässig. Sie hat zehn verschiedene Biersorten im Angebot, die im hauseigenen Getränkemarkt verkauft werden (www.leinburger-bier.de).
Variante: Von Haimendorf aus lohnt ein Abstecher (insgesamt ca. 1,6 km) zum Klingenden Wasserfall im schluchtartigen Bachbett des Hüttenbaches. Man folge der Markierung »Grünring« des Schönberger Jakobsweges in nördlicher Richtung.

Vom **Marktplatz** in **Leinburg** ❶ führt uns die Markierung »Rotpunkt« in nordöstlicher Richtung vorbei an der Brauerei Bub und weist uns nach etwa 100 m links in die Fenngasse. Dann rechts in die Lange Austraße (Hinweisschild »Fußweg zum Moritzberg«) und von dort links in die Lindenstraße. Ihr folgen wir bis ans Straßenende am Ortsrand und halten uns dann auf einem Feldweg weiter geradeaus hinaus auf die Feld- und Wiesenflur. Mit dem Moritzberg vor Augen verläuft unser Weg leicht hangaufwärts bis zu einem querenden Flurweg. Hier rechts abbiegen und dann in einer Linkskehre weiter den Wiesenhang hoch, wobei unser Weg zu einem schmalen Pfad wird. Auf dem nächsten Querweg nach rechts hoch an den Waldrand, dort bei einer Ruhebank links halten, dann aber gleich wieder rechts auf einen Pfad, der hangaufwärts in den Wald hineinführt. Auf dem folgenden breiten Querweg nach rechts und bei erster Gelegenheit wieder links. Es geht nun halbwegs steil hangaufwärts bis zu einem weiteren querenden Weg. Achtung, ab jetzt wird es noch steiler! Wer sich dies nicht zumuten möchte, halte sich auf dem ersten Querweg ohne Markierung nach links und biege nach etwa 330 m wieder rechts ab; dieser Weg führt weniger steil, passagenweise mit Hohlwegcharakter, bergan und trifft oben wieder auf unseren Rotpunktweg. Ansonsten weiter geradeaus, in extrem steilem Anstieg den Berghang hoch (Vorsicht, Rutschgefahr!). Oben am Plateaurand in einer leichten Rechtsbiegung weiter leicht aufwärts bis zu einer weiten Wegspinne (hier kommen auch die »Umwegler« an). Von dort jetzt nur noch mit mäßiger Steigung weiter geradeaus und über den bewaldeten Gipfel, 603 m, hinweg. Dann leicht abwärts durch das alte Schürfgrubenfeld des einstigen Kalkabbaues hinunter zum historischen **Berggasthof** auf dem Gipfelplateau des **Moritzberges** ❷. Dort ist im schattigen Biergarten nach den Mühen des Aufstieges eine Erfrischung fällig. Anschließend bieten sich eine Besichtigung der Mauritiuskapelle sowie eine Besteigung des 30 m hohen Aussichtsturmes an

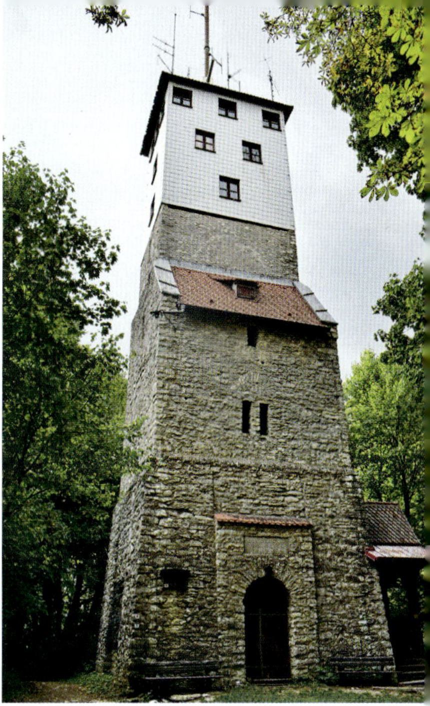

Aussichtsturm auf dem Moritzberg.

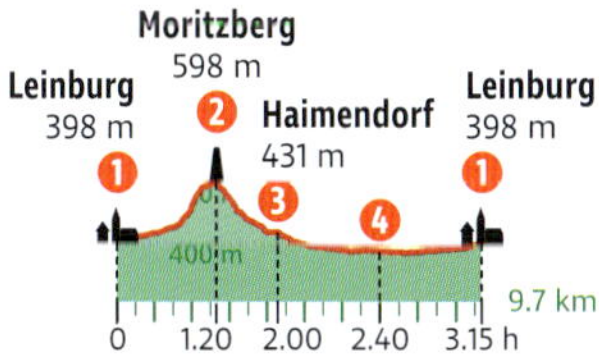

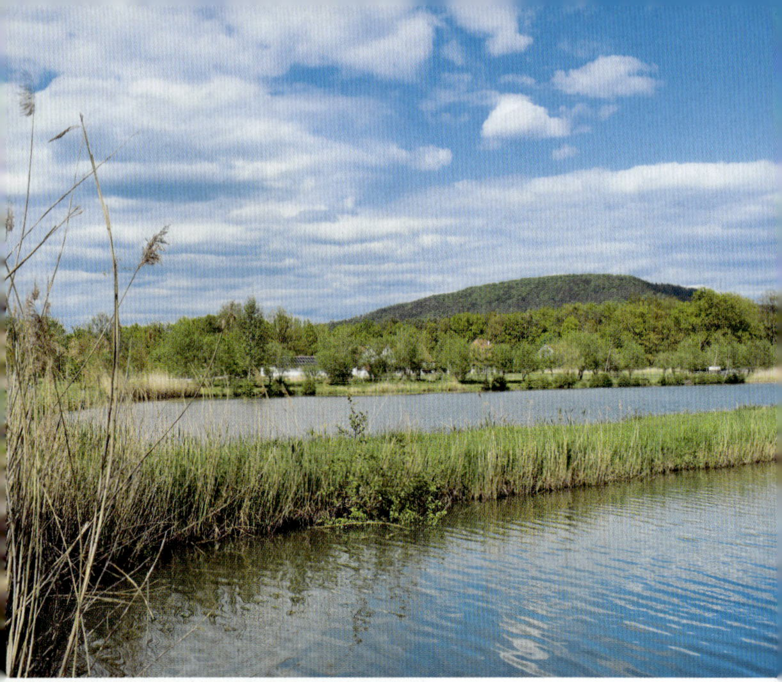

Scheerauweiher mit Moritzberg.

(2 Euro Eintritt bereithalten). Beide stehen in unmittelbarer Nähe zum Berggasthof und bilden gemeinsam ein pittoreskes Ensemble zwischen den Bäumen.

Für den Abstieg wählen wir den Weg, der mit dem »Grünstrich« markiert rechts vom Turm hinunter nach Haimendorf führt. Es geht nun halbwegs steil bergab, zuletzt durch einen Hohlweg im ockerfarbenen Doggersandstein. Danach bei einer Wegspinne links abbiegen und weiter den Abhang hinunter, jetzt aber mit weniger Gefälle. Unser Waldweg mündet dann nach etwa 300 m in einen querenden Schotterweg, dem wir nach rechts folgen. Er führt uns weiter hangabwärts aus dem Wald hinaus auf die Wiesenflur bis zu einem weiteren Querweg mit Schotterbelag. Bevor wir hier rechts abbiegen, gönnen wir uns eine kurze Rast auf einer Ruhebank und genießen den Blick auf Nürnberg, wo besonders der Fernsehturm, der Business-Tower und die Burg markante Orientierungspunkte bieten. Dann vorbei an Pferdekoppeln hinein nach **Haimendorf** ❸, wo wir mit dem »Blaustrich« links in die Diepersdorfer Straße abbiegen, die uns leicht abwärts hinunter in das nahe Rockenbrunn bringt. (Wer mag, biege zuerst rechts ab und

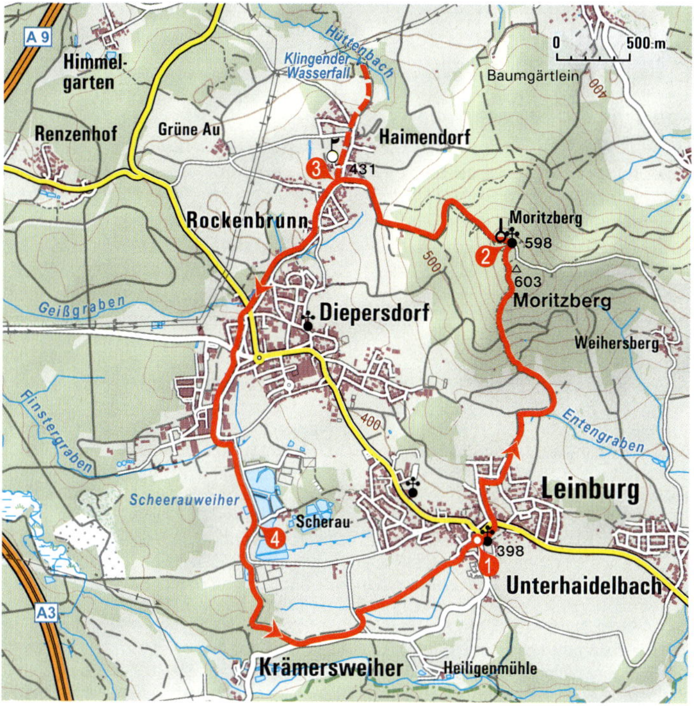

mache einen Abstecher zum Fürer-Schloss oder zum Klingenden Wasserfall, siehe Variante.)

Linker Hand passieren wir das äußerst sehenswerte historische **Gasthaus Zum Rockenbrunn**, das sogar schon einmal Drehort für einen der ersten Franken-Tatort-Krimis war. Weiter auf der Rockenbrunner Straße hinein nach **Diepersdorf** und dort über den Laufer Weg und den Mühlweg in die lange Industriestraße. »Blaustrich« biegt dann rechts in die Reichswaldstraße ab, wir bleiben aber weiter geradeaus und folgen jetzt dem »Grünpunkt«, der uns zuverlässig durch das Industriegebiet leitet. Über die Kitzengasse gelangen wir wieder auf die offene Wiesenflur und flanieren dort längs der idyllischen **Scheerauweiher** ❹. Von dort hat man einen wunderschönen Blick hinüber zum Moritzberg.

Dann am Sportplatz vorbei hinein in ein Waldstück und darin bei einem Querweg nach links. Längs des Waldrandes und über die Feldflur führt uns schließlich der »Rotpunkt« zurück zum **Marktplatz** von **Leinburg** ❶.

TOP

21

Auf die Burg Hohenstein

↗ 430 m | ↘ 410 m | 15.8 km

4.45 h

Von Schnaittach nach Rupprechtstegen

Hohenstein gehört dank der exponierten Lage seiner auf einem Felssporn thronenden Burgruine zu den bevorzugten Ausflugszielen im Hersbrucker Land. Von welcher Seite sich die Wanderer auch nähern, irgendwann kommt der Palas mit dem Glockentürmchen in Sicht und spornt zum Endspurt an. Wer die grandiose Aussicht vom höchsten Punkt der Hersbrucker Alb, 634 m, genießen will, muss vom Dorf einen kurzen, steilen Aufstieg bewältigen. Der lohnt sich sogar außerhalb der Öffnungszeiten, weil sich auch von den Felsen im Eingangsbereich schöne Blicke nach Süden und Westen bieten.

Ausgangspunkt: Bahnhof Schnaittach Markt, 346 m. Von Nürnberg Hbf mit RB (Richtung Simmelsdorf-Hüttenbach) erreichbar, am Wochenende Umsteigen in Neunkirchen am Sand erforderlich. Kostenlose Parkplätze vorhanden (Navi: 91220 Schnaittach, Hersbrucker Str. 18).
Endpunkt: Bahnhof Rupprechtstegen, 372 m. Nach Nürnberg Hbf mit RB; Rückfahrt nach Schnaittach über Neunkirchen am Sand möglich. Parkplatz am Bahnhof (Navi: 91235 Hartenstein, Am Bahnhof 3).
Anforderungen: Anspruchsvolle Tour mit einigen steilen Anstiegen. Feld- und Waldwege dominieren, zwischendurch auch Pfade sowie kaum befahrene Nebenstraßen.
Markierung: Rotes X, Blaustrich, rotes X.
Einkehr: Berggasthof Rothenberg (Tel. +49/9123/8480, www.berggasthof-rothenberg.de). In Enzenreuth: Brauerei Enzensteiner (Tel. +49/9153/924733). In Hohenstein: Café Hohensteiner Hof (Tel. +49/9152/533). Am Bahnhof Rupprechtstegen: Rast-Waggon (Tel. +49/9152/4085585).
Karte: ATK25 Blatt F10 Eckental und Blatt F11 Auerbach i. d. Opf.
Hinweis: Öffnungszeiten der Burg siehe www.burg-hohenstein.com.

Am **Bahnhof Schnaittach Markt** ❶ entlang des Gleises in Fahrtrichtung Simmelsdorf (Norden) und rechts über den Bahnübergang. Mit der Markierung »rotes X« halb rechts in die Bergstraße. Nach 100 m links auf den Pfad, der parallel zur Straße bergauf führt. Wir wandern unter Obstbäumen; Schilder informieren über Obstwiesen und ihre Fauna. Nach knapp 20 Min. Aufstieg erreichen wir den befestigten Fürstenweg. Wir wenden

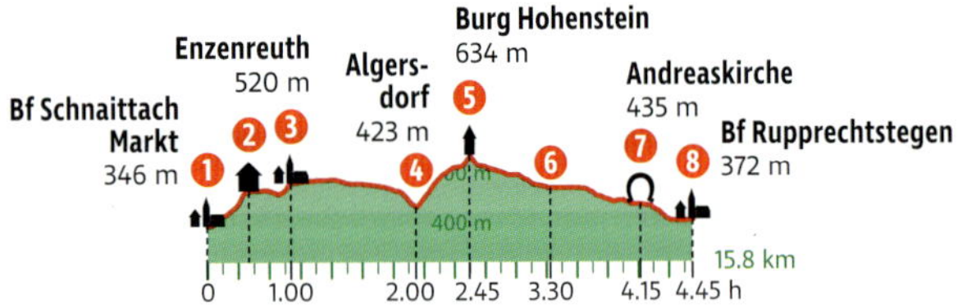

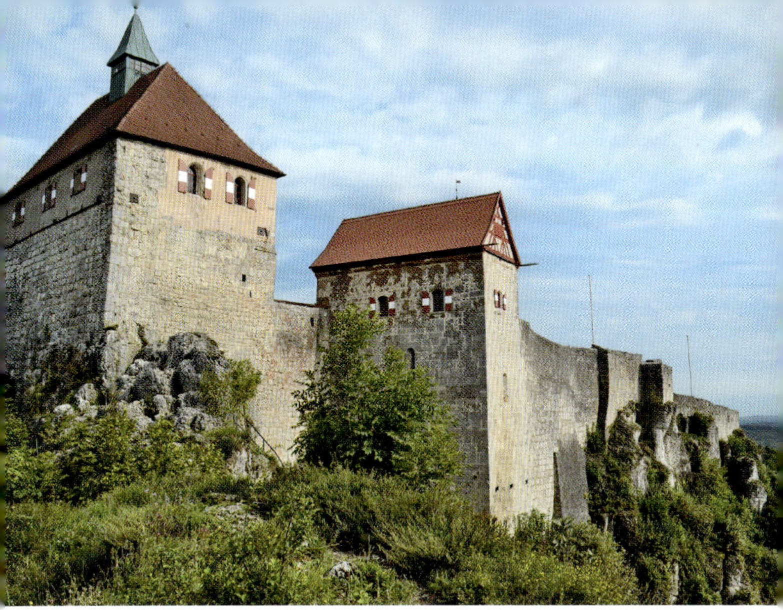

Die auf Felsen errichtete Burg Hohenstein.

uns hier mit dem »Blaustrich« nach links und passieren den **Berggasthof Rothenberg** ❷.

Ca. 10 Min. geht es durch einen von herrlichen Buchen dominierten Wald. Am Parkplatz halten wir uns halb links, überqueren die Straße Schnaittach–Rabenshof und steigen (jetzt wieder mit dem »roten X«) auf der asphaltierten Straße hoch nach **Enzenreuth** ❸. Wem es nach einer Erfrischung gelüstet, der kann am Ende des Ortes die Brauerei Enzensteiner ansteuern. Ansonsten geht es mit dem »roten X« halb rechts auf die Hochebene. Wir ignorieren alle Abzweigungen und halten uns an unser Zeichen.

Mal durch Wald, mal durch Fluren geht es auf das Ziel zu, das wir bald erstmals erblicken: Die Burg Hohenstein krönt den höchsten Berg am Horizont. Wenig später queren wir die Straße Bondorf–Morsbrunn. Bis Algerdorf ist der Weg, der sich durch die Landschaft schlängelt, geteert. Immer wieder bieten sich Ausblicke auf die Burg. In **Algersdorf** ❹ mit seinen hübschen Häusern müssen wir bis ins Sittenbachtal hinunter, die Straße (St 2404) überqueren und rechts bergauf hinein in den Wald. Kurz darauf zweigt unser Weg nach rechts ab – der Aufstieg nach Hohenstein beginnt. Der Steig windet sich am Berghang hoch in Richtung Burg.

Gut 30 Min. geht es aufwärts. Links zeigt uns ein Blick auf die Burg, dass wir dem Ziel schon recht nahe sind. Im **Dorf Hohenstein** folgen wir der Haupt-

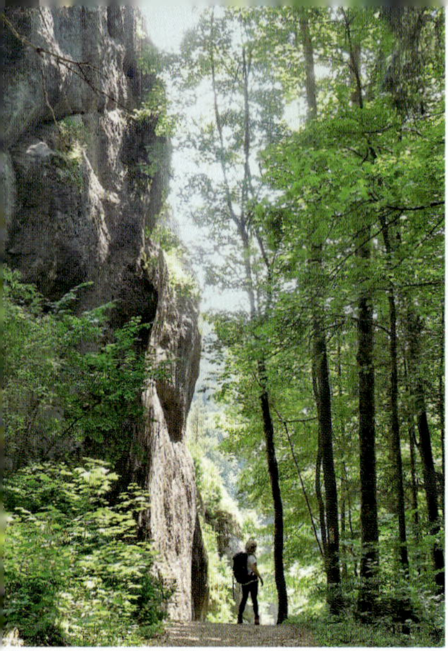

Im Ankatal.

straße, passieren rechter Hand das Café Hohensteiner Hof (Spezialität Windbeutel) und steigen links hoch zur **Burg Hohenstein** 5. Zwischen der Unterburg mit dem Pfleghaus und der Oberburg lädt ein Rastplatz zum Verschnaufen ein. Wenn der Zugang zum Innenhof und seinen Aussichtsplätzen geschlossen ist, müssen sich die Wanderer mit dem Blick von den Felsen begnügen. Geöffnet ist die Burg, wenn die Fahnen (die deutsche und die fränkische) gehisst sind.

Nach dem Abstieg folgen wir weiter der Hauptstraße, sie führt uns im Bogen nach rechts ortsauswärts. Nach etwa 150 m weist uns das »rote X« links in den Wald. Wir queren die Straße Hohenstein–Wallsdorf und wandern unter alten Buchen zwischen bizarren Dolomitfelsen in

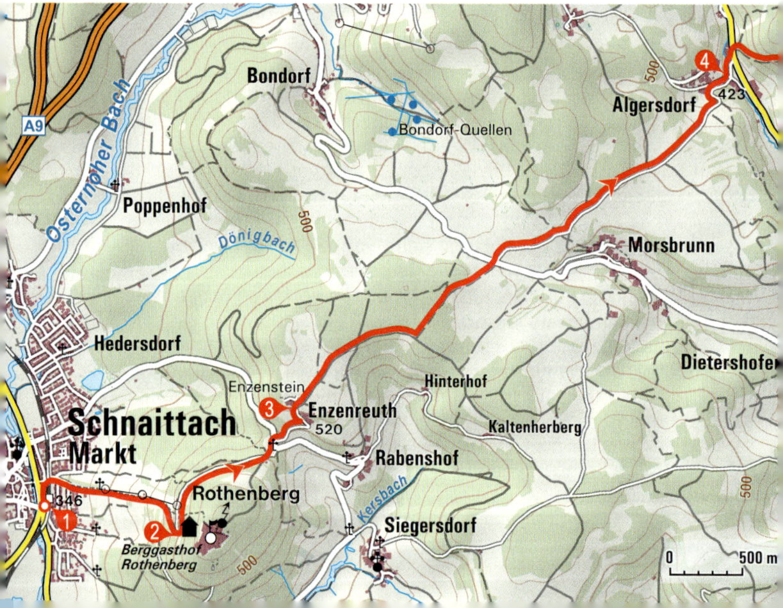

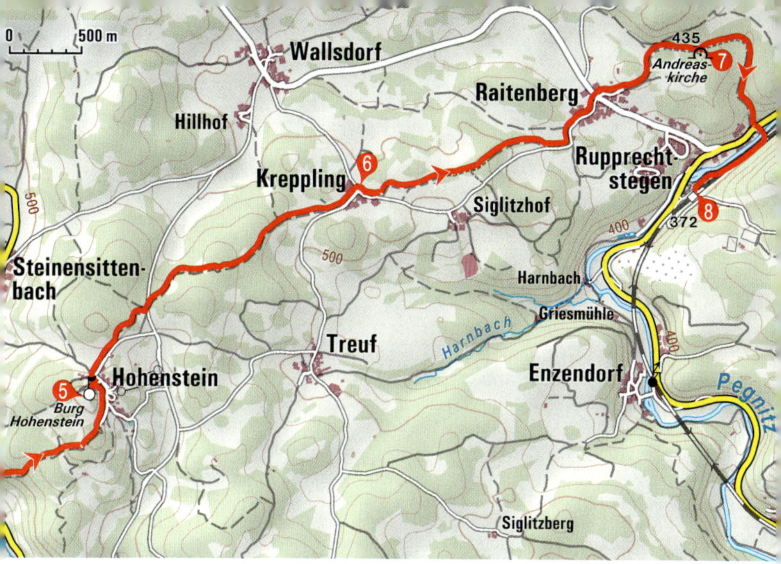

Richtung **Kreppling** ❻. In der Mitte des Dorfes geht es nach rechts, 150 m weiter nach links auf eine Bauminsel in den Feldern zu. Wir gehen um sie herum und wandern auf einem Pfad durch die Fluren in Richtung Wald. Durch diesen und dann auf dem Sträßchen, gelangen wir nach **Raitenberg**. Wir queren die Straße Rupprechtstegen–Wallsdorf. Der Teerweg wird zum Feldweg. An der Kuppe halten wir uns links und wandern ins Ankatal hinunter.

Noch vor Erreichen der Talsohle weist uns die Markierung nach rechts auf einen schmalen Pfad in den Wald hinein. Hier ist es zu allen Jahreszeiten etwas glitschig. Nach 150 m erreichen wir eine Felshalle von 10 m Breite, 4 m Höhe und 50 m Länge, die den Namen **Andreaskirche** ❼ trägt. Archäologen vermuten, dass die Höhle in der Bronzezeit und später von den Kelten genutzt wurde. Ihr Name rührt wahrscheinlich daher, dass die Höhle Christen in Notzeiten als Zufluchtsort diente. Der Felsblock inmitten des Raums soll als Altar fungiert haben.

Von der Höhle geht es jetzt weiter sanft abwärts. Je näher wir dem Ausgang der Schlucht kommen, desto höher ragen die Felsen empor. Nicht selten üben Kletterer an diesen Wänden. Wenn wir aus dem **Ankatal** treten, queren wir die Straße Rupprechtstegen–Velden und gehen über die Holzbrücke, die hier die Pegnitz überspannt. Am anderen Ufer halten wir uns rechts und wandern zwischen Fluss und Bahndamm bis zum **Bahnhof Rupprechtstegen** ❽, wo der Rast-Waggon dazu einlädt, die Wartezeit bis zur Einfahrt des Zuges zu verkürzen.

TOP

↗ 370 m | ↘ 370 m | 10.9 km

22 Wanderparadies Hirschbachtal

3.45 h

Über die Mittelbergwand ins Felsgebiet Schwarzer Brand

Das Hirschbachtal gilt als eines der schönsten Wandergebiete der Hersbrucker Schweiz. Es liegt knapp 40 km östlich von Nürnberg in der Region Frankenpfalz, wo sich Mittelfranken, Oberfranken und die Oberpfalz berühren. Die Gegend ist besonders bei Kletterern beliebt wegen ihrer Fülle an Kletterfelsen und Felsnadeln in unterschiedlichen Schwierigkeitsgraden sowie den beiden Klettersteigen Höhenglücksteig und Norissteig. Aber natürlich kommen auch die Wanderer hier voll auf ihre Kosten, denn es gibt mehr als 200 km bestens markierte Wege. Wir wählen für unsere Tour den lokalen Wanderweg 2 aus, der uns ausgehend von Hirschbach vorbei an der eindrucksvollen Mittelbergwand nach Neutras führt und von dort ins Felsgebiet Schwarzer Brand. Dort genießen wir vom Aussichtspunkt Himmel den schönsten Weitblick unserer Tour und kehren über den Prellstein zurück nach Hirschbach.

Ausgangspunkt: Hirschbach, Hirschbacher Dorfplatz, 379 m. Von Nürnberg Hbf mit RE nach Hersbruck rechts der Pegnitz, von dort mit Bus 446 bis »Hirschbach, Dorfplatz«; am Wochenende nur wenige, tlw. andere Verbindungen. Kostenloser Wanderparkplatz im Reichental, etwa 200 m hinter dem Gasthof Goldener Hirsch (Navi: 92275 Hirschbach, Im Reichental 3).
Anforderungen: Es sind einige steilere Anstiege zu bewältigen, daher erfordert die Tour trotz ihrer Kürze eine gute Kondition, für einige Passagen auf felsigem Untergrund ist zudem Trittsicherheit gefragt.
Markierung: Weiße 2 auf Grün, nur für den Abstecher hoch zur Mittelbergwand gibt es keine Markierung.
Einkehr: In Neutras: Resnhof (Tel. +49/9154/919710, www.resnhof.de), Zum Neutrasfelsen (Tel. +49/9154/9150057, www.neutrasfelsen.de). In Hirschbach: Gasthof Goldener Hirsch (Tel. +49/9152/986300, www.hirschbachtal.de).
Karte: ATK25 Blatt F11 Auerbach i.d. Opf.
Tipp: Klettersteige der Sektion Noris des Deutschen Alpenvereins (www.dav-noris.de/hoehenglueckssteig, www.dav-noris.de/norissteig).

Auf dem **Dorfplatz** von **Hirschbach** ❶ gibt uns eine Wandertafel den Weg vor. Unsere Markierung ist die »weiße 2 auf Grün« und sie wird uns auch wieder hierher zurückführen. Zum Einstieg überqueren wir die Talstraße (Hauptstraße) und den Bach und halten über die Gasse »Am Schmiedberg« auf den nahen Wald zu. Dort rechts am Waldrand entlang bis nach Unterhirschbach, das wir rechter Hand passieren. Am Ortsende bei einer Gabelung links und

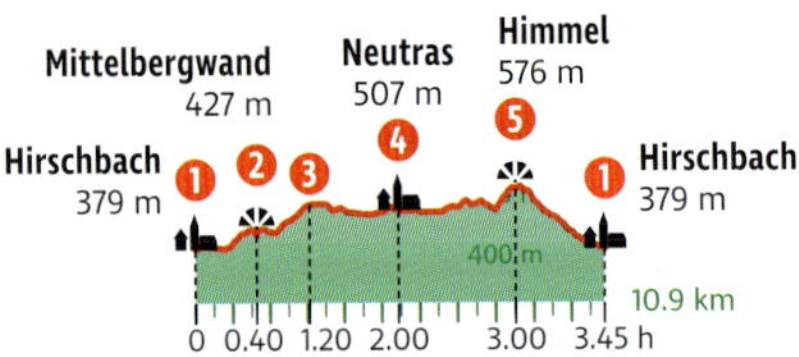

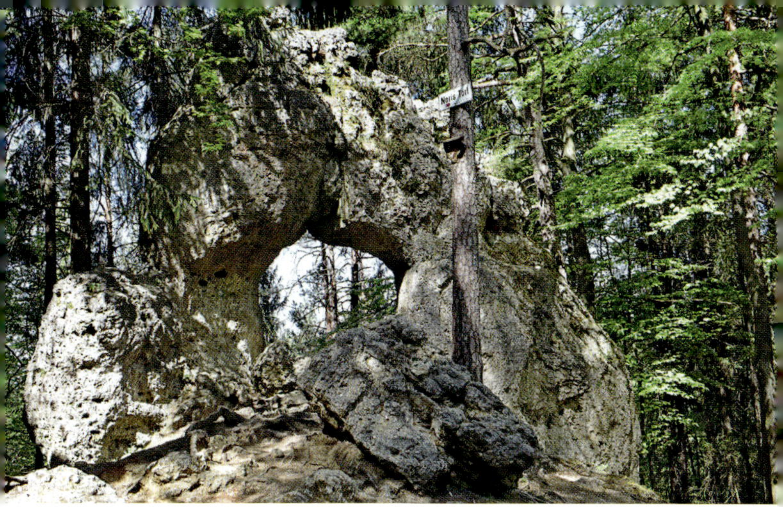

Felsformation Noristörle.

dann stetig hangaufwärts über einen Querweg hinweg an den Fuß der steilen Mittelbergwand. Auf einem schmalen Pfad, der markierungslos halbwegs steil nach oben führt, steigen wir zum Gipfelkreuz der **Mittelbergwand** ❷ hoch und genießen den herrlichen Ausblick ins Hirschbachtal.
Auf gleichem Weg wieder zurück auf unseren Hauptweg und diesem etwa 10 m nach links folgen. Dann rechts abbiegen und gleich darauf wieder links. Es geht nun leicht aufwärts durch den Wald; rechts von uns die lang gezogene Castellwand, an der vorbei unser Weg in einer Rechtskehre hangaufwärts führt. Oben rechts an der Oberkante der Steilwand vorbei und beim Abweig zum Franke-Kamin (eine mit Stahlseilen gesicherte Kletterpassage) links halten. Dann unserem gut markierten Weg – alle Wegkreuzungen und Abzweige sind vorbildlich mit Wandertafeln versehen – durch den Wald stetig hangaufwärts folgen. Vorbei an einer frei stehenden Felsnadel, erreichen wir schließlich das **Noristörle** ❸, eine pittoreske torähnliche Öffnung in einem Dolomit-Felsen. Aus Sicht unseres Herweges rechts den Abhang hinunter und bei der nächsten Wegkreuzung links halten. Vorbei an einer langen Felswand mit zwei Höhlenlöchern an der Basis, gelangen wir zu einer Wegkreuzung, wo wir uns weiter geradeaus durch den Wald halten (Wegweiser »Neutras 2,1 km«). Es folgt eine kurze, dafür steile Abwärtspassage, dann weniger steil weiter abwärts bis zur Einmündung in einen querenden Weg. Auf ihm rechts aus dem Wald hinaus auf die Feld- und Wiesenflur, wo wir freie Sicht ins Umland haben: vor uns der Neutrasfelsen, links von uns die Höhe des Schwarzen Brands, rechts von uns über Hegendorf der Hohe Fels bei Hohenstadt. Beim gegenüberliegenden

Wald rechts und dann stets am Waldrand entlang bis zu einem querenden Schotterweg. Hier links und über einen Sattel hinweg nach **Neutras** 4, wo sich gleich zwei nette Einkehrmöglichkeiten für eine Rast anbieten (Öffnungszeiten beachten!).
Weiter auf der Hauptstraße des kleinen Dorfes und am Ortsende links auf einen Schotterweg, der sich zwischen Waldrand und Pferdekoppeln hinzieht. Bei einer Weggabel links, dann beim nächsten Abzweig links in den Wald hinein. Nach einer scharfen Linksbiegung unseres Weges bei der folgenden Weggabelung links (Wegweiser »Prellstein«), dann geradeaus, vorbei am Starenfels links von uns und dem Schöpfental zu unserer Rechten. Kurz über eine Ackerlichtung mit Blick zur Ruine Hauseck, dann erneut in den Wald, hinauf auf den Sattel des Bodenberges. Oben kurz abwärts und beim nächsten Abzweig rechts. Nun leicht aufwärts durch den Wald längs der Westflanke des Bodenbergs bis zum höchsten Punkt; dann in einigen Windungen abwärts bis zu einem Querweg. Dort links und steil hinauf bis zum Sattel zwischen dem Mittagsfels und dem Rutschen, wo unsere »weiße 2 auf Grün« rechts abbiegt. Nach knapp 100 m links und dann immer an der Hangkante entlang hinauf zum Aussichtspunkt **Himmel** 5, einem kleinen Felsplateau mit Seilsicherung und Ruhebank. Der Blick von hier oben ist einer der schönsten über die gesamte Hersbrucker Alb; von links nach rechts sehen wir die Burgruine Lichtenegg, den Dillberg, den Hohen Fels bei Hohenstadt, den Arzberg bei Hersbruck, den Nonnenberg, den Moritzberg, den Nürnberger Fernsehturm, den Großen Hansgörgl, den Glatzenstein, die Burg Hohenstein und den Fernmeldeturm bei Spieß. Direkt unter uns verläuft der Höhenglückssteig, daher bitte beim Gehen vorsichtig sein und keine Steinbrocken lostreten! Weiter in einem Rechtsbogen leicht aufwärts bis zu einem Querweg und dort links steil

Vom »Himmel« liegt uns die Hersbrucker Alb zu Füßen.

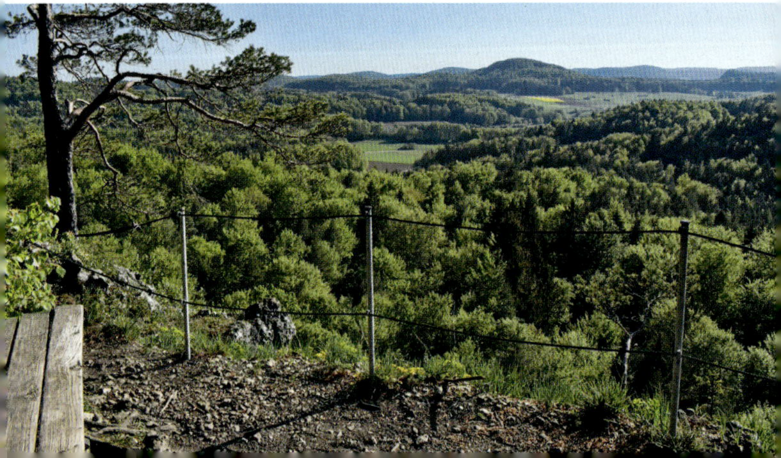

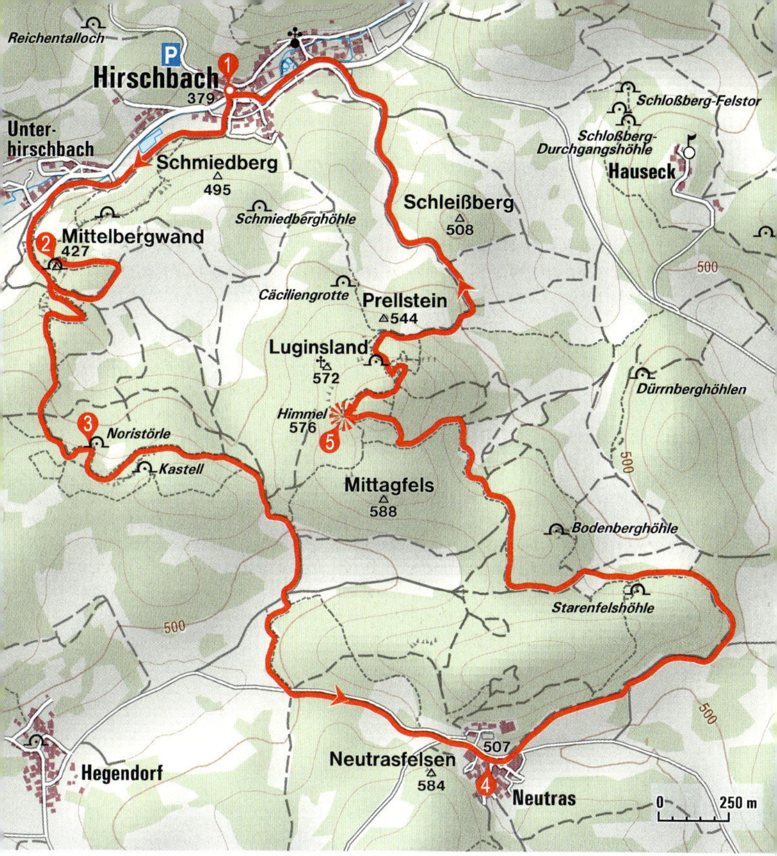

hinunter auf einen Sattel. Rechts des Weges befindet sich hier beim Ausstieg des Teilabschnittes Nummer drei des Höhenglückssteiges ein weiterer Aussichtspunkt, diesmal mit Ausblick nach Osten auf den Ossinger und die Hohe Zant bei Königstein, dahinter das Fichtelgebirge. Dann steil hinab zur Bergwachthütte und zum Prellstein, einem weiteren beliebten Kletterfelsen im Gebiet Schwarzer Brand. Hier rechts und längs einer Lichtung bis zu einer Weggabel, wo es links ab geht. Nun dem Weg leicht abwärts folgen – zunächst durch Wald, dann über Streuobstwiesen und längs eines Taleinschnittes bis zu einem querenden Flurweg. Auf ihm vorbei am Friedhof an den Ortsrand von Hirschbach und dort links auf der Alten Dorfstraße zurück zum **Dorfplatz** in **Hirschbach** ❶.

TOP

23 Rund um Neukirchen

↗ 330 m | ↘ 330 m | 15.1 km

4.15 h

Über den Neidstein und den Buchenberg

Das Sulzbacher Bergland gehört mit Fränkischer Schweiz und Hersbrucker Alb zu den bevorzugten Ausflugszielen im Großraum. Kein Wunder: Es ist per Bahn schnell erreichbar und bietet mit seinen ausgedehnten Wäldern, Felstürmen, romantischen Tälern, alten Kirchen und geschichtsträchtigen Orten alles, was Wanderer erfreut. Dazu lockt die deftige Küche des bayerischen Jura mit ihren Spezialitäten. Der Sulzbacher Fremdenverkehrsverband ist jedenfalls davon überzeugt, dass man hier noch »einfach und ohne großen Aufwand dem grauen Alltag entfliehen« kann. Wir laden zum Test in Neukirchen ein.

Ausgangspunkt: Bahnhof Neukirchen bei Sulzbach-Rosenberg, 449 m. Ab Nürnberg Hbf mit RE erreichbar. Parkplätze am Bahnhof (Navi: 92259 Neukirchen bei Sulzbach-Rosenberg, Neidsteiner Str. 2).
Anforderungen: Auf dem Neidstein und dem Buchenberg steinige, wurzelige Pfade, Trittsicherheit erforderlich. Vereinzelt muss man sich mit den Händen abstützen. Vorsicht bei Nässe!
Markierung: Pendolino-Wanderweg (stilisierter Zug), Blaustrich, Rotpunkt, Blaupunkt, Rotpunkt, Rotstrich.
Einkehr: In Neukirchen: Neukirchner Hof (Tel. +49/9663/91410, www.neukirchner-hof.de). In Lehendorf: Landgasthof Peterhof (Tel. +49/9154/4703, www.gasthof-peterhof.de).
Karte: ATK25 Blatt G11 Hersbruck.

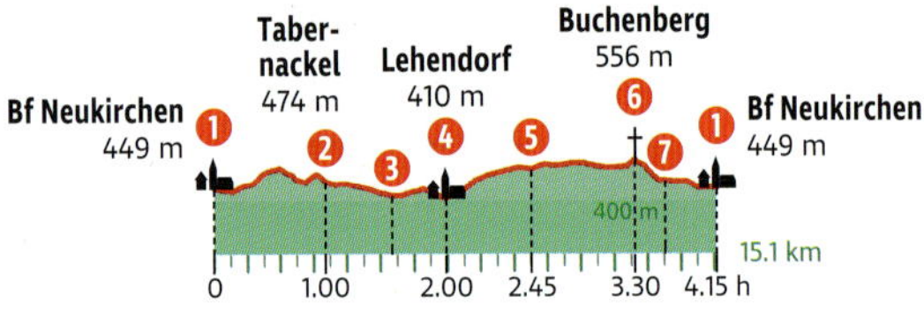

Auf der Wegetafel vor dem **Bahnhof Neukirchen** ❶ finden wir die Markierung, die uns bis nach Tabernackel begleitet: Es ist der Pendolino-Wanderweg, benannt nach den Dieselzügen mit Neigetechnik (»stilisierter Zug in grün-weiß«). Wir gehen die Bahnhofstraße hinunter zur Ortsmitte, passieren den Neukirchner Hof und die Kirche und biegen links in die Straße »Am Anger« ein. An der Rechtskurve wandern wir geradeaus auf einem geschotterten Weg aufwärts auf den Forst zu. Das Pendolino-Zeichen weist uns nach links zum Gratweg. Zunächst geht es an einer Wiese entlang, dann rechts hinein in den Wald und stramm bergauf. Oben beginnt die Gratwanderung. Wir bewegen uns zwischen bemoosten Felsformationen, wobei man gelegentlich auch die Hände zum Abstützen braucht.

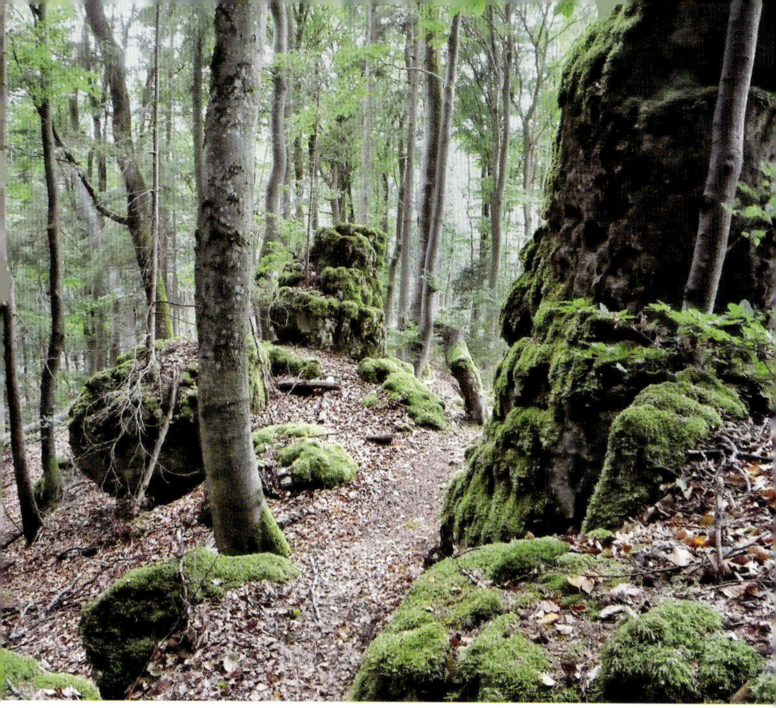

Auf dem Grat des Neidsteins.

Der Pfad endet an einem Querweg, dem wir nach rechts folgen. Der Weg steigt noch immer an. Treppen erleichtern an den steilen Stellen den Aufstieg. Ein Dach kommt in Sicht; der Weg geht in Stufen über, an deren Ende man unvermittelt vor dem schmiedeeisernen Tor der **Burg Neidstein** steht, die nicht zugänglich ist.

Der Abstieg nach **Tabernackel** ❷ erfolgt auf dem Zugangsweg zum Schloss. Achtung: Unten auf der Hauptstraße links und nach ein paar Schritten erneut links in den Feldweg einbiegen, aber gleich wieder rechts auf den Pfad (Markierung »Blaustrich«), vorbei an eindrucksvollen Felsformationen durch den Wald. Wir queren die Straße Tabernackel–Ziegelhütten und wandern auf dem Feldweg nach **Etzelwang** ❸. Auf der Hauptstraße rechts, am Ortsende links und gleich wieder rechts hoch auf die Ebene (»Rotpunkt« kommt als zweite Markierung dazu) und durch die Fluren immer geradeaus. Nach ca. 20 Min. stoßen wir am Ortsrand von Lehendorf auf eine Straße. Hier links nach **Lehendorf** ❹ hinein. (Von der Kreuzung in der Ortsmitte sind es links nur 50 m zum Landgasthof Peterhof mit Biergarten.) Wir gehen mit dem »Rotpunkt« geradeaus weiter und über die Bahnbrücke. Danach rechts und in einem lang gezogenen Bogen bis zu einem Querweg, dem wir nach rechts folgen. Nach dem Austritt aus dem Wald sind es etwa 100 m bis zu der Stelle, wo wir ins vom »Rotpunkt« trennen und mit dem »Blaupunkt« links auf einen Feldweg einbiegen. Bald tauchen wir erneut in den Forst ein und erreichen den Kamm des Lehenberges, 503 m. Nach kurzem Abstieg steigt der Weg wieder an. Vor uns wird Ernhüll sichtbar. Noch vor dem Ortsanfang, am Pfosten mit der Blaupunkt-Markierung, zweigt links ein Feldweg ab 5. Ihm folgen wir und wandern mit der Markierung »Rotpunkt« immer am Waldrand entlang, bis wir auf die Straße Ernhüll–Erkelsdorf stoßen. Hier links, vorbei am Naturfreundehaus, und ca. 200 m weiter erneut links auf einen Feldweg. Es folgt ein moderater Anstieg zum Grat des Flurberges. Der Abstieg führt nach **Erkelsdorf**.

Wir durchqueren den Ort und orientieren uns jetzt bis zum Bahnhof Neukirchen am »Rotstrich«. Am Dorfrand biegt ein Weg nach rechts ab, der uns rasch in die Felder führt. Vor uns erhebt sich der Buchenberg, der uns eine letzte Anstrengung abverlangt. Achtung: An der Verzweigung ist die Markierung etwas unglücklich angebracht. Sicher geht, wer den Feldweg

Schmal ist der Pfad, der über den Grat des Buchenberges nach Ermhof führt.

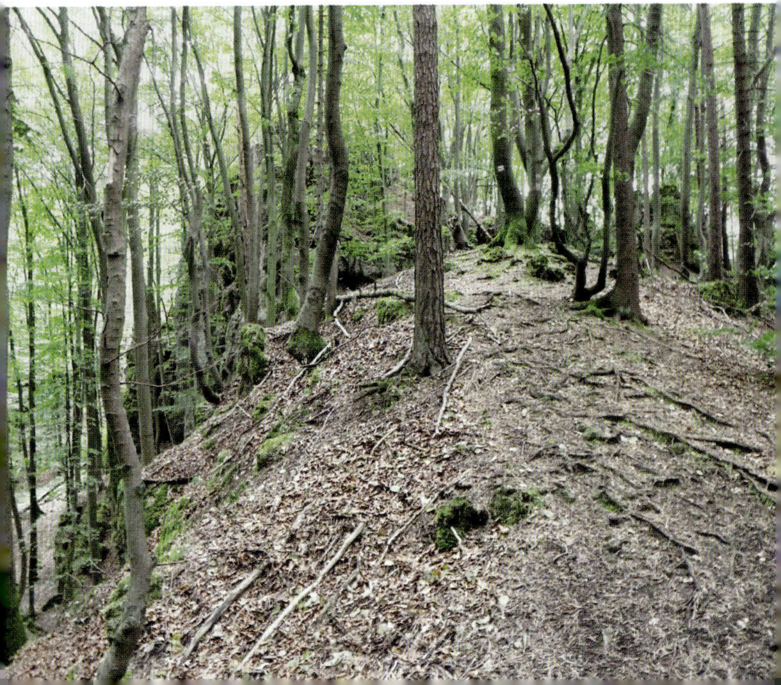

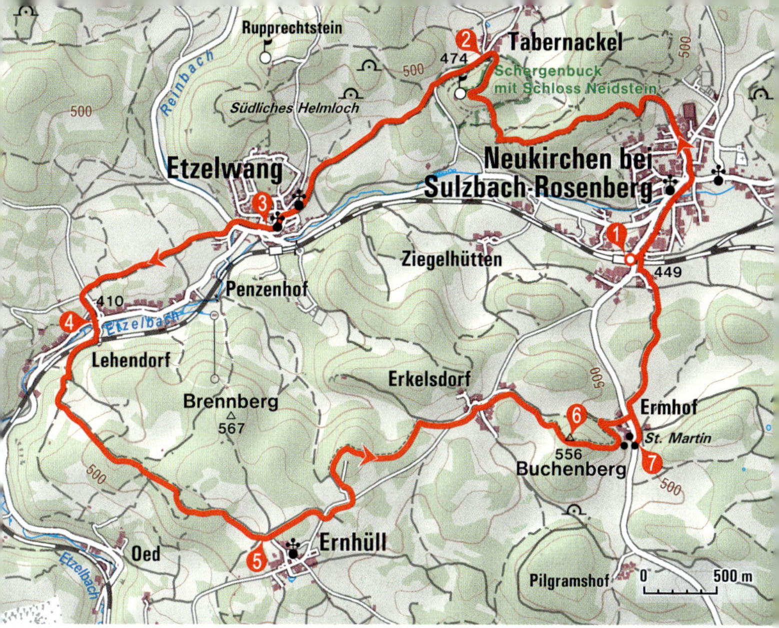

rechts nimmt und auf die Bank am Waldrand zuwandert. Hinter der Bank beginnt auf einem gut markierten Wurzelpfad der Aufstieg zum Grat. Oben empfängt uns ein bizarres Felslabyrinth, über das wir zum höchsten Punkt des **Buchenberges** 6, 556 m, gelangen. Wie auf dem Neidstein-Grat ist es auch hier nötig, sich gelegentlich mit beiden Händen abzustützen, um das Gleichgewicht nicht zu verlieren. Der Abstieg ist steil und kurvenreich. Besonders bei Nässe ist Vorsicht angebracht. Am Fuß des Buchenberges stoßen wir auf einen Feldweg, der rechts ins Dorf **Ermhof** führt. An der Hauptstraße weist ein Schild auf die nur 200 m entfernte **Informationsstätte St. Martin** 7. Der kleine Abstecher lohnt sich für alle, die sich für die frühmittelalterliche Geschichte der Region interessieren. Auf den ersten Blick sind die Fundamente der karolingischen Kapelle wenig spektakulär, aber wer die Informationstafeln liest, erhält einen Eindruck von der einst enormen Bedeutung dieser Kirche.

Vom Informationszentrum gehen wir auf der Hauptstraße zurück bis zum nördlichen Ortsausgang und biegen knapp 100 m weiter rechts auf einen Feldweg ab, der bald in den Wald mündet. Hinter dem Wald erreichen wir einen Reiterhof im Neukirchner Ortsteil Fichtenhof. Wir stoßen auf die Verbindungsstraße Neukirchen–B 14, gehen nach rechts und kommen kurz darauf zum **Bahnhof Neukirchen** 1.

↗ 420 m | ↘ 430 m | 12.8 km

24 Von Vorra nach Pommelsbrunn

4.15 h

Zu drei Aussichtsfelsen und zur Ruine Lichtenstein

Dieser Tourenvorschlag hat es in sich: Er verlangt den Wanderern einiges an Kondition ab. Belohnt werden sie dafür mit weiten Ausblicken. Zunächst steuern wir die Düsselbacher Wand und die Geiskirche an. Dem Abstieg ins Tal nach Eschenbach folgt ein neuer Aufstieg mit dem Blick vom Wachtfelsen bei Hubmersberg. Als letztes Highlight wartet der Felsporn mit der Burgruine Lichtenstein auf uns, ehe wir am Hang des Schleußberges nach Pommelsbrunn absteigen. Da auf der ganzen Strecke der Wald dominiert, ist das die geeignete Tour für heiße Sommertage.

Ausgangspunkt: Bahnhof Vorra (Pegnitz), 365 m. Ab Nürnberg Hbf mit RB Richtung Neuhaus erreichbar. Parkmöglichkeiten im Ort.
Endpunkt: Bahnhof Pommelsbrunn, 358 m. Nach Nürnberg Hbf mit S1. Gebührenfreier P+R-Parkplatz am Bahnhof Pommelsbrunn (Navi: 91224 Pommelsbrunn, Arzloher Str. 7).
Anforderungen: Steile Auf- und Abstiege, Trittsicherheit und gute Kondition erforderlich. Vorsicht bei Nässe! Tlw. spärlich markiert, Orientierungssinn gefragt.
Markierung: Gelbpunkt/Grünstrich (Scheuermann-Weg), Rotring (Eschenbacher Rundweg), Gelbkreuz, Grünpunkt, Gelbkreuz, rotes K (Kreuzbergweg).
Einkehr: In Eschenbach: Grüner Schwan (Tel. +49/9154/916950, www.gruenerschwan.de), Café Jakobsklause (Tel. +49/9154/8100, www.cafe-jakobsklause.de). In Hubmersberg: Lindenhof (Tel. +49/9154/270, hubmersberg.de). In Pommelsbrunn: Gasthof Vogel (Tel. +49/9154/1207, www.gasthofvogel.de).
Karte: ATK25 Blatt G11 Hersbruck.
Tipps: 1) Wengleinpark bei Eschenbach (www.naturschutzzentrum-wengleinpark.de). 2) Historisches Badhaus Pommelsbrunn, einzig erhaltenes dörfliches Badehaus aus dem späten Mittelalter (www.badhaus-pommelsbrunn.de).

Am Ausgang des **Bahnhofs Vorra** ❶ halten wir uns rechts und wandern mit »Gelbpunkt« (»Grünstrich«, unsere eigentliche Markierung, ist leider nur schwer zu erkennen) in Richtung Ortsmitte. Nach ca. 200 m steigen wir links (ohne Markierung) die Stufen hinab, folgen dem Weg ins Tal und überqueren die Pegnitz auf der Holzbrücke. An der Hauptstraße rechts bis zum einstigen Schloss (heute Schullandheim), hier links und mit »Grünstrich« gleich wieder rechts (Fischbrunner Weg, später »Am Schlosspark«) und immer geradeaus. Am Pfarrerbergweg links, dann rechts in den Eschenbacher Weg bis zum letzten Haus; dort links auf die

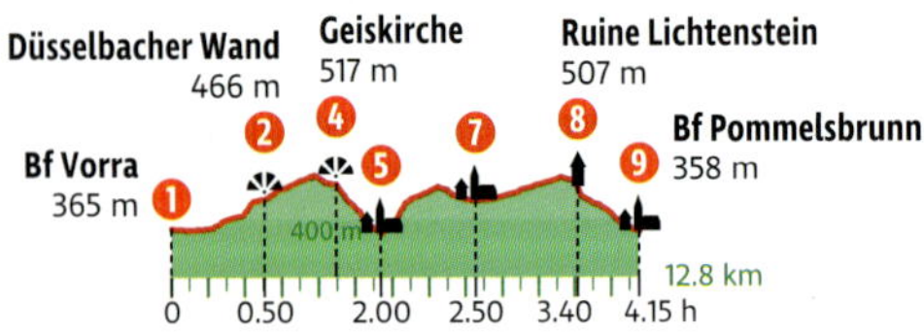

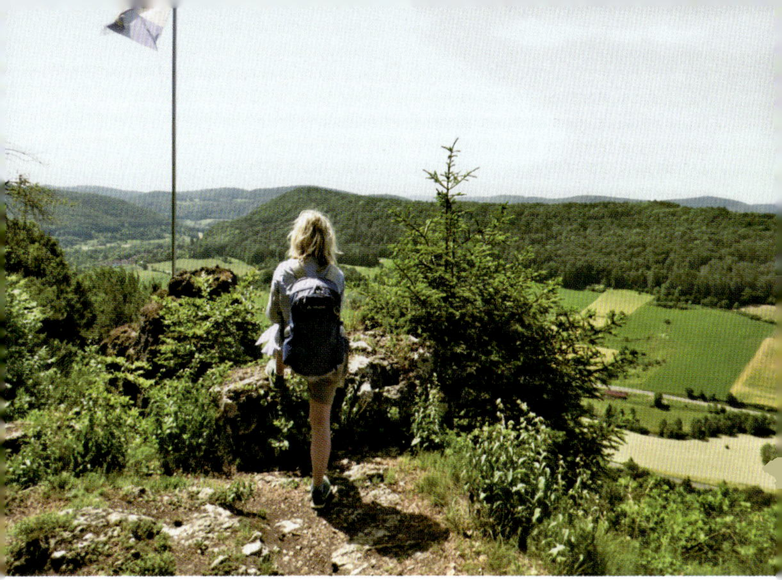

Herrlicher Ausblick von der Geiskirche.

Böschung zu und rechts in den Wald. Bald wird durch die Markierung bestätigt, dass wir richtig sind. Der Weg steigt moderat an. Achtung: Nach ca. 10 Min. erreichen wir eine Wegtafel. Hier folgen wir dem Hinweis auf den Eschenbacher Rundweg (»Rotring«) nach links. Der Pfad geht steil bergauf und biegt später nach rechts. Nach 10 Min. werden schroffe Felsen sichtbar. Wir bleiben auf dem Ring-Weg, bis rechts ein Pfad zum **Aussichtspunkt** auf der **Düsselbacher Wand** ❷ nahe des Gipfelkreuzes abbiegt. Eine Bank lädt zu einer Verschnaufpause ein. Von hier geht der Blick ins Pegnitztal, hinüber nach Düsselbach und auf die Höhenzüge nördlich von Hersbruck. Die Orientierung an der Felsengruppe ist wegen der dürftigen Markierung nicht leicht. Wir müssen zurück zum Ring-Weg, der – leicht ansteigend – durch Mischwald führt. Sobald es wieder sanft abwärtsgeht, ist etwas Aufmerksamkeit nötig, denn wir dürfen den Abzweig nach rechts (Richtung Südwesten) nicht verpassen ❸. Er kündigt sich auf einer Tafel an, die wir zunächst nur von der Rückseite her sehen. Erst wenn wir den Blick wenden, wird klar, welchen der drei Rotring-Wege wir einschlagen müssen: Richtung »Geiskirche (1,4 km)« und »Eschenbach (2,7 km)«.
Nach einem kurzen ebenen Stück geht es wieder aufwärts. Links erhebt sich die bewaldete Koppe, 572 m, der höchste Felsen zwischen Vorra und Eschenbach. An einer Kreuzung weist unser Zeichen nach links und beim nächsten Abzweig wieder nach rechts. Nach ein paar Minuten erreichen

wir die Felsengruppe **Geiskirche** ❹, wo sich uns ein fantastischer Blick ins Pegnitztal nach Süden bietet.

Nun beginnt der Abstieg nach Eschenbach. Teilweise geht es steil bergab; bei Nässe besteht Rutschgefahr. Kurz vorm Ortsrand passieren wir den **Heroldturm**, eine Pseudoruine, die zu dem Park gehört, den der Industrielle Carl Wenglein in den 1930er-Jahren anlegen ließ. Der Rundgang durch das Gelände lohnt sich. Wer Zeit und Kraft sparen will, geht aber direkt weiter nach **Eschenbach** ❺. Wir folgen dem »Rotring« bis zur Orientierungstafel in der Ortsmitte, vertrauen uns dort dem »Gelbkreuz« an, überqueren den Hirschbach und wandern geradeaus an der Kirche vorbei. Am **Café Jakobsklause** biegen wir nach links und gehen auf der Teerstraße weiter bis zur Rechtskurve. Hier beginnt ein Pfad, der steil nach oben führt. An der Einmündung zum Waldweg halten wir uns rechts und steigen weiter hoch. Oben angelangt, überqueren wir eine Lichtung und biegen am Waldrand mit »Grünpunkt« rechts ab. Unter Buchen geht es zunächst 200 m eben dahin. Erst nach einer Waldwegkreuzung steigt unser Weg wieder an. Dann verengt er sich zu einem steiler werdenden Pfad, der nach etwa 150 m leichteren Anstieges die Wallreste der Windburg erreicht. Von hier sind es nur ein paar Schritte zum **Wachtfels** ❻, von wo wir einen schönen Ausblick ins Tal nach Südwesten hin haben.

Der Abstieg erfolgt (mit »Grünpunkt«) durch herrlichen Laubwald und führt in 15 Min. nach **Hubmersberg** ❼, wo der Lindenhof mit seinem idyllischen Biergarten zur Rast einlädt. Danach müssen wir ein Stück zurück auf der Straße, auf der wir nach Hubmersberg kamen. Am Ortsende schlagen wir mit dem Zeichen »Gelbkreuz« den Feldweg nach links ein und streben auf halber Höhe des Hangs auf den Wald zu. Die schattigen Wege und Pfade führen an der Flanke des Pleßelberges entlang zur **Burgruine Lichtenstein** ❽. Eine bedeutsame historische Rolle lässt sich der Burg nicht zuordnen. Keramikfunde wurden aufs frühe 13. Jh. datiert. Doch spektakulär sind nicht die spärlichen Reste, vielmehr ist es die Aussicht von diesem Felsennest.

Beim Abstieg nach Pommelsbrunn orientieren wir uns am Zeichen des Kreuzbergwegs (»rotes K auf weißem Feld«). Unser Pfad biegt nach etwa 100 m links vom Hauptweg ab und führt oberhalb des Orts an der Bergflanke entlang. Vorsicht ist beim Passieren der Geröllhalden geboten. An der Wiedstraße geradeaus in die Fichtenstraße. Es geht erst leicht, dann steil abwärts. Vor uns das Massiv des Zankelsteins, im Tal die Kirche. Die Fichtenstraße mündet in die Eichenstraße. Wir folgen dem »roten K« bis zur St.-Laurentius-Kirche. Hier weiter geradeaus, die Nürnberger Straße (B 14) überqueren und der Arzloher Straße folgen, die direkt zum **Bahnhof Pommelsbrunn** ❾ führt. Wer sich vorher noch stärken will oder das historische Badhaus besichtigen möchte, folgt der B 14 (Sulzbacher Straße) nach links (Zugang zum Badhaus über die Dorschstraße gegenüber dem Modehaus Kunst) und gelangt vom Gasthaus Vogel zu den Bahnsteigen.

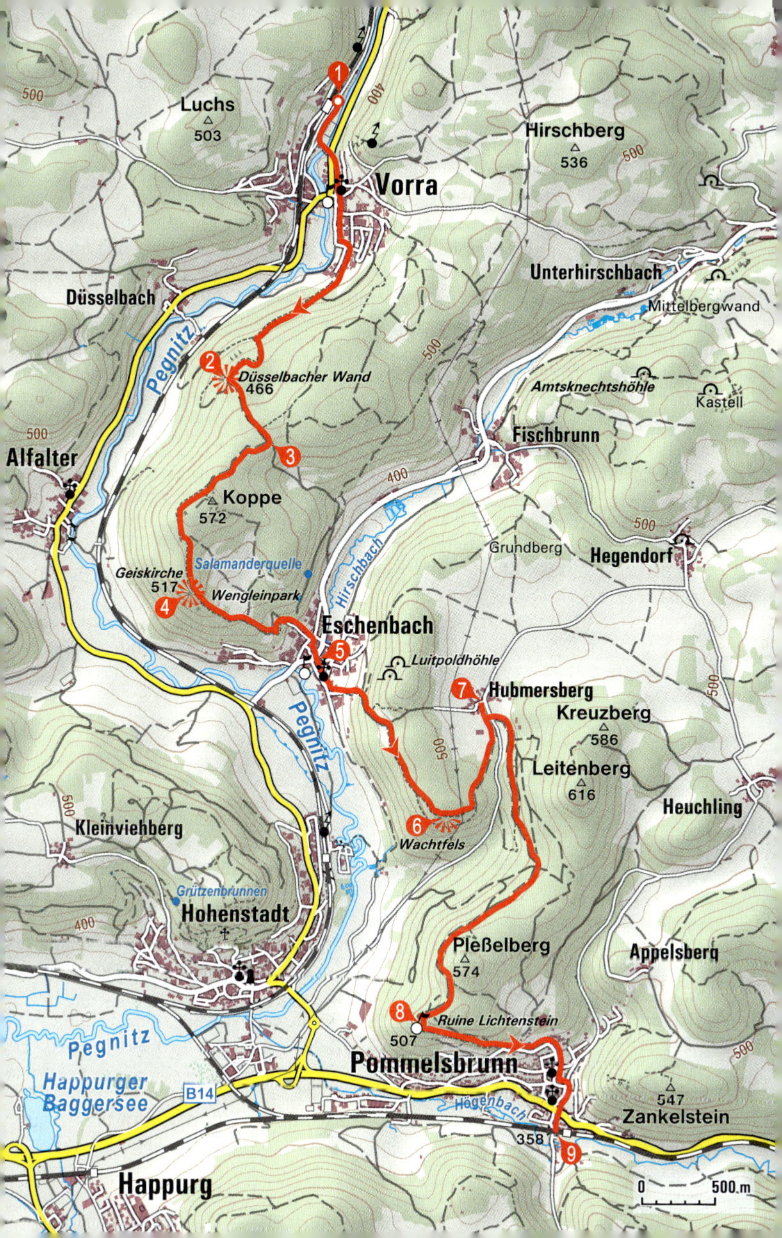

Luchs
503
Hirschberg
536
Vorra
Unterhirschbach
Mittelbergwand
Düsselbach
Pegnitz
Düsselbacher Wand
466
Amtsknechtshöhle
Kastell
Fischbrunn
Alfalter
Koppe
572
Grundberg
Hegendorf
Hirschbach
Geiskirche
517
Salamanderquelle
Wengleinpark
Eschenbach
Luitpoldhöhle
Hubmersberg
Kreuzberg
586
Leitenberg
616
Heuchling
Kleinviehberg
Wachtfels
Grützenbrunnen
Hohenstadt
Pleßelberg
574
Appelsberg
Ruine Lichtenstein
507
Pegnitz
Happurger Baggersee
Pommelsbrunn
B14
Högenbach
547
Zankelstein
358
Happurg
0
500 m

↗ 220 m | ↘ 220 m | 15.7 km

4.30 h

25 Wandergenuss im Altdorfer Land

Einfach teuflisch schön!

Purer Wandergenuss erwartet uns auf dieser äußerst kurzweiligen Tour in einer der schönsten Ecken des Nürnberger Landes. Vieles von dem, was eine Wanderung zu einem einmaligen Erlebnis machen kann, wird uns hier geboten. Ausgehend von der einstigen Universitätsstadt Altdorf mit ihrer wunderschönen Altstadt, geht es vorbei an der Prackenschlucht mit der Teufelshöhle hinunter zur Prethalmühle. Dort überqueren wir die ungezügelte Schwarzach und halten uns dann über die freie Ackerhochfläche hinunter nach Dörlbach. Jetzt ist es nicht mehr weit zum Alten Kanal, an dem wir nun bis Burgthann entlangflanieren. Hoch über dem Schwarzachtal thront im Ort die Burg der Ritter von Thann. Der vielleicht schönste Abschnitt unserer Tour führt uns schließlich von Burgthann durch die Wolfsschlucht, vorbei an der idyllischen Sophienquelle nach Grünsberg und von dort weiter längs der wildromantischen Teufelsschlucht zurück nach Altdorf.

Ausgangspunkt: S-Bahnhof Altdorf, 439 m. Von Nürnberg Hbf mit S2 (Endhaltestelle) erreichbar. Kostenlose Parkplätze am Bahnhof (Navi: 90518 Altdorf, Bahnhofstr. 20).

Anforderungen: Überwiegend auf geschotterten Wegen, streckenweise aber auch auf schönen naturbelassenen Pfaden. Auch mit Kindern empfehlenswert.

Markierung: Rotkreuz (Eppeleinsweg), 7 auf Gelb, 9 auf Gelb, Rotkreuz, Blaukreuz, Wallenstein-Rundweg, 4 auf Grün, Rotkreuz.

Einkehr: In Schwarzenbach: Gasthaus Zum Ludwigskanal (Tel. +49/9183/250, www.ludwigskanal.de). In Burgthann: Burgschänke (Tel. +49/9183/3730, www.burg-schaenke.de), Gasthof Grünes Tal (Tel. +49/9183/8276), Gasthof Goldener Hirsch (Tel. +49/9183/93210, www.goldener-hirsch-burgthann.de).

Karte: ATK25 Blatt G10 Lauf a. d. Pegnitz und Blatt H10 Allersberg.

Variante: Wer die Teufelsschlucht von Grünsberg bis zur Teufelskirche durchqueren will, folge in Grünsberg der Straße Am Doktorsbrunnen bis an deren Ende und gehe dann auf einem unmarkierten Pfad in die Schlucht hinein. Vorsicht, teils schwierige Passagen, Trittsicherheit erforderlich.

Burg in Burgthann.

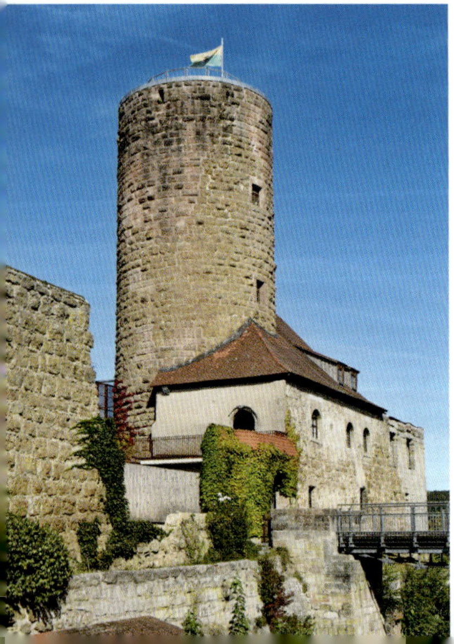

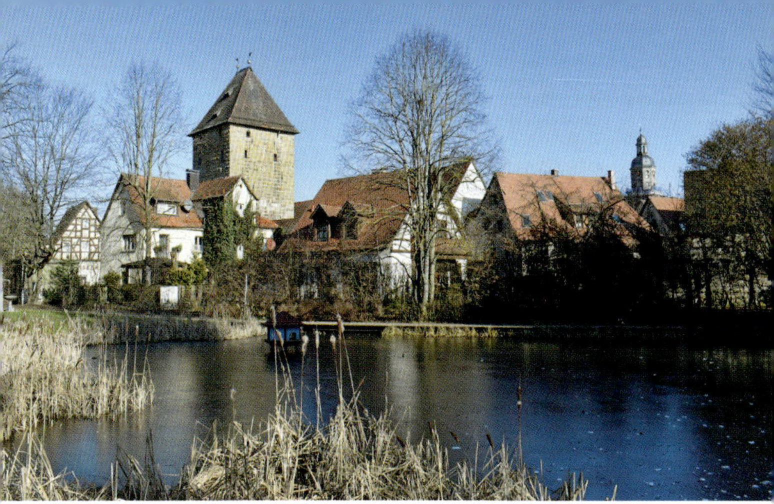

Stadtweiher in Altdorf im Spätherbst.

Vor dem **S-Bahnhof Altdorf** ❶ stoßen wir auf die Rotkreuz-Markierung des Eppeleinsweges, die uns zunächst die Richtung vorgibt. Sie führt uns auf einem Fußweg in Richtung Innenstadt (Wegweiser), erst längs einer kleinen Anlage und eine kleine Treppe hoch, dann rechts und über die Bahnhofstraße hinweg immer geradeaus. Am Ende des Kappelgrabens links in die Röderstraße abbiegen und durch eine Grünanlage am Steffeleinsweiher (auch Waschweiher) vorbei. Kurz vor dem Oberen Stadttor die Nürnberger Straße überqueren und längs einer weiteren Parkanlage beim Roßweiher auf dem Mühlweg ortsauswärts halten. Von hier hat man einen schönen Blick zurück auf die Türme der Altdorfer Altstadt. Gleich nach der **Feuerwache** rechts in den Feuerweg, dann aber sofort wieder links auf einen Fußweg (Wegweiser »Teufelshöhle, Prackenfels«), der uns über die Pfaffentalstraße hinweg aus der Stadt hinausführt. Es geht nun leicht hangabwärts über Wiesen mit Sträuchern hinunter ins Pfaffental, wo wir die lange Pfaffenbergbrücke der A 3 unterqueren. Gleich hinter der Brücke

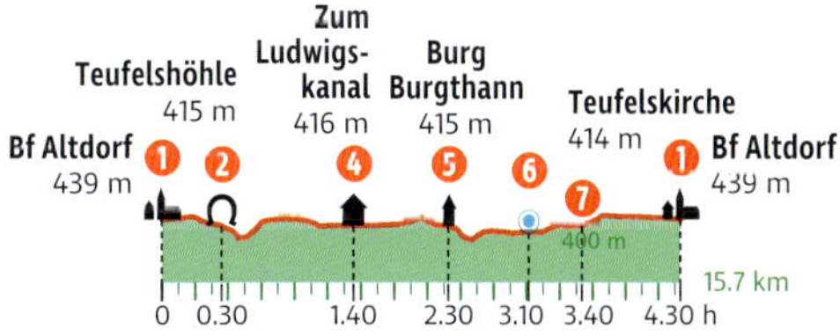

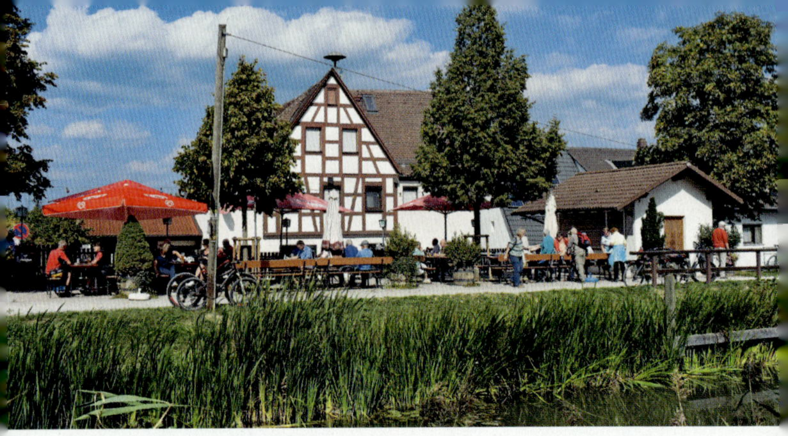

Nette Einkehr am Alten Kanal bei Schwarzenbach.

bei einer Weggabel weiter geradeaus auf einen schönen Pfad. Rechts unter uns können wir bald durch die Bäume hindurch die Prackenschlucht wahrnehmen, eine der beeindruckenden Rhätsandsteinschluchten im Altdorfer Land. Rechter Hand führt eine Eisentreppe hinunter in die Schlucht und zur **Teufelshöhle** 2, einer 56 m langen, 52 m breiten und 4,5 m hohen Felsenhalle. Ein gelbes Schild weist jedoch darauf hin, dass hier Privatgrund ist und zudem Einsturzgefahr besteht – daher Betreten verboten! Aber ein kurzer Blick hinab sei uns wenigstens gestattet. Weitere tolle Blicke von oben in die Schlucht folgen gleich im weiteren Wegverlauf. Dann über eine Wiese hangabwärts hinunter zu einem Sträßchen, dem wir nach rechts zur romantisch im Talgrund der Schwarzach gelegenen **Prethalmühle** 3 aus dem Jahr 1643 folgen. (Von hier sei ein kurzer Abstecher nach links zur Löwengrube empfohlen, einem ehemaligen Steinbruch, der von Studenten der einstigen Altdorfer Universität zu einem geselligen Treffpunkt umfunktioniert wurde.)

Weiter auf dem Sträßchen aus dem Weiler hinaus in den weiten Talgrund, dort links abbiegen und auf einem Steg die Schwarzach überqueren. In einer Linkskurve auf einem Schotterweg den Hang hoch und in ein Waldstück hinein. Dort bei einer Weggabel rechts und neben dem »Rotkreuz« jetzt auch auf die »7 auf Gelb« achten. Es geht nun etwas steiler nach oben bis zu einem Querweg; diesem folgen wir nach links weiter aufwärts, aber jetzt weniger steil. Dann aus dem Wald hinaus auf die Feld- und Wiesenflur, vor uns die Antennen des Dillberges und der Rücken des Brentenberges bei Postbauer-Heng. »Rotkreuz« biegt gleich hinter dem Waldrand nach rechts ab, wir orientieren uns nun an der »7 auf Gelb« und folgen dem Schotterweg über die Ackerhochfläche. Schließlich mündet unser Weg in ein Sträßchen, dem wir links hangabwärts nach **Dörlbach** folgen. In der

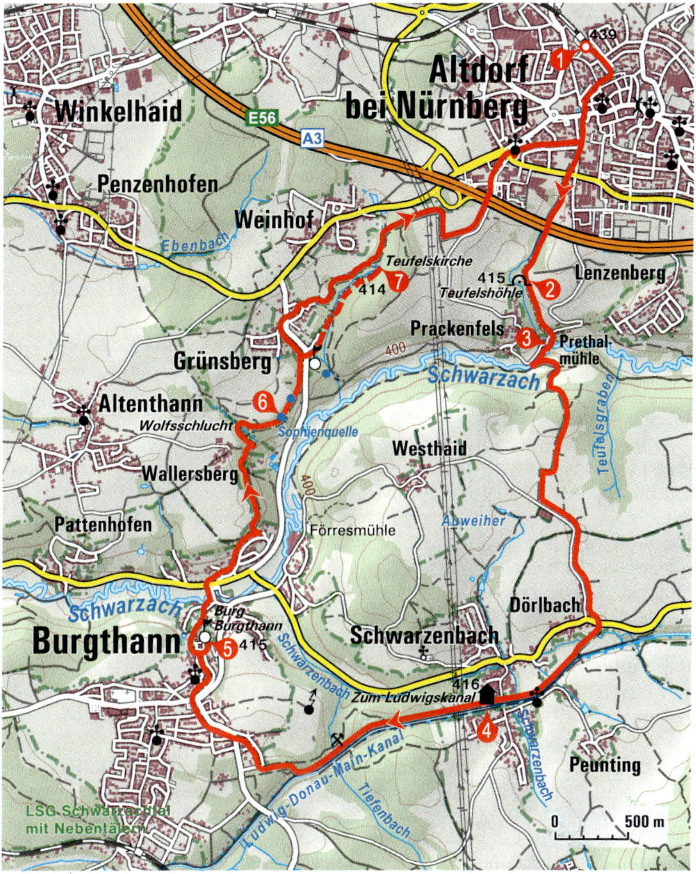

Ortsmitte links in die Altdorfer Straße und am Ortsrand rechts auf einem Feldweg hinunter zum Schwarzenbach. Diesen überqueren und dann über Wiesen hangaufwärts bis zur Trasse des **Alten Kanals**. Wir bleiben auf dem rechten Ufer und gehen am Kanal entlang (Markierung »9 auf Gelb«) zum **Gasthaus Zum Ludwigskanal** ❹ in Schwarzenbach, vorbei am Treidelschiff Elfriede, das in den Sommermonaten hier ankert.
Hier stößt das »Rotkreuz« wieder zu uns und übernimmt erneut unsere Führung. Zunächst gehen wir ca. 1,5 km weiter am Kanal entlang, dann

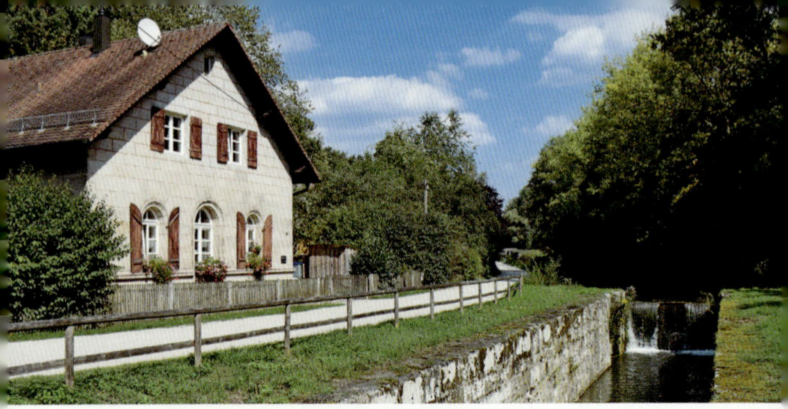

Altes Schleusenwärterhäuschen bei Burgthann.

sagen wir beim Hinweisschild »Biergarten Schleuse 35« Adieu zur alten Wasserstraße und biegen rechts in den Wald hinein ab. Dort mündet unser Weg in einen Querweg, dem wir nach links an den Ortsrand von **Burgthann** folgen. Dann rechts und auf der Straße »Kanalweg« zur Bergstraße, auf der wir rechts hinunter bis zur großen Straßenkreuzung am Rathaus gehen. Hier halb rechts in die Burgstraße und auf ihr in einem weiten Linksbogen bis zur im Jahr 1260 erbauten **Burg Burgthann** 5. Dort ist auch das sehenswerte Heimat- und Kanalmuseum untergebracht.
Dann zurück auf den Vorplatz und dort rechts auf den Burgbergweg, vorbei an der Burgschänke, zu einem schönen Aussichtspunkt mit Ruhebank über das Schwarzachtal zu unseren Füßen. Von hier weiter abwärts auf einem schönen Fußweg unterhalb der Burg, bis wir unten den Gasthof Grünes Tal erreichen. Gleich danach links in die Schwarzachstraße und über die Schwarzach und die breite Ochenbrucker Straße. Hier verlassen wir »Rotkreuz« und orientieren uns ab jetzt am »Blaukreuz«, das uns halb rechts in die Straße »Am Hammerberg« führt. Auf ihr und dem Reinholdshöheweg stetig hangaufwärts durch die Siedlung; es lohnt ein Blick zurück auf die Burg! Nach einer kurzen Abwärtspassage links abbiegen in die Sackstraße »Reinholdshöhenweg 37–43« und am Straßenende geradeaus in einen Feldweg, der aus dem Ort hinausführt. Es geht nun hangaufwärts in den Wald hinein; dort nach ca. 50 m rechts und in stetigem leichtem Auf und Ab durch das Gehölz. Bei einem Einzelhaus zunächst weiter geradeaus aus, aber beim kurz darauffolgenden Abzweig rechts auf einen schmalen Pfad abbiegen. Er führt uns in einer engen Kehre durch die **Wolfsschlucht** hindurch und wenig später zur malerischen **Sophienquelle** 6. Es handelt sich um eine der größten barocken Quellfassungen nördlich der Alpen, erbaut von 1724 bis 1726. Unser Tipp: Schuhe ausziehen und die ermüdeten Füße im kühlen Quellwasser baden.

Kurz danach an dem links des Weges etwas unscheinbaren Dolderlesbrünnle vorbei und dann bei einem kleinen Wanderparkplatz links auf die LAU 22 einschwenken. Schnell ist der Ort **Grünsberg** erreicht, wo sich unsere Blaukreuz-Markierung nach rechts verabschiedet. Wir orientieren uns nun an der »4 auf Grün« und dem »gelben Wallenstein« und halten uns längs der viel befahrenen Grünberger Straße, vorbei am sehenswerten Schloss, stetig hangaufwärts. Oben bei der Bushaltestelle rechts in die Straße »Auf der Röth«. Bei der T-Kreuzung rechts und aus dem Ort hinaus. Rechts bis zum Waldrand und dort links halten (Wegweiser) – die Teufelsschlucht rechts von uns ist durch die Bäume hindurch bereits gut zu erkennen. Auf einem Pfad immer oberhalb der im Wald liegenden Schlucht entlang, dann hinunter und auf einem Steg über den Bach. Wieder aufwärts und weiter längs der Oberkante der Schlucht, bis ein Wegweiser rechts hinunter in die **Teufelskirche** 7 weist – Treppenstufen führen hinab an den Rand der Schlucht, wo ein beeindruckender Wasserfall an der steilen Felswand hinunterfließt. In kalten Wintern ist die Wand mit dicken Eiszapfen bedeckt und bietet ein einmaliges Spektakel. Zurück nach oben und beim Wegweiser rechts in Richtung Altdorf, über einen Steg und weiter geradeaus bis zu einem querenden Schotterweg. Hier links und beim nächsten Abzweig auf einen Pfad und die Treppen hoch an den Waldrand. Dann geradeaus hinaus auf die Feldflur, wo unser Pfad in einen geteerten Flurweg mündet. Unsere beiden Wegezeichen führen uns nun zuverlässig über die Ackerhochfläche hinunter zur A 3 und unter ihr hindurch ins Industriegebiet am Ortsrand von Altdorf. Dort auf der Prackenfelser Straße bis zur Pfaffentalstraße; dieser einige Meter nach rechts folgen, dann links in den Feuerweg. Bei der Feuerwache links und wie auf dem Herweg zurück zum **S-Bahnhof Altdorf** 1.

In der Teufelskirche.

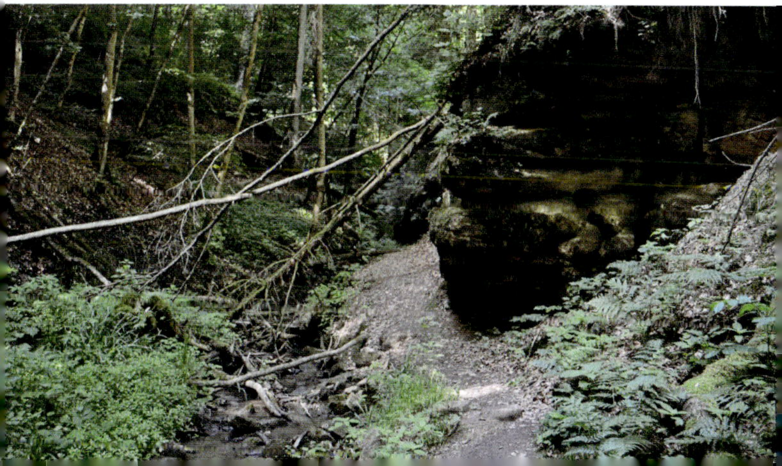

↗ 440 m | ↘ 440 m | 18.9 km

26 Von Alfeld auf den Poppberg

5.30 h

Auf den höchsten Berg des Oberpfälzer Jura

Alfeld, der Ausgangsort unserer Tour, liegt idyllisch im Tal des Alfelder Baches. Um den Ort ragen aus den von Wacholderheiden bestandenen Berghängen malerische Dolomitfelsen hervor. Uns zieht es auf dieser Tour jedoch in die benachbarte Oberpfalz, wo gleich zwei Gipfelziele locken. Zum einen wollen wir mit dem Poppberg den höchsten Berg des Oberpfälzer Jura und den dritthöchsten der gesamten Frankenalb erklimmen. Zum anderen soll der herrliche Fernblick vom Bärenfelsen auf dem Brunnberg bis ins Fichtelgebirge und weit hinein in den Oberpfälzer Wald ein weiteres Ziel unserer Wanderung sein.

Ausgangspunkt: Alfeld, Ortsmitte, 474 m. Erreichbar vom Bahnhof Hersbruck rechts der Pegnitz mit Bus 334 bis »Alfeld, Ortsmitte«. Parken auf dem Wanderparkplatz »Bauernwiesen« bei der Grundschule (Navi: 91236 Alfeld, An der Bauernwiese 3).
Anforderungen: Moderate An- und Abstiege, nur der Aufstieg auf den Poppberg und den Bärenfelsen sind etwas steiler. Überwiegend auf geschotterten/geteerten Flurwegen, dazwischen auch schöne Passagen auf naturbelassenen Waldpfaden. Für den (optionalen) Bärenfelsen sind Trittsicherheit und Schwindelfreiheit nötig!
Markierung: Blaupunkt, Gelbkreuz, ohne Markierung, Gelbstrich, Blaukreuz, Blaupunkt, Gelbpunkt, Paul-Pfinzing-Weg (PP).
Einkehr: In Poppberg: Zum Schloss (Tel. +49/9157/277, www.zum-schloss.de).
Karte: ATK25 Blatt G11 Hersbruck.

In der Ortsmitte von **Alfeld** ❶ bei der Kirche halten wir uns mit der Blaupunkt-Markierung auf der lang gezogenen Hauptstraße in südlicher Richtung. Gut 300 m hinter der Einmündung der Kauerheimer Straße links in die Straße »Am Kühberg« und auf ihr leicht aufwärts bis zur Sportanlage. An deren Ende rechts auf einen Flurweg, der in den nahen Wald hineinführt. Dort einem gut markierten Pfad folgen, der in gewundenem Verlauf in einen breiten Schotterweg mündet. Hier rechts abbiegen und nach knapp 250 m am Waldrand wieder links in den Wald hinein. Dann am Fuße des Schwarzenberges entlang, vorbei am **Alfelder Windloch** ❷, der zweitgrößten Höhle der Frankenalb. Wir verkneifen uns einen Abstecher hinein

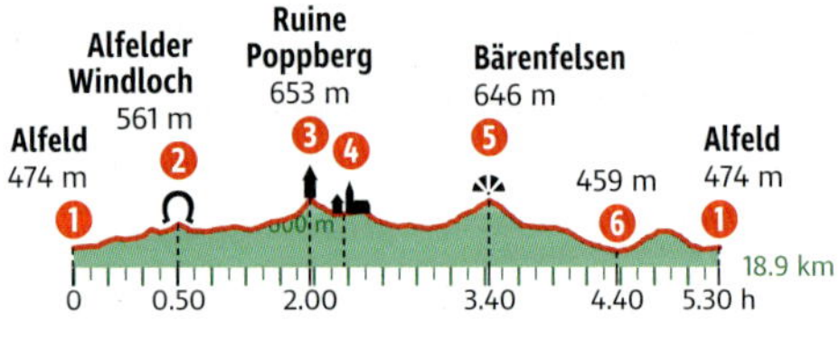

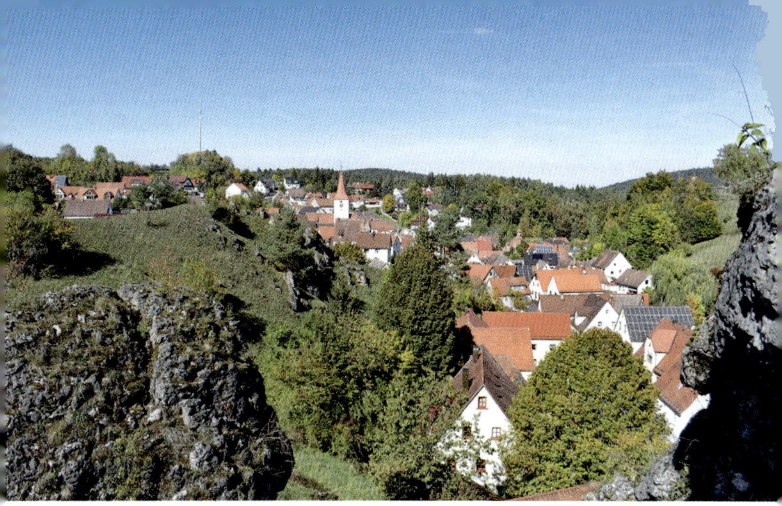

Alfeld ist von Dolomitfelsen umgeben.

in die Unterwelt (Sturzgefahr!) und genießen dafür die folgende Wegpassage durch und über pittoreske Dolomitfelsen. Schließlich treten wir aus dem Wald hinaus auf die Feldflur und sehen vor uns in der Ferne den Poppberg und rechts von uns, ganz nah, die A 6, deren Verkehrslärm schon im Wald zu hören war. Unser Flurweg führt uns nach etwa 250 m in ein Waldstück hinein, wo wir einem Querweg nach rechts folgen. Beim nächsten Abzweig wieder links bis zum Sträßchen von Alfeld nach Poppberg. Auf ihm wenige Meter nach rechts, dann gleich wieder links in Richtung des Aussiedlerhofes Ödamershüll und nach etwa 100 m rechts auf einen schönen Wiesenweg einschwenken. Er biegt im weiteren Verlauf links in den Wald hinein ab, wo sich unsere Blaupunkt-Markierung mit dem Blaustrich-Weg gabelt. Mit beiden Wegzeichen biegen wir rechts ab, halten uns beim nächsten Abzweig erneut rechts und gelangen an den Fuß des Poppberges. Hier biegen wir links ab und erreichen leicht ansteigend einen querenden Weg, der mit »Gelbkreuz« markiert ist. Ihm folgen wir nur kurz nach rechts und nehmen gleich den ersten Pfad, der ohne Markierung nach rechts abzweigt und halbwegs steil hoch zur **Ruine Poppberg** ❸ führt. Die mitten im Wald gelegenen Überreste der einstigen Höhenburg der Grafen von Sulzbach (erbaut vermutlich im 13. Jh.) sind durchaus eindrucksvoll und lohnen eine nähere Erkundung.

Von der Ruine auf einem breiten unmarkierten Forstweg in Kurven hangabwärts, bei einer Gabelung links halten und schließlich aus dem Wald hinaus zum Sträßchen, das links in den Ort **Poppberg** ❹ führt. Dort stoßen wir auf die Gelbstrich-Markierung, die uns nun bis hoch auf den Brunnberg

die Richtung vorgeben wird. An der Kirche vorbei, verlassen wir das Dorf und biegen etwa 120 m hinter dem Ortsende links auf einen Feldweg ab, der uns in ein Waldgebiet bringt. Einem breiten Querweg folgen wir nach links bis an den Waldrand, wo wir zunächst links und dann gleich wieder rechts in Richtung **Wolfertsfeld** abbiegen. Dort mit dem Gelbstrich in einer Links-Rechtskehre durch den kleinen Ort, danach über die Landstraße (AS36) und in der Folge stetig leicht hangaufwärts über Felder hinein in das Waldgebiet um den Dillberg. Es wird nun zunehmend steiler, bis wir nach etwa 500 m den Weiler **Haslach** erreichen, den wir schnell hinter uns lassen. Jetzt gilt es, den Steilaufstieg auf den bewaldeten Brunnberg in Angriff zu nehmen. Unser Gelbstrich-Weg führt nahezu geradlinig nach oben bis zu einer Wegspinne; dort biegen wir mit dem Blaukreuz rechts ab und machen einen Abstecher zum etwa 250 m entfernten **Bärenfelsen** 5. Der 646 m hohe Dolomitfelsen ist einer der schönsten Aussichtspunkte im Oberpfälzer Jura – bei guter Sicht reicht der Blick im Norden bis zum Fichtelgebirge, im Osten bis zum Oberpfälzer Wald. Allerdings sollten sich nur schwindelfreie und trittsichere Wanderer diese Passage zutrauen, denn weder der Zugang auf den Felsen noch das Plateau selber sind mit Geländern oder Einzäunungen gesichert!
Wieder zurück bei der Wegspinne, orientieren wir uns nun an der Blaupunkt-Markierung und halten uns mit ihr scharf links bergab durch den Wald. Unten angekommen, verlassen wir den Forst und gelangen nach etwa 1 km über die Feld- und Wiesenflur zum Weiler **Buchhof**. Von dort weiter zum Gehöft **Pleishof**, wobei wir kurz davor das Sträßchen von Eckeltshof nach Troßalter überqueren. Dann führt uns unser Blaupunkt-Weg wieder in ein

Aussicht vom Bärenfelsen ins Umland.

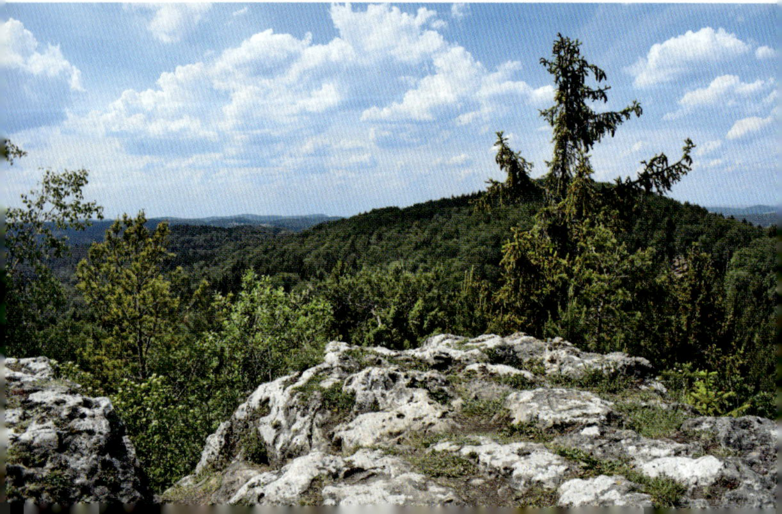

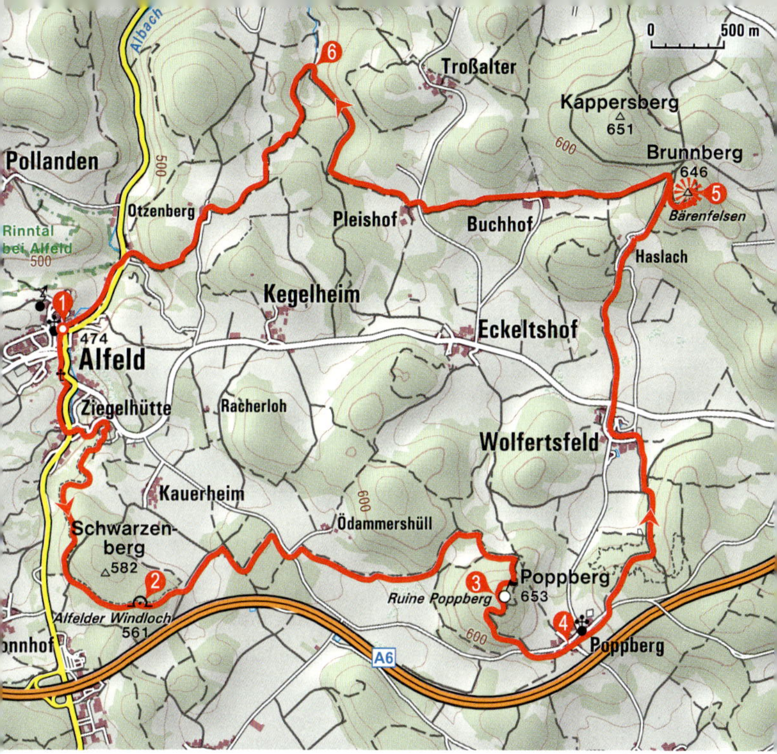

Waldgebiet. Dort den ersten Abzweig nach links (nach Poppberg) ignorieren und ab jetzt weiter mit »Blaupunkt« und »Gelbkreuz«. Kurz danach dem breiten Querweg nach rechts folgen, der im weiteren Verlauf eine Linksbiegung macht und schließlich an den Rand einer Talaue führt 6. Jetzt aufpassen, denn hier müssen wir scharf links auf einen engen, mit »Gelbpunkt« markierten Pfad abbiegen, den man leicht übersehen kann. (Wer hier geradeaus weitergeht, stößt aber nach wenigen Metern auf einen deutlich angebrachten Wegweiser, der wieder für die richtige Orientierung sorgt.) Nun immerzu dem »Gelbpunkt« auf schönem Pfad durch den Wald folgen, dann hinaus auf die Feldflur bis zum Gehöft **Otzenberg**. Dort links abbiegen und etwa 150 m danach rechts in ein Waldstück, wo es nun stetig hangabwärts hinunter zur St 2236 geht. Hier erreichen wir bereits die ersten Häuser am Ortsrand und halten uns links längs der Straße – jetzt geführt vom »PP« des Paul-Pfinzing-Weges – zurück in die Ortsmitte von **Alfeld** 1.

↗ 60 m | ↘ 90 m | 6.5 km

27 Auf dem Goldkegelweg

1.45 h

Per Pedes zurück in die Bronzezeit

Ein eigener Wanderweg widmet sich im südöstlichen Umland von Nürnberg einem der spektakulärsten archäologischen Funde in der Region – dem Goldkegel von Ezelsdorf. Dabei handelt es sich um einen Kultgegenstand aus der Urnenfelderzeit (späte Bronzezeit, ca. 1100–900 v. Chr.), der zufällig Anfang der 1950er-Jahre im Wald zwischen den Gemeinden Ezelsdorf und Buch ans Tageslicht kam. Das restaurierte Original kann im Germanischen Nationalmuseum in Nürnberg betrachtet werden. Es besteht aus dünnem Goldblech und hat eine Höhe von 88,3 cm bei einem Durchmesser von maximal 21 cm. Seine Oberfläche weist Prägungen mit verschiedenen Ornamenten auf und ist mit über 1000 Zeichen verziert, die als vorzeitlicher Kalender interpretiert werden. Vermutlich diente er bei einem Sonnenkult als Kopfbedeckung für die Priester, daher wird er auch Goldhut genannt. Von bisher europaweit nur vier bekannten Goldhüten ist er das jüngste und mit am besten erhaltene Exemplar. Längs des Goldkegelweges vermitteln zahlreiche Infotafeln viel Detailwissen über das Fundstück und seine Epoche. Die kleine Zeitreise zurück in die Bronzezeit lässt sich mit einem Aufstieg auf den nahen Dillberg mit herrlichen Ausblicken ins Umland ergänzen.

Ausgangspunkt: S-Bahnhof Postbauer-Heng, 460 m. Erreichbar von Nürnberg Hbf mit S3 Richtung Neumarkt. Kostenlose Parkplätze vorhanden (Navi: 92353 Postbauer-Heng, Bahnhofstr. 13).
Endpunkt: S-Bahnhof Oberferrieden, 437 m. Rückfahrt nach Nürnberg Hbf oder Postbauer-Heng mit S3.
Anforderungen: Leichte Tour mit Spaziergangscharakter ohne nennenswerte Höhenunterschiede. Überwiegend auf geteerten/geschotterten Wegen. Auch mit Kindern empfehlenswert.
Markierung: Goldkegelweg (gelber Goldkegel auf Blau).
Einkehr: In Buch: Landgasthof Krone (Tel. +49/9188/871). Vor Ezelsdorf: Sportgaststätte Osteria da Mauro (Tel. +49/9188/1717, www.fcezelsdorf.de). In Oberferrieden Landgasthof Weißer Löwe (Tel. +49/9183/4502, www.weisser-loewe.de).
Karte: ATK25 Blatt H10 Allersberg.
Variante: Über den Dillberg (2,6 km zusätzlich). Von Buch mit »Rotkreuz« hoch zum Plateaurand, dort weiter geradeaus mit »Gelbstrich« bis zum querenden Sträßchen. Auf diesem ohne Markierung nach links, vorbei an der Sendeanlage. Danach stößt die »weiße 1 auf Rot« zu uns; damit zunächst weiter geradeaus, dann bei der nächsten Weggabel scharf links und beim nächsten Abzweig rechts; mit »weißer 1 auf Rot« nun stetig abwärts durch den Wald zurück nach Buch.

Am **S-Bahnhof Postbauer-Heng** ❶ gehen wir (aus Nürnberg bzw. vom Parkplatz kommend) durch die Unterführung auf die östliche Seite und halten auf einem Fußweg auf die B 8 zu. Wir unterqueren sie und biegen dann bei der Sportanlage des SV Postbauer rechts auf einen geteerten Querweg ab.

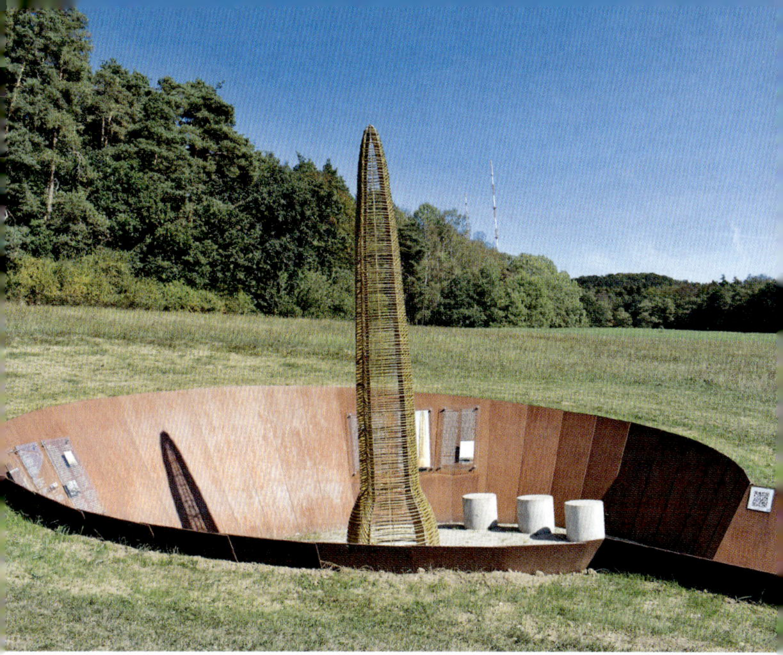

Der Goldkegelplatz.

Auf ihm flanieren wir nun etwa 400 m bis zum Rand eines Waldgebietes entlang. Dort links auf einem Wiesenweg längs des Waldrandes und dabei die schöne Aussicht ins westliche Vorland wahrnehmen. Nach etwa 200 m rechts leicht aufwärts in den Wald hinein und dann gleich wieder links auf einen breiten Forstweg. Auf ihm in einer längeren Passage stetig leicht abwärts durch den Wald und schließlich aus ihm hinaus auf die Feldflur. Auf Höhe des Wurzhofes mündet unser Weg in die Straße, der wir geradeaus nach **Buch ❷** hinein folgen. Von dort bietet sich eine Schlaufe über den Dillberg an (siehe Variante), ansonsten der Hauptstraße nach links folgen und auf ihr aus dem Dorf hinaus.

Achtung: Beim nächsten Waldrand zunächst den Wegweiser des Goldkegelweges nach rechts nicht beachten, sondern weiter geradeaus auf dem Sträßchen in Richtung Ezelsdorf bleiben. So erreichen wir mit dem **Goldkegelplatz ❸** den ei-

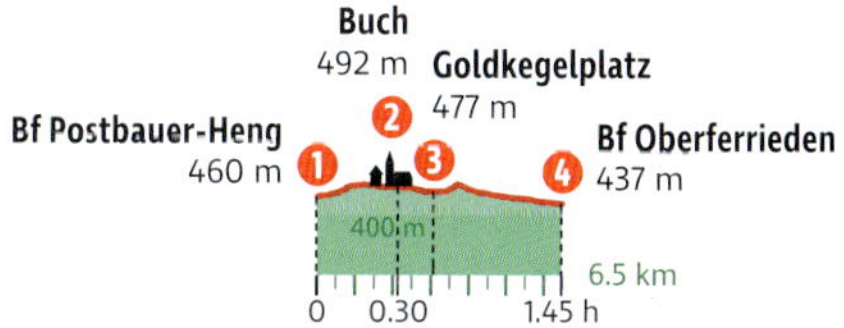

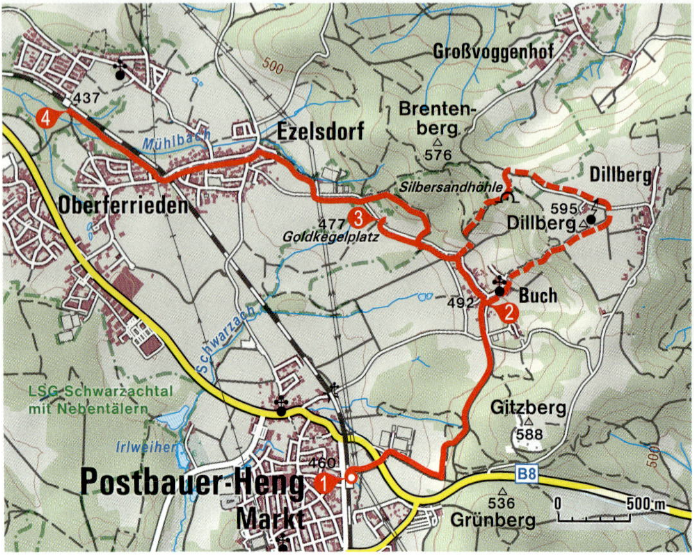

gentlichen Höhepunkt unserer kleinen Wanderung. Den Mittelpunkt dieser Anlage bildet eine imposante Skulptur des Goldhutes im Maßstab 5:1. In der Dämmerung leuchtet sie dank einiger solargespeister LED-Lichtquellen mystisch von innen heraus. Dazu gibt es viele Informationen rund um den vorgeschichtlichen Kultgegenstand. Das Denkmal wurde übrigens direkt auf der Grenze zwischen den Landkreisen Nürnberger Land (Mittelfranken) und Neumarkt (Oberpfalz) errichtet. Bis zum Jahr 1806 verlief hier sogar die Reichsgrenze zwischen Franken und Altbayern.

Auf gleichem Weg zurück zum Abzweig von vorhin und nun der Goldkegel-Markierung nach links in den Wald hinein folgen. Es geht zunächst ein Stück aufwärts, dann in einer Linkskehre ebenerdig am Fuße des Brentenberges entlang. Vorbei am **Fundort des Goldkegels** (Infotafel) weiter geradeaus und bei der nächsten Weggabelung links halten. Nun abwärts aus dem Wald hinaus und über Streuobstwiesen auf das uns bereits bekannte Sträßchen zu. Auf ihm nach rechts und gleich hinter den Sportanlagen des FC Ezelsdorf rechts abbiegen. Vor der **Sportgaststätte** links auf einen Schotterweg, der uns an einigen Weihern vorbei an den Ortsrand von **Ezelsdorf** führt. Dort geradeaus in die Straße »Zur Schwärz«, dann links in die Hauptstraße und auf ihr eine Zeit lang durch den Ort, bis wir schließlich auf einer Brücke die Bahnstrecke überqueren. Unmittelbar danach rechts in den Bahnweg und auf ihm zum **S-Bahnhof Oberferrieden** ❹.

3 Tage

Zeugenbergrunde um Neumarkt

Dreitagestour am Rand des Oberpfälzer Jura

Das Auftreten von Zeugenbergen ist längs der Frankenalb nicht ungewöhnlich, doch bei Neumarkt gruppieren sich gleich mehrere davon rund um die alte Pfalzgrafenstadt. Sie wurden durch Erosion vom Albtrauf abgetrennt und sind damit Zeugen für die einstmals weitere Ausdehnung der Juraschichten nach Westen. Seit 2007 verbindet der Qualitätswanderweg Zeugenbergrunde den Albtrauf im Osten der Stadt mit einigen ausgewählten Zeugenbergen im Vorland. Der in drei Tagesetappen zu bewältigende Rundweg bietet fantastische Aussichten und führt in stetem Auf und Ab durch die herrliche Juralandschaft rund um Neumarkt. Unterwegs gibt es dabei viel zu sehen – unter anderem keltische Ringwälle auf dem Buchberg, Ruinen einstiger stolzer Burgen und eine Wallfahrtskirche in barocker Pracht. Und für das leibliche Wohl sorgen einige gemütliche Gasthäuser längs der Route und in Neumarkt, das für seine Bier-Vielfalt bekannt ist.

Ausgangspunkt: Neumarkt, Kloster St. Josef, 462 m. Von Nürnberg Hbf mit S3 oder RE Richtung München bis Neumarkt (Oberpfalz), von dort mit Bus 566 bis »Neumarkt, Sturmwiese«. Parkplätze am Kloster (Navi: 92318 Neumarkt, Badstr. 96).
Anforderungen: Gute Kondition, stellenweise Trittsicherheit erforderlich. Überwiegend auf naturbelassenen und geschotterten Wegen.
Markierung: Die Zeugenbergrunde ist mit Rotstrich auf Gelb markiert. Zuweg vom Kloster mit Blau5 (weiße 5 auf Blau), nach Berngau mit Grün6 (weiße 6 auf Grün), nach Berg bei Neumarkt mit Main-Donau-Weg und Rotpunkt.
Unterkunft: 1. Tag: Landgasthof Berngauer Hof (Tel. +49/9181/5129707, www.berngauerhof.de). 2. Tag: Hotel-Gasthof Lindenhof (Tel. +49/9189/4100, www.lindenhof-berg.de), Hotel-Gasthof Knör (Tel. +49/9189/44170, www.hotel-knoer.de). 3. Tag: Kloster St. Josef (Tel. +49/918/45005075, www.stjosef-nm.de).
Einkehr: 1. Tag: Gasthof Ullrich, Buchberg (Tel. +49/9181/264502, www.gasthaus-ullrich.de). 2. Tag: Gasthaus Blomeier, Tyrolsberg (Tel. +49/9188/866, www.gasthausblomeier.de). Gaststätten in Postbauer-Heng (abseits der Route). 3. Tag: Berghotel Sammüller, Schafhof (Tel. +49/9181/40570, www.sammueller.de). AlmRefugio, Höhenberg

Treppenweg hoch zur Mariahilf-Kirche.

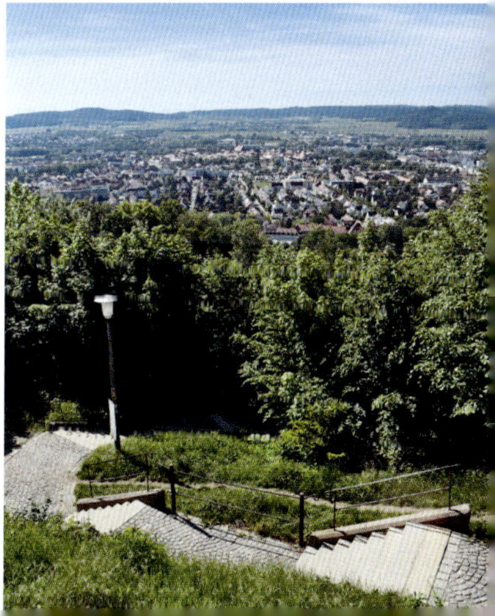

(Tel. +49/9181/32584, www.landgasthaus-almhof.de). Hotel-Gasthof Schönblick, Höhenberg (Tel. +49/9181/474910, www.tagungshotel-schoenblick.de).
Karte: ATK25 Blatt H11 Neumarkt i.d. Oberpfalz und Blatt H10 Allersberg.
Variante: Auch als drei Tagestouren möglich. 1. Tour: Kloster St. Josef bis Staufer Berg auf der Zeugenbergrunde, von dort mit »Rotkreuz« zum Bahnhof Neumarkt. 2. Tour: Bahnhof Neumarkt mit »Rotkreuz« bis zum Staufer Berg, von dort auf der Zeugenbergrunde bis zum Schlossberg, von dort mit »Rotpunkt« zum Bahnhof Pölling. 3. Tour: Vom Bahnhof Pölling mit »Rotpunkt« zum Schlossberg, von dort auf der Zeugenbergrunde bis zum Kloster St. Josef.

1. Tag: Kloster St. Josef bis Berngau

Vom **Kloster St. Josef** ❶ mit »Blau5« auf Treppen den Kreuzweg hoch zur **Wallfahrtskirche Mariahilf** ❷ mit herrlichem Blick auf die Neumarkter Altstadt. Bei der Mariengrotte unterhalb der Kirche rechts auf die Zeugenbergrunde (»Rotstrich auf Gelb«) und auf schönem Pfad am bewaldeten Hang entlang. Dann hinunter nach **Lähr** ❸ und nach dem Ort durch einen Kiefernwald hindurch und die St 2660 überqueren. Weiter durch den Wald und darin über mehrere Sandhügel der **Hasenheide** hinweg auf die Bahnlinie zu und ihr einige Zeit nach links folgen. Auf Höhe von Weichselstein die Gleise unterqueren und ein Stück rechts an ihnen entlang. Dann links und nun stetig durch den Wald bis zum **Alten Kanal**. Bei der Trabrennbahn den Wall hoch und dann links immer am Kanal entlang. Bei der Ölkuchenmühle die Kanalseite wechseln ❹ und weiter Richtung Süden, dann rechts ab und durch Wald und über Felder bis zur Straße NM 18. Auf ihr am Ortsrand des Dorfes Buchberg einige Meter nach links, dann rechts auf einen Flurweg, der geradlinig durch Wiesen den Südhang des Buchberges hochführt. Nun in einer weiten Kehre durch Hecken und Buschwerk in den Wald; dort auf einem breiten Forstweg nach rechts und gleich wieder links auf die Zufahrtsstraße zum Buchberg und ihr einige Meter aufwärts folgen. Dann links auf einen Pfad, der sich an der Hangkante entlangzieht, vorbei an der steil abfallenden Felswand des Teufelskellers. Weiter längs der Hangkante des südwestlichen Ausläufers des **Buchberges** – es geht in einer Schlaufe leicht aufwärts zu einer Quellfassung, wo wir scharf rechts auf einen breiten Forstweg abbiegen. Nach etwa 200 m links auf einen weiteren breiten Forstweg (hier stehen Infotafeln über die Siedlungsgeschichte

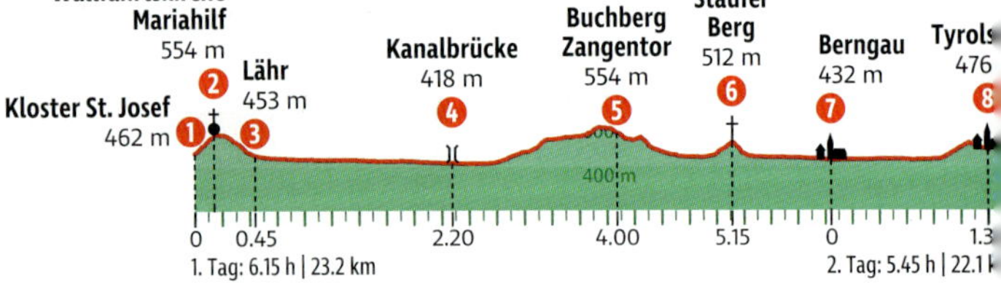

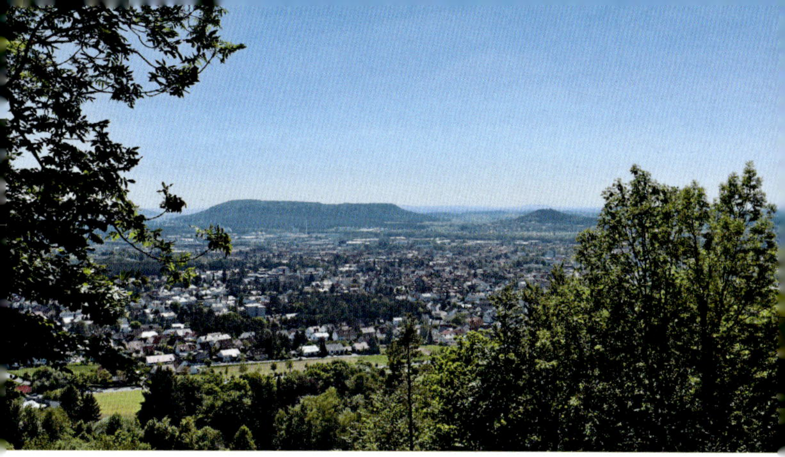

Blick hinüber zum Buchberg und zum Staufer Berg (rechts).

des Buchberges) und auf ihm leicht aufwärts durch den Buchenmischwald. Bei einer Gabelung geradeaus auf einen Pfad, der durch alte Kalksteinbrüche hindurch zum Keltenwall führt. Hier links und auf einem Wurzelpfad auf dem Wall entlang zum **Zangentor** 5 der alten Befestigungsanlage. Von hier in einem Hohlweg rechts den Abhang hinunter bis zu einem Pfad, dem wir nach links folgen – nun immer fast eben am nordöstlichen Abfall des Buchberges entlang. Danach in einer engen Rechtskehre den Hang hinunter und schließlich der Markierung folgend stetig hangabwärts durch den Fichtenwald der Haid. Über die Feldflur und über die St 2238 hinweg an den Ortsrand von Stauf. Dort links auf das Sträßchen nach Berngau und dann rechts auf einen Pfad, der hoch auf den **Staufer Berg** 6 führt. Dort sind noch Halsgraben und Wallanlage einer früheren Burg zu erkennen, dazu hat man einen schönen Blick zurück auf den Buchberg. Dann in westlicher Richtung halbwegs steil bergab, aus dem Wald hinaus und schließlich am Waldrand entlang. Achtung: Beim ersten Abzweig auf der Feldflur mit »Grün6« links nach **Berngau** 7 zur Unterkunft.

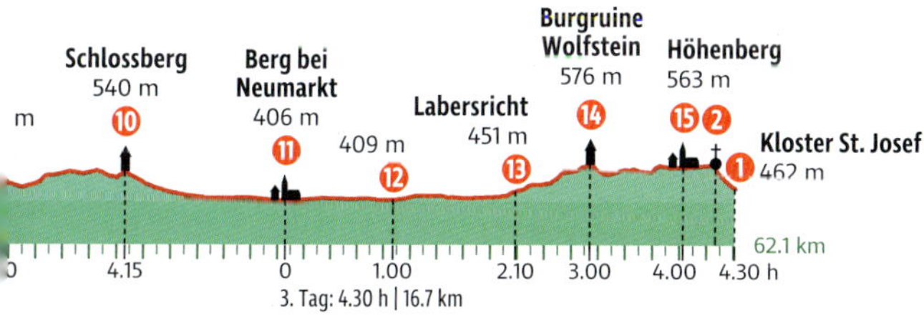

2. Tag: Berngau bis Berg bei Neumarkt
Von **Berngau** ❼ mit »Grün6« zurück auf die Zeugenbergrunde. Über Felder und Wiesen (mit schönen Ausblicken in alle Richtungen) auf ein Waldgebiet zu und dann an ihm entlang. Rechts in den Wald hinein und darin beim ersten Abzweig links auf einen Weg, der uns über die **Hohe Ahnt** hinweg in den Ort **Tyrolsberg** ❽ bringt (Einkehrmöglichkeit). Über die NM 24 hinweg aufwärts aus dem Ort hinaus in den Wald. Vorbei an der Quelle der Sulz, erreichen wir den Kamm des flachen Tyrolsberges. Weiter in nördlicher Rich-

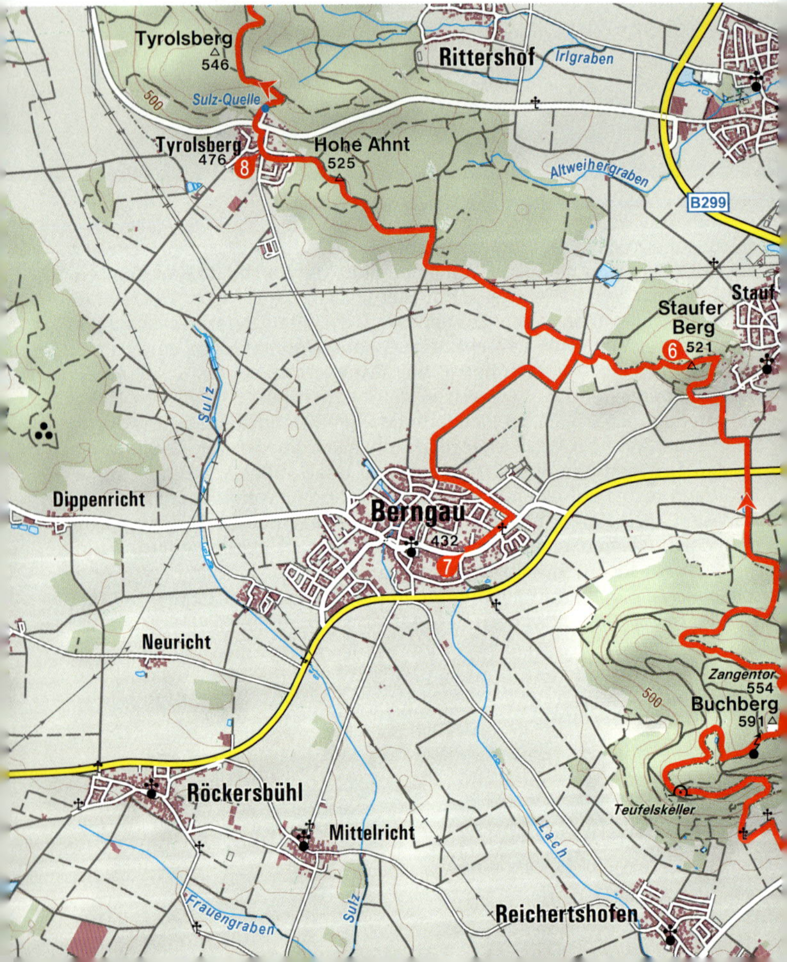

tung am Ostabfall des Großberges entlang (schöner Blick auf Neumarkt), dann links an seinem Nordhang vorbei. Abwärts aus dem Wald hinaus auf die Feldflur, die Bahnlinie überqueren und beim Gradlhof rechts in den Wald hinein. Darin stetig ansteigend den **Grünberg** hoch und dort bei einer Wegkreuzung 9 rechts (links geht es zum S-Bahnhof Postbauer-Heng). Nun stetig abwärts hinunter zur B 8. Diese vorsichtig überqueren, dann erneut aufwärts. Oben auf dem Kamm gelangen wir auf die Hohe Straße, der wir nun immerzu in östlicher Richtung bis zur **Heinzburg** auf dem

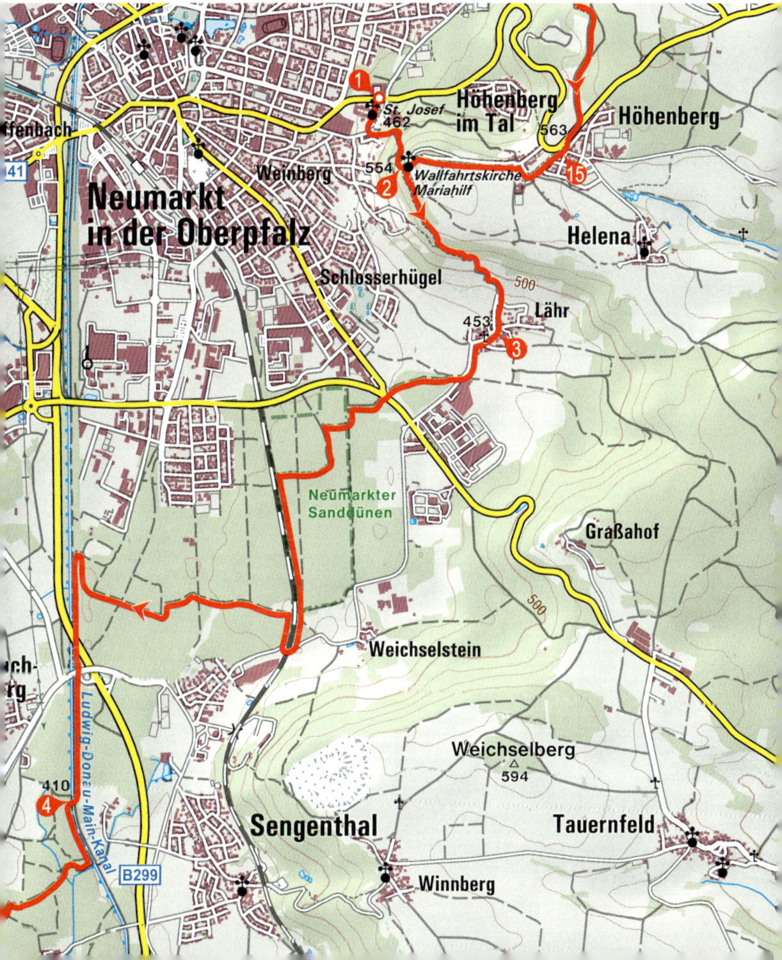

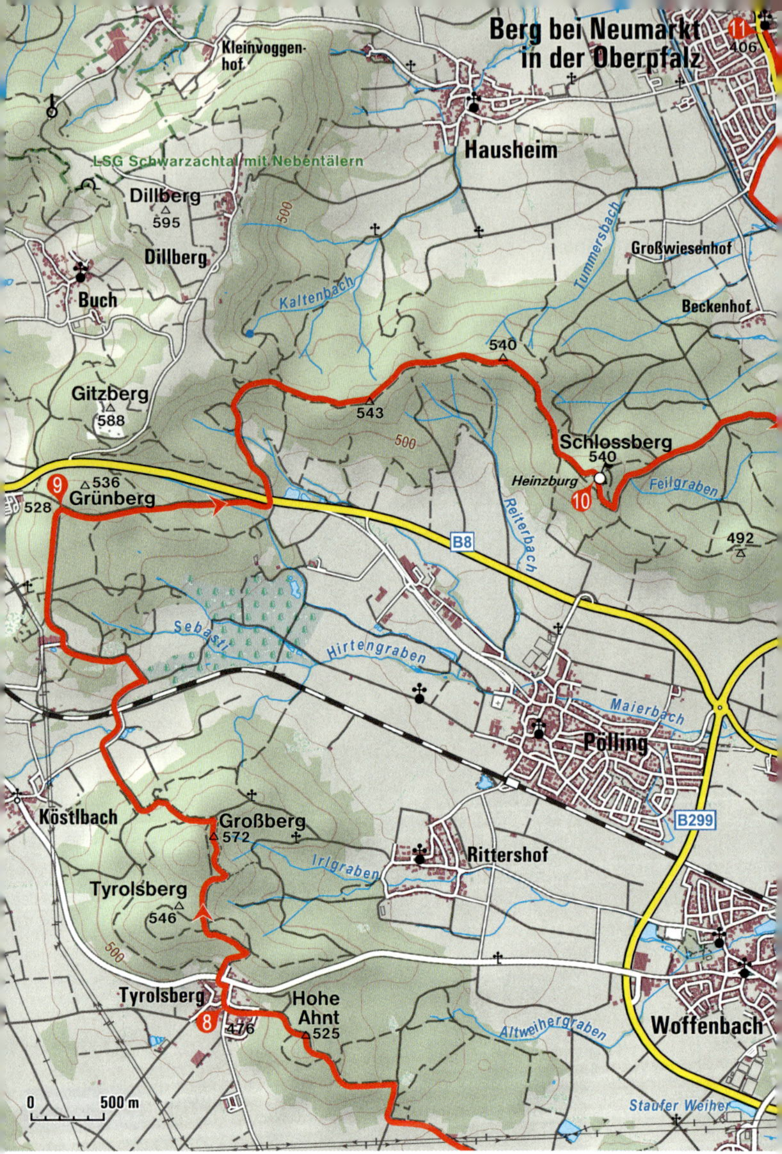
Berg bei Neumarkt in der Oberpfalz
Kleinvoggenhof
Hausheim
LSG Schwarzachtal mit Nebentälern
Dillberg
595
Dillberg
Buch
Großwiesenhof
Tummersbach
Kaltenbach
Beckenhof
540
Gitzberg
588
543
500
Schlossberg
540
Heinzburg
Feilgraben
536
Grünberg
528
Reiterbach
B8
492
Sebastl
Hirtengraben
Maierbach
Pölling
Köstlbach
Großberg
572
B299
Irlgraben
Rittershof
Tyrolsberg
546
500
Tyrolsberg
476
Hohe Ahnt
525
Altweihergraben
Woffenbach
0
500 m
Staufer Weiher
406

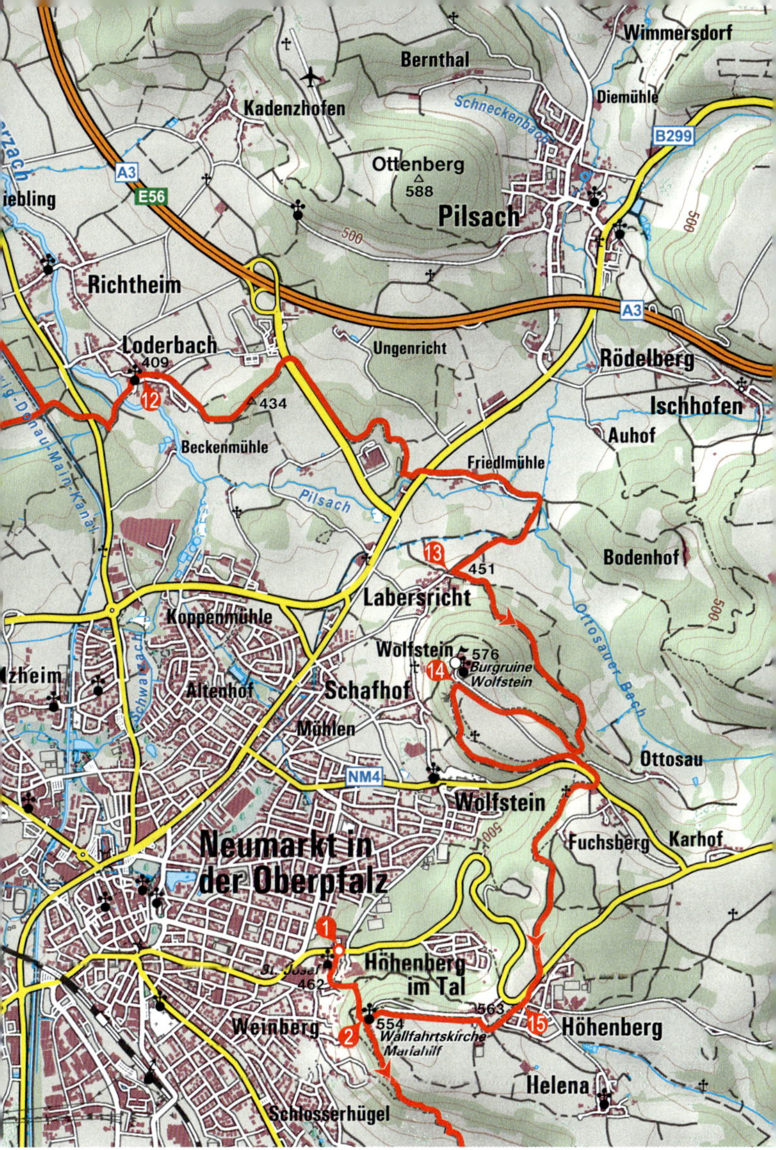
Wimmersdorf
Bernthal
Kadenzhofen
Schneckenbach
Diemühle
B299
A3
E56
Ottenberg
588
Pilsach
iebling
500
Richtheim
A3
Loderbach
409
12
434
Ungenricht
Rödelberg
Ischhofen
Auhof
Beckenmühle
Friedlmühle
Pilsach
Main-Donau-Kanal
13
451
Bodenhof
Labersricht
Koppenmühle
Ottosauer Bach
Wolfstein
576
14
Burgruine
Wolfstein
zheim
Altenhof
Schafhof
Schwarzach
Mühlen
Ottosau
NM4
Wolfstein
Neumarkt in
der Oberpfalz
Fuchsberg
Karhof
1
Höhenberg
im Tal
St. Josef
462
563
Weinberg
2
554
Wallfahrtskirche
Mariahilf
15
Höhenberg
Helena
Schlosserhügel

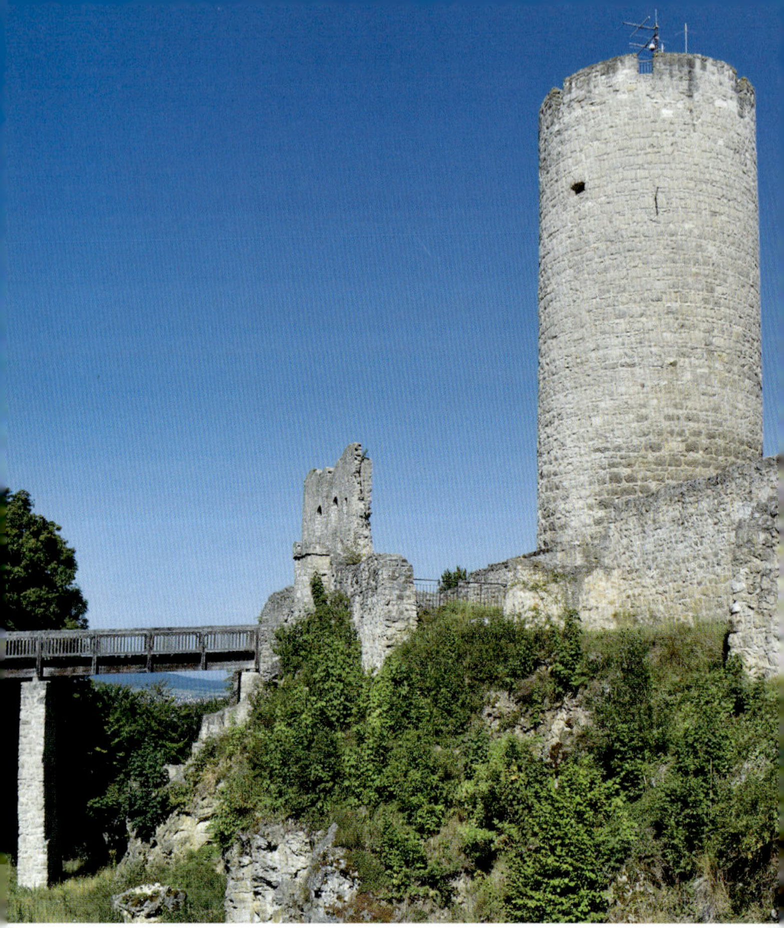

Die Ruine Wolfstein thront über Neumarkt.

Schlossberg ⑩ folgen. Auch von dieser Burganlage sind nur noch Wall und Graben übrig geblieben. Kurz danach links auf einen breiten Forstweg, der uns stetig abwärts längere Zeit durch den Wald führt. Schließlich aus ihm hinaus zum **Alten Kanal** (mit schönen Seerosen). Achtung: Am anderen Ufer verlassen wir die Zeugenbergrunde und gehen nach links immer am Kanal entlang bis an den Ortsrand von **Berg bei Neumarkt** ⑪ – schließlich mit »Rotpunkt« rechts in den Ort hinein zur Unterkunft.

3. Tag: Berg bei Neumarkt bis Kloster St. Josef

Von **Berg bei Neumarkt** ⓫ mit »Rotpunkt« und entlang des Alten Kanals zurück zur Zeugenbergrunde. Über die St 2240 hinweg nach **Loderbach** ⓬. Dort mit der Zeugenberg-Markierung aus dem Ort hinaus und in einer Linkskehre über den bewaldeten Haidbühl zur B 299. Nach deren Überquerung (Vorsicht!) rechts und etwa 600 m parallel zur Straße am Waldrand entlang. Dann links in den Wald hinein und um das weiträumige Gelände eines Campingausstatters herum. Bei der Habersmühle erneut über die B 299 und auf einem Sträßchen die Friedelmühle und die Bodenmühle passieren. Dahinter rechts auf einen Flurweg, der uns über Felder aufwärts nach **Labersricht** ⓭ bringt. Dahinter weiter aufwärts hinein in den Buchen-Mischwald am Nordhang des Wolfsteinberges. Der Pfad schlängelt sich längere Zeit am Hang entlang und führt schließlich etwas steiler nach oben. Dort scharf rechts auf einen Querweg abbiegen, der uns über die Hochfläche zur **Burgruine Wolfstein** ⓮ bringt, einem der schönsten Aussichtspunkte auf unserer Tour. Von der Burgruine ist es nur ein Katzensprung zum **Krähentisch**, einem bizarr geformten Dolomitfelsen, der direkt an der Hangkante steht. Weiter über felsige Wiesenhänge etwas steiler abwärts bis zu einem querenden Grasweg. Auf ihm links über eine Wacholderheide leicht abwärts bis zur NM 4. Wir überqueren die Straße und folgen ihr auf einem Fußweg an den Ortsrand von Fuchsberg. Dort rechts auf einen Weg, der uns nahezu ebenerdig zunächst durch schönen Fichtenwald, dann über eine Freifläche nach **Höhenberg** ⓯ bringt. Auf einem Fußweg parallel zur Zufahrtstraße gelangen wir am Albtrauf entlang zur **Wallfahrtskirche Mariahilf** ❷. Schließlich mit »Blau5« treppab hinunter zum **Kloster St. Josef** ❶.

Herrlicher Blick vom Krähentisch über Neumarkt.

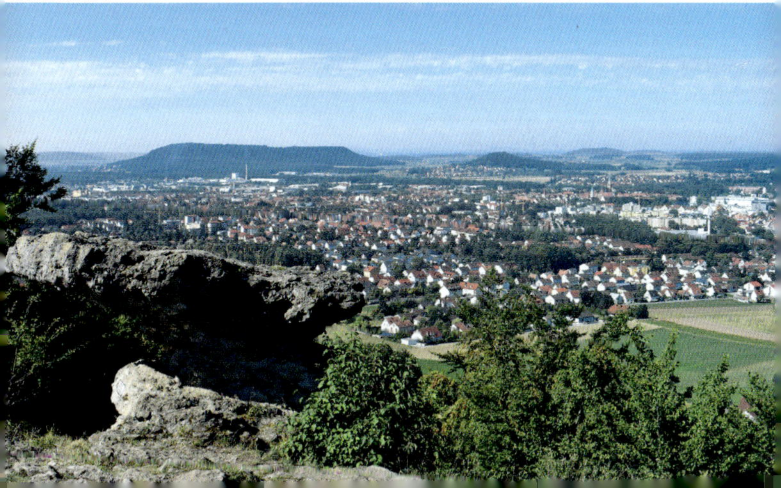

↗ 160 m | ↘ 160 m | 16.4 km

29 Vom Hainberg über die Alte Veste nach Burgfarrnbach

4.15 h

Grimmiger Feldherr und grünes Kleeblatt

Diese beiden Markierungen geben uns auf dieser Tour etwa zur Hälfte abwechselnd die Richtung vor. Mit dem grimmigen Feldherrn ist Albrecht von Wallenstein gemeint, bekanntlich Anführer der kaiserlichen Armee im Dreißigjährigen Krieg. Er ließ im Jahr 1632 vor den Toren Nürnbergs das größte Heerlager der Weltgeschichte errichten, um den schwedischen Truppen unter König Gustav II. Adolf Paroli zu bieten. Das Lager erstreckte sich über das Gebiet der heutigen Städte Zirndorf, Oberasbach und Stein und beherbergte 70 Tage lang um die 80.000 Menschen und 15.000 Pferde. Die Schlacht an der Alten Veste endete mit einem Patt, es gab keinen Sieger. Für die damalige Bevölkerung waren dagegen die Kampfhandlungen samt der dazugehörigen Plünderungen und Seuchen verheerend. Bis heute hat Wallensteins Lager seine Spuren im Gelände hinterlassen. Das Kleeblatt steht andererseits für den Fürther Naturpfad, der durch den Fürther und Zirndorfer Stadtwald führt. Highlights längs des Weges sind eindeutig die alten Steinbruchareale, in denen jahrhundertelang der Burgsandstein abgebaut wurde. Alles in allem eine äußerst facettenreiche Tour, die man so mitten im urbanen Ballungsraum nicht unbedingt erwarten würde.

Ausgangspunkt: S-Bahnhof Unterasbach, 322 m. Erreichbar von Nürnberg Hbf mit S4 Richtung Ansbach/Dombühl. Kostenlose Parkplätze vorhanden (Navi: 90552 Oberasbach, Oberweihersbucher Str. 2).
Endpunkt: Bahnhof Fürth-Burgfarrnbach, 318 m. Rückfahrt nach Nürnberg Hbf mit RB.

Alter Steinbruch beim Rangaublick.

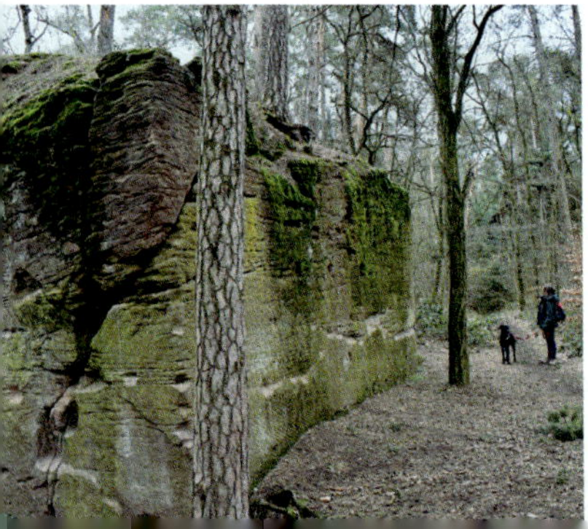

Anforderungen: Wenige, moderate An- und Abstiege. Überwiegend auf naturbelassenen und geschotterten Wegen. Auch mit Kindern empfehlenswert.
Markierung: Blauring, Wallensteins Lager, grünes Kleeblatt (Fürther Naturpfad), ohne Markierung, Nordic Walking Wege 1 und 3 (pink), grünes Kleeblatt (Fürther Naturpfad), Rotpunkt, ohne Markierung.
Einkehr: Restaurant-Biergarten Alte Veste (Tel. +49/911/92318855, www.alteveste.events). Grüner Felsenkeller (Tel. +49/911/74929947, www.gruener-felsenkeller.de).
Karte: ATK25 Blatt G09 Nürnberg.
Tipp: In Burgfarrnbach lohnt ein Abstecher von der Regelsbacher Straße über die Straße Schloßweg zum nahe gelegenen Schloss in einer reizvollen Parkanlage.
Variante: Bei Start an der Bahnstation Alte Veste verkürzt sich die Tour auf 9 km. Insb. mit Kindern empfehlenswert.

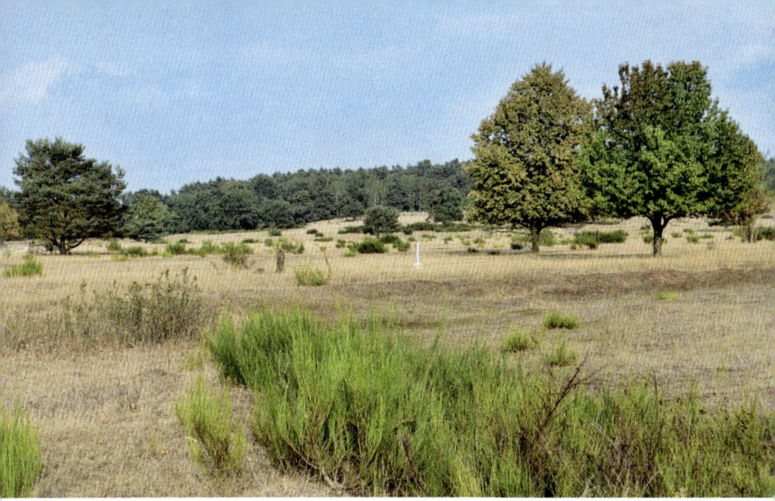

Der Hainberg ist eine einzigartige Steppenlandschaft.

Beim Parkplatz an der Südseite des **S-Bahnhofs Unterasbach** ❶ folgen wir dem »Blauring« in östlicher Richtung längs der Bahngleise bis zur querenden Mühlstraße. Auf ihr links durch eine Bahnunterführung hindurch, dahinter gleich rechts auf einen Fußweg und dann links auf den ersten Pfad, der in den Wald hineinführt. Hier stoßen wir erstmals auf die Markierung des Rundweges »Wallensteins Lager 1632« mit dem Porträt des grimmigen Feldherren, die uns nun – mal mehr, mal weniger gut markiert – bis zur Alten Veste die Richtung vorgeben wird. Geradlinig durch das Waldstück, geht es hinaus auf die offene Flur des **Hainberges** ❷, einst ein Truppenübungsplatz der US-Army, heute ein Naturschutzgebiet mit der größten Sandmagerrasenfläche in ganz Nordbayern. Bitte unbedingt auf den Wegen bleiben und die Hinweisschilder beachten, die zum Schutz der hier heimischen Tiere und Pflanzen, darunter bodenbrütende Vogelarten, aufgestellt wurden.

Vorbei an bizarr gewachsenen Kiefern, wandern wir stetig hangabwärts und gelangen schließlich längs eines Wäldchens hinunter in die weite Talaue der Rednitz. Dort bei der ersten Weggabelung links, ebenso bei der nächst-

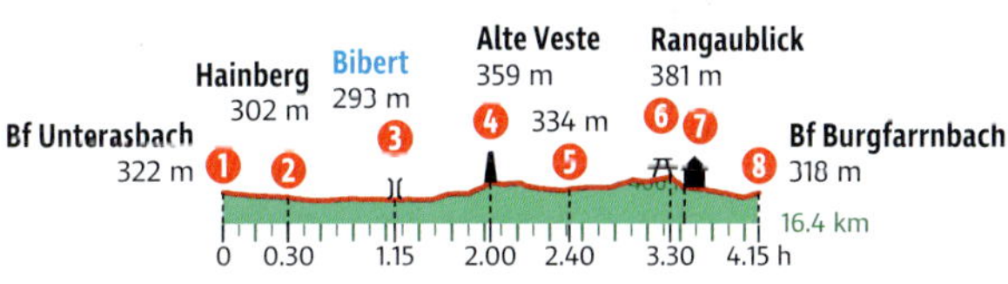

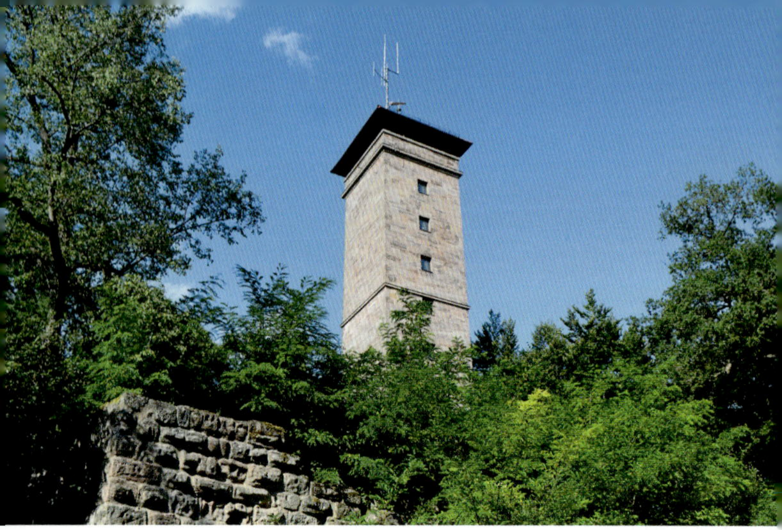

Der Aussichtsturm auf der Alten Veste.

folgenden. Dann rechts zum Fluss hin abbiegen und erst die Straßenbrücke unterqueren, anschließend die alte Eisenbahnbrücke der ehemaligen Bibertbahn. Dahinter links und auf einem schmalen Pfad am Bahndamm entlang. In einer Rechtskehre zu einem querenden Schotterweg und auf diesem links die Böschung hoch und über das alte Bahngleis hinweg. Nun rechts halten und auf einem Sträßchen am Rand eines Industriegebietes hinaus auf die Wiesenflur. Beim ersten Abzweig vor einer Fußgängerbrücke rechts abbiegen und auf Schotter etwa 250 m weiter geradeaus. Jetzt verlassen wir kurz unseren – hier schlecht markierten – Wallenstein-Weg und folgen dem rechts abzweigenden Pfad. Er führt ohne Markierung zur Bibert hinunter und verläuft dann in einer etwa 500 m langen Schlaufe immer nah am Fluss entlang. Längs eines bewaldeten Abhanges treffen wir vor der Brücke der Straße FÜ 6 wieder auf die Wallenstein-Markierung, unterqueren mit ihr die Straße und halten uns dann einige Meter nach links. Jetzt in einer Rechtskehre die Böschung hoch und auf einem Pfad durch ein Wäldchen hindurch bis zu einem Querweg. Auf diesem nach rechts über Treppenstufen hinunter in den Talgrund und dort auf der Heubrücke, einem hölzernen Fußgängersteg, über die **Bibert** ❸. In der Folge unterqueren wir auf unserem mittlerweile geteerten Fußweg in einer Tunnelröhre erneut die FÜ 6 und halten uns dann immer längs der Uferböschung am Rand des weiten Rednitzgrundes. Nach Passieren eines Wasserbehälters rechts des Weges beim ersten Abzweig links die Grenzstraße hoch und letztmals die FÜ 6 unterqueren. Danach gleich rechts und auf einem Fußweg etwa

400 m geradeaus bis zum Abzweig nach links in die Fuggerstraße. Auf ihr und über die Aldringerstraße bis zur breiten Fürther Straße, die wir links vom **Bahnhaltepunkt Alte Veste** überqueren. Dann auf einem Fußweg geradewegs in den Wald, wo wir auf das »grüne Kleeblatt« des Fürther Naturpfades stoßen, an dem wir uns ab jetzt vorrangig orientieren. Mit beiden Wegzeichen geht es nun halbwegs steil hoch auf den bewaldeten Burgsandsteinrücken der **Alten Veste** ❹. Dort bietet sich die Gaststätte mit ihrem schattigen Biergarten für eine ausgiebige Rast an, zudem sollte man sich auch den herrlichen 360-Grad-Panoramablick vom nahe gelegenen Aussichtsturm nicht entgehen lassen.
Hinter der Gaststätte weisen uns beide Markierungen (»Wallensteins Lager« und »grünes Kleeblatt«) nach rechts in den Wald hinein; dort auf einem

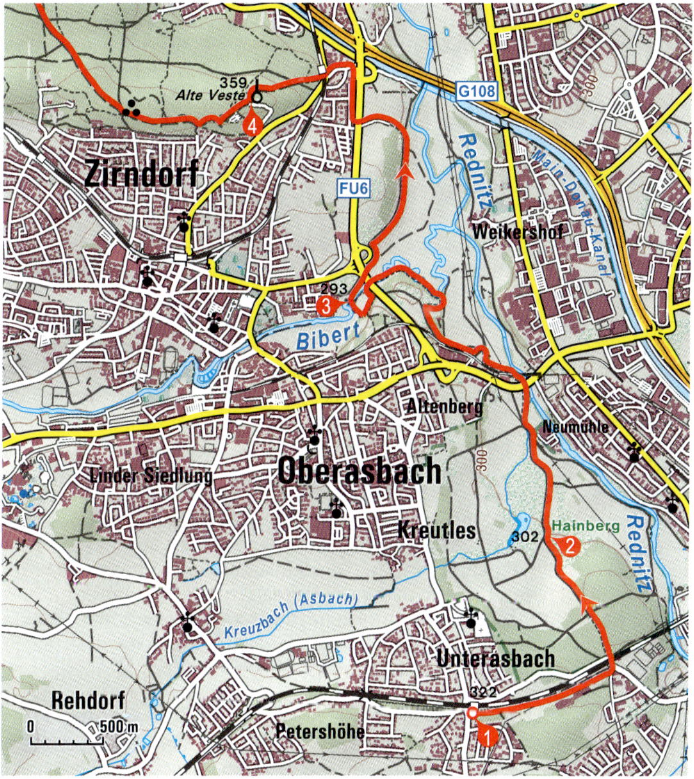

Dammweg durch das ehemalige Steinbruchareal und beim ersten Abzweig danach rechts. In leichtem Auf und Ab weiter durch altes Bruchrevier und beim folgenden T-Kreuz links und dann gleich wieder rechts. Waldrandnah nun am Ortsrand von Zirndorf entlang, bis wir nach etwa 20 m auf einem Querweg rechts abbiegen. Diesem breiten Schotterweg folgen wir eine Weile, vorbei an einem Wasserhochbehälter. Kurz danach gelangen wir zum Nachbau einer Normalschanzlinie von Wallensteins Lager mit Infotafel. Bei der nachfolgenden großen Wegkreuzung müssen wir aufpassen: Nicht mit den Markierungen weiter geradeaus, sondern den Weg nehmen, der ohne Markierung halb rechts abzweigt. Ihm folgen wir nun konsequent durch den Wald hinunter zu einem Querweg, wo wir uns links halten. Kurzzeitig begleitet uns die Markierung des Nordic Walking Weges 1 (pink), dann leicht aufwärts bis zum **Schwarzwildgehege** **5** der Nordic Walking Weg 3 (pink). Dort gesellt sich wieder das »grüne Kleeblatt« zu uns, dem wir weiter geradeaus längs des Gatters folgen. Bei einer Ruhebank links ab und nun auf dem bestens markierten Kleeblatt-Weg hinunter zur Heilstättenstraße. Dort bei der Bushaltestelle »Stadtförsterei« die Straße überqueren (Vorsicht, Verkehr!) und auf der anderen Seite über das Gelände des städtischen Forstamtes. Hier taucht erstmals ein Wegweiser zum Felsenkeller auf. Weiter mit dem »grünen Kleeblatt« geht es, vorbei am Beginn des Waldlehrpfades, erneut in den Wald. Dort über einen Dammweg durch ein altes Steinbruchgelände (links und rechts des Weges tolle Mitmach-Stationen des Lehrpfades), dann auf einer Treppe den Hang hoch, vorbei an einem schönen Rastplatz bei der Infotafel über Spechte und weiter durch das alte Steinbruchgelände. In der Folge leicht abwärts hinunter zu einem Querweg, dem wir in weitgehend ebenerdigem Verlauf nach halb links folgen (Wegweiser »Felsenkeller/Rangaublick 2 km«). Unser naturbelassener Weg mündet in einen breiten Schotterweg – hier weiter geradeaus, dann bei der nächsten Weggabel links halten. Danach passieren wir rechter Hand einen Trinkwasser-Hochbehälter und links von uns das Gelände des Waldkrankenhauses. Nun geht es erneut durch ein altes Steinbruchareal, links des Weges der Cadolzburger Blick, eine Schutzhütte, die längst keine Aussicht mehr bietet. Danach leicht abwärts bis zu einer großen Wegspinne bei einer Wandertafel und einer originellen Rastbank. Hier rechts hangaufwärts und dem breiten Weg stetig folgen. Beim ersten Abzweig links und dann in leichtem Auf und Ab, vorbei an einer Infotafel über die Sandsteinbrüche im Stadtwald, zum sehenswerten Steinbruchareal beim **Rangaublick** **6**. Dort zunächst den Abhang hoch zum gleichnamigen Rastplatz, von dem man zwar kaum mehr in den Rangau blicken kann, dafür aber wenigstens zum nahen Rotwildgehege.

Dann beim T-Kreuz rechts (Wegweiser »Felsenkeller«) und auf einer ziemlich steilen Abwärtspassage hinunter zu einer Wegkreuzung. Dort rechts und weiter hangabwärts, jetzt weniger steil, bis zu einem querenden mit »Rotpunkt« markierten Schotterweg. Auf diesem etwa 20 m nach links,

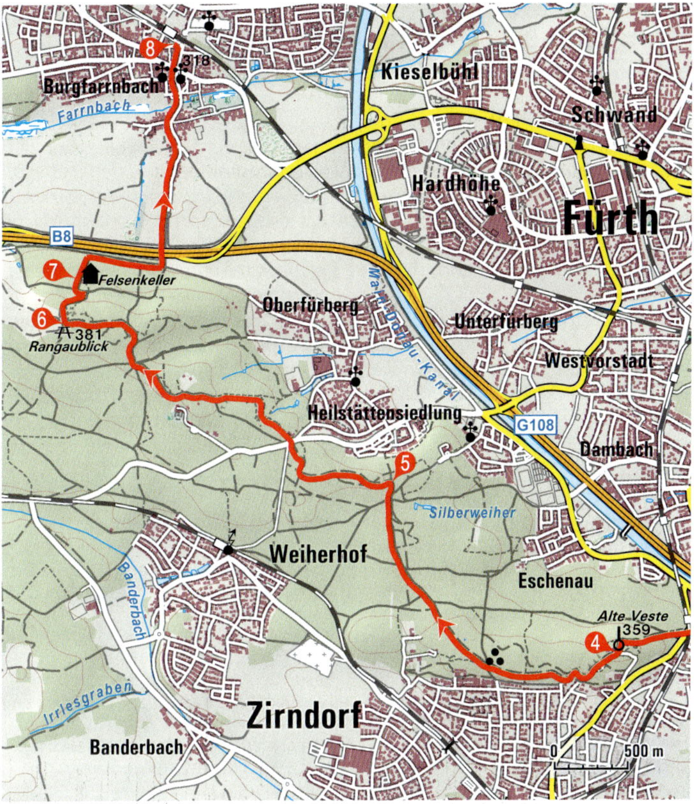

dann mit »Rotpunkt« rechts hangabwärts zum **Felsenkeller** 7, der sich an Wochenenden für eine Rast anbietet. Weiter abwärts bis zu einem Schotterquerweg; diesem nach rechts folgen und dann immer geradeaus am Rande des hier lichten Waldes und parallel zur nicht sicht- dafür hörbaren B 8. Dann links abbiegen und auf einem Fußgängersteg über die Bundesstraße. Anschließend auf der alten Landstraße leicht abwärts über die Feld- und Wiesenflur hinunter nach **Burgfarrnbach**. Dort weiter die Regelsbacher Straße hoch. Nicht »Rotpunkt« links in die Hummelstraße folgen, sondern ohne Markierung weiter geradeaus und die breite Würzburger Straße überqueren. Am Ende der Lehenstraße schließlich links durch die Lagerstraße zum **Bahnhof Burgfarrnbach** 8.

↗ 180 m | ↘ 180 m | 18.7 km

30 Von Cadolzburg zum Druidenstein

4.45 h

Über den Dillenberg

Cadolzburg war früher ein beliebtes Ausflugsziel der Fürther, die vor allem zu Zeiten der »Bläih«, also während der Kirschbaumblüte, mit dem liebevoll »Mockerla« genannten Bummelzug hierher kamen. Dass sich der romantische Marktflecken zu jeder Jahreszeit als Ausgangsort für erlebnisreiche Wanderungen anbietet, soll diese Tour belegen. Sie führt über den bewaldeten Burgsandstein-Höhenrücken des Dillenberges zum sagenumwobenen Druidenstein und von dort weiter zur Hammerschmiede, die idyllisch im Farrnbachtal liegt. Über die fränkischen Bauerndörfer Stinzendorf und Gonnersdorf geht es zurück nach Cadolzburg, wo man sich etwas Zeit für eine Besichtigung des alten Ortskernes samt Burg nehmen sollte. Und warum nicht am Ende des Wandertages auf 143 Stufen den Aussichtsturm von Cadolzburg erklimmen und den herrlichen Rundblick ins Umland auskosten?

Ausgangspunkt: Bahnhof Cadolzburg, 363 m. Von Nürnberg Hbf mit S1 oder S2 bis Fürth Hbf, weiter mit RB bis Cadolzburg (Endstation). Kostenlose Parkplätze vorhanden (Navi: 90556 Cadolzburg, Bahnhofsplatz 1), alternativ am Wanderparkplatz Malerwinkel starten (Navi: 90556 Cadolzburg, Gonnersdorfer Str. 16).
Anforderungen: Lange, dafür wenig anstrengende Tour ohne steilere An- und Abstiege. Etwa zur Hälfte jeweils auf naturbelassenen Waldwegen und geschotterten/geteerten Flurwegen.
Markierung: Grünpunkt, Blaustrich, Weiße 1 auf Grün, Grünkreuz, blaues X/Main-Donau-Weg, Blaustrich, Grünpunkt.
Einkehr: In Keidenzell: Keidenzeller Hof (Tel. +49/9191/901226, www.keidenzeller-hof.com). In Cadolzburg: Restaurant Bauhof (Tel. +49/9103/7909850, www.bauhof-restaurant.de).
Karte: ATK25 Blatt G08 Langenzenn.
Tipp: Unbedingt Zeit einplanen für eine Besichtigung des romantischen Ortskerns von Cadolzburg und der Burg; außerdem sollte man auch nicht den phänomenalen Rundblick vom Aussichtsturm verpassen (www.cadolzburg.de).

Vom **Bahnhof Cadolzburg** ❶ zunächst halb rechts in die Obere Bahnhofstraße, wo wir an der Kreuzung mit der Markgraf-Alexander-Straße auf den »Grünpunkt« (und »Rotpunkt«) stoßen. Weiter ortseinwärts gesellt sich bei der Einmündung der Wachendorfer Straße der »Blaustrich« hinzu, an dem wir uns nun vorrangig orientieren. Vorbei am Friedhof und dann links in die Hindenburgstraße, der wir ortsauswärts folgen, bis sie eine Linkskurve beschreibt (etwa bei Hausnummer 50). Hier geradeaus auf einem Fußweg leicht abwärts hinunter zu einer Wegkreuzung, wo wir mit »Blaustrich« rechts abbiegen und dann einen Pfad nehmen, der sich etwa 300 m zwischen Orts- und Waldrand hinzieht. Er mündet in die Waldstraße, der wir zunächst in einer Rechtsbiegung folgen, bevor wir links auf einen Weg abbiegen, der in den Wald hineinführt. Neben dem »Blaustrich« begleitet uns

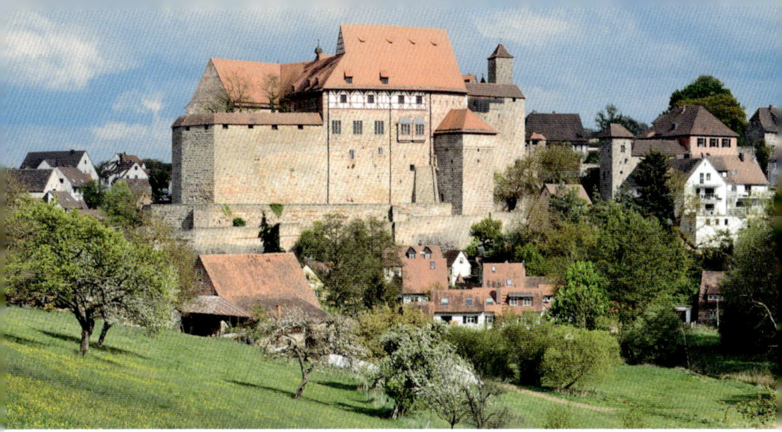

Burg Cadolzburg vom Malerwinkel aus.

nun auch das »rote X« bis zum **Wanderparkplatz Malerwinkel** ❷ an der Gonnersdorfer Straße. Der Name ist Programm, denn von hier hat man einen wunderschönen Blick über ein Wiesental hinüber zur Burg.
Von hier auf dem mittleren von drei Wegen wieder in den Wald hinein und mit »Blaustrich« auf einem breiten Schotterweg zunächst stetig leicht aufwärts. In einer Talaue passieren wir das einzeln stehende Waldhaus und halten uns danach erneut leicht aufwärts waldrandnah in den Forst. Am Waldende dem querenden geteerten Flurweg nach rechts folgen; er biegt gleich nach links ab, aber wir bleiben geradeaus auf einem Schotterweg, der an einem Wanderparkplatz vorbei wieder in den Wald hineinführt (hier beginnt auch ein Fitness-Parcours). Unser Weg verläuft nun etwas mehr als 1,5 km schön ebenerdig durch den Mischwald auf dem Kamm des Dillenberges. Dann weist uns der »Blaustrich« rechts auf einem naturbelassenen Pfad den Abhang hoch und wieder hinunter zum Schotterweg (und kürzt damit eine Kehre von ihm ab). Beim übernächsten Abzweig gesellt sich von rechts der »Grünpunkt« zu uns und wir folgen nun beiden Markierungen weiter geradeaus. Dann rechts leicht hangaufwärts auf dem vielleicht spektakulärsten Abschnitt unserer Tour durch das ehemalige Steinbruchrevier. Einige Meter abwärts, stehen wir dann vor dem **Druidenstein** ❸ bzw.

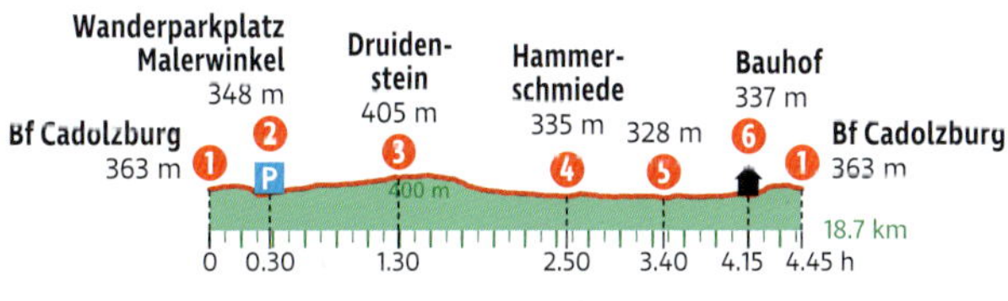

wenigstens seinem Gedenkstein. Der markante Felsblock, dessen Name wohl eher mit dem Wort Druden (= Hexen) als mit den keltischen Priestern in Zusammenhang steht, fiel seinerzeit den Steinbrucharbeiten zum Opfer.

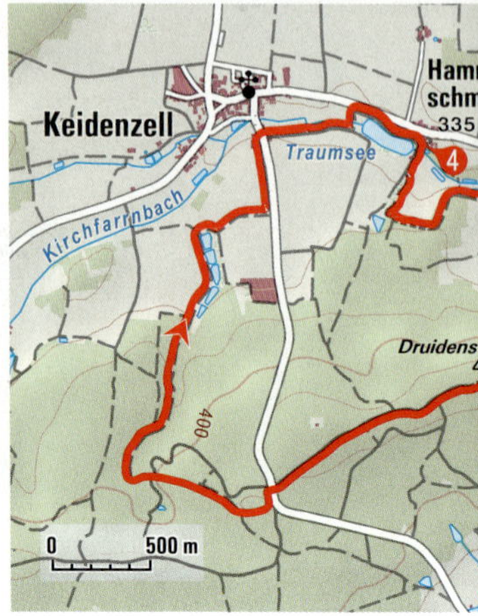

Zurück auf unserem Blaustrich-Weg, geht es rechts hangabwärts hinunter zum breiten Schotterweg. Auf ihm nach rechts in leichtem Auf und Ab, vorbei an einem Wasserbehälter rechts des Weges, zur Kreisstraße FÜ 24. Beim Wanderparkplatz taucht unsere neue Markierung »Weiße 1 auf Grün« auf, mit der wir neben dem »Blaustrich« die Straße überqueren und ihr dann einige Meter nach links folgen. Jetzt aufpassen: Nicht dem »Blaustrich« geradeaus folgen, sondern bei erster Gelegenheit rechts abbiegen. Eigentlich müsste uns jetzt die »Weiße 1 auf Grün« geleiten, doch die Markierungssituation ist äußerst mangelhaft, es tauchen lediglich an einigen Baumstämmen grüne Flecken auf! Der naturbelassene Weg quert einen kurvigen Schotterweg und führt dann halbwegs steil abwärts hinunter in einen Bacheinschnitt. Den Bach überqueren, gleich danach rechts abbiegen und nun stets parallel zum engen Tal geradeaus durch den Wald, Markierungen sind Mangelware! Wir erreichen eine lang gezogene Weiher-Kette, an der wir entlanglaufen; hinter dem letzten Weiher rechts, dann leicht hangaufwärts über die Feldflur zur FÜ 24. Dieser

Der Traumsee bei der Hammerschmiede.

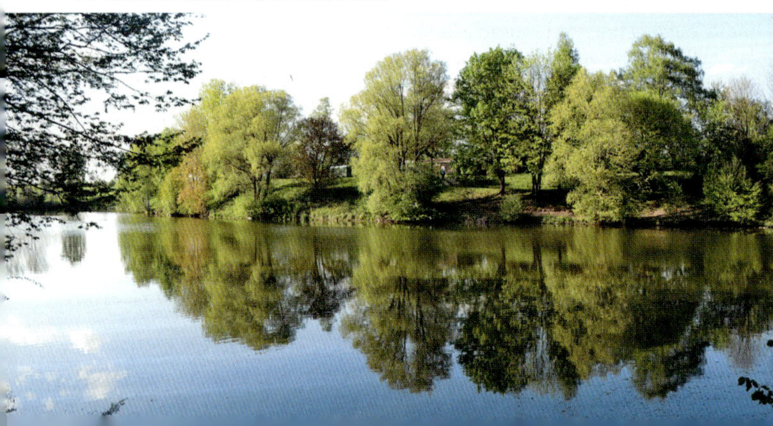

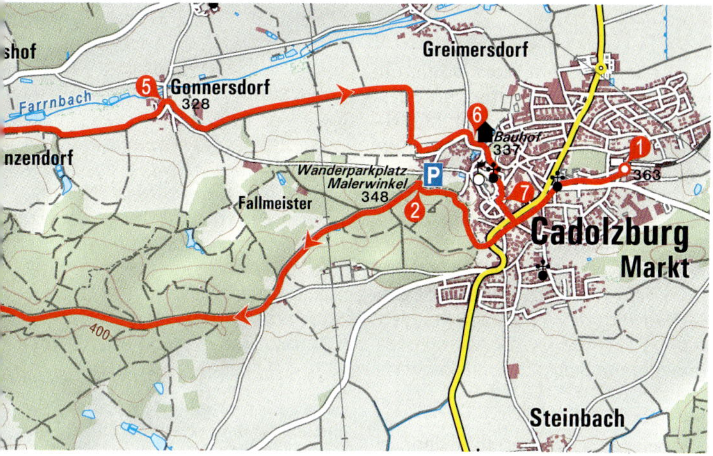

nach links folgen bis an den Ortsrand von **Keidenzell**. Wer im Keidenzeller Hof einkehren möchte, halte sich geradeaus in die Ortsmitte; ansonsten biegen wir gleich beim ersten Weg nach dem Ortsschild rechts ab und erreichen über die Feldflur hinweg den schön gelegenen **Traumsee**. Wir gehen an seinem nördlichen Ufer entlang, wo wir auf das »Grünkreuz« stoßen. Mit ihm am östlichen Seeufer rechts hinunter zur **Hammerschmiede** 4, die schon lange nicht mehr in Betrieb ist. Weiter mit »Grünkreuz« aus dem Weiler hinaus über Wiesen und Felder in Richtung Wald; dort immer am Waldrand entlang und in einer weiten Kehre um die Ackerfläche herum. Dann geradlinig bis **Stinzendorf**, den Ort geradeaus durchqueren und anschließend weiter über die Feldflur bis **Gonnersdorf** 5. Dort in der Hauptstraße rechts halten und am Ortsende links auf einen Schotterweg, der leicht ansteigend auf die Feldflur führt. Beim zweiten Abzweig verabschiedet sich »Grünkreuz« nach links, stattdessen führen uns nun das »blaue X« und der Main-Donau-Weg weiter geradeaus. Mit beiden Markierungen biegen wir beim nächsten Abzweig rechts ab und erreichen in Kürze eine Sportanlage. Hier links auf der Jahnstraße bis zur Gonnersdorfer Straße und dort rechts zum Restaurant **Bauhof** 6, das sich für eine ausgiebige Stärkung anbietet. Weiter mit beiden Markierungen in die Bauhofstraße, vorbei an einem Weiher mit Fontäne, rechts in die Greimersdorfer Straße und bei erster Gelegenheit rechts ab in die Burgstraße. Dort links auf einem Treppenweg hoch zum Pisendelplatz und zum romantischen **Marktplatz** 7, von dem es nur ein Katzensprung zum Burggarten und zur Burg ist. Vom Marktplatz hoch zur Hindenburgstraße und links wie auf dem Herweg zurück zum **Bahnhof Cadolzburg** 1.

↗ 180 m | ↘ 130 m | 16.2 km

31 Von Roßtal zum Kloster Heilsbronn

4.15 h

Auf dem Fränkischen Jakobsweg

Pilgern war im Mittelalter jene Form des Wanderns, die Gläubige trotz der damit verbundenen Gefahren freiwillig auf sich nahmen. Zwei Wege führen von der Nürnberger Jakobskirche nach Santiago de Compostella. Die Schilder vor dem Gotteshaus verraten uns, welche Entfernungen einst vor den Wallfahrern lagen: 2750 km via Eichstätt, 2804 km via Rothenburg. Unser Wandervorschlag verläuft aus zwei Gründen auf dem längeren Weg (Mittelfränkischer Jakobsweg): einmal, weil diese Route auf Initiative des evangelischen Pfarrers Paul Geißendörfer 1995 als erste in der Region Nürnberg markiert wurde, zum anderen, weil am Anfang und am Ende der Etappe bedeutende Sakralbauten stehen.

Ausgangspunkt: S-Bahnhof Roßtal-Wegbrücke, 373 m. Von Nürnberg Hbf mit S4 Richtung Ansbach/Dombühl erreichbar. Kostenlose P+R-Parkplätze am Bahnhof (Navi: 90574 Roßtal, Holzgraben 2).
Endpunkt: Bahnhof Heilsbronn, 422 m. Rückfahrt nach Nürnberg Hbf mit RE oder S4 bzw. nach Roßtal-Wegbrücke mit S4.
Anforderungen: Feld- und Waldwege ohne nennenswerte Steigungen, teilweise auch Wiesen- und Wurzelpfade. In und um die Orte geteerte Straßen.
Markierung: Weiße Jakobsmuschel auf blauem Grund.
Einkehr: Unterwegs keine. In Roßtal: Weißes Lamm (Tel. +49/9127/57585). In Heilsbronn: Goldner Stern (Tel. +49/9872/1262, www.goldner-stern-heilsbronn.de) und weitere Restaurants und Cafés.
Karte: ATK25 Blatt G08 Langenzenn und Blatt H08 Heilsbronn.

Auf dem Fränkischen Jakobsweg von Roßtal nach Heilsbronn.

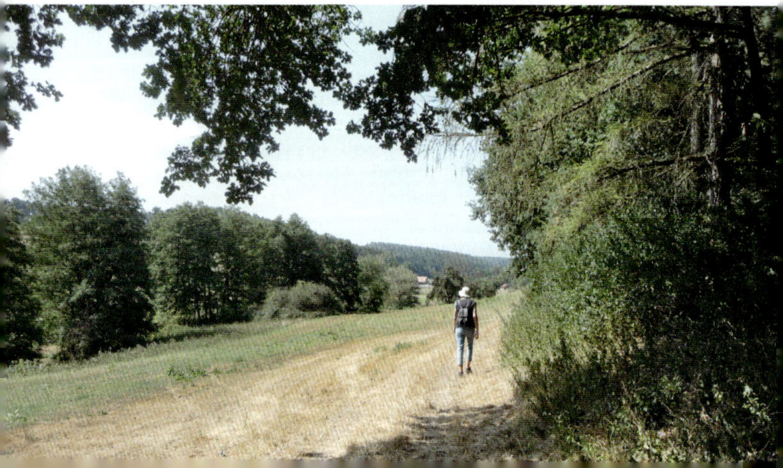

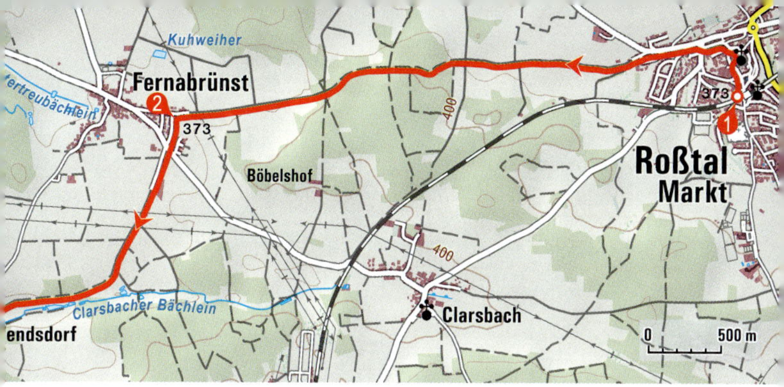

Vom **S-Bahnhof Roßtal-Wegbrücke** ❶ sind es nur ein paar Hundert Schritte bis zur **St.-Laurentius-Kirche**, deren Turm uns den Weg weist. Der mächtige Bau, eine Mischung aus Romanik und Gotik, prägt noch heute den historischen Ortskern. Der älteste Teil der Kirche ist die Krypta mit ihren zwölf quadratischen Säulen (vermutlich 11. Jh.). Die Kirche ist von einem Friedhof und einer mittelalterlichen Wehrmauer umgeben.

Wir verlassen den Friedhof durch das gegenüberliegende Torhaus, gelangen auf den Marktplatz mit dem Rathaus, halten uns links und wandern über Schulstraße und die Straße »Zinkenbuck« in einem Bogen abwärts. Nach Überqueren der Felsenstraße folgen wir der Pelzleinstraße ca. 300 m nach links, ehe wir – geführt von der Jakobsmuschel – links in die Fernabrünster Straße einbiegen. Die Straße wird bald zum Feldweg. Entlang von Hecken und über Fluren tauchen wir nach 20 Min. in den Wald ein, an dessen Ende wir auf die Roßtaler Straße von Fernabrünst stoßen. Am Ortsrand von **Fernabrünst** ❷ biegen wir links in die Straße »Am Röthlein« ab, queren die Hauptstraße und setzen unsere Wanderung auf der anderen Seite im Schleifweg fort.

Nach etwa 800 m weist uns die Muschel nach rechts auf einen Grasweg. An einem Wäldchen vorbei, gelangen wir entlang eines im Tal verlaufenden Baches nach **Wendsdorf**. Wir halten uns links, wandern durch den Ort bis zur Dorflinde und biegen hier nach rechts in einen ansteigenden Hohlweg ab, vorbei an »Willi's Wirtshaus«.

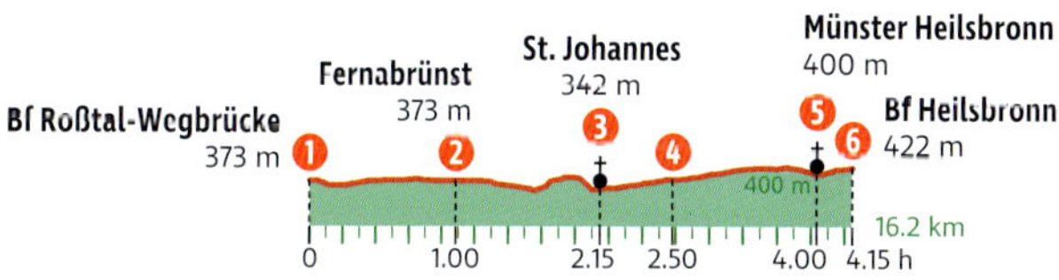

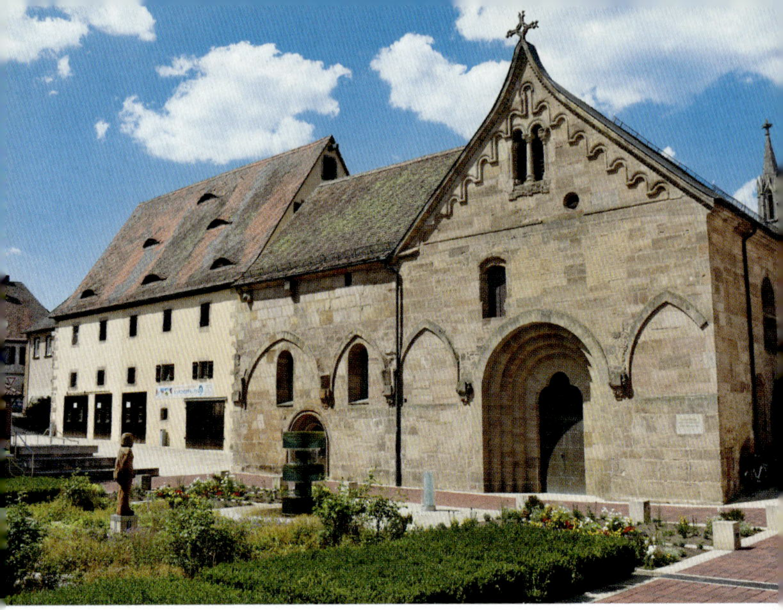

Kräutergarten beim Heilsbronner Münster.

Oben breitet sich eine Ebene aus; es geht zunächst geradeaus, dann führt unser Weg 90 Grad nach links und macht ein paar Meter danach einen scharfen Rechtsknick, ehe er am Waldsaum hinunter nach **Bürglein** führt. Wir wandern geradeaus weiter bis zur Großhabersdorfer Straße, dort links, vorbei an einem schmucken Fachwerkbau (ehemals Gasthaus Weißes Ross), bis zu der vom Friedhof umgebenen Kirche **St. Johannes** ❸, die einen Besuch verdient.
Wir folgen weiter der Großhabersdorfer Straße. 50 m nach der Friedenseiche biegen wir rechts in die Straße »Am Kettelbach« ein. An der T-Kreuzung kurz links am Weiher vorbei und gleich wieder rechts in den nächsten Feldweg, der parallel zum Bach verläuft. Der Weg führt durch den Grund, wird zum Wiesenpfad und mündet in ein Wäldchen, links eine Kette von Fischteichen. An der Straße Betzendorf–Bonnhof halten wir uns links, überqueren den Bach und nehmen am Wald den Pfad nach rechts ❹. Hohes Schilf verrät uns, dass der kleine Wasserlauf nicht weit ist. Gut 1 km geht es zwischen Waldsaum und dem Tal des Kettelbaches weiter. Am Waldrand werden die ersten Häuser von Heilsbronn sichtbar. Ein paar Minuten später stößt der Wanderweg auf eine Teerstraße, der wir nach links bis zum Bahnübergang folgen. Über Caspar-Othmayer-, Bahnhofstraße (rechts) und die Straße »Am Postberg« gelangen wir zum Marktplatz, von

dem die Abteigasse zum ehemaligen Zisterzienserkloster mit dem **Münster 5** führt. Die 1132 gestiftete Zisterzienserabtei mit der Münsterkirche diente mehr als 300 Jahre als Grablege der Hohenzollern. Die imposanten Hochgräber, Altäre, Bildtafeln und Epitaphien (Grabdenkmäler) zeugen davon, dass die Familie an dem Kloster als zentralem Erinnerungsort auch dann noch festhielt, als Burggraf Friedrich I. 1415 das Kurfürstentum Brandenburg übertragen wurde. Für den Rundgang in der Kirche sollte man etwas Zeit mitbringen, es gibt viel zu entdecken.
Nach der Besichtigung gelangen wir auf gleichem Weg zurück in die Bahnhofstraße und folgen ihr weiter zum **Bahnhof Heilsbronn 6**.

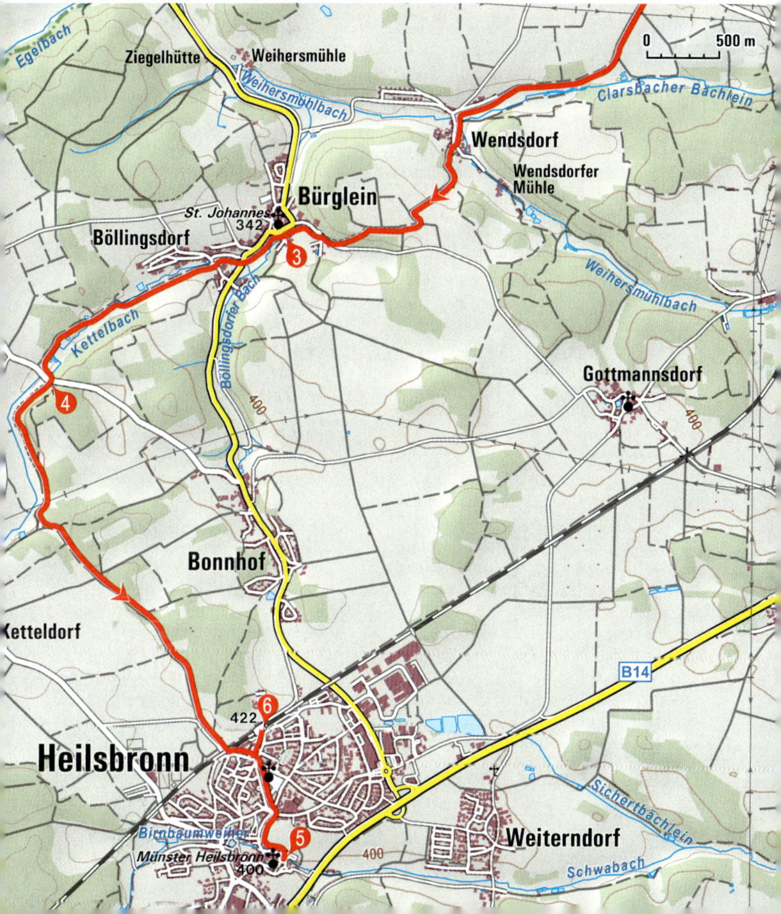

↗ 270 m | ↘ 200 m | 24.8 km

6.15 h

32 Im Oberen Zenntal

Von Markt zu Markt

Gleich drei sehenswerte Marktorte liegen auf dieser äußerst abwechslungsreichen Tour durch die sanftwellige Landschaft des Oberen Zenngrundes. Ausgehend von der alten Klosterstadt Langenzenn statten wir zuerst Markt Wilhermsdorf einen Besuch ab, dann Markt Neuhof an der Zenn und schließlich Markt Erlbach. Alle drei können mit einem schönen Ortsbild aufwarten und bieten zudem Gelegenheit für so manche kunsthistorische Entdeckung. Die Ortsbezeichnung Markt ist übrigens eine Besonderheit des bayerischen Kommunalrechtes, die es so in anderen Bundesländern nicht gibt. Sie hat nichts mehr mit der früher üblichen Verleihung des Marktrechtes zu tun, sondern bescheinigt einem Ort eine gewisse regionale Bedeutung, wodurch er zwischen einer Gemeinde und einer Stadt eingestuft wird. Wem unsere Wanderung von Markt zu Markt etwas zu lang geraten ist, der kann sie gerne in Etappen ablaufen und an einem von mehreren Bahnhaltepunkten abbrechen und wieder aufnehmen.

Ausgangspunkt: Bahnhof Langenzenn, 307 m. Ereichbar von Nürnberg Hbf oder Fürth Hbf mit RB Richtung Markt Erlbach. Kostenlose Parkplätze vorhanden (Navi: 90579 Langenzenn, Nürnberger Str. 25).
Endpunkt: Bahnhof Markt Erlbach, 380 m. Rückfahrt mit RB nach Nürnberg Hbf (evtl. Umsteigen in Fürth Hbf erforderlich) bzw. nach Langenzenn.
Anforderungen: Weitgehend ebener Wegverlauf, etwas steilere Anstiege hoch zum Kolmberg und hinauf nach Markt Erlbach. Teils auf geteerten/geschotterten Wegen und naturbelassenen Pfaden. Ausdauer erforderlich, andernfalls bzw. mit Kindern besser nur ein Teilstück wandern (siehe Variante).
Markierung: Rote 2, DVV-Weg, Blaukreuz, roter Tropfen, ohne Markierung, roter Tropfen.
Einkehr: In Wilhermsdorf: Pizzeria-Trattoria La Collina (Tel. +49/9102/45666, www.pizzerialacollina.de). In Adelsdorf: Zenntaler Hof (Tel. +49/9102/375, www.zenntaler-hof.de). In Neuhof: Landgasthof Riesengebirge (Tel. +49/9107/924410, www.messe-tagungshotel-nuernberg.de).
Karte: ATK25 Blatt G08 Langenzenn und Blatt G07 Markt Erlbach.
Variante: Wem die komplette Tour zu

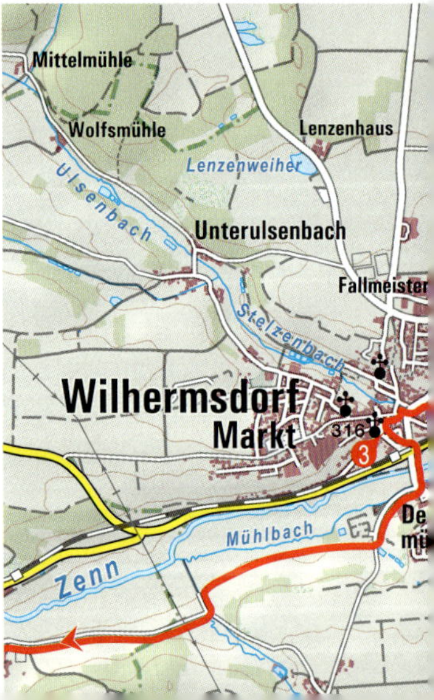

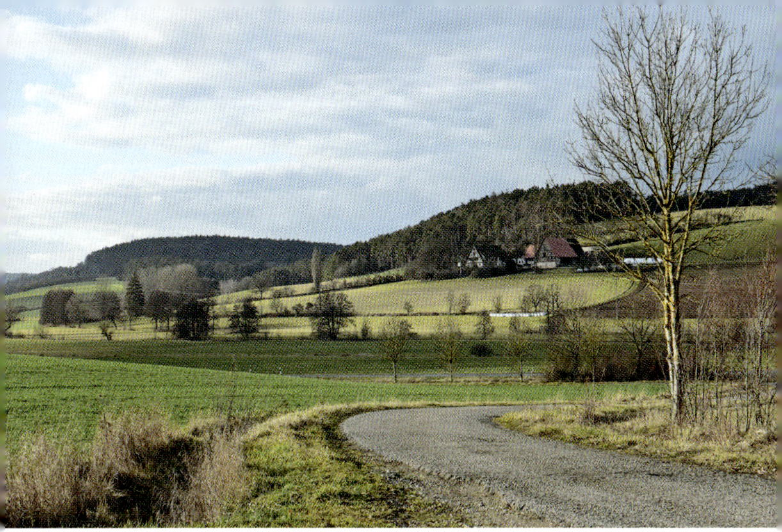

Im Oberen Zenngrund beim Dietrichshof.

lang ist, der kann sie in Etappen abwandern, denn es liegen einige Bahnstationen an der Wanderstrecke (u. a. in Wilhermsdorf und Adelsdorf). Außerdem Busverbindung vom Marktplatz in Neuhof zur Bahnstation Adelsdorf.

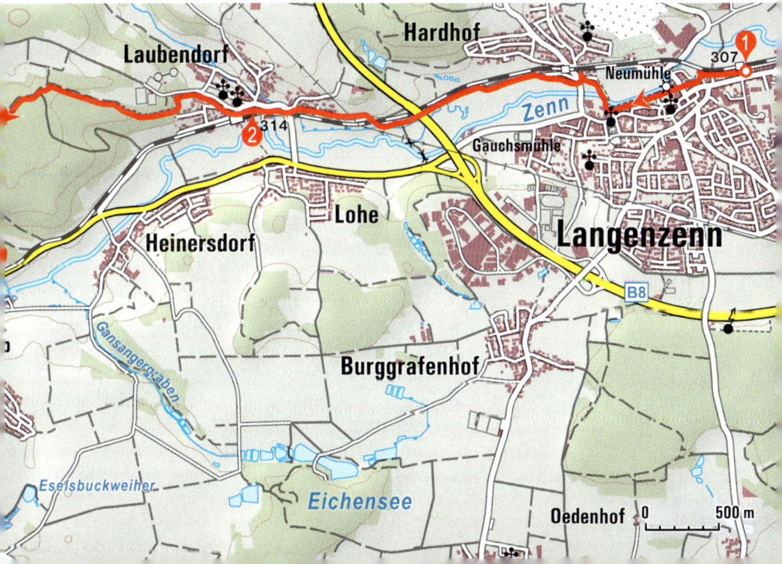

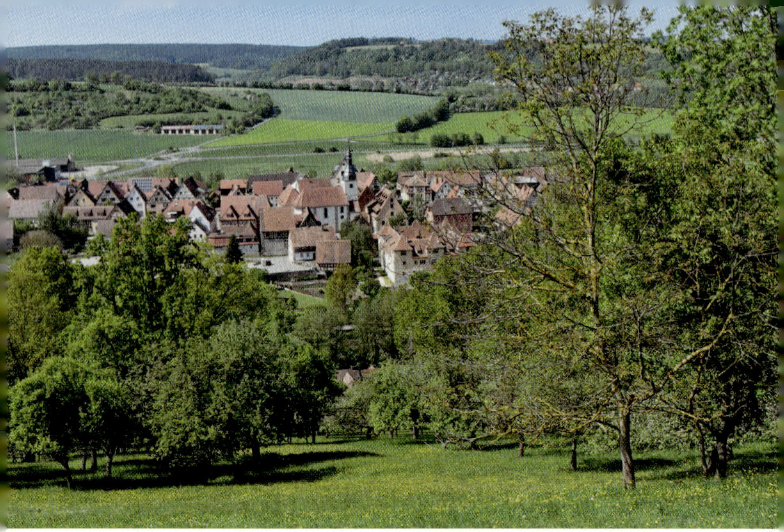

Blick vom Kolmberg auf Neuhof an der Zenn.

Am **Bahnhof Langenzenn** ❶ halten wir uns mit Blick zum Bahngleis (Norden) links auf einen Fußweg, der mit der »roten 2« markiert ist. Er verläuft zunächst parallel zur Gleisanlage, macht dann eine Linksbiegung an einem Sportplatz vorbei und führt anschließend geradeaus an der alten Stadtmauer entlang. Statt der »roten 2«, die nach rechts abbiegt, orientieren wir uns kurzzeitig an der Markierung des DVV-Weges und ab der querenden Sanktustorstraße am »Blaukreuz«, das uns nun längere Zeit begleiten wird. Wir bleiben immerzu geradeaus auf dem schönen Alleenweg, der sich zwischen Stadtmauer und der Zenn dahinzieht. Beim Feuerwehrhaus rechts halten und auf einem Steg die Zenn überqueren, dann über den weiten Talgrund hinüber nach **Hardhof**. Dort links in den Wiesenweg und gleich wieder rechts auf einen Fußweg, der zur breiten Würzburger Straße führt. Dieser einige Meter nach links folgen, dann rechts in den Laubendorfer Weg, der uns aus dem Ort hinaus in den Zenngrund bringt. Dort immerzu geradeaus auf einem breiten Fahrweg, der parallel zum Gleis der Zenntalbahn verläuft. Etwa 250 m nach Unterqueren des Viaduktes der B 8 rechts über das Bahngleis und dann wieder links an den Ortsrand von Laubendorf. Längs der Wilhermsdorfer Straße in die Ortsmitte von **Laubendorf** ❷ mit schönem Ensemble aus Kirche, Brunnen und Gasthaus.

Dann rechts in die Siedelbacher Straße und auf ihr hangaufwärts an den Rand des Spitalwaldes. Etwa auf dem Scheitel der Straße links in einen unbefestigten Waldweg abbiegen und nach einigen Metern wieder rechts halten. Längs der Hangkante passieren wir links des Weges die letzten Häu-

ser von Laubendorf und rechts von uns die Sportanlage. Danach einige Zeit halbwegs ebenerdig und geradlinig durch den Wald, wobei unser Weg in einen schmalen Pfad übergeht. Dieser macht nach etwa 1 km eine Linksbiegung und mündet in einen breiten Weg, dem wir nach links folgen. Beim nächsten Abzweig gleich wieder rechts auf einen Pfad abbiegen, der sich nun relativ eben über die Kuppe des Spitalwaldes in südlicher Richtung hinzieht. Der Wegverlauf ist bestens mit dem »Blaukreuz« markiert, auch wenn unser Pfad stellenweise sehr abenteuerlich mitten durchs Gehölz führt. Schließlich queren wir einen breiten Waldweg und folgen kurz danach unserem »Blaukreuz« in einer scharfen Linksbiegung – es geht nun halbwegs steil den Abhang hinunter, zunächst durch den Wald, dann über eine Wiese, bis wir den Talgrund eines Baches erreichen. Dann den Gegenhang wieder hoch an den Rand des Industriegebietes von Wilhermsdorf; oben links und über Wiesen erneut in ein Waldstück. Es geht nun kontinuierlich abwärts, bis wir in einer weiten Rechtskurve, vorbei an einer Kneippanlage, den Ortsrand von Wilhermsdorf erreichen. Über die Gartenstraße gelangen wir zum **Bahnhof** und ab da ist die Wegführung des Blaukreuz-Weges etwas kompliziert: Rechts in die Bahnhofstraße, links in die Hauptstraße, rechts in die Uferstraße, links in die Bergstraße, rechts erneut in die Hauptstraße, dann links zum **Marktplatz** von **Wilhermsdorf** ❸, vorbei an der stattlichen Barockkirche von 1714.
Weiter halb links in die Schloßgartenstraße, die in einem Bogen in die Stelzenbachstraße mündet; auf ihr rechts und über die breite Nürnberger Straße und über die Zenn auf die gegenüberliegende Seite des Talgrundes. Dann rechts auf dem Holzmüllerweg aus dem Ort hinaus und bei einem Parkplatz erneut rechts auf einen Schotterweg. Nun stetig geradeaus parallel zur Zenn über den Wiesengrund bis zu einem Querweg. Auf diesem links halten und nach etwa 100 m rechts auf ein Sträßchen, auf dem wir nach **Adelsdorf** ❹ gelangen (die Bahnstation befindet sich auf der anderen Seite der Zenn). Dort in Richtung Hirschneuses (Straßenwegweiser) durch den Ort und mit »Blaukreuz« rechts auf einen geteerten Flurweg, der über Felder auf das Waldgebiet um den Hirschberg zuläuft. Jetzt mehr als 1 km stetig am Waldrand entlang, dann in einer Kehre um einen Taleinschnitt herum und bei erster Gelegenheit links ab und halbwegs steil hangaufwärts. Über den bewaldeten Höhenrücken geht es hinunter an den

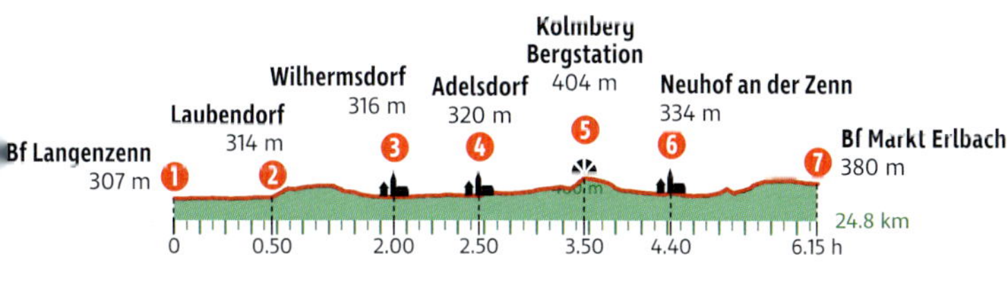

Ortsrand von Neuhof an der Zenn, wo wir links abbiegen. Nach wie vor geleitet vom »Blaukreuz« und jetzt auch von der »gelben Eule« nehmen wir nun den etwas steileren Anstieg hoch auf den **Kolmberg** in Angriff und genießen oben bei der **Bergstation des Skiliftes** 5 den herrlichen Ausblick auf Neuhof und das Zenntal zu unseren Füßen.
Dann rechts auf einem Flurweg, zunächst geschottert, später geteert, über die Ackerhochfläche. Eine Zeit lang am Waldrand entlang, anschließend in einer weiten Rechtskehre hinunter zur Straße NEA 10 und dieser nach rechts folgen. Hinter der Straußmühle biegt »Blaukreuz« nach links ab, stattdessen orientieren wir uns ab jetzt an der »Eule« und dem zunächst nicht sichtbaren »roten Tropfen« hinein nach Neuhof. Dort rechts in die Straße Rosenau, dann ohne Markierung links auf einen Fußweg vor dem Schloss, der zum **Marktplatz** von **Neuhof** 6 führt.
Rechts in die Hauptstraße und durch das alte Stadttor aus dem Altort hinaus. Gleich dahinter stoßen wir wieder auf den »roten Tropfen« und biegen mit ihm am Ortsende links auf einen Fußweg ab. Über den Wiesengrund und auf einem Steg über die Zenn, dann rechts am Fluss entlang und nach einigen Metern links zur St 2413. Die Straße überqueren und parallel zu ihr auf einem Fuß- und Radweg nach rechts, bis hinter der Wüstung Zennhausen (Parkplatz auf der gegenüberliegenden Fahrbahnseite) unsere Markierung nach links abbiegt. Nun den Hang hoch, zunächst über Wiesen, dann über Streuobstgärten, bis zu einem Querweg. Dort weiter geradeaus in den Wald hinein, wo es stetig abwärts hinunter in den Talgrund des Feuerbaches geht. Diesen überqueren wir und gelangen danach erneut in

Rangau-Handwerkermuseum und Kirche in Markt Erlbach.

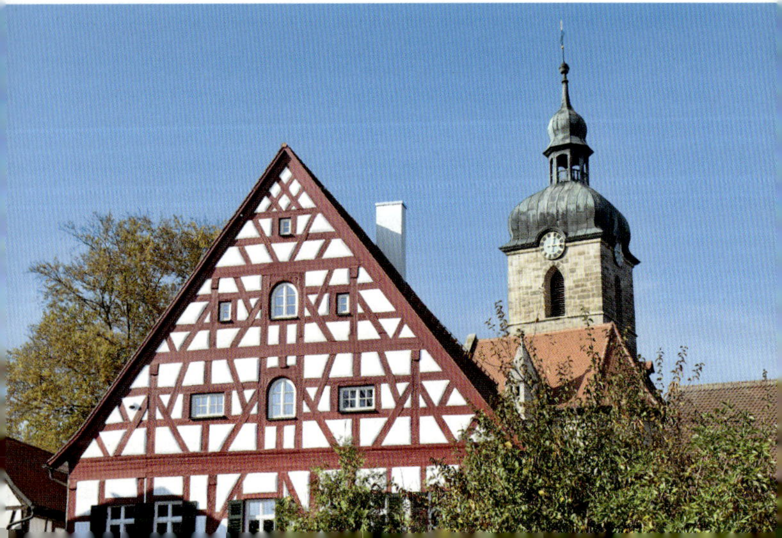

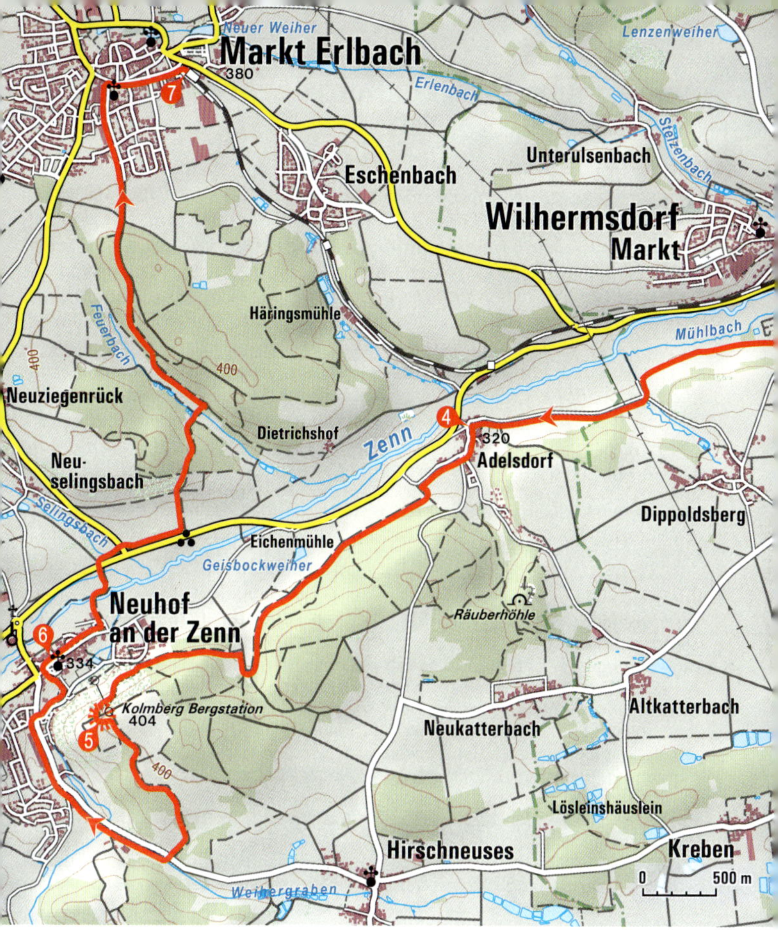

den Wald; dort geht es kurz aufwärts, dann gleich wieder links, wobei unser Weg nur leicht ansteigt. Nach etwa 400 m rechts auf einen Pfad, der uns relativ steil den Hang hoch bis zu einem querenden Waldweg bringt.Diesem folgen wir nach links und erreichen bald auf ebenerdigem Verlauf den Waldrand – dort bietet sich eine Ruhebank zur Rast an. Schließlich geradeaus aus dem Wald hinaus und über die Feldflur nach Markt Erlbach. Über den Zennhäuser Weg bis zur Neuen Straße. Dort rechts bis zur Nürnberger Straße, dann noch wenige Meter rechts zum **Bahnhof Markt Erlbach** 7.

↗ 230 m | ↘ 230 m | 17.8 km

33 Von Kammerstein zur Burg Abenberg

4.30 h

Fast eine Pilgertour

Der Jakobsweg von Nürnberg nach Ulm ist nur einer von vielen Jakobswegen in Deutschland und Europa, deren Ziel letztlich das Grab des Apostels Jakobus im spanischen Santiago de Compostela ist. Wir wollen ihm allerdings nur ein kurzes Stück folgen, denn bekanntlich ist bereits der Weg das Ziel – das Unterwegssein und die Begegnung mit sich selbst. Und dafür ist unsere Strecke von Kammerstein bis nach Abenberg geradezu prädestiniert. Eine einfache Wegführung und Orientierung, dazu kaum nennenswerte Anstiege erlauben meditatives Wandern. Aber auch wer nicht spirituell angehaucht ist, wird auf dieser Wanderung durch eine für den östlichen Rangau typischen fränkischen Landschaft sein Glück finden. Spätestens, wenn man von der Burg Abenberg weit ins Land geblickt hat, wird man mit sich und der Welt im Reinen sein.

Ausgangspunkt: Kammerstein, 410 m. Von Nürnberg Hbf mit S2 bis Schwabach, von dort mit Bus 607 bis Haltestelle »Kammerstein Mitte/Kreisstr.«. Parken auf dem Wanderparkplatz kurz vor der Jakobuskapelle (Navi: 91126 Kammerstein, Heidenbergstr. 6).
Anforderungen: Leichte Tour ohne große Höhenunterschiede, einziger steilerer Anstieg auf der Schlaufe über den Heidenberg. Meist auf geschotterten Wegen. Auch mit Kindern empfehlenswert.
Markierung: Gelbstrich, Jakobsweg, A6, ohne Markierung, Blaustrich, Sagenwanderweg, ohne Markierung, Gelbstrich.
Einkehr: In Mildach: Gasthaus Zum Hirschen (Tel. +49/9178/1653, nur Sa u. So geöffnet). In Abenberg: Gasthaus Goldener Stern (Tel. +49/9178/9982770, www.gasthaus-goldener-stern-abenberg.de), Gasthaus zur frischen Quelle (Tel. +49/9178/1341), Café Rock (Tel. +49/9178/205), Hotel-Restaurant Burg Abenberg (Tel. +49/9178/982990, www.hotel-burg-abenberg.de).
Karte: ATK25 Blatt H09 Schwabach.
Tipp: Für Familien mit Kindern ist der 8 km lange Sagenwanderweg Kammerstein ein Erlebnis. Er führt über den Heidenberg und erzählt auf 22 Tafeln lokale Sagen und Märchen. Geführte Touren können bei der Gemeinde Kammerstein gebucht werden (Tel. +49/9122/92550).
Varianten: 1) Wer beim Rückweg den Aufstieg auf den Heidenberg scheut, der kann durch Neppersreuth abkürzen. 2) Tour in Abenberg beenden. Mit Bus 607 von »Abenberg, Marktplatz« nach Schwabach.

Von der Bushaltestelle »Mitte/Kreisstr.« in **Kammerstein** ❶ gehen wir rechts in die Heidenbergstraße (Markierung »Gelbstrich«). Am Ortsende halb links auf einen Fahrweg, der in den nahen Wald hineinführt und uns, vorbei am **Wanderparkplatz**, zur **Jakobuskapelle** ❷ bringt. Der 2012/13 errichtete schlichte Holzbau liegt unmittelbar an der Wegkreuzung mit dem Jakobsweg von Nürnberg nach Ulm, dem wir nun nach rechts folgen. Seine Markierung (»gelbe Jakobsmuschel auf blauem Grund«) wird uns bis nach Abenberg zuverlässig den Weg weisen. Zunächst leicht abwärts bis

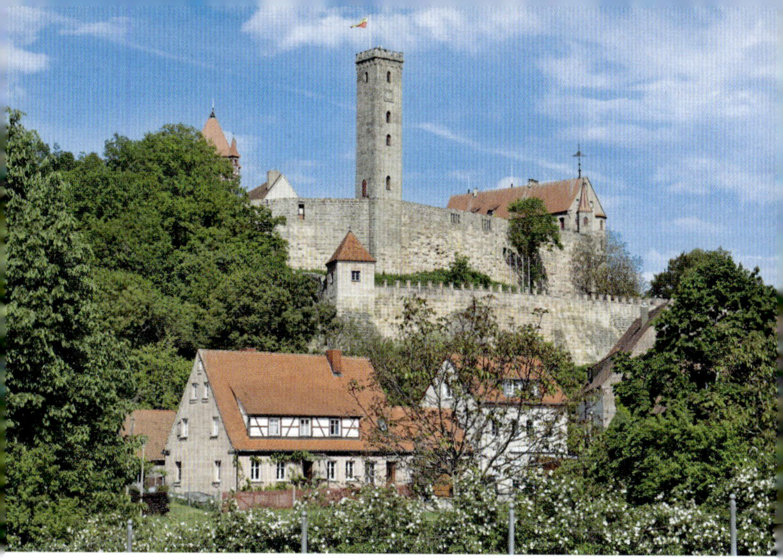

Burg Abenberg.

zum Waldrand, dort links auf die Heidenbergstraße und auf ihr durch das nette Dorf **Neppersreuth**. Danach längs des Sträßchens über die Feld- und Wiesenflur bis zur Straße RH 4, die wir etwas versetzt überqueren. Dann weiter geradeaus auf einem Schotterweg, der leicht hangaufwärts über Felder hinweg verläuft. Bei der ersten Weggabelung weiter geradeaus auf einem Pfad, der sich nun ebenerdig über die Ackerflur dahinzieht und uns schließlich, mittlerweile zu einem Pflasterweg geworden, durch ein kleines Waldstück hindurch an den Rand des Aurachtales bringt. Dort gehen wir halb rechts auf einem Grasweg an den ersten Häusern von **Mildach** vorbei und biegen dann links hinunter in den kleinen Ort ab. Wir überqueren zunächst die Hauptstraße (RH 5), dann auf der **Aurach-Brücke** 3 den engen Talgrund. Danach rechts halten und auf einem Sträßchen leicht hangaufwärts aus dem Ort hinaus und nach etwa 300 m hinter einer Feldscheune links auf einen Pflasterweg abbiegen. Über Felder bis an den Waldrand

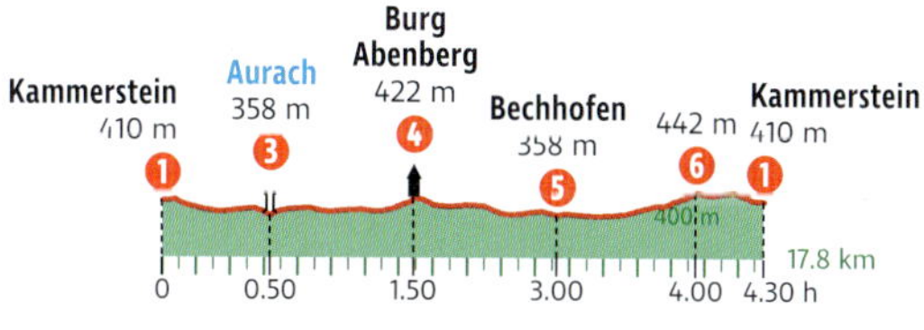

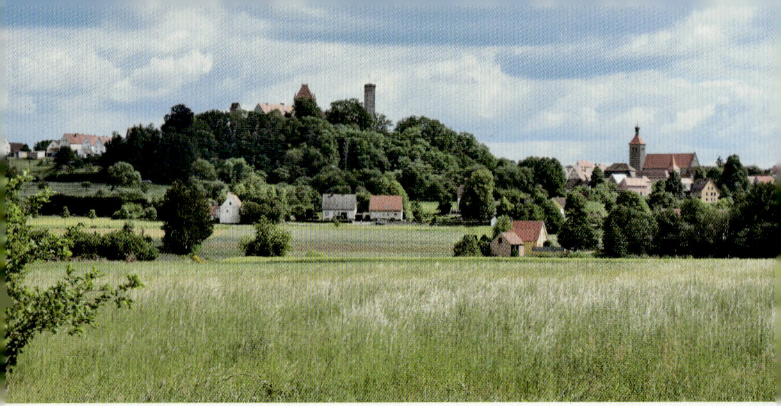

Das romantische Abenberg ist unser Zielort.

und dort rechts halten, bis wir zu einer Ruhebank gelangen. Hier links in den Wald hinein und darin knapp 800 m unserer Jakobsmuschel bis zum Wiesengrund des Hirtenbaches folgen. Hier stößt die Markierung »A6« zu uns, an der wir uns nun zusätzlich orientieren. Dann erneut in den Wald, den wir auf einer breiten Waldfuhre durchqueren. Am Waldrand bietet eine Sitzgruppe die Möglichkeit für eine kurze Rast. Hier rechts und mit Blick auf Abenberg am Waldrand entlang und dann über die Wiesenflur leicht aufwärts an den Ortsrand von **Abenberg**. Über die Barthelmesauracher Straße in die breite Schwabacher Straße, der wir nach rechts folgen. Dann links auf der Windsbacher Straße in Richtung Altstadt – jetzt nur noch geleitet von der A6-Markierung (der Jakobsweg verabschiedet sich nach rechts). Durch das Obere Tor zum Stillaplatz, dort links (vorbei am Café Rock) und dann auf Treppen (Burgsteig) hoch zur **Burg Abenberg** ❹. Die beeindruckende Festung wurde im Hochmittelalter von den Grafen von Abenberg zu einer der größten Burganlagen in Deutschland ausgebaut. Heute beherbergt sie neben dem Burghotel und einem Restaurant auch das Haus fränkischer Geschichte und das Klöppelmuseum. Außerdem werden die Mühen des Aufstieges mit einem herrlichen Blick auf das Städtchen und seine Umgebung belohnt.
Dann auf der Burgstraße hinunter zur Güssübelstraße, der wir nach links ortsauswärts folgen. In der Straße »Am Galgenberg« macht unsere A6-Markierung einen Abzweig nach rechts und führt in einem Bogen erneut zur Güssübelstraße, wo wir gleich wieder rechts in die Straße »In der Au« abbiegen. Sie geht in einen Schotterweg über, der aus dem Ort hinausführt. Über die Feld- und Wiesenflur geht es nun in ein Waldstück hinein, an dessen Ende wir den Ausläufer eines großen Golfplatzes passieren. Gleich danach erreichen wir **Kleinabenberg-Louisenau**, wo wir einem Sträßchen nach links in einen Wald hinein folgen. Dort bei erster Gelegenheit rechts

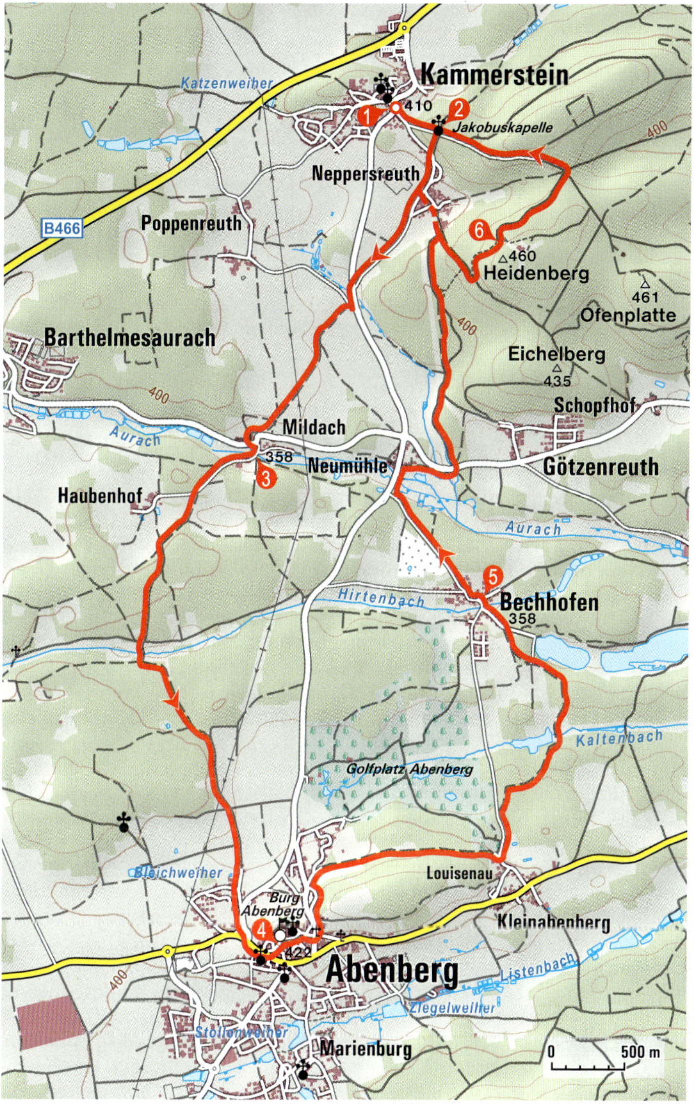
Kammerstein
Katzenweiher
410
1
2
Jakobuskapelle
400
Neppersreuth
B466
Poppenreuth
6
460
Heidenberg
461
Ofenplatte
Barthelmesaurach
400
Eichelberg
435
400
Schopfhof
Aurach
Mildach
358
Neumühle
3
Götzenreuth
Haubenhof
Aurach
5
Hirtenbach
Bechhofen
358
Kaltenbach
Golfplatz Abenberg
Bleichweiher
Louisenau
Burg Abenberg
4
422
Kleinabenberg
Abenberg
400
Listenbach
Ziegelweiher
Stollenweiher
Marienburg
0
500 m

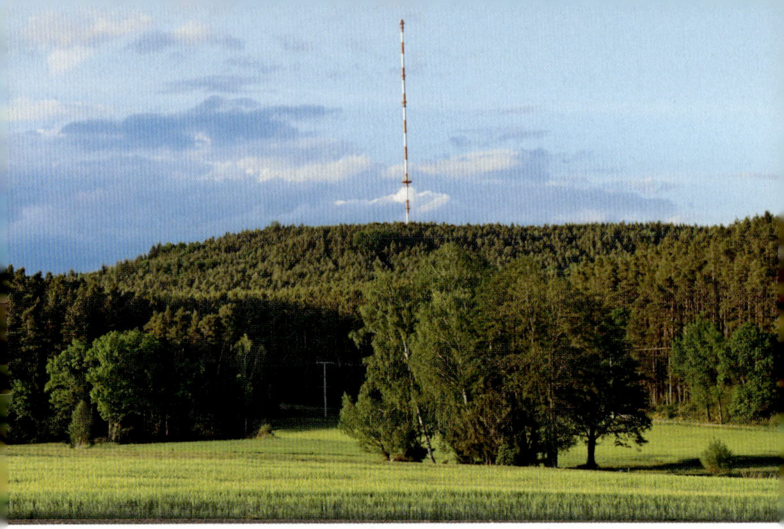

Um den Heidenberg ranken sich viele Sagen.

auf einen Waldweg und unserer A6-Markierung stetig durch den Forst folgen. Bei einem Weiher biegt unser Weg links ab und führt über einen Wiesengrund und danach über Felder erneut in ein Waldstück hinein. Es geht leicht aufwärts, bis wir rechter Hand einen See in einem ehemaligen Sandabbau (NSG) passieren; dann durch ein Wäldchen hindurch leicht abwärts hinunter nach **Bechhofen** ❺, wo die A6-Markierung nach links abbiegt. Wir halten uns hier ohne Markierung nach rechts, überqueren auf einer Brücke den Hirtenbach und biegen dann bei einer kleinen Kapelle links in die Neumühler Straße ab. Dieser folgen wir aus dem Ort hinaus und müssen leider knapp 1 km längs der wenig befahrenen Straße gehen. Bei der RH 4 stoßen wir auf die Blaustrich-Markierung, der wir nach rechts, über die Aurach hinweg in den kleinen Ort Neumühle folgen. Dort beim Gasthaus Scharinger rechts ab und dann immer geradeaus aus dem Ort hinaus bis zu einem Querweg. Hier links abbiegen, die Straße überqueren und dann immer dem Weg folgen, der zwischen Wiesengrund und Waldrand verläuft. Schließlich durch lichten Wald stetig hangaufwärts an der Westflanke des Heidenberges entlang. Dann leicht hangabwärts nach **Neppersreuth** und am Ortsrand rechts auf dem Sagenwanderweg in den Wald hinein. Beim ersten Abzweig links und ohne Markierung stetig aufwärts, dann halbwegs ebenerdig am Zufahrtsweg zum Fernsehsender vorbei ❻ und nach weiteren 700 m hinter einem Wanderparkplatz links abbiegen. Die Gelbstrich-Markierung führt uns schließlich hinunter zur **Jakobuskapelle** ❷ und von dort wie auf dem Herweg zurück nach **Kammerstein** ❶.

↗ 210 m | ↘ 210 m | 14.1 km

4.00 h

TOP **34**

Von Burgbernheim zum Hornauer Weiher

Auf den Spuren der Altmühlquelle

Die Gegend um Burgbernheim ist eines der schönsten Wandergebiete im Naturpark Frankenhöhe. Das Städtchen mit seiner sehenswerten Altstadt liegt direkt am Trauf des Höhenzuges von Hoher Leite und Breithart und wird an den Hängen von weiten Streuobstwiesen gesäumt. Über seinen bewaldeten Rücken verläuft die Europäische Hauptwasserscheide, wobei die meisten hier entspringenden Fließgewässer über Aisch und Main dem Rhein zufließen, während einzig die Altmühl südwärts gerichtet der Donau zustrebt. Wo genau ihre Quelle liegt, war lange Zeit umstritten – wir werden auf unserer Tour sowohl den einst vermuteten wie auch den heute offiziell festgelegten Ursprung des längsten innerbayerischen Flusses aufsuchen. Zudem wandeln wir etappenweise auf den Spuren der Markgrafen von Ansbach, deren Wildbad früher ein bedeutender Kur- und Erholungsort mit Heilquellen war.

Ausgangspunkt: Bahnhof Burgbernheim-Wildbad, 388 m. Von Nürnberg Hbf mit S4 oder RE Richtung Stuttgart bis Ansbach, von dort mit RB Richtung Würzburg bis Burgbernheim-Wildbad. Kostenlose Parkplätze vorhanden (Navi: 91593 Burgbernheim, Äußere Bahnhofstr. 70).
Anforderungen: Ein paar steilere Auf- und Abstiege, sonst moderat. Meist auf geschotterten, gut ausgebauten Wegen. Auch mit Kindern empfehlenswert.
Markierung: Ohne Markierung, Ernie (Streuobstlehrpfad), Markgrafenweg, Rotkreuz, Grünstrich, Wasserscheidenweg, Grünstrich u. Blaukreuz, ohne Markierung, roter Flieger, ohne Markierung, Hase, Wasserscheidenweg, Blaustrich, Blaukreuz, Markgrafenweg.
Einkehr: Waldgasthof Wildbad, (Tel. +49/9843/1321, www.waldgasthof-wildbad.de). In Hornau: Gasthaus Altmühlquelle (Tel. +49/9843/1435, www.gasthof-altmuehlquelle.de). Langskeller-Biergarten (Tel. +49/9843/95920).
Karte: ATK25 Blatt G06 Bad Windsheim.
Tipp: Der 3,5 km lange Erlebnispfad Petersberg vom nahen Marktbergel ist ideal für Familien mit Kindern (www.marktbergel.de).

Weite Aussicht vom Schönberg.

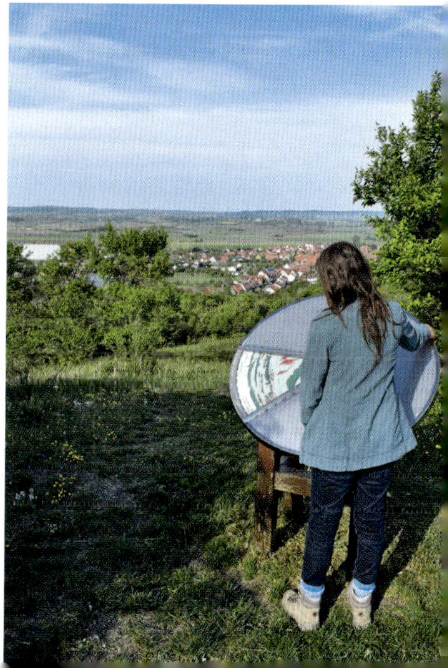

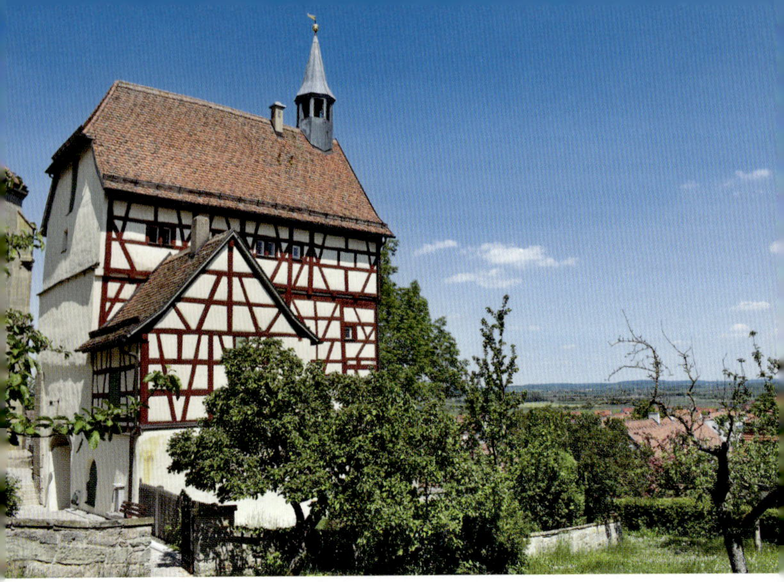

Das sehenswerte Torhaus der St.-Johannis-Kirche in Burgbernheim.

Vom **Bahnhof Burgbernheim-Wildbad** 1 halten wir uns auf der Äußeren Bahnhofstraße zunächst ohne Markierung ortseinwärts, biegen dann links ab und unterqueren in einer Straßenunterführung die Bahnlinie. Gleich danach halb links auf einen Fußweg, der parallel zum Bahndamm verläuft. Hier stoßen wir zwar auf einen Hinweis zum Markgrafenweg, aber leider ist die Markierungssituation für die nächste Zeit mehr als undeutlich. Daher orientieren wir uns erst einmal am Symbol des Eichhörnchens Ernie, mit dem der Streuobsterlebnispfad ausgeschildert ist. Ernie führt uns bei erster Gelegenheit rechts auf einen Wiesenweg, der uns leicht abwärts über Streuobstwiesen und dann an einigen Weihern vorbeiführt. Unten einem querenden geteerten Fußweg nach rechts folgen, vorbei am Eisweiher, einem Buchen-Labyrinth und einer Minigolfanlage. Unser Weg geht in die Straße »Im Gründlein« über und führt dann längs der Freibadstraße, vorbei

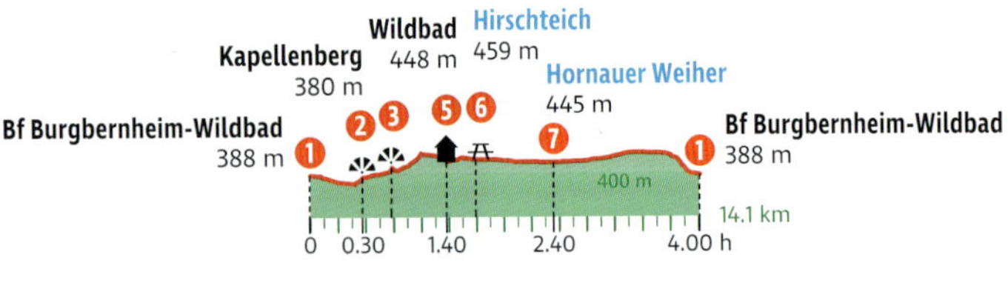

am Freibad, zur Inneren Bahnhofstraße. Hier links bis zum Abzweig in die Straizergasse und auf ihr links hangaufwärts. Dann links hoch in die Kapellenbergstraße und rechts auf die St.-Johannis-Kirche zuhalten. Nach einem Blick auf das schöne Torhaus von 1545, dem Wahrzeichen Burgbernheims, den Treppenweg hoch auf den **Kapellenberg** ❷ nehmen. Von hier oben bietet sich uns ein toller Blick auf die von Steigerwald und Frankenhöhe umrahmte Windsheimer Bucht.

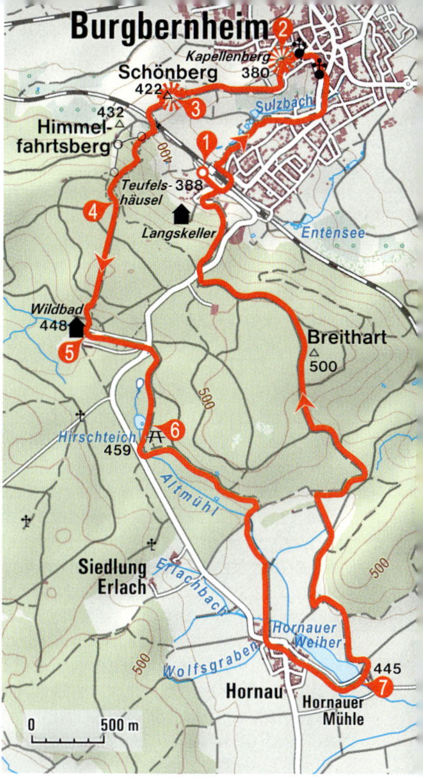

Nun auf dem südlichen Hangweg an Park und Sportanlage vorbei hinaus auf die Streuobstwiesen, wo uns erstmals ein Wegweiser besagt, dass wir uns tatsächlich auf dem Markgrafenweg befinden (Wegweiser »Wildbad über Teufelshäusel 2,3 km«). Weiter geradeaus leicht hangaufwärts durch einen Waldstreifen und dort dem Hinweis rechts über Wiesen hoch auf den **Schönberg** ❸ folgen, auch Schauberg genannt – ein toller Aussichtspunkt mit drehbarer Panoramascheibe ins weite Umland und zum nahen Petersberg bei Marktbergel. Auf schönem Wiesenweg hangabwärts, wo wir bei einem Wegweiser wieder auf unseren Weg stoßen; hier links und dann halbwegs steil den Abhang hinunter bis zu einem Fußgängersteg, der rechts über die Bahnlinie führt (Wegweiser »Wildbad«). Dahinter erst einige Meter nach links, dann beim nächsten Abzweig (Wegweiser »Wildbad 1,6 km«) rechts und auf einem Wiesenweg vorbei am Skilift am Himmelfahrtsberg hoch in den Wald. Zuerst geht es auf Treppenstufen halbwegs steil den Hang hoch, dann etwas gemäßigter in weiten Serpentinen und schließlich erneut über ein paar Treppenstufen bis zu einer Verflachung. Hier aus dem Wald hinaus über eine Streuobstwiese bis zu einem Querweg, dem wir nach links folgen. Beim Wegweiser gleich wieder rechts hoch in den Wald; dort zunächst ebenerdig, dann auf einem Grat zwischen zwei Schluchten stetig hangaufwärts bis an die Hangkante, wo unser Weg nach links abbiegt. Nach wenigen Metern ist das **Teufels-**

häusel ❹ erreicht – eine Aussichtskanzel, die jedoch durch die Bäume hindurch nur eine begrenzte Aussicht nach Norden bietet. Einst stand hier ein Aussichtspavillon, der von Markgraf Georg Wilhelm von Bayreuth 1714 in einer schnurgeraden Allee mit dem Wildbad verbunden wurde. Wir folgen dieser Allee, die sich heute als schmaler Waldpfad darstellt, rechts durch den lichten Forst, vorbei an zahlreichen Stationen eines Baumlehrpfades. Über einen Querweg hinweg geht es dann hangabwärts zu einem Parkplatz und von dort auf einer Treppe in das Areal des **Wildbades** ❺. Dessen heilkräftige Quellen sind bereits seit dem Hochmittelalter bekannt und sollen angeblich unter anderem von Kaiser Karl IV. 1347 erfolgreich benutzt worden sein. Das jetzige Kurhaus ließ Markgraf Georg Wilhelm 1718 erbauen; ein Badebetrieb existiert heute aber nicht mehr, dafür ist das Wildbad ein beliebtes Gasthaus mit Hotel.
Wir verlassen das Gelände auf dem Zufahrtssträßchen, wobei der Markgrafenweg bald rechts hinüber zum Markgrafenbau oberhalb des Wildbades abbiegt; stattgessen orientieren wir uns nun zunächst am »Rotkreuz«, dann an »Blau- und Grünstrich«. Beide führen uns über die Straße NEA 52 hinweg zu einem großen Parkplatz und von dort erst kurz geradeaus auf Schotter, dann aber gleich wieder rechts auf einem Pfad in den Wald hinein (Wegweiser »Hornau 2,6 km, Hirschteich 0,6 km«). Ab hier folgen wir der Markierung des Wasserscheidenweges und dem »Grünstrich«. Beim ersten Abzweig rechts zum **Hirschteich** ❻ mit Schutzhütte und Rastplatz, der oft als Quelltopf der Altmühl bezeichnet wird. Korrekt ist dies aber nicht, denn die amtlich festgelegte Quelle liegt etwa 200 m nördlich des Weihers im Wald. Zurück auf den Hauptweg und bei der nächsten Weggabelung links bis zum nächsten querenden Schotterweg, dem wir nach rechts folgen (Wegweiser »Hornau 2 km«). Dann stetig weitgehend ebenerdig durch den Wald und über einen querenden Schotterweg hinweg. Nach etwa 100 m in einer Linksbiegung rechts auf einen Pfad, der mit »Grünstrich« an den Waldrand führt. Hier aufpassen! Mit »Grünstrich« und »Blaukreuz« rechts am Waldrand entlang und nach etwa 80 m bei erster Gelegenheit links und dann halbwegs geradlinig über die Feldflur bis zu einem querenden Flurweg. Hier rechts halten und dann über die Feldflur hinein nach **Hornau**. Dort zunachst auf der Hauptstraße nach links und dann geradeaus auf einem Fußweg, der am Ufer des **Hornauer Weihers** ❼ entlang verläuft. Um das Gewässer herum, gelangen wir zu einem Gedenkstein, der den Hornauer Weiher als Quelle der Altmühl darstellt. (Heute wird die Quelle, wie gesagt, nördlich vom Hirschteich lokalisiert.)
Bei der Hornauer Mühle treffen wir auf den »roten Flieger«, dem wir nach links um den Weiher herum folgen; dann aufpassen, denn auf der Höhe der Umkleidekabine biegt der »rote Flieger« nach rechts ab und führt über Felder an den Waldrand. Er biegt dort rechts ab, wir halten uns jedoch nach links und gelangen ohne Markierung zu einem querenden geteerten Flurweg. Ihm folgen wir nach rechts und orientieren uns nun kurzzeitig an der

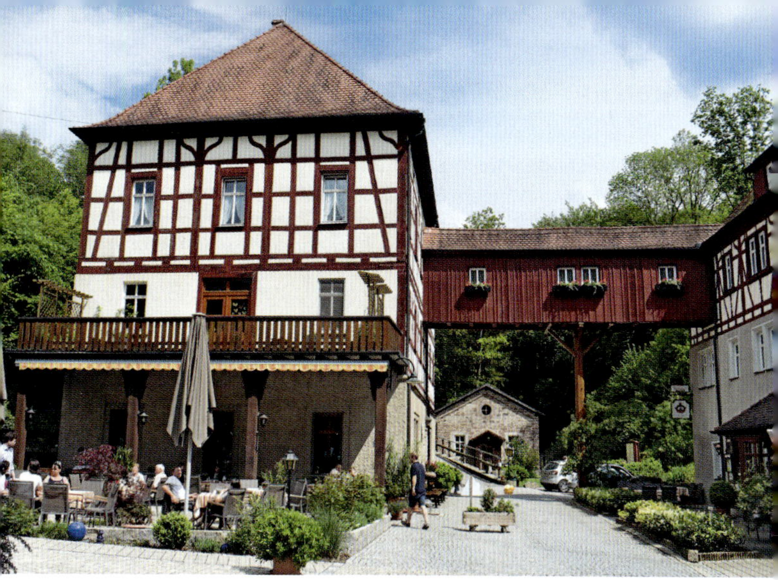

Das Gasthaus im Wildbad bietet sich für eine ausgiebige Rast an.

Markierung »Hase«; bei einer Feldscheune links und dann geradeaus bis an den Rand eines Waldes. Hier treffen wir erneut auf den Wasserscheidenweg, dem wir nach rechts folgen; er biegt nach etwa 100 m links in den Wald, wo er in einer Rechtsbiegung zu einem querenden Waldweg führt. Auf diesem nach links und jetzt mit »Blaustrich« stetig ebenerdig durch den Wald und bei einer Wegkreuzung weiter geradeaus. Kurz danach folgt ein etwas steilerer Anstieg hinauf auf das Plateau des Breithart. Oben angelangt, biegen wir beim ersten Querweg rechts ab; ab hier führt uns das »Blaukreuz« in weitgehend ebenerdigem Verlauf durch den schönen Laubwald bis zur NEA 52. Über die Landstraße hinweg und beim Parkplatz scharf rechts auf den Markgrafenweg abbiegen, der als schmaler Pfad längs der Hangkante oberhalb der Landstraße verläuft. Er führt uns teilweise richtig steil hangabwärts, wobei ein Holzgeländer die Wegführung sichert. Bei einem Wasserbehälter links der Straße verlassen wir den Wald und halten uns weiter hangabwärts, vorbei an der markanten »Tausendjährigen Eiche«. Ein Wiesenweg, der schöne Ausblicke ins Umland ermöglicht, bringt uns hinunter in den Buchenweg. Ihm folgen wir nach links bis zur Einmündung in die Felsenkellerstraße (dort sind es nach links nur 200 m bis zum **Langskeller**, wo man die Tour ausklingen lassen könnte). Schließlich nach rechts hinunter zur Äußeren Bahnhofstraße und links zurück zum **Bahnhof Burgbernheim-Wildbad** ❶.

↗ 120 m | ↘ 120 m | 13.2 km

35 Rund um Colmberg

3.15 h

Gemütliche Landpartie mit Burgblick

All jenen, die beim Wandern immer wieder mal so richtig die Seele baumeln lassen wollen, sei diese Tour im Süden der Frankenhöhe ausdrücklich empfohlen. Sie stellt keine besonderen Anforderungen an Kondition und Trittsicherheit und ist zudem bestens markiert – und zwar mit einem Storch. Dessen lebende Artgenossen sind tatsächlich im Wiesengrund der Oberen Altmühl erfreulicherweise zahlreich vertreten. Ausgehend vom an der Burgenstraße gelegenen Markt Colmberg bleiben wir überwiegend in der Ebene und erkunden dabei mit Oberfelden, Binzwangen und Unterhegenau drei alte fränkische Dörfer, in denen die Zeit ein bisschen stehen geblieben ist. Dabei bleiben wir ständig in Blickkontakt zur ehemaligen Hohenzollernburg Colmberg, die auf einem Berg hoch über dem Ort thront. Ein leicht zu bewältigender Anstieg bringt uns schließlich dorthin, denn natürlich wollen wir uns am Ende unserer Wanderung den herrlichen Blick von der Festung ins weite Umland nicht entgehen lassen.

Ausgangspunkt: Colmberg, Bushaltestelle »Rathaus«, 442 m. Von Nürnberg Hbf mit S4 oder RE Richtung Stuttgart bis Ansbach, von dort mit Bus 731 bis »Colmberg Rathaus«. Kostenlose Parkplätze längs der Rothenburger Straße (Navi: 91598 Colmberg, Rothenburger Str. 12).
Anforderungen: Leichte Wanderung ohne nennenswerte Höhenunterschiede auf zumeist befestigten Wegen (Schotter, Asphalt), etappenweise auch auf Graswegen und Waldpfaden. Auch mit Kindern empfehlenswert. Im Sommer Kopfbedeckung und genügend Getränke mitnehmen, da nur wenig Schatten.
Markierung: Storch auf Gelb.
Einkehr: In Binzwangen: Gasthaus Birkner (Tel. +49/9803/9329401, www.gasthaus-birkner.de). Restaurant Burg Colmberg (Tel. +49/9803/91920, www.burg-colmberg.de). Unterhalb der Burg: Gutshof Colmberg (Tel. +49/9803/1209, www.gutshof-colmberg.de). In Colmberg: Gasthaus Schwarzer Adler (Tel. +49/9803/246, www.gasthaus-lober.de).
Karte: ATK25 Blatt G06 Bad Windsheim und Blatt H06 Leutershausen.
Tipp: Für Rollstuhlfahrer, gehbehinderte Menschen und Nutzer von Rollatoren hat die Gemeinde Colmberg einen barrierefreien Wanderweg eingerichtet (www.colmberg.de).

Von der Bushaltestelle »Rathaus« in **Colmberg** ❶ gehen wir zunächst ohne Markierung längs der breiten Rothenburger Straße in nördlicher Richtung ortsauswärts bis zur Einmündung der Burgstraße. Dort stoßen wir bei einem Wanderportal auf das Storch-Emblem, das uns nun auf der ganzen Tour die Richtung vorgeben wird. Mit ihm rechts in die Burgstraße leicht aufwärts und nach etwa 150 m links in die Straße »Am Schloßberg« einschwenken. Dann gleich wieder rechts auf einen Fußweg, der hinter den Grundstücken links abbiegt und sich dann als Grasweg am Golfplatz ent-

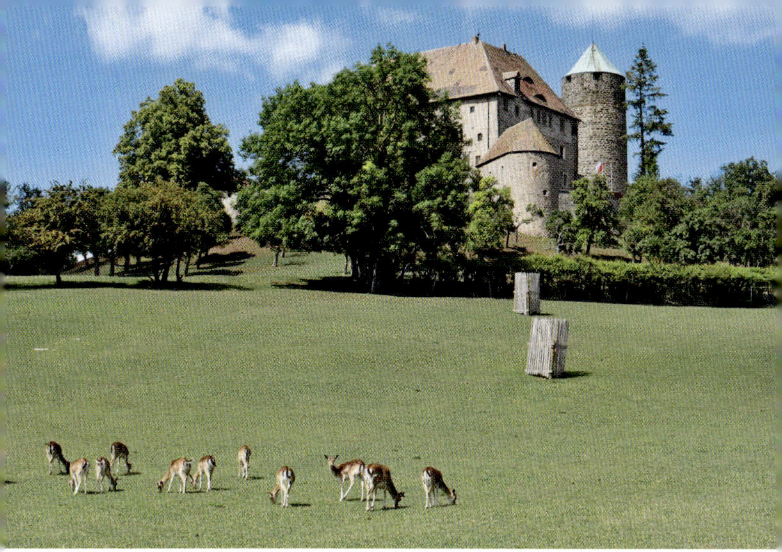

Burg Colmberg mit Wildgehege.

langzieht. Über der gepflegten Rasenfläche thront rechts von uns majestätisch Burg Colmberg – ein Anblick, der uns nun längere Zeit auf unserer Wanderung begleiten wird. Beim Golf-Clubhaus wechseln wir rechts auf ein Asphalt-Sträßchen, das am weitläufigen Golfparcours und schließlich am Naturbadeweiher vorbeiführt. Danach längs eines Waldstückes bis zu einer T-Kreuzung, wo wir unserem »Storch« nach links folgen. Immer geradeaus über die Feldflur in Richtung Unterfelden. Vor der Brücke rechts und in einem Bogen hinunter zur St 2245, die wir leicht versetzt überqueren. Dann auf einem nach links abzweigenden Sträßchen nach **Oberfelden**. Vorbei an einigen schmucken Fachwerkgebäuden, überqueren wir am Ortsende erstmals die junge Altmühl, die hier allerdings noch wie ein Bach daherkommt. Bei der gleich folgenden Wegkreuzung rechts und dann immer kerzengerade auf Binzwangen zu, dessen Kirchturm uns in der weiten Ebene als Orientierungspunkt dient. Bevor wir in **Binzwangen** 2 bei der Bushaltestelle rechts abbiegen, lohnt ein Abstecher geradeaus in die Ortsmitte zu der 1751 im markgräflichen Stil erbauten Barockkirche und zum Gasthaus Birkner.

Gleich hinter dem netten Dorf geht es ein zweites Mal

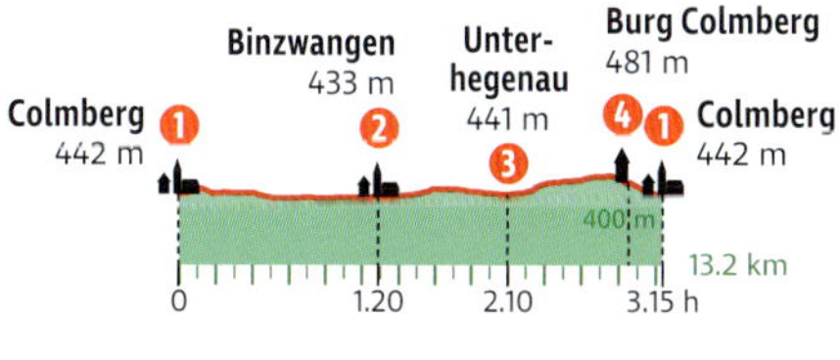

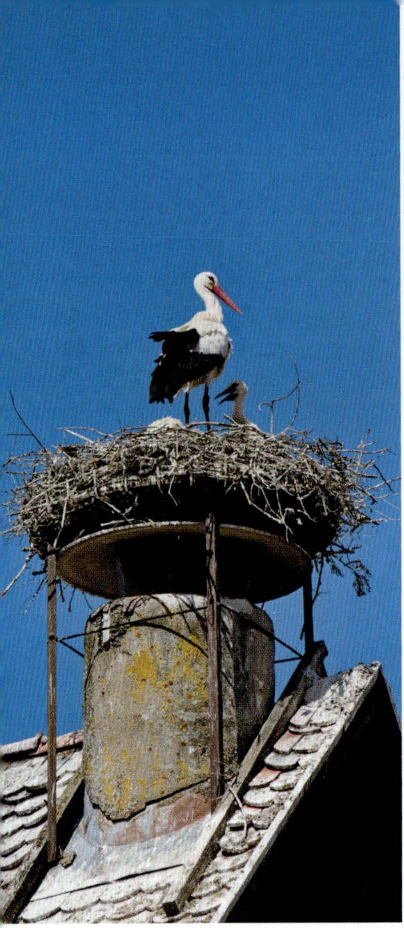

Das Storchennest in Colmberg ist wieder besetzt.

über die schmale Altmühl; dann links auf einem gepflasterten Weg über die flache Feldflur und über die querende St 2245 hinweg. Es geht nun einige Meter leicht aufwärts, dann bei erster Gelegenheit rechts auf einen Grasweg, der am Fuß des links von uns gelegenen Sauberges verläuft. Er mündet in einen Betonweg, dem wir nach links folgen und der sich dann – in einen unbefestigten Feldweg übergehend – etwa 700 m an der bewaldeten Böschung entlangzieht. Dann schließlich rechts auf einen geteerten Flurweg, der uns leicht hangabwärts über Felder und Wiesen zur Straße AN 2 bringt. Auf der Landstraße zunächst kurz nach links, dann rechts hinein in das idyllisch gelegene Bauerndorf **Unterhegenau 3**. Dahinter leicht aufwärts und beim ersten Abzweig links, dann gleich wieder rechts und über die Feldflur in den Wald. Dort auf einem Pfad, der sich allmählich zu einem Weg verbreitert, etwas steiler den Abhang hoch. Auf dem ersten querenden Schotterweg nach links und auf ihm in leichtem Auf und Ab in einer weiten Kehre etwa 1,5 km durch den lichten Laubwald des Eichelberges. Dann aus dem Wald hinaus auf die offene Feldflur und vorbei am weitläufigen Damwildgehege zu einem querenden Sträßchen. Hier rechts und nun stetig abwärts an der Hangkante entlang mit tollem Blick auf Colmberg und sein Umland bis zum Abzweig zur **Burg Colmberg 4**. Natürlich wollen wir uns die grandiose Fernsicht von der ehemaligen Hohenzollernburg nicht entgehen lassen – im Süden reicht der Blick bis zum Hesselberg. Wer mag, kann hier auch die Tour im Burg-Restaurant (gehobene Küche) ausklingen lassen. Ansonsten sind es nur noch etwas mehr als 800 m auf der Burgstraße hinunter in die Ortsmitte von **Colmberg 1**.

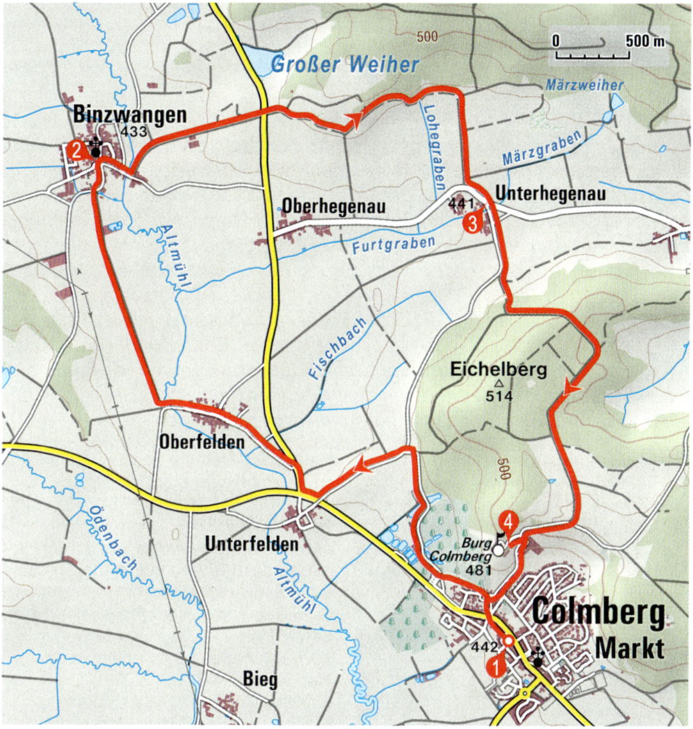

Colmberg mit dem Hesselberg am Horizont.

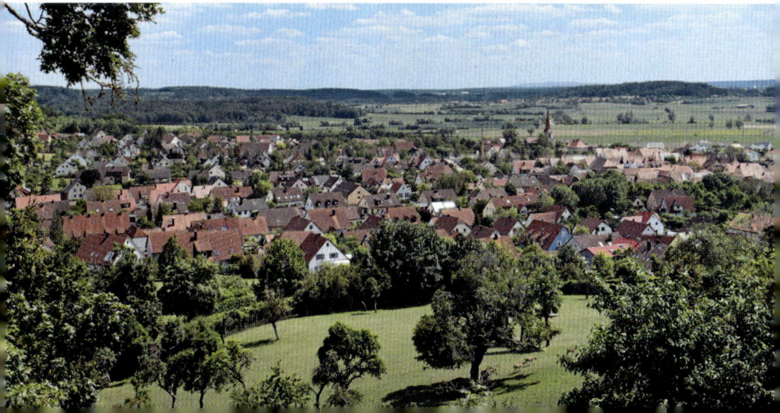

↗ 210 m | ↘ 210 m | 16.2 km

36 Von Rothenburg ob der Tauber auf den Lug ins Land

4.15 h

Rothenburg ob der Tauber von oben

Rothenburg ob der Tauber liegt an der Romantischen Straße und gilt dank seines mittelalterlichen Stadtbildes auch als Inbegriff der Romantik in Deutschland schlechthin. Wer die Stadt und ihr Umland von oben betrachten möchte, bräuchte eigentlich nur die 220 Stufen hoch auf den Rathausturm zu steigen. Die für Wanderer weit attraktivere Alternative besteht jedoch darin, aus der Stadt hinaus auf die nahe Frankenhöhe zu wandern und den Lug ins Land zu erklimmen. Sein Name ist Programm, denn von seinem Plateau liegen uns die Stadt Rothenburg sowie die weite Hohenloher Ebene zu Füßen. Über das Vogelschutzgebiet Großer und Kleiner Lindleinsee und durch das wildromantische Saubachtal kehren wir in die alte Reichsstadt zurück. Alles in allem eine sehr erholsame Wanderung, die mit einer Besichtigung Rothenburgs kombiniert werden kann.

Ausgangspunkt: Rothenburg o.d.T., Marktplatz, 427 m. Von Nürnberg Hbf via Ansbach oder Neustadt (Aisch) nach Steinach und von dort mit RB bis Rothenburg o.d.T.; zu Fuß in wenigen Minuten in Richtung Innenstadt zum Marktplatz. Mehrere gebührenpflichtige Parkplätze rund um die historische Altstadt (z. B. Navi: 91541 Rothenburg, Schrannenplatz).
Anforderungen: Leichte Wanderung mit moderaten An- und Abstiegen, nur der Aufstieg vom Schafhof zum Lug ins Land ist etwas steiler. Überwiegend auf geschotterten und geteerten Wegen. Auch mit Kindern empfehlenswert.
Markierung: W11.
Einkehr: Unterwegs keine, nur in Rothenburg. Proviant mitnehmen!
Karte: ATK25 Blatt G06 Bad Windsheim.
Tipp: Unzählige Sehenswürdigkeiten und Museen der alten Reichsstadt werden auf www.rothenburg-tourismus.de vorgestellt. Naschkatzen sollten zudem die Rothenburger Schneeballen probieren, ein kugelförmiges Gebäck aus Mürbeteig, das traditionell mit Puderzucker, manchmal auch mit Zimtzucker bestreut oder mit Schokolade überzogen wird.
Varianten: 1) Am Bahnhof Schweinsdorf starten/enden. 2) Vom/zum Bahnhof Rothenburg über die Obere Bahnhofstraße abkürzen (falls man nicht zweimal in die Altstadt gehen möchte).

Unterwegs im Saubachtal.

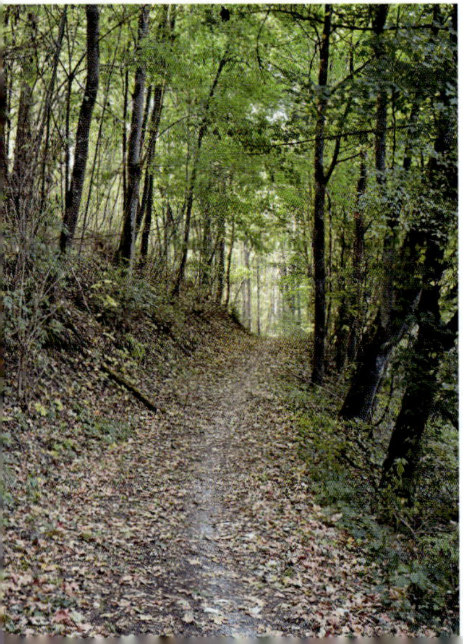

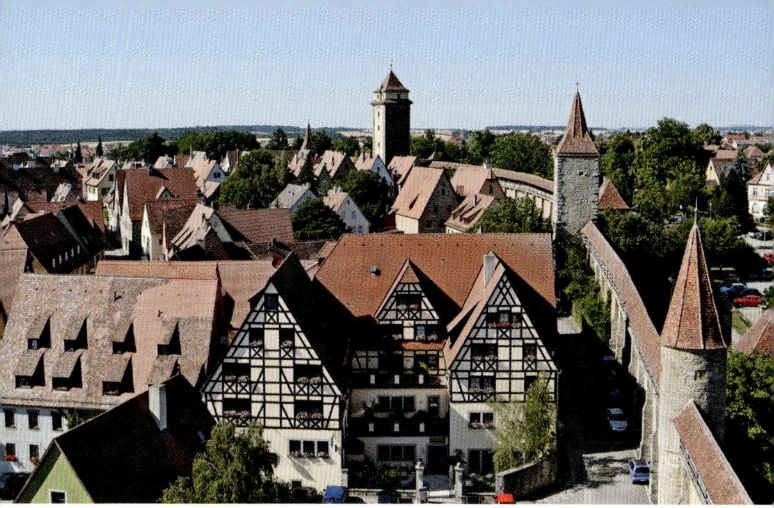

Rothenburg ob der Tauber ist Romantik pur.

Auf dem **Marktplatz** von **Rothenburg** ❶ beim historischen Rathaus orientieren wir uns an der Markierung des Rundwanderweges »W11«. Sie wird uns auf der ganzen Wanderung die Richtung vorgeben. Zunächst gehen wir an der Ratstrinkstube (Tourist-Info) vorbei in Richtung Norden und biegen dann rechts in die Georgengasse ein. Auf ihr gehen wir durch den Weißen Turm hindurch in die Galgenstraße bis zum **Würzburger Tor** (auch Galgentor genannt). Wir durchschreiten es und halten uns geradeaus längs der Straße »Vorm Würzburger Tor« bis zu einer Ampelkreuzung. Hier weiter geradeaus der lang gezogenen Schweinsdorfer Straße bis ans Ortsende folgen. Dort biegen wir rechts in den Weidleinsweg ab und gelangen auf ihm aus der Stadt hinaus bis zu einem Bahnübergang. Ab hier führt unser Weg in einer leichten Biegung über die Felder, tangiert fast die Landebahn des Flugplatzes und erreicht schließlich die Straße von Schweinsdorf nach Neusitz. Wir biegen rechts ab und nehmen einen Feldweg, der parallel zur Straße verläuft. Er führt uns unter der A 7 hindurch und dann hinunter zum

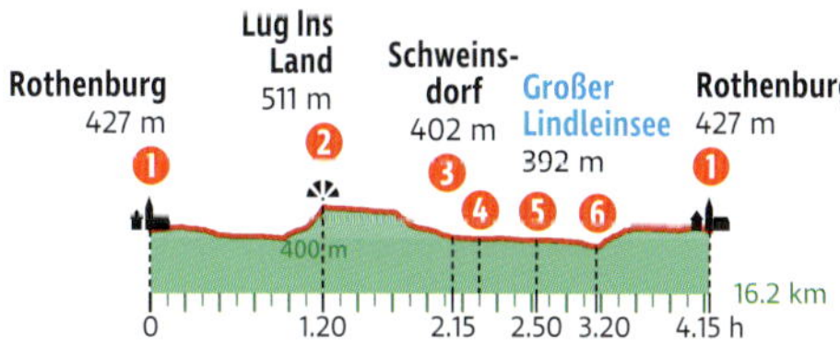

Schafhof, wo eine Pferde- und Hundeschule ansässig ist. Danach links auf einem Schotterweg über Magerrasen die sogenannte Schafsteige hoch bis zum Waldrand. Hier erwartet uns ein kurzer, aber steiler Anstieg auf einem Pfad hinauf zum **Lug ins Land** 2. Bei einer Ruhebank genießen wir die freie Sicht über die Türme von Rothenburg hinweg in die weite Hohenloher Ebene, die schon zu Baden-Württemberg gehört.
Dann halten wir uns nach links (aus Sicht unseres Herweges), gehen an einem Wasserhochbehälter und einem Picknickplatz vorbei und treten in den Buchenmischwald ein. Dort führt uns unsere W11-Markierung längere Zeit auf einem breiten, ebenerdig verlaufenden Schotterweg an der Hangkante entlang. Nach etwa 1 km biegt der Schotterweg nach rechts ab, wir bleiben jedoch geradeaus auf einem schmalen Pfad. Kurz vor der Schweinsbachquelle mündet unser Pfad in einen Schotterweg, dem wir etwa 200 m geradeaus folgen. Dann weist uns »W11« nach links und geleitet uns auf einem hohlwegartigen Pfad entlang der Schweinsbachklinge halbwegs steil hangabwärts. Unten angekommen, verlassen wir den Wald, überqueren eine Wiese und erreichen einen Flurweg, dem wir nach links bis zu einer Unterführung der A 7 folgen. Durch sie hindurch, erreichen wir nach knapp 500 m die Ortschaft **Schweinsdorf** 3, die mit vielen schmucken Fachwerkhäusern und einem idyllischen Dorfweiher aufwarten kann. Ein fränkisches Dorf wie aus dem Bilderbuch! Dann aus dem Ort hinaus über die Felder bis zur **Bahnstation Schweinsdorf** 4; das Bahngleis überqueren und dem Fahrweg leicht aufwärts über die Feld- und Wiesenflur folgen. Beim ersten Abzweig nach links zum Nordufer des Großen Lindleinsees und dort entlang des Schilfgürtels in Richtung Westen halten. Bei der Einmündung des Rundwanderweges »W10« machen wir einen kleinen Abstecher nach links und gelangen nach wenigen Metern ans Westufer des

Der Lug ins Land über dem Großen Lindleinsee.

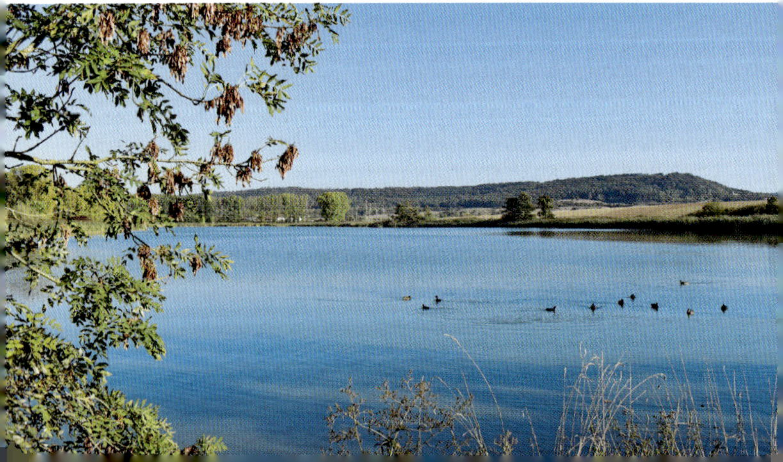

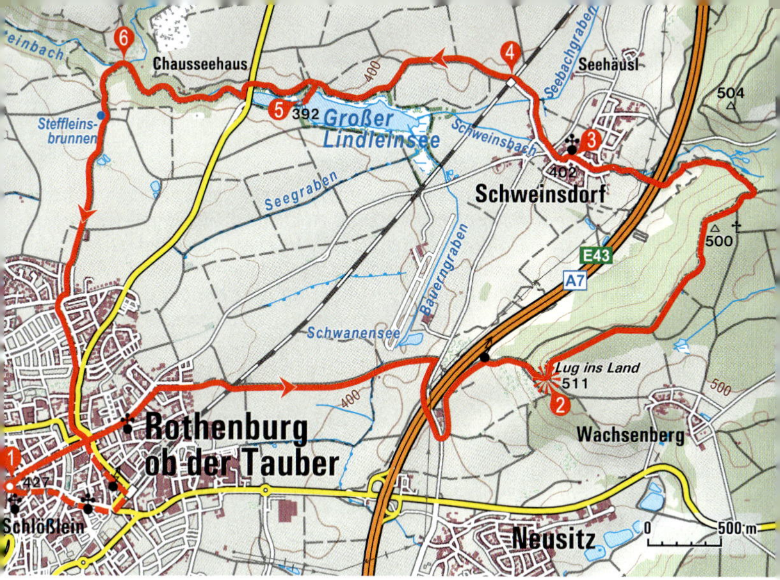

Großen Lindleinsees ❺. Hier steht eine Schutzhütte, und ein Steg erlaubt eine tolle Sicht über den See hinweg auf den Lug ins Land. Das Gewässer ist ein regional bedeutsamer Brut- und Rastplatz für viele Wasservogelarten und steht deshalb unter Naturschutz.

Zurück auf unserem W11-Weg, biegen wir links ab und gehen entlang des **Kleinen Lindleinsees** bis zur St 2419. Wir überqueren die verkehrsreiche Straße (Vorsicht!) und gelangen zum Chausseehaus, in dem sich eine Töpferei befindet. Dort links einige Meter entlang der Straße und dann rechts auf einen Feldweg abbiegen, der in einen Wald hinein verläuft. Hier wird aus dem Weg ein schmaler Pfad, der durch das wildromantische Saubachtal bis zur alten Steinbrücke im **Steinbachtal** ❻ führt. Hier links steil die Böschung hoch zum Steffleinsbrunnen, wo eine Ruhebank im Schatten von Kastanienbäumen zu einer kleinen Verschnaufpause einlädt. Dann weiter hangaufwärts auf einem geteerten Flurweg über die Feldflur, vorbei an einem Sühnekreuz an den Stadtrand von Rothenburg. Über den Gattenhofer Weg in die Paul-Finkler-Straße, dort rechts bis zum Kreisel, dann links in die Ernst-Geißendörfer-Straße bis zur Einmündung in die Würzburger Straße. Dieser bis zur Ampelanlage folgen und dann rechts auf einen Fußweg, der in Richtung Innenstadt führt (wer direkt zum Bahnhof möchte, geht geradeaus in die Obere Bahnhofstraße). Ab dem **Würzburger Tor** wie auf unserem Herweg über Galgengasse, Weißer Turm und Georgengasse zurück zum **Marktplatz** von **Rothenburg** ❶.

↗ 50 m | ↘ 50 m | 14.3 km

3.30 h

37 Durch das Weihergebiet bei Mohrhof

Zu dicken Karpfen und seltenen Vögeln

Seit dem frühen Mittelalter ist die Karpfenzucht ein wichtiger Einkommenszweig im Aischgrund zwischen Neustadt, Höchstadt und Herzogenaurach. Tausende von Weihern prägen das Bild der flachen Wiesenlandschaft, die manchmal ein bisschen an die norddeutsche Tiefebene erinnert. Für unsere Tour haben wir das Weihergebiet bei Mohrhof ausgewählt, das als Vogelfreistätte seit 1982 unter Naturschutz steht. Nennenswerte Höhenunterschiede gibt es hier nicht, dafür eine einzigartige Flora und Fauna. Weitläufige Verlandungszonen aus Schilf- und Rohrkolbenröhricht prägen die Gegend ebenso wie Streuwiesen, auf denen die ein oder andere Orchideenart gedeiht. In erster Linie ist das Weihergebiet aber Heimat vieler seltener Vogelarten, darunter die Bekassine, der Drosselrohrsänger und die Große und Kleine Rohrdommel. Mit etwas Glück können wir ihnen unterwegs begegnen. Im Frühjahr und Herbst gesellen sich Scharen von Zugvögeln dazu, die hier eine Rast einlegen.

Ausgangspunkt: Kairlindach, Ortsmitte bei der Kirche St. Kilian, 294 m. Mit Bus 202 von »Erlangen, Hugenottenplatz« bis Haltestelle »Kairlindach«. Innerorts nur wenige Parkmöglichkeiten (Navi: 91085 Weisendorf, Kairlindacher Str. 32).
Anforderungen: Zumeist auf geschotterten und geteerten Wegen, keine nennenswerten An- und Abstiege. Im Sommer unbedingt eine Kopfbedeckung mitnehmen, da wenig Schatten. Auch mit Kindern empfehlenswert.
Markierung: Blaukreuz, Grünpunkt, ohne Markierung, Gelbstrich, Grünpunkt, blaues X, ohne Markierung, Blaukreuz.
Einkehr: Gasthaus Walter in Poppenwind (Tel. +49/9193/8273, Fr bis So geöffnet). Ansonsten Proviant empfehlenswert!
Karte: ATK25 Blatt F08 Herzogenaurach.

Von der Kirche **St. Kilian** in **Kairlindach** ❶ folgen wir der Kairlindacher Straße nach rechts (östlich). Hier gibt uns die Blaukreuz-Markierung bis ans Ortsende die Richtung vor, dann bei einer Pferdekoppel mit dem »Grünpunkt« links abbiegen. Über Weiden, Wiesen und Äcker erreichen wir nach knapp 1 km ein Waldstück, an dem unser Weg zunächst entlangführt. Dann das Wäldchen durchqueren und an dessen Ende den breiten Forstweg verlassen und stattdessen links auf einen unbefestigten Weg einschwenken.

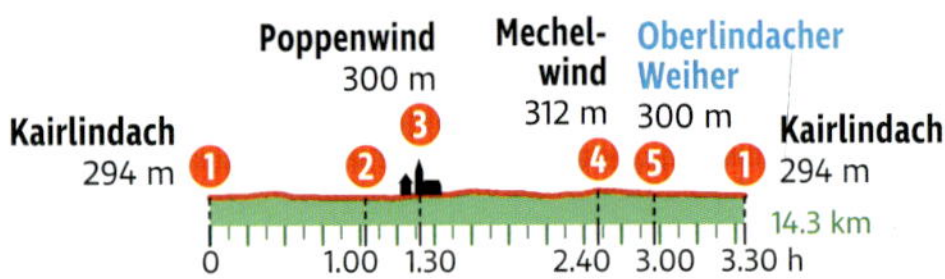

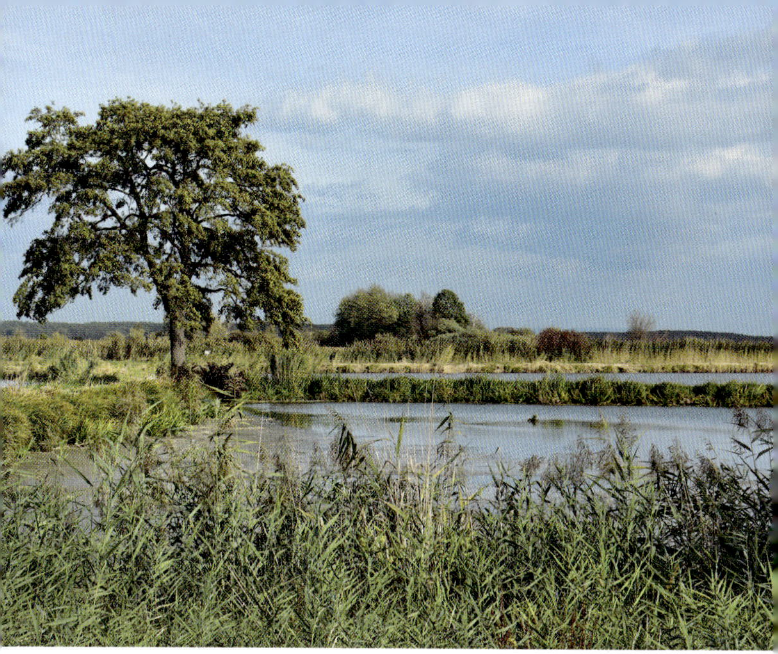

Im Land der tausend Karpfenweiher.

Eine Markierung gibt es auf diesem Wegabschnitt nicht, aber die Orientierung ist nicht schwierig: Bei der folgenden Weggabelung rechts halten, dann immer geradeaus parallel zum nahen Waldrand bis zu einem querenden Flurweg. Auf ihm einige Meter nach links, dann gleich wieder rechts und auf einem weiteren geteerten Flurweg bis zu dessen Einmündung in ein Sträßchen. Hier links und vorbei an den ersten Weihern bis zu einer T-Kreuzung kurz vor Mohrhof. Jetzt sind wir im **Weihergebiet** 2 angekommen, das zugleich Naturschutzgebiet ist, daher unbedingt auf den Wegen bleiben. Wir biegen nun rechts ab und halten auf die Weiherkette vor uns zu. Dann stößt von links die Gelbstrich-Markierung zu uns, die uns bis Poppenwind begleitet. Viele der unzähligen Teiche haben sogar einen Namen, beispielsweise links von uns der Große Strichweiher und rechts von uns der Drittel- und der Blätterweiher. Hier ist immer etwas los: Der Luftraum gehört eindeutig den Möwen und Reihern, während auf den Weihern Blesshühner, Enten, Schwäne und andere Wasservögel ihre Bahnen ziehen. Im Herbst sammeln sich hier außerdem Gruppen von Störchen für ihren Flug in den Süden. Wer die seltenen Bewohner der Weiherlandschaft wie den Kiebitz oder den Haubentaucher beobachten möchte, muss Glück haben und viel

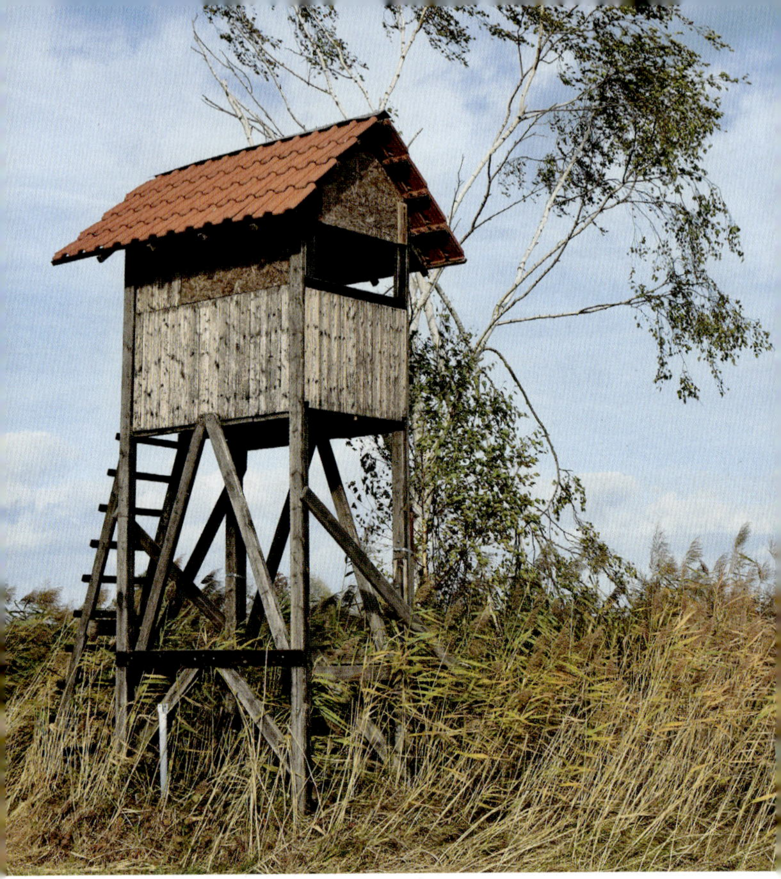

Aussichtsturm für Vogelbeobachter.

Zeit mitbringen. Immer geradeaus geht es zwischen den Weihern hindurch und schließlich leicht hangaufwärts hinein nach **Poppenwind** ❸. Am westlichen Ortsrand des kleinen Dorfes mit »Grünpunkt« links halten und an einigen Weihern vorbei hinein in ein größeres Waldgebiet. Dort mündet unser Weg nach etwa 600 m spitzwinklig in einen breiten geschotterten Waldweg, der mit dem »blauen X« markiert ist. Diesem folgen wir nach links und halten uns leicht abwärts weiter durch den Wald und schließlich aus diesem hinaus über die Feld- und Wiesenflur hinein in den kleinen Ort **Biengarten**. Dahinter folgen wir einige Meter dem kleinen Sträßchen, bie-

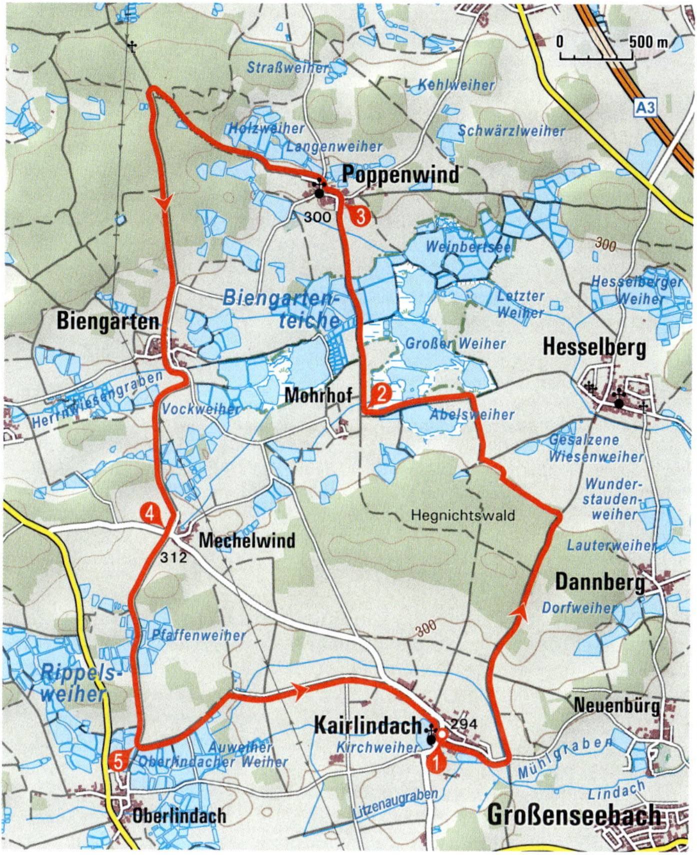

gen dann aber rechts auf einen Flurweg ab, der uns leicht aufwärts nach **Mechelwind** ❹ bringt. Dort geradeaus über die Straße ERH 27, nach wie vor geführt vom »blauen X«. Dann über eine mit Feldern bestandene Kuppe abwärts hinunter ins Teichgebiet **Pfaffenweiher**. Dem breiten Flurweg stetig folgen bis an den Rand der **Oberlindacher Weiher** ❺ und dort ohne Markierung links abbiegen. Erst längs der Weiherkette entlang, dann an einem Wäldchen vorbei bis zu einer Weggabelung. Hier folgen wir dem »Blaukreuz« nach halb rechts über die Feldflur bis zur Einmündung in die ERH 27. Auf ihr rechts zurück nach **Kairlindach** ❶.

↗ 140 m | ↘ 140 m | 16.8 km

38 Auf dem Bier- und Klosterweg

4.15 h

Zum ehemaligen Benediktinerkloser Münchsteinach

Ein Bier- und Klosterweg? Das klingt erst mal nach einem idealen Ausflugsziel für Kegelklubs oder Stammtische. Aber das täuscht. Den Initiatoren dieses Wanderwegs ging es zum einen darum, ein Kulturgut zu erhalten und sichtbar zu machen – die Felsenkeller, in denen früher vor allem Bier gelagert wurde. Zum anderen lag ihnen am Herzen, die Wanderer auf ein Stück bemerkenswerter romanischer Architektur aufmerksam zu machen, das sich im Tal abseits der Touristenströme versteckt: das um 1130 gegründete Kloster Münchsteinach.

Ausgangspunkt: Gutenstetten, Parkplatz am südlichen Ortseingang, 284 m. Von Nürnberg Hbf mit RB oder RE bis Bahnhof Neustadt (Aisch), weiter mit Bus 127 bis »Gutenstetten Mitte«. Gebührenfreier Parkplatz neben dem Info-Point am Ortseingang, von der B 470 kommend rechts (Navi: 91238 Gutenstetten).
Anforderungen: Feld- und Waldwege wechseln sich ab, im Tal und in den Orten auch geteerte Wege. Moderate An- und Abstiege.
Markierung: BKw auf Orange (Bier- und Klosterweg).
Einkehr: In Gutenstetten: Landgasthaus Radlertreff (Tel. +49/9161/61164, www.radlertreff-gutenstetten.de). In Münchsteinach: Gasthaus Klosterschänke (Tel. +49/9166/758).
Karte: ATK25 Blatt F07 Neustadt a. d. Aisch.

Vom **Parkplatz** am Ortseingang von **Gutenstetten** ❶ auf der Hauptstraße in die Ortsmitte, vorbei an der Bushaltestelle sowie der Brauerei Windsheimer und über die Steinachbrücke. Wo die Hauptstraße nach links biegt, wandern wir auf der Haselsteige (vorbei am Keltenmuseum) aufwärts. An der Bank halten wir uns links und gehen zwischen Hecken und Feldern, die in Streuobstwiesen übergehen, in einem leichten Rechtsbogen bis zu einem geteerten Weg. Hier rechts bergauf. Die erste Abzweigung nach links wird ignoriert, die zweite nehmen wir. An der Kreuzung vor der Solaranlage rechts und in den Weiler **Haag**. (Hier hat die Hofkäserei Seitz im Haus Nr. 5 ihren Sitz.) An der Kreuzung geradeaus und nach gut 100 m links in den von Obstbäumen gesäumten Feldweg in Richtung Forst einbiegen. Wir tauchen in Mischwald ein und stoßen 10 Min. später auf Fel-

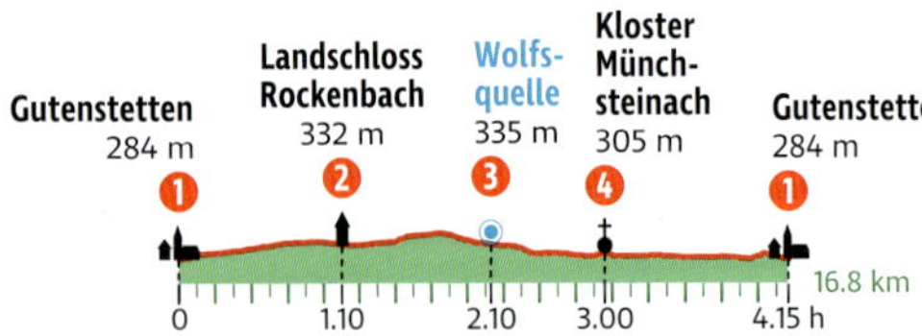

der, die am Waldrand umgangen werden, und wandern erneut ein Stück durch den Wald, an dessen Ende sich eine Hügellandschaft ausbreitet. Der Forstweg wird zum Feldweg, der uns nach **Rockenbach** führt. Am Hang links haben sich Keller erhalten. In der Ortsmitte steht das schmucke **Landschloss** ❷, ein ehemaliges Rittergut, das heute christlichen Pfadfindern als Jugendbildungsstätte dient.

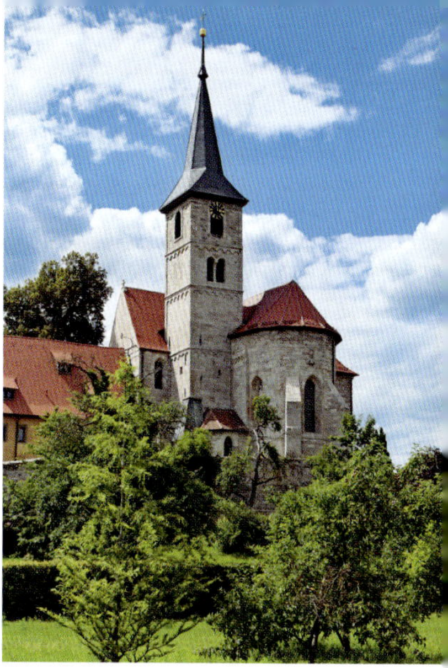

Das ehemalige Benediktinerkloster in Münchsteinach.

Am Schloss biegen wir links auf die Hauptstraße (Münchsteinacher Straße) ein und gelangen geradeaus hinaus auf die Fluren. An einem Weiher vorbei, kommen wir hinunter ins Tal des Engelsbaches. Dort halten wir uns links und wandern entlang von Pferdekoppeln bis zu dem von dichten Bäumen umgebenen Pirkachshof, der als »Urzelle« von Neuebersbach gilt. Das Gut gehörte einst dem Markgrafen von Ansbach. Wir gehen um den versteckt gelegenen Hof herum und wandern links durch das Straßendorf **Neuebersbach** mit seinen Höfen und schicken Häusern. An der Straße (NEA 14) halten wir uns rechts und biegen nach 200 m links in einen Feldweg ein, der in den Forst führt. In Kurven geht es im Mischwald abwärts. An einer Schonung müssen wir links und gleich wieder rechts, immer entlang des Baches, der parallel zum Wanderweg verläuft. Die Orientierung ist an dieser Stelle nicht leicht, weil BKw-Schilder fehlen. Wichtig ist, dass man sich abwärts bewegt und dass der Bach und die kleinen Tümpel links von uns sind. Eine Hütte mit Hinweisschildern der Nistkastenfreunde Neustadt bestätigt uns, dass wir auf dem richtigen Weg sind. Nach wenigen Minuten gelangen wir auf eine Forststraße. Hier halten wir uns rechts und wandern, jetzt wieder von Bkw-Zeichen geleitet, an der Kehre links in den Wolfsgrund. 300 m weiter weisen uns Markierung und Schilder nach links zur **Wolfsquelle** ❸, an der ein Holztisch mit Bänken zum Picknick einlädt.

Der Pfad führt auf die andere Seite der Schlucht. Dort biegen wir rechts auf eine Forststraße ein und wandern hinunter ins Steinachtal. Am Ende des Weges, gegenüber dem Wanderparkplatz, nehmen wir (auch wenn die Bkw-Markierung nirgends zu finden ist) den Pfad links, der parallel zur Straße (St 2259) verläuft. Wir passieren eine von der Forstverwaltung ins-

tallierte »Taststation«, an der die Rinden verschiedener Laubbäume erfühlt werden können und gehen am Waldrand links auf einen geteerten Weg, auf dem wir in einem weiten Bogen zur Steinachgrundhalle am Ortsrand von **Münchsteinach** gelangen. Hier geht es nach rechts ins Tal. Am See gegenüber der Brauerei Loscher biegen wir links in den Fußweg des kleinen Parks ein, der mit Informationstafeln zur Ortsgeschichte aufwartet. Der zweite nach rechts abzweigende Weg beim Campingplatz bringt uns zur Ortsmitte und damit endlich zum zweiten Versprechen des BK-Weges – dem **Kloster Münchsteinach** 4. Die ehemalige Benediktinerabtei wurde um 1180 fertiggestellt. Durch zwei Tore kommt man in den Innenhof mit der romanischen Pfeilerbasilika, dem ehemaligen Konventgebäude (heute Rathaus und Kindergarten) sowie dem Abtschlösschen. Sehenswert ist auch die aufwendig renovierte einstige Klosterkirche St. Nikolaus.
Nach der Besichtigung gehen wir über die Hauptstraße (Neustädter Straße) und die Neuebersbacher Straße zurück zum Wanderweg, der 50 m nach der Steinachbrücke rechts ins Tal abbiegt und uns in ca. 30 Min. nach **Kleinsteinach** führt. Am Ortsende geht es rechts und nach Unterquerung der Straße St 2259 auf der anderen Seite links weiter. Wir wandern an Anlagen zum Hochwasserschutz vorbei – die im Sommer harmlos erscheinende Steinach kann nach längeren Regenfällen in der Zeit der Schneeschmelze zum reißenden Fluss werden. Auf dem Abtenweg kommen wir wieder nach Gutenstetten. An der nächsten Kreuzung weist das BKw-Zeichen nach

Ein Stück vergangener Kultur: die Bierkeller von Gutenstetten.

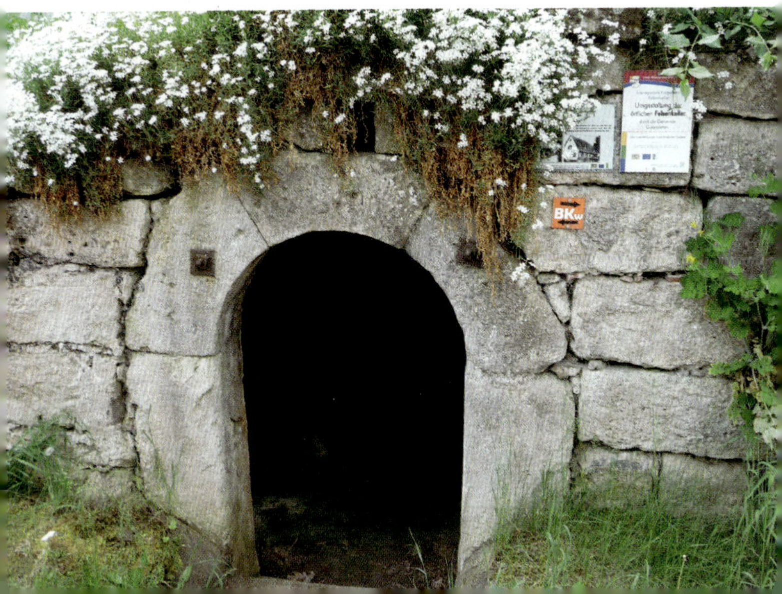

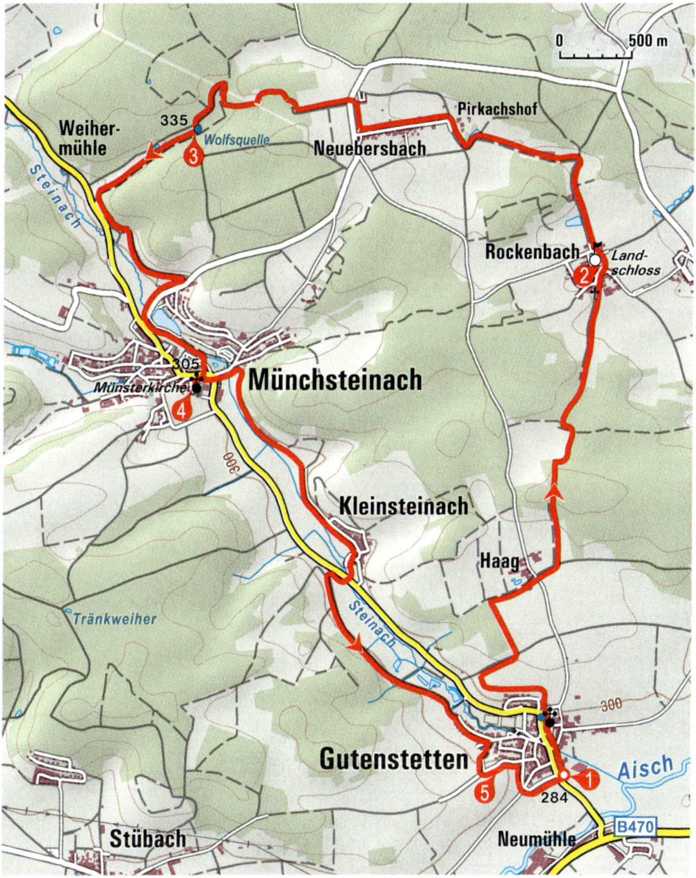

rechts. Der Weg steigt an. An der Kuppe müssen wir nach links und kommen zu den **Kellern 5** am **Stübacher Berg**, wo Informationstafeln über die Bedeutung der in den Fels gehauenen Vorratskammern aufklären. Zwischen 1850 und 1900 gab es im Aischtal und im südlichen Steigerwald in jedem größeren Dorf einen oder mehrere Keller. Derzeit lassen sich noch etwa 900 nachweisen, die teilweise aber verfallen sind. In einem Bogen lenkt uns die Markierung um den Ort herum zurück zum **Parkplatz** am Ortseingang von **Gutenstetten 1**.

↗ 150 m | ↘ 150 m | 15.6 km

39 Die Strahlbachtour

4.00 h

Bachläufe, Uferwege, Mischwälder und reihenweise Karpfenweiher

Die meisten Wanderer kennen Neustadt an der Aisch nur von der Durchfahrt oder als Umsteigebahnhof. Dass die alte Markgrafenstadt auch Ausgangspunkt für interessante Wanderungen ist, wissen Eingeweihte. Wir können nur empfehlen, die eine oder andere Route zu testen. Unser Favorit ist die Strahlbachtour, die ins südöstliche Umland und am Strahlbach mit seiner Teichkette zurück in die Stadt führt.

Ausgangspunkt: Bahnhof Neustadt (Aisch), 300 m. Erreichbar ab Nürnberg Hbf mit RB (Endstation) oder RE Richtung Würzburg. Gebührenfreier P+R-Parkplatz am Bahnhof oder P4 Ecke Parkstraße/Bismarckstraße (Navi: 91413 Neustadt a. d. Aisch, Bahnhof 1 bzw. Parkstraße 10).
Anforderungen: Auf Pfaden und Wegen entlang des Baches und durch den Wald. Auf kurzen Abschnitten auch geteerte Passagen. Vom Bahnhof zum Stadtpark auf Asphalt.
Markierung: N10 (Strahlbachtour).
Einkehr: In Neustadt: Gasthaus zur Sonne (Tel. +49/9161/2488, www.sonnenea.de), Scharfes Eck (Tel. +49/9161/202202, wirtshaus-scharfes-eck.de). In Rennhofen: Biergarten Baumhaus (Tel. +49/9161-61996, www.baumhaus-rennhofen.de, ca. Mai bis Okt. am Wochenende geöffnet).
Karte: ATK25 Blatt F07 Neustadt a. d. Aisch.
Tipp: Karpfenmuseum (www.museen-im-alten-schloss.de). Karpfen ist Kult, jedenfalls im Aischgrund und im Großraum Nürnberg. Gezüchtet wird der Spiegelkarpfen in der Region seit dem 8. Jh.

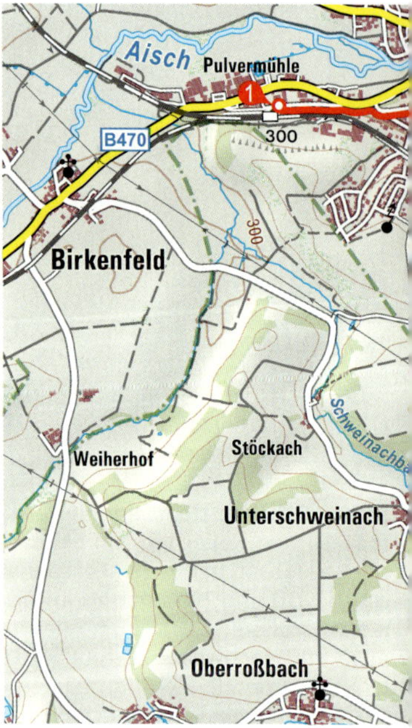

Vom **Bahnhof Neustadt** ❶ stadteinwärts über Bahnhofstraße und Plärrer in die Parkstraße, die sich am Eingang des **Stadtparkes** ❷ zum Weg verengt. Wir folgen der Markierung »N10« und wandern am Strahlbach entlang immer geradeaus. Am Spielplatz im Stadtpark, kurz nach dem Wasserhaus, verzweigt sich der Weg. Wir halten uns mit den Markierungen »N10« und »roter Tropfen« rechts; ein Tunnel (links der Pfad, rechts der Bach) unterquert die

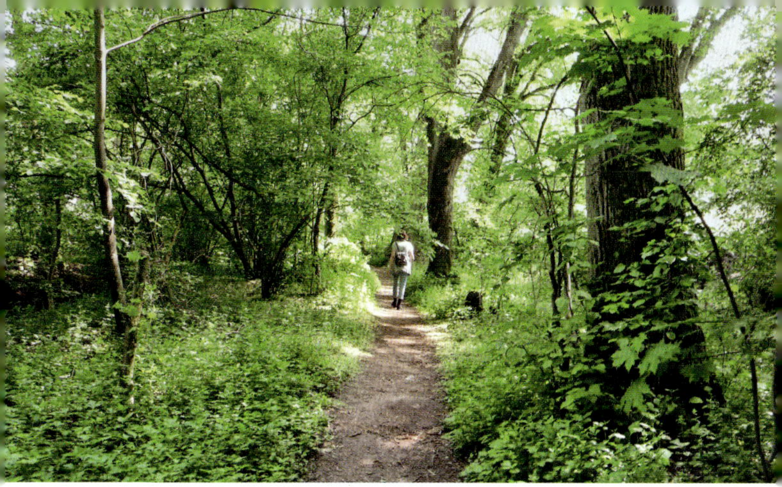

Unter grünem Blätterdach auf stillen Pfaden entlang des Strahlbaches.

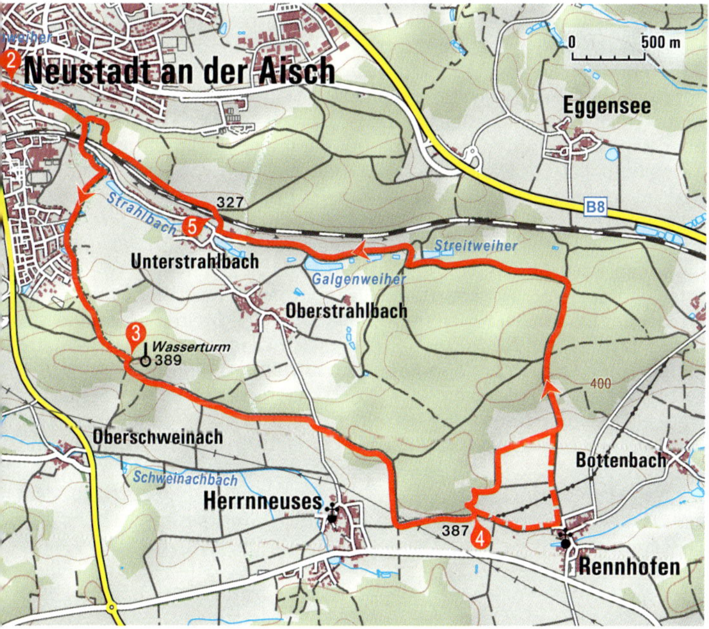

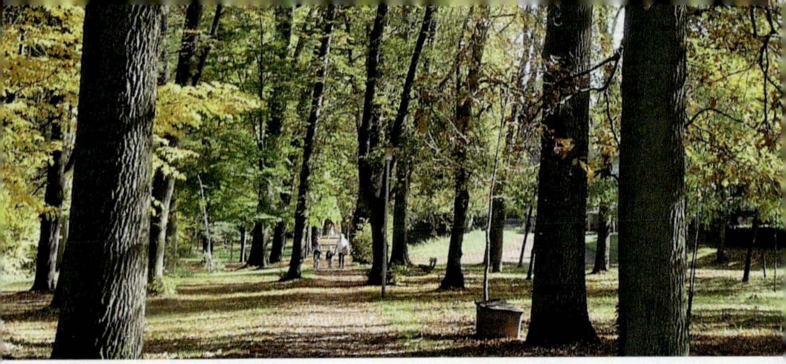

Im Neustädter Stadtpark.

Bahnlinie. In einem Linksbogen geht es zur **Lohmühle**. Hier verzweigt sich der Strahlbach. Wir folgen dem aus Süden kommenden Ast nach rechts und laufen unter einem dichten Blätterdach durch den Häckerwald langsam bergaufwärts bis zum **Wasserturm** ❸. Auf Forstwegen und später Feldwegen geht es weiter in südöstlicher Richtung, immer am Waldrand entlang. An der Straße Neustadt–Herrnneuses nach rechts und ein paar Meter weiter wieder links in den nächsten Feldweg, der in einem weiten Bogen um Herrnneuses herumführt und schließlich neben einer Scheune auf einen Wirtschaftsweg stößt. Hier links an einem Windrad vorbei. 200 m weiter müssen wir uns entscheiden ❹: Geradeaus lohnt sich ein Umweg über **Rennhofen**, sofern der Biergarten Baumhaus geöffnet hat (vorab informieren!). Mit der Markierung »WW« gelangt man von Rennhofen nach Norden wieder zu unserer Tour. Ansonsten führt unser Weg links im Zickzack am Waldrand entlang weiter. Vor dem Flugsbach nach rechts auf einem dicht mit Schilf bewachsenen Weg bis zur nächsten T-Kreuzung. Hier links, den Bach überqueren und in den Wald hinein. Nach etwa 20 Min. erreichen wir eine Wegkreuzung, hier mit »N10« nach links durch den Streitwald, bis wir nach weiteren 20 Min. auf eine breite Forststraße stoßen. Jetzt rechts hinunter ins Tal und gleich wieder links an einer Kette von **Karpfenweihern** entlang nach **Unterstrahlbach**. Wir halten uns dort rechts, unterqueren die **Bahnlinie** ❺ und laufen auf der anderen Seite links weiter in Richtung Neustadt. Nach einem Wechsel von Feldern, Wiesen und Waldstücken beginnt auf schmalem Pfad der Abstieg in den Bachgrund, wo bald das Wasserhaus in Sicht kommt. Nach dem **Stadtpark** ❷ geht es über die vom Hinweg bekannten Straßen und Plätze zurück zum **Bahnhof Neustadt** ❶.

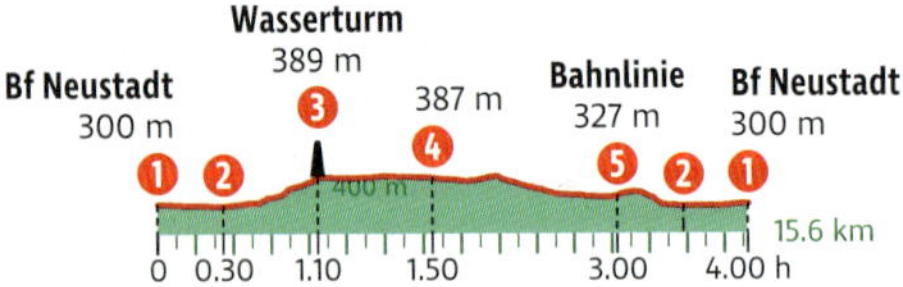

↗ 130 m | ↘ 130 m | 14 km

3.30 h

TOP **40**

Durch den Aischgrund zur Burg Hoheneck

Durch die Talauen und die Ipsheimer Weinberge

Ipsheim gehört für die Bewohner des Großraums Nürnberg-Fürth besonders während der Weinlese zu den bevorzugten Ausflugszielen, weil dann der gärende Traubensaft, Bremser oder Federweißer genannt, ausgeschenkt wird. Im Herbst sind die Heckenwirtschaften gut gefüllt. Natürlich schmecken die Weine der sonnenverwöhnten Hänge von Ipsheim auch außerhalb der Bremsersaison. Wein wird hier seit Beginn des 10. Jh. kultiviert. Auf den Keuper- und Lehmböden unterhalb der Burg Hoheneck reifen Trauben, die von den Winzern zu erstklassigen Weinen verarbeitet werden.

Ausgangspunkt: Bahnhof Ipsheim, 305 m. Von Nürnberg Hbf mit RB oder RE bis Bahnhof Neustadt (Aisch), weiter mit RB Richtung Steinach bis Bahnhof Ipsheim. P+R-Parkplatz am Bahnhof (Navi: 91472 Ipsheim, Bahnhofstr. 21).
Anforderungen: Zunächst auf befestigtem Weg eben durchs Flusstal (wenig Schatten), später moderater Aufstieg. Feld- und Forstwege wechseln sich ab, zwischendurch auch Wurzelpfade. Am Ende Abstieg auf Weinbergwegen.
Markierung: Aischtal-Radweg, D5, D1, roter Flieger und Gelbstrich, Weinbergwanderweg 2.
Einkehr: Bewirtungshaus in den Weinbergen (Tel. +49/9846/977208, www.weinbauverein-ipsheim.de, Mai–Okt. Sa, So u. Fei geöffnet). In Ipsheim: Goldener Hirsch (Tel. +49/9846/317, www.goldener-hirsch-ipsheim.de), Weinstube Gebhard (Tel. +49/9846/1275, www.weinbau-gebhard.de), Winzerhof Engel (Tel. +49/9846/257, www.winzerhof-engel.de).
Karte: ATK25 Blatt G07 Markt Erlbach.

Der idyllische Hutwald bei den Dottenheimer Weinbergen.

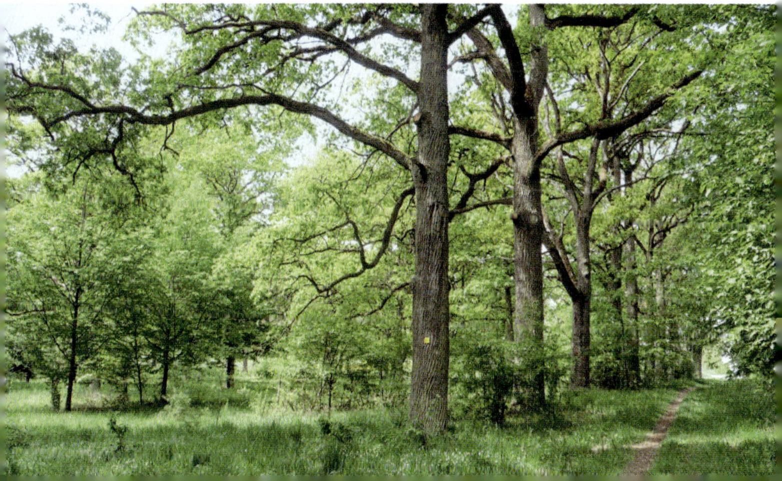

Vom **Bahnhof Ipsheim** ❶ gelangen wir über die Bahnhofstraße zum Markgrafenplatz und zum Marktplatz mit dem schmucken Rathaus, wo wir auf die Hauptstraße (B 470) stoßen. Wir gehen geradeaus und biegen nach etwa 300 m halb links in die Kaubenheimer Straße ein. Am Grundweg wandern wir rechts (Markierung Aischtal-Radweg). Vor der Nundorfermühle nach rechts, auf der Holzbrücke über die Aisch und auf dem befestigten Weg gleich wieder rechts weiter flussabwärts. Wenn die Büsche und Bäume am Ufer den Blick freigeben, taucht in der Ferne gelegentlich der Kirchturm von Dottenheim auf – unser nächstes Ziel. Die Wanderung durch die Auen hat auch deshalb einen besonderen Reiz, weil ein paar Hundert Meter westlich vom Fluss der Aisch-Flutkanal mit seinen Nebengräben verläuft, der ebenfalls gesäumt ist von der typischen Flora von Feuchtgebieten. Erlen, Weiden, Pappeln, Ulmen und Eschen prägen die Landschaft. Im Frühsommer suchen Störche im Ried nach Futter. Der Weg verläuft die nächsten 2 km direkt neben der Aisch. An der T-Kreuzung kurz vor Dottenheim biegen wir rechts ab und wandern hoch zur **Pfarrkirche St. Markus** ❷, die einst im Mittelpunkt des Ortes stand. Heute liegt sie außerhalb, weil das Dorf nach seiner kompletten Zerstörung im Dreißigjährigen Krieg östlich wiederaufgebaut wurde.

Burg Hoheneck über den Ipsheimer Weinbergen.

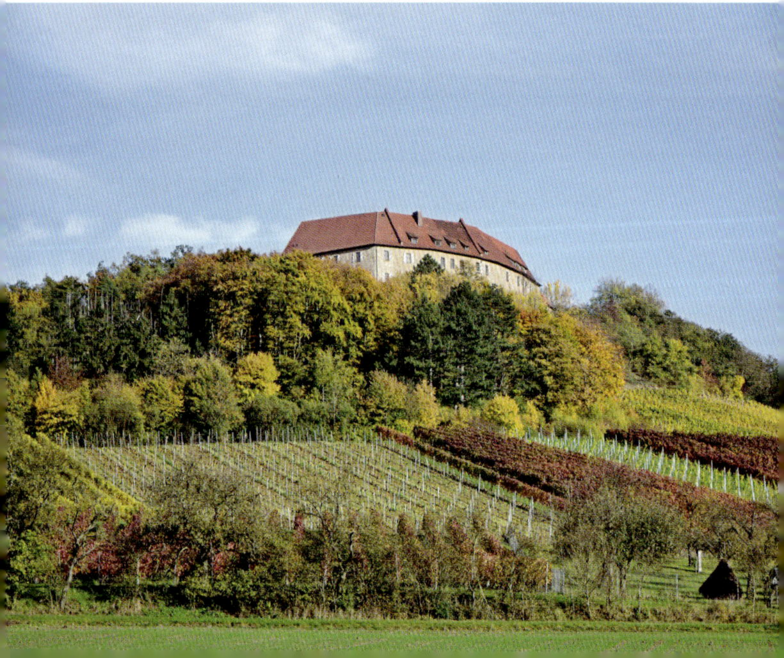

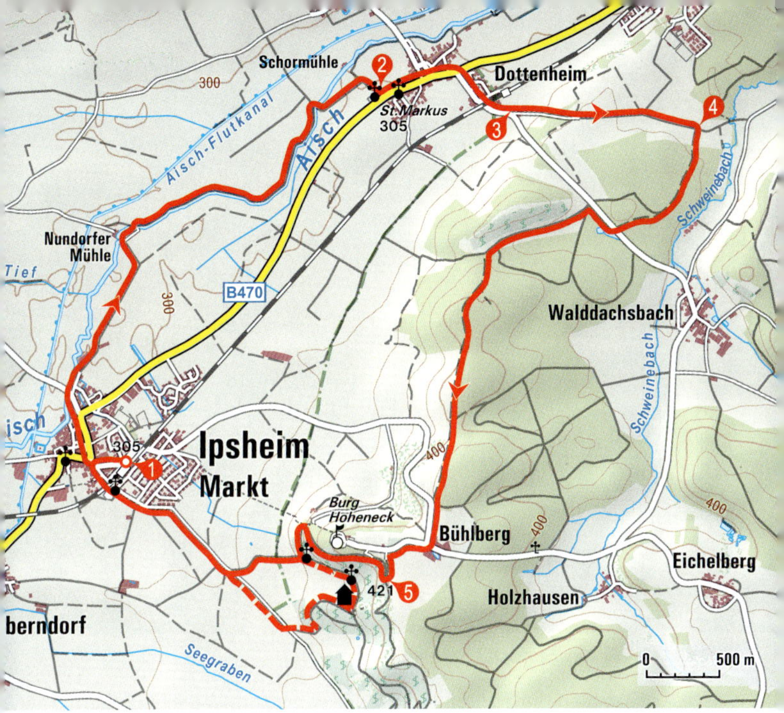

Wir müssen entlang der stark befahrenen Bundesstraße durch den Ort mit seinen hübschen Bauernhäusern. Nach ca. 500 m biegen wir rechts in die Hardtstraße ab, überqueren die Bahnlinie und wandern, geführt von der Markierung »D5«, nach 150 m links in den ansteigenden Wirtschaftsweg ❸. Zwischen Holzstapeln geht es immer geradeaus auf die Hochebene. An der Kreuzung bleiben wir auf dem befestigten Weg, der leicht nach rechts schwenkt. Gut 300 m weiter steht ein einsamer kleiner Baum, an dem die Markierung »D1« nach rechts weist ❹. Diesem Weg folgen wir hinein in den Wald, wo wir auf die Zeichen »roter Flieger« und »Gelbstrich« treffen, an denen wir uns bis zur Burg Hoheneck orientieren. Wir überqueren die Straße NEA 26 und biegen 200 m weiter links auf einen Weg am Fuß eines Weinbergs ab. Der Weg führt uns wieder in den Wald und dann immer am Waldrand entlang, bis wir auf eine Straße

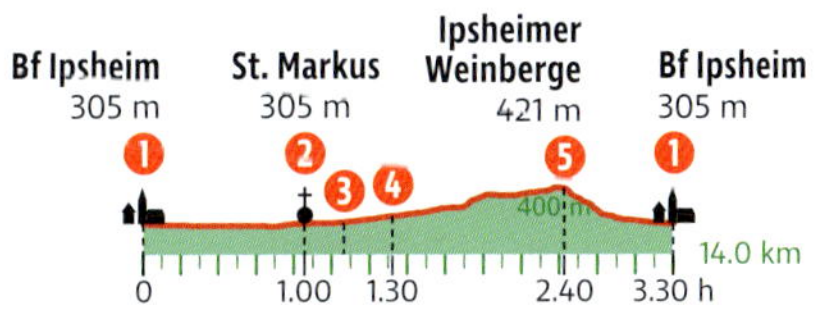

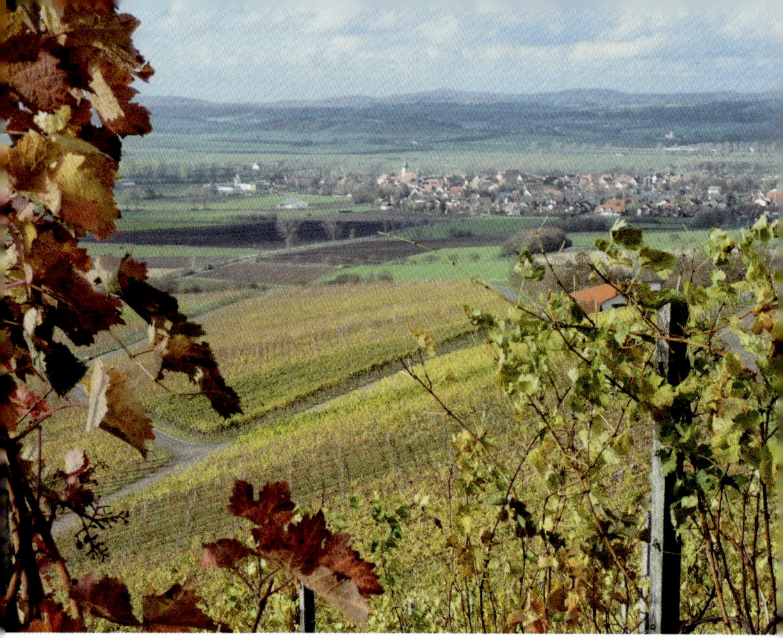

Blick von den Weinbergen bei Hoheneck auf Ipsheim.

(NEA 35) stoßen. Ihr folgen wir geradeaus bis zum Weiler **Bühlberg**. Hier wenden wir uns nach rechts (Wegweiser »Burg Hoheneck Weinwanderweg«) und biegen nach 250 m links ab, um hinter dem Wanderparkplatz zum Eingang zu den **Ipsheimer Weinbergen** 5 zu gelangen. Wir treffen auf den oberen Weinbergweg, der zugleich der äußerste ist, und wenden uns nach rechts. **Burg Hoheneck** zeigt sich hier von ihrer schönsten Seite. Zu besichtigen ist die 1132 erstmals erwähnte Anlage nicht, die heute als Jugendbildungsstätte genutzt wird. Wenig bekannt ist, dass sie in den 1920er-Jahren bevorzugter Treffpunkt nationalistischer und völkischer Gruppen war. Seit 1929 diente sie der SA als Schulungstätte. Am sogenannten Pfingst-Gautreffen auf der Burg nahmen 1930 Hitler, Streicher und General von Epp teil.

In einem großen Bogen umrunden wir den Hohenecker Rangen und nehmen bei einer **Kapelle** den Abzweig nach rechts, der uns hinunter zum Aischtalradweg führt. (Wer länger durch die Rebhänge laufen möchte, steigt erst beim **Bewirtungshaus** des Weinbauvereins ab.) Dem Aischtalradweg folgen wir schließlich nach rechts zurück nach Ipsheim. Hier laden Gasthäuser und Heckenwirtschaften dazu ein, die lokalen Weine zu probieren. Durch die Bahnhofstraße geht es zurück zum **Bahnhof Ipsheim** 1.

↗ 90 m | ↘ 90 m | 13.1 km

3.15 h

Panoramaweg im Steigerwald

41

Durch die Hügellandschaft im Norden von Bad Windsheim

Diese Tour bietet alles, was die Herzen der Wanderer höher schlagen lässt: einen gepflegten Kurpark, schöne Wege und Pfade, Weiher, Bachläufe, üppige Laubwälder, Obsthaine, vereinzelte Weinberge, weite Aussichten auf das Hügelland des südlichen Steigerwaldes und ein uriges Wirtshaus, das für seine großen Schnitzel bekannt ist.

Ausgangspunkt: Bahnhof Bad Windsheim, 314 m. Von Nürnberg Hbf mit RB oder RE bis Bahnhof Neustadt (Aisch), weiter mit RB Richtung Steinach bis Bahnhof Bad Windsheim. Kostenlose Parkpätze am Fränkischen Freilandmuseum (Navi: 91438 Bad Windsheim, Eisweiherweg 1); von dort zu Fuß um die Altstadt zum Bahnhof (via Bauhofwall, Spitalwall).
Anforderungen: Wechsel von Park-, Feld-, Wald- und Weinbergwegen, gelegentlich auch Wurzel- und Wiesenpfade. Kurze Strecken auf Teerstraßen.
Markierung: Steigerwald-Panoramaweg, Steller-Erlebnispfad, Kelten-Erlebnisweg, BW1, Steller-Erlebnispfad.
Einkehr: In Oberntief: Schwarzer Adler (Tel. +49/9841/2394). In Bad Windsheim: Gasthof Goldener Adler (Tel. +49/981/3792, www.goldeneradler-bw.de), Wirtshaus am Freilandmuseum (Tel. +49/9841/5971).
Karte: ATK25 Blatt G06 Bad Windsheim.
Tipp: Franken-Therme Bad Windsheim (www.frankentherme.de). Überdachter und ganzjährig beheizter Salzsee, das Wasser hat einen Salzgehalt wie das Tote Meer, man liegt fast schwerelos im Becken.

Vom **Bahnhof Bad Windsheim** ❶ führt eine Fußgängerbrücke in den Kurpark. Am Eingang des Parks mit seinen alten Bäumen steht ein Hinweisschild: »Zum Steigerwald-Panoramaweg«. Ihm folgen wir und durchwandern den Kurpark auf der Hauptallee in Richtung Nordwesten. An der Hans-Schmotzer-Allee geht es nach links mit den Markierungen Steigerwald-Panoramaweg und Georg-Wilhelm-Steller-Erlebnispfad (»Figur mit Hut, die auf einer Seekuh reitet«). Das will erklärt sein, zumal uns der Steller-Pfad noch mehrfach begegnet: Angelegt wurde der Pfad zu Ehren des 1709 in Windsheim geborenen Arztes und Wissenschaftlers. Er hat an der Zweiten Kamtschatka-Expedition von Vitus Bering teilgenommen, die 1741 den Seeweg nach Alaska entdeckte. Steller erforschte Flora und Fauna Kamtschatkas, darunter auch die nach ihm benannte, seit 1768 ausge-

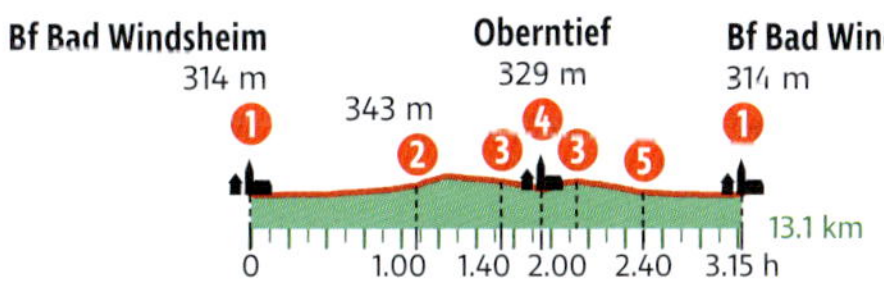

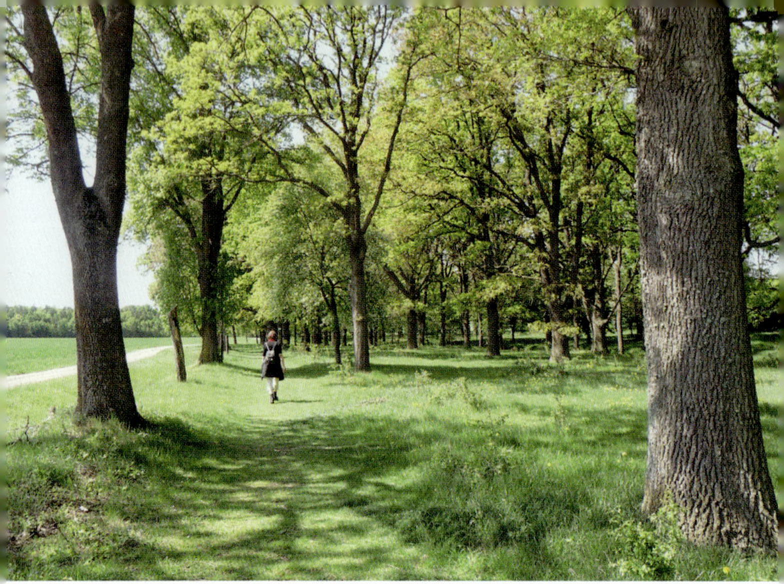

Auf dem Steigerwald-Panoramaweg: mächtige Eichen am einstigen Hutwald.

storbene Stellersche Seekuh. Im Saum von dichten Hecken und Bäumen führt der Weg nach Norden zum Kühwasengraben und quert die Straße Windsheim–Oberntief. Am Wanderparkplatz Gräfwasen geradeaus durch den einstigen Hutwald mit seinen mächtigen Eichen, deren Früchte zur Schweinemast dienten. Ca. 15 Min. später erreichen wir den Weiher im Gräfwasen. Dahinter stoßen wir auf eine Forststraße, der wir nach links folgen. Nach etwa 400 m weisen die Markierungen nach rechts oben ins Gräfholz ❷. Auf der Höhe biegt der Weg nach rechts und verläuft durch prächtigen Laubwald. Tafeln des Steller-Pfades informieren über Schmetterlinge und Käfer. Nach gut 30 Min. kommen wir an die Stelle, wo der Steller-Pfad rechts abzweigt ❸. Die merken wir uns für den Rückweg, denn zunächst geht es noch geradeaus weiter auf dem Steigerwald-Panoramaweg, der bald darauf abrupt nach links abbiegt, uns aus dem Wald führt und über die Fluren hinunter in den Ortsteil **Oberntief** ❹ bringt. An der Oberen Tiefstraße halten wir uns rechts, gehen auf der Kehrenbergstraße um den Dorfweiher (hier verlässt uns der Steigerwald-Panoramaweg) und gelangen nach rechts zum **Schwarzen Adler**. Was dort perfekt beherrscht wird, ist die Zubereitung von Schweineschnitzeln. Normale Portionen sind kaum zu bewältigen, deshalb empfehlen wir den Seniorenteller.

Danach weiter auf der Kehrenbergstraße leicht bergauf aus dem Ort hinaus mit dem Zeichen des Kelten-Erlebniswegs. An der Bergkuppe biegen wir mit »BW1« rechts in den Feldweg. An einem Schuppen und Teichen vorbei, geht es zurück in den Wald. 500 m weiter gelangen wir wieder zum Steller-Pfad ❸, dem wir nach links folgen. Wir gehen um den Dachsberg und wandern durch Obsthaine am Waldrand entlang hinunter zum Lochbrunnengraben. Am Parkplatz rechts etwa 200 m auf der wenig befahrenen Straße, dann links in den Feldweg ❺ unterhalb des Scheibenberges Richtung Osten. In der Ferne wird auf den Bergen die Burg Hoheneck bei Ipsheim sichtbar. An der T-Kreuzung rechts und immer geradeaus. Wir überqueren den Kühwasengraben und gelangen bald zu einem Pavillon, von dem es nur wenige Schritte zur Hauptallee des Kurpark sind. Durch diese geht es zurück zum **Bahnhof Bad Windsheim** ❶.

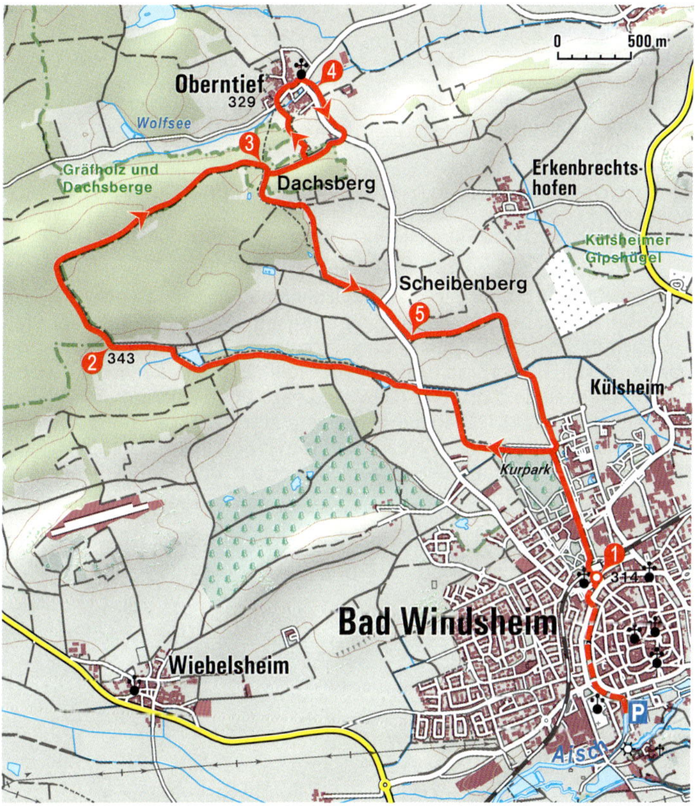

↗ 90 m | ↘ 90 m | 11 km

42 Rund um Markt Nordheim

3.00 h

Durchs Geroldsbachtal zu den Weinbergen von Hohenkottenheim

Höhepunkt dieser Rundwanderung ist der Streifzug durch das Naturschutzgebiet Sieben Buckel. Um die ehemalige Gipsgrube sind einzigartige Biotope entstanden, die sich auf einem Rundweg erkunden lassen. Vorher führt die Tour zu den spärlichen Resten der Burgruine Hohenkottenheim und durch die Nordheimer Weinberge wieder ins Tal. Sie endet mit einem kleinen architektonischen Highlight: Schloss Seehof, ein zweiflügeliges Herrenhaus, das im 16. Jh. erbaut wurde.

Ausgangspunkt: Markt Nordheim, 332 m. Mit Bahn und Bus schwer zu erreichen, Anfahrt mit PKW empfohlen. Gebührenfreie Parkplätze bei der Pfarrkirche St. Georg (Navi: 91478 Markt Nordheim 111).
Anforderungen: Am Anfang und am Ende geteerte Wege, ansonsten Feld-, Wald- und Weinbergwege. Steiler Anstieg zur Burgruine Hohenkottenheim. Für Kinder geeignet.
Markierung: Roter Tropfen, MN5, Lutherweg, MN5, MN2. Die lokalen MN-Markierungen sind lückenhaft, im Zweifel Wanderkarte oder GPS einsetzen.
Einkehr: Unterwegs keine. In Markt Nordheim: Wirtshaus am Markt (Tel. +49/9165/8489903, www.wirtshaus-nordheim.de).
Karte: ATK25 Blatt F06 Uffenheim.

Von der Kirche **St. Georg** in **Markt Nordheim** ❶ geht es zwischen Dorfladen und Wirtshaus hinunter zum Geroldsbach. Hier rechts auf dem Pfad am Bach entlang. Auffallend sind die schmucken Häuser mit schönen Vorgärten und die Holzbrücken. Wir queren einen Weg, hinter dem der Pfad bis zur früheren Mühle führt. Hier rechts und nach 80 m links mit den Zeichen »roter Tropfen« und »MN5« auf einen geteerten Weg, der sanft aufwärts ins Geroldsbachtal führt. Wir wandern immer geradeaus. Links, versteckt von Schilf, Gebüsch und Bäumen, fließt der Bach. Vor uns erheben sich

Blick vom Burgstall Hohenkottenheim zum Kehrenberg.

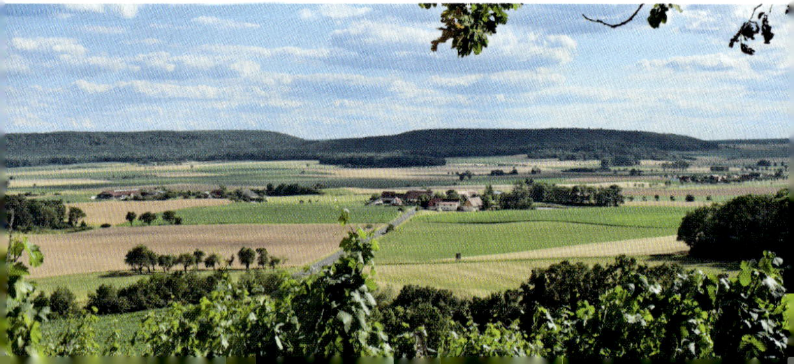

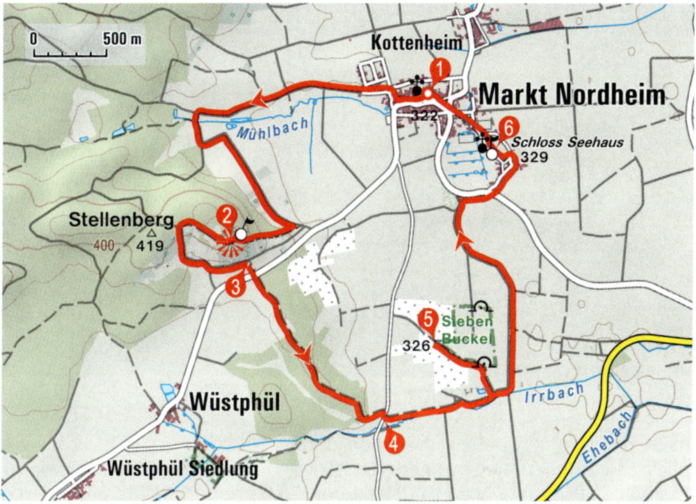

die Hügel des südlichen Steigerwaldes mit dem Hohen Landsberg, 498 m. An einer großen Wegtafel, etwa 200 Meter vor dem Waldrand, wenden wir uns mit »MN5« und dem Lutherzeichen nach links (Hinweis »Ulsenheim«). Der Weg zieht sich an der Flanke des Stellenbergs entlang nach Südosten. Immer wieder bieten sich schöne Ausblicke auf Markt Nordheim. Achtung: 100 m vor dem Wanderparkplatz an der Straße (NEA 31) zweigt unser Weg im spitzen Winkel entlang des Elektrozauns mit dem Lutherzeichen nach rechts oben ab (Hinweis: »Aussicht Hohenkottenheim«). Wir steigen anfangs gemächlich, später steil bergauf. Der Pfad wird zum Hohlweg und mündet in eine Wiese. Rechts führt ein Pfad zum Burgstall Hohenkottenheim. Der Abstecher lohnt sich nicht, denn außer ein paar Mauerresten und einem Kellergewölbe ist von dem erstmals 1356 erwähnten Adelssitz nicht mehr viel übrig. Aber wenn wir auf unserem Weg 100 m im Linksbogen weitergehen, gelangen wir zu einem **Weinbergshaus** ② mit Rastbank, von der sich eine herrlichen Aussicht ins Tal und an klaren Tagen bis zur Burg Hoheneck bietet. Der Lutherweg führt durch Wald und entlang der Rebhänge der Lage Hohenkottenheim. An der T-Kreuzung halten wir uns links in Richtung Tal. Auf dem Querweg wieder links. Wir ignorieren einen Abzweig

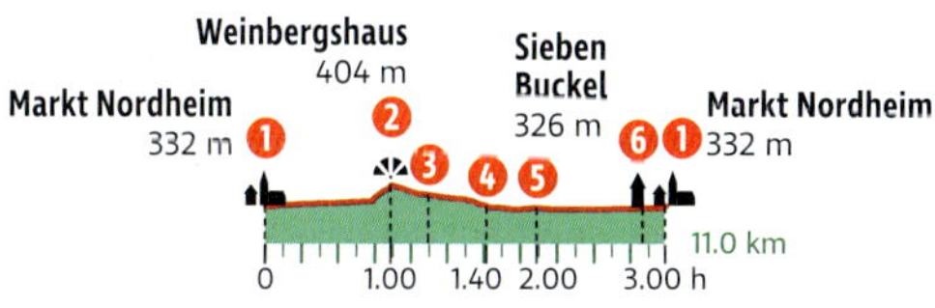

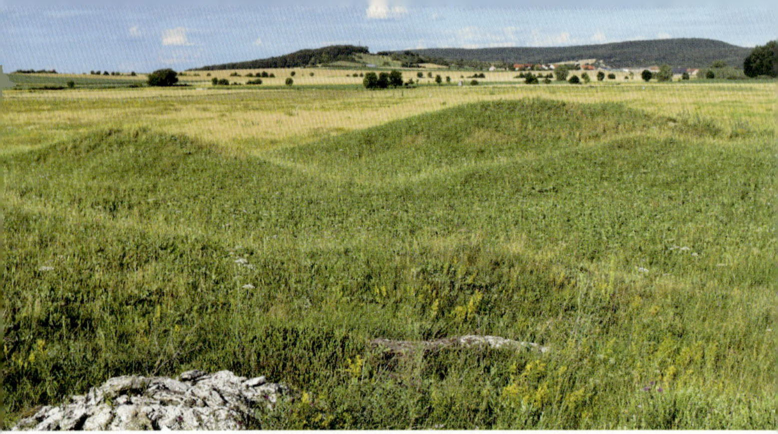

Die Gipshügel »Sieben Buckel«.

nach rechts und wandern am Fuße der Weinberge noch 200 m bis zur nächsten T-Kreuzung ❸. Hier verlassen wir den geradeaus weisenden Lutherweg, halten uns (die MN5-Markierung fehlt leider) rechts und queren nach knapp 100 m die Straße (NEA 31). Auf der anderen Seite wandern wir am Waldrand entlang. Nach 10 Min. tauchen wir ganz in den Forst ein. Es geht leicht abwärts. Im Tal, an der Straße Herbolzheim–Markt Nordheim, halten wir uns kurz rechts und biegen gleich, also noch vor der Brücke über den Irrbach, links in einen (wenn das Gras nicht gerade gemäht wurde) schwer erkennbaren, aber gut mit »MN5« markierten Pfad ein ❹. Der Pfad wird zum Weg und bringt uns zum Naturschutzgebiet Sieben Buckel. Das zehn Hektar große Areal besteht aus einem sichtbaren und einem unsichtbaren Teil. Nicht zu sehen und auch nicht zugänglich ist die Gipshöhle Höllern. Das unterirdische Schutzgebiet dient Fledermäusen als Winterquartier. Südlich davon liegen die **Sieben Buckel** ❺, sie säumen die Ränder einer eingebrochenen Geländerinne mit kleineren Höhlen. Am besten folgt man den Informationstafeln durch die Steppenlandschaft. Am eindrucksvollsten ist der Blick von Tafel 3 auf die Felswand. Wer sein Wissen über Flora und Fauna des Schutzgebietes vertiefen möchte, dringt auf dem Pfad bis Tafel 6 vor.

Wir kehren zurück zum Feldweg unterhalb der Tafel 3. Dort links und an der T-Kreuzung wieder links (»MN2«). Der Feldweg endet an der Verbindungsstraße NEA 33. Wir halten uns rechts ein Stück an der Straße, bis uns die Markierungen links an alten Wirtschaftsgebäuden vorbei zum **Schloss Seehof** ❻ leiten. In den Sommermonaten bieten die Räumlichkeiten den festlichen Rahmen für klassische Konzerte und Meisterkurse. Über die Schlossallee neben dem Weiher gelangen wir zurück zur Kirche **St. Georg** in **Markt Nordheim** ❶.

Rund um Pommersfelden

Vom Barockschloss Weißenstein nach Sambach

Schloss Weißenstein in Pommersfelden gehört zu den bedeutendsten Barockbauten Süddeutschlands. Wer sich der Anlage zum ersten Mal von Süden her nähert, wird über ihre Größe überrascht sein. Da die Besichtigung einige Zeit in Anspruch nimmt, haben wir uns für eine moderate Wanderung im Bannkreis des Schlosses entschieden. Sie führt in einem weiten Bogen durch Wald und Flur um den monumentalen Bau herum, der sich noch immer im Besitz der Familie Schönborn befindet.

Ausgangspunkt: Pommersfelden, Schloss Weißenstein, 283 m. Mit Bahn und Bus schwer zu erreichen, Anfahrt mit PKW empfohlen. Gebührenfreie Parkplätze neben dem Schloss (Navi: 96178 Pommersfelden, Schönbornstraße 14).
Anforderungen: Feld- und Waldwege ohne nennenswerte Steigungen. Für Kinderwagen geeignet.
Markierung: Weg 4 (Blaupunkt), Weg 6 (Rotstrich).
Einkehr: In Pommersfelden: Restaurant Dorn (Tel. +49/9548/982400). In Limbach: Gasthof Volland (Tel. +49/9548/281, www.gasthof-volland.de). In Sambach: Gasthof Hennemann (Tel. +49/9502/4307, www.brauerei-hennemann.com).
Karte: ATK25 Blatt E08 Burgebrach.
Hinweis: Öffnungszeiten und Eintrittspreise von Schloss Weißenstein auf www.schoenborn.de/schloss-weissenstein.
Variante: Abkürzung um den Großen See. Bei der Kreuzung mit dem Holzkreuz links und dann rechts mit »Blaupunkt« um den See herum zurück nach Pommersfelden.

Weiher bei Limbach.

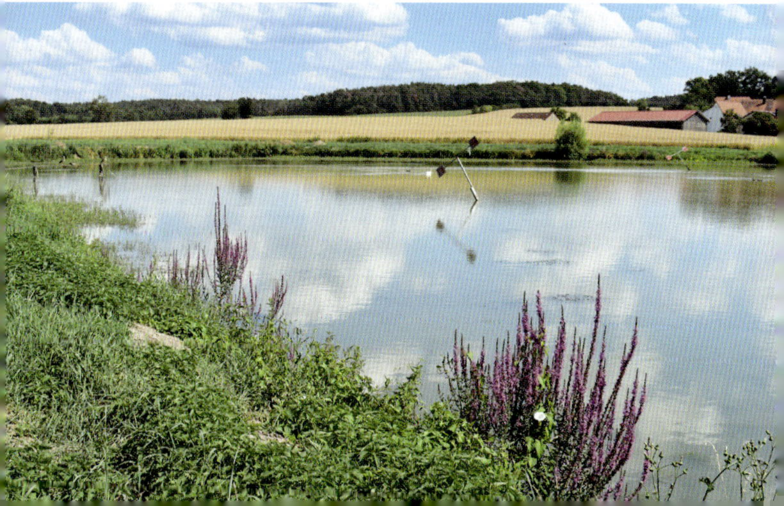

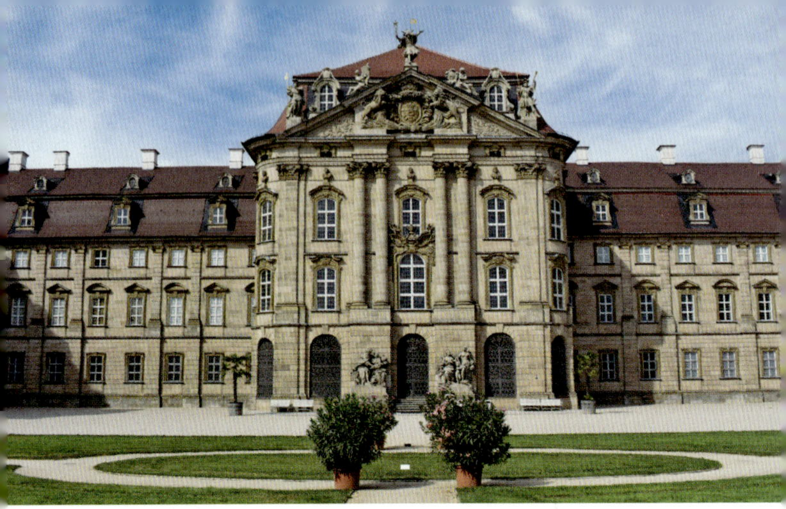

Schloss Weißenstein, die einstige Sommerresidenz der Schönborns.

Gegenüber der Schlossmauer von **Schloss Weißenstein** (1) zwischen dem Hotel-Restaurant Dorn und der Schule folgen wir der Markierung »Blaupunkt«. An der T-Kreuzung geht es rechts und über die Fluren geradeaus nach Westen. Die Abzweigung nach links ignorieren wir und wandern weiter auf die einsame Eiche am Bach zu. Dort links in den Wirtschaftsweg und in einem Bogen an Karpfenweihern vorbei in den Ortsteil **Limbach** (2). In der Ortsmitte links zum Gasthof Volland, kurz darauf halb rechts und geradeaus aus dem Ort hinaus. Die Fischweiher an der nächsten Wegkreuzung lassen wir links liegen. Wir steigen hoch zum Wald, dessen äußersten Zipfel wir durchqueren. An der gleich darauffolgenden Kreuzung (3) halten wir uns links und folgen stets dem Zick-Zack-Kurs der Markierung, bis wir ins Tal gelangen. An der Kreuzung mit dem großen **Holzkreuz** (4) kann man links nach Pommersfelden abkürzen (siehe Variante). Wir wandern geradeaus weiter nach Sambach (die Silos der Wiesneth-Mühle helfen bei der Orientierung). Kurz vor dem Ort überqueren wir die Reiche Ebrach; an der Hauptstraße geht es nach rechts bis zur Kirche St. Antonius Abbas in **Sambach** (5). Direkt daneben liegt der Brauerei-Gasthof Henneman.

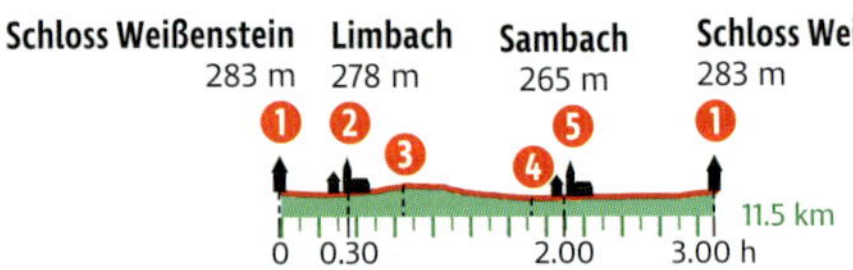

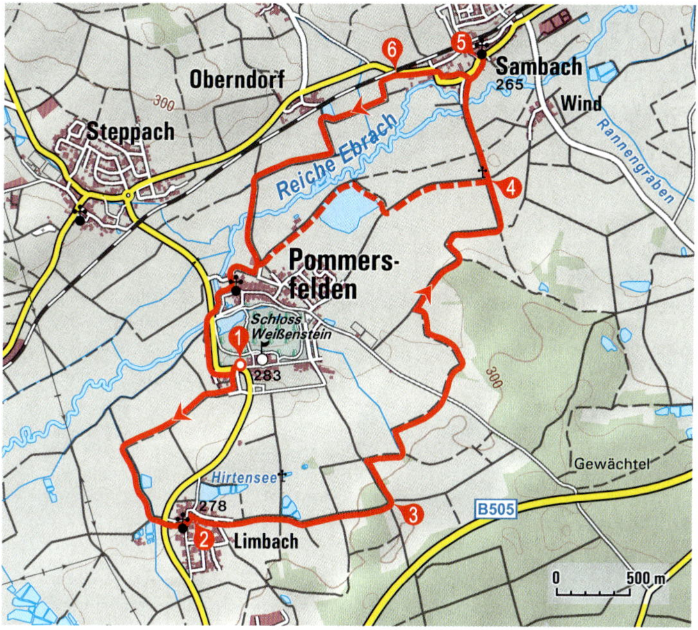

Karpfenweiher bei Pommersfelden.

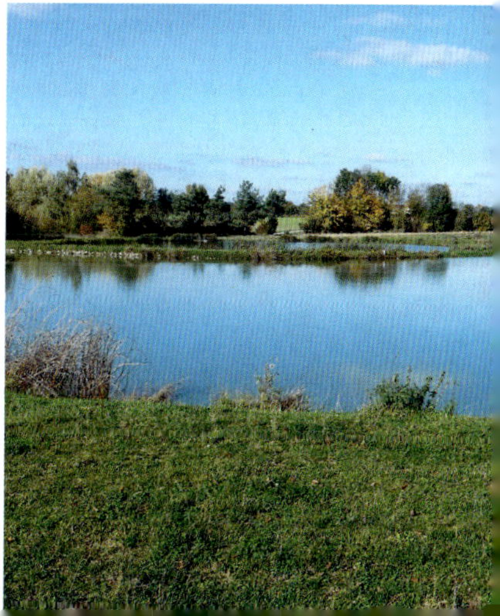

Danach müssen wir zunächst zurück zu der Abzweigung, die wir vom Hinweg kennen. Wir bleiben aber auf der Hauptstraße und wandern an der Wiesneth-Mühle vorbei zum Ortsausgang. Vor dem Bahnübergang gehen wir links in den Weg neben den Gleisen ❻ und orientieren uns am »Rotstrich« (Wanderweg 6). Im Zickzack-Kurs gelangen wir wieder nach Pommersfelden. Wir stoßen direkt auf die evangelische Kirche St. Maria und Johannes, halten uns rechts, passieren die frühere Schlossmühle und kommen zum ummauerten Park. Von dort sind es nur ein paar Schritte zum **Schloss Weißenstein** ❶.

↗ 220 m | ↘ 220 m | 11.7 km

44 Von Geiselwind nach Großbirkach

3.15 h

Kaisereiche und Alter Dreifrankenstein

Der ganze Dreifrankensteinweg ist 46 km lang und damit kaum an einem Tag zu schaffen. Unser Vorschlag erfasst eine Teilstrecke, die zu drei interessanten Zielen führt: dem Naturdenkmal Kaisereiche in Füttersee, der romanischen Kirche in Großbirkach und dem Alten Dreifrankenstein. Die Stele wurde 1892 an dem Punkt gesetzt, an dem sich die vom Königreich Bayern geschaffenen Verwaltungsbezirke Ober-, Mittel- und Unterfranken berührten. Im Zuge der Gebietsreform 1972 hat sich die Schnittstelle nach Südosten verschoben. Der neue Dreifrankenstein, ein 2,5 Tonnen schwerer und 2,80 m breiter Felsblock, steht zwischen Sixtenberg und Freihaslach.

Romanische Kirche in Großbirkach.

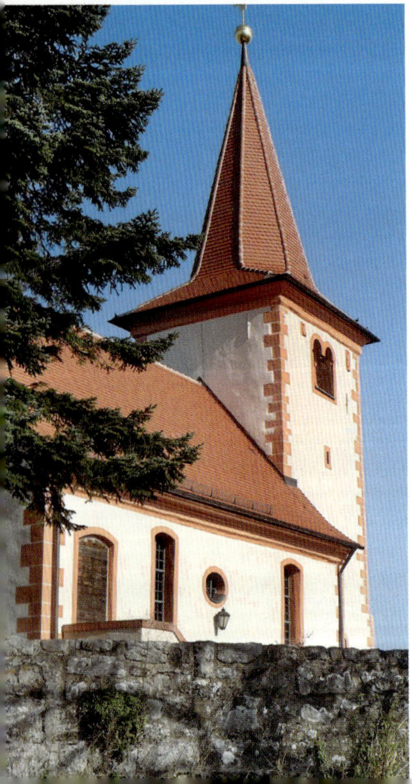

Ausgangspunkt: Geiselwind, 344 m. Mit Bahn und Bus schwer zu erreichen, Anfahrt mit PKW empfohlen. Gebührenfreie Parkplätze am Friedhof (Navi: 96160 Geiselwind, Fütterseer Str.).
Anforderungen: Feld- und Forstwege, streckenweise auch Wiesenpfade. Bis Füttersee geteerte, aber kaum befahrene Straße. Moderate An- und Abstiege.
Markierung: ohne Markierung, dann durchgehend Dreifrankensteinweg.
Einkehr: In Geiselwind: Hotel Stern (Tel. +49/9556/217, www.hotel-stern-geiselwind.de), Krone (Tel. +49/9556/923800). In Großbirkach: Schwarzer Adler (Tel. +49/9556/321).
Karte: ATK25 Blatt E07 Schlüsselfeld.
Tipp: Das Freizeit-Land Geiselwind ist der größte Freizeitpark Bayerns (freizeit-land.de).

Vom Friedhof in **Geiselwind** ❶ bleiben wir auf der Fütterseer Straße, ignorieren alle Abzweigungen und steigen nach einem Rechtsbogen hoch bis zu einer Baumreihe. Von hier an geht's abwärts. Wir passieren einen Reiterhof und gelangen über die Bergstraße nach **Füttersee**. Hier links in den Ort hinein und nach dem Überqueren der Brücke rechts den Schildern »Zur Kaisereiche« folgen.

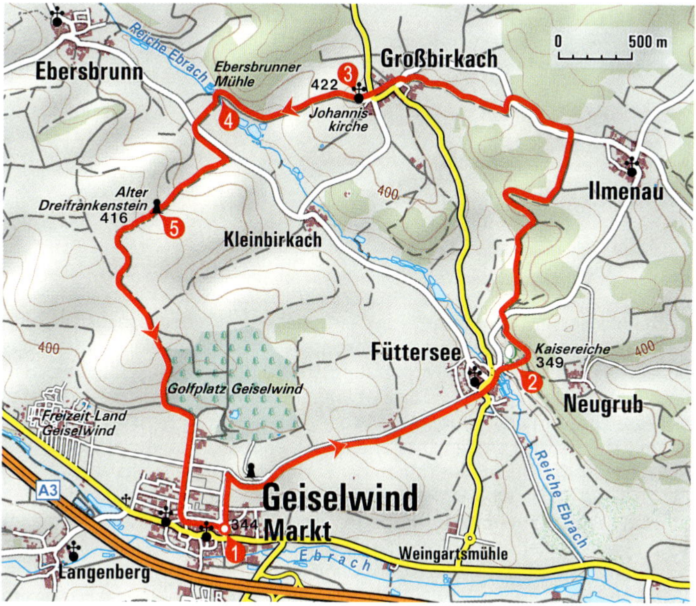

Nach kurzem Aufstieg stehen wir vor dem Naturdenkmal **Kaisereiche** ❷. Durch Orkan Fabienne hat sie 2018 leider rund die Hälfte ihrer Krone verloren. Legenden bringen den Baum mit Karl dem Großen oder Barbarossa in Verbindung; Forstleute schätzen ihr Alter immerhin auf 400 bis 500 Jahre. Jedenfalls sind ihre Ausmaße mit 35 m Höhe und 8,40 m Stammumfang beeindruckend. Die Wiese mit der Eiche spielte übrigens in den turbulenten APO-Jahren eine Rolle, hier campierten im Juli 1969 Fritz Teufel, Dieter Kunzelmann und andere Linksaktivisten.
Von der Eiche führt ein Trampelpfad über die Wiese nach oben und stößt beim Wasserwerk auf einen Waldweg. Hier links (Markierung Dreifrankensteinweg, G3). Nach 200 m queren wir die Straße Füttersee–Ilmenau und wandern auf den Wald zu. An der nächsten Keuzung halten wir uns rechts. Nach etwa 50 m leiten uns die Markierungen links auf einen steilen Pfad. An der Kehre rechts und geradeaus auf den Waldrand zu. Dort behalten wir die Richtung bei, bis wir erneut

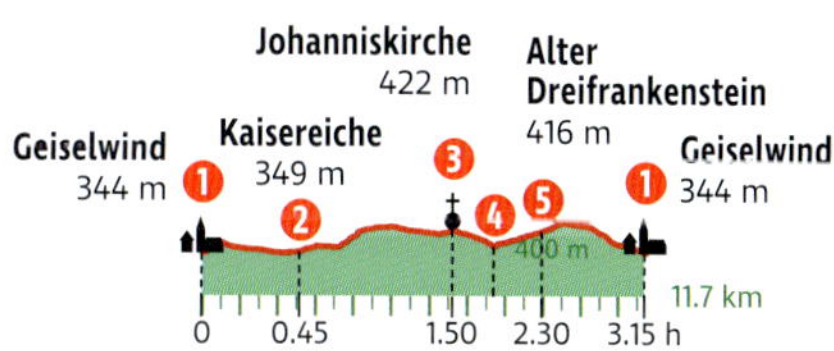

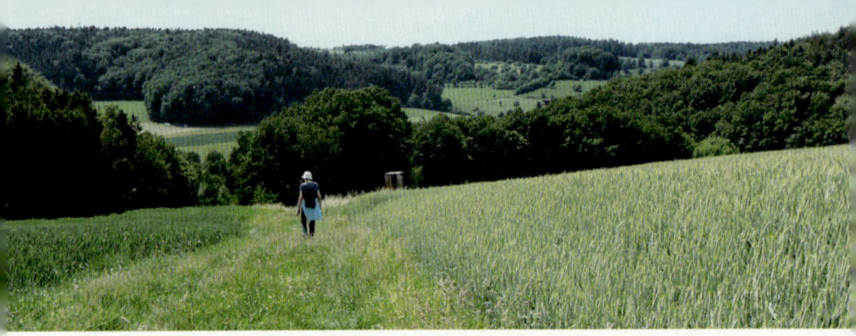

Abstieg von Großbirkach zur Ebersbrunner Mühle im Tal der Reichen Ebrach.

nach links verwiesen werden – auf eine Hecke mit einem Hochsitz. Nahe des Funkmastes stoßen wir auf einen geteerten Feldweg. Weiter geradeaus bis zur wenig befahrenen Verbindungsstraße Ilmenau–Großbirkach. Hier links und nach knapp 500 m erneut links. In der Ferne wird unser nächstes Ziel, die Großbirkacher Kirche, sichtbar. Vom Feldweg geht es rechts auf einen Pfad, der uns an den Ortsrand und über den Dorfanger zum **Gasthof Schwarzer Adler** führt. Wir folgen der Fütterseer Straße leicht aufsteigend bis zu einer scharfen Rechtskurve. Dort biegen wir links auf den Fußweg ab und steigen zur **Johanniskirche** ❸ hoch. Der Turm und das normannische Zackenportal sind die ältesten Bauteile der Kirche. Kunsthistorisch am bedeutendsten ist das Halbrelief im Chor. Es zeigt Johannes den Täufer, flankiert von zwei kleineren Figuren in kurzen Röcken, die jeweils eine Hand zum Schwur erheben. Die Inschrift »Wolferherus Abbas« verweist auf das zweite Drittel des 11. Jh., als ein gewisser Wolfher Abt in Schwarzach am Main war.

Nach der Besichtigung wenden wir uns am Ausgang des Friedhofs nach rechts und steigen über den Hirtenacker hinunter ins Tal der Reichen Ebrach. Vor der **Ebersbrunner Mühle** ❹ weist uns die Markierung links durch den Wiesengrund. Wir stoßen auf die Straße Ebersbrunn–Füttersee, halten uns wieder links, biegen nach etwa 300 m rechts ab und wandern in den von Laubbäumen dominierten Wald hinein. Ca. 20 Min. später stehen wir an der Stele des **Alten Dreifrankensteins** ❺ mitten im Wald.

Wir setzen unsere Wanderung in derselben Richtung fort. Statt der Buchen herrschen auf einmal Nadelbäume vor. Das hat mit dem sandigen Untergrund zu tun. Wir befinden uns in einem Geotop, das sich während der letzten Eiszeit gebildet hat, als heftige Stürme von Westen kommend durch das Maintal fegten und jede Menge Staub hier ablagerten. Es lässt sich nur erahnen – der Weg führt durch eine ehemalige Dünenlandschaft. Nach etwa 15 Min. wandelt sich das Bild erneut, es dominieren wieder die Laubbäume. Wenn wir den Waldrand erreichen, erblicken wir Warnschilder, die uns darauf hinweisen, dass wir uns am Rande eines Golfplatzes befinden. Die Zone ist schnell durchschritten. Über Friedrichstraße und Höllgraben gelangen wir zurück zum Friedhof in **Geiselwind** ❶.

↗ 550 m | ↘ 550 m | 21.9 km

6.30 h

TOP

45 Spalter Hügellandtour

Durch Hopfenland und tiefe Schluchten

In und um Spalt dreht sich alles um den Hopfen und ums Bier. Das Spalter Land ist das älteste Hopfenanbaugebiet in Deutschland mit über 1000-jähriger Geschichte. Viele alte Hopfenhäuser mit ihren gebrochenen Steilsatteldächern und mächtigen Fachwerkgiebeln prägen das Bild des Städtchens. Und das Spalter Bier aus der einzigen deutschen Kommunalbrauerei besitzt sogar Kultstatus: »In Spalt, in Spalt, dou wern die Leit gor alt. Sie kenna nix dafier, dos macht ös goute Bier.« Aber nicht nur gutes Bier hält jung, sondern auch das Wandern in schöner Landschaft. Und davon hat die Umgebung von Spalt einiges zu bieten. Die bestens ausgeschilderte Route der Spalter Hügellandtour führt in stetigem Auf und Ab durch tiefe Schluchten und über aussichtsreiche Höhen. Außerdem besteht unterwegs die ein oder andere Möglichkeit, aus dem guten Spalter Bier neue Kraft für den Rest des Weges zu schöpfen.

Ausgangspunkt: Spalt, Kornhaus am Gabrieliplatz, 362 m. Von Nürnberg Hbf mit RE Richtung Treuchtlingen bis Georgensgmünd, weiter mit Bus 623 bis »Spalt, Altes Rathaus«. Sa, So u. Fei mit Bus 609 (»Brombachsee-Express«, nur vom 1.5. bis 1.11.) von Roth erreichbar. Kostenlose Parkplätze auf dem Kornhausplatz (Navi: 91174 Spalt, Obeltshauser Str.).
Anforderungen: Anspruchsvolle Tour mit einigen steileren An- und Abstiegen, gute Kondition und stellenweise Trittsicherheit erforderlich. Etwa zur Hälfte auf geschotterten und naturbelassenen Wegen.
Markierung: Spalter Hügellandtour (blaues Schild).
Einkehr: In Massendorf: Gasthaus Frankenhöhe (Tel. +49/9175/9760). Biergarten Pflugsmühle (Tel. +49/9873/97980, www.pflugsmuehle.de). In Stiegelmühle: Gasthof Blumenthal (Tel. +49/9873/332, www.gasthof-blumenthal.de). In Wernfels: Eis vom Werzingerhof (Tel. +49/9873/1205, www.pfahler-eis.de). In Spalt: Gasthof Hoffmanns Keller (Tel. +49/9175/857, www.hoffmanns-keller.de), Gasthof Krone (Tel. +49/9175/370, www.gasthof-krone-stengel.de).
Karte: ATK25 Blatt I08 Gunzenhausen.
Variante: Wem die Tour zu lang ist, der kann sie auf zwei Etappen aufteilen durch Ende/Start in Wernfels (Mo–Fr Bus 607 zwischen »Wernfels, Mitte« und Schwabach).
Tipp: Das HopfenBierGut (Museum im Kornhaus) informiert über die Spalter Braukunst. Im Eintritt ist ein Spalter Bier (0,2 l) zum Verkosten inbegriffen (www.hopfenbiergut.de).

In der Massendorfer Schlucht.

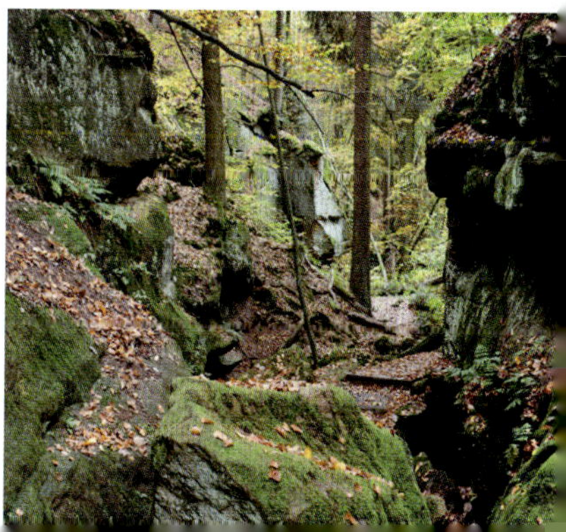

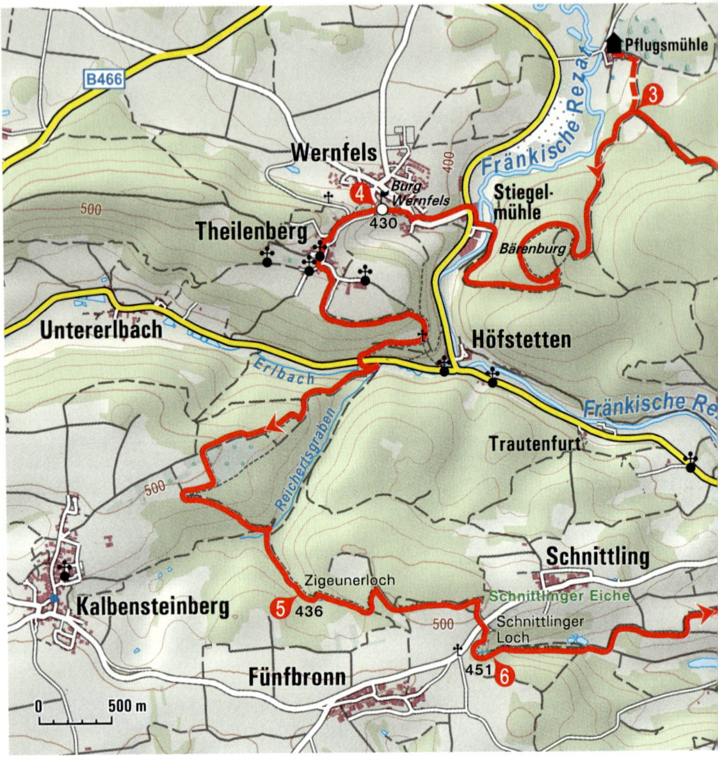

Vom **Kornhaus** in **Spalt** ❶ gehen wir zum nahen Kornhausplatz (Parkplatz), wo wir der Beschilderung »Müllersloch/Massendorfer Schlucht« auf einem Fußweg längs des Hatzelbaches links in nördlicher Richtung folgen. In einer Linkskehre passieren wir den Dr.-Herkules-Turm und die Stadtmühle und halten uns dann rechts auf einem Steg über die Fränkische Rezat.

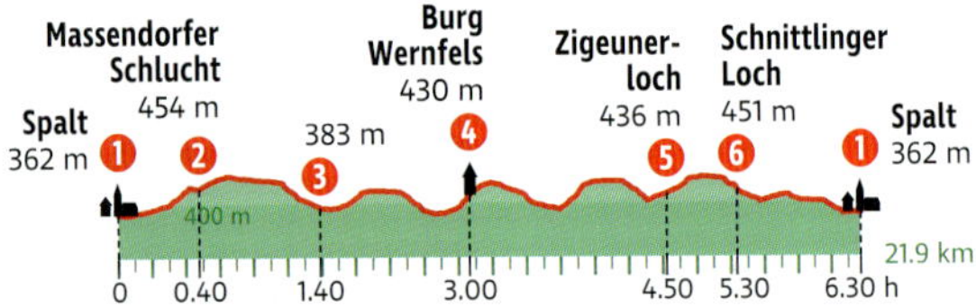

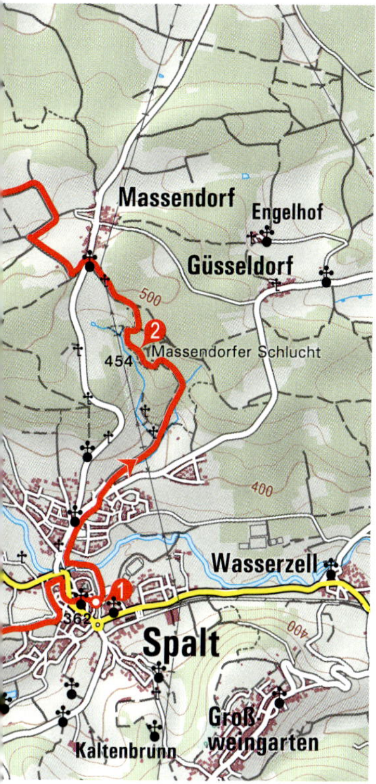

Danach rechts in die Güsseldorfer Straße (RH 6), vorbei am Friedhof, bis wir links in das Sträßchen »Am Heiligen Abend« abbiegen. Es bringt uns über Streuobstwiesen längs des Bürgtales hoch an den Rand eines Waldgebietes. Dort bei einer Wegspinne geradeaus in den Forst hinein und in einem Hohlweg aufwärts bis zum Abzweig zum Müllersloch, das wir allerdings rechts liegen lassen (weit attraktivere Schluchten liegen noch auf unserem Weg). Dann auf Stufen halbwegs steil hinauf auf die Alte Bürg, eine Fliehburg aus dem frühen 10. Jh. Wir gehen am östlichen und nördlichen Wall der Anlage vorbei und halten uns bei der ersten Weggabel danach rechts hinunter in die **Massendorfer Schlucht** 2. Ein namenloser Bach hat sich hier im Laufe der Zeit auf einer Länge von etwa 300 m bis zu 20 m tief in den Burgsandstein eingeschnitten und damit eine wildromantische Szenerie geschaffen.

Wir durchqueren leicht ansteigend die Schlucht und gelangen schließlich aus dem Wald heraus zu einem Wanderparkplatz an der RH 39 kurz vor Massendorf (Einkehrmöglichkeit im Ort). Wir überqueren die Straße leicht links versetzt und folgen dann einem breiten Flurweg in einer Rechtsbiegung über die Feld- und Wiesenflur. Beim nächsten Querweg rechts, dann gleich wieder links durch Hopfengärten hindurch und beim nächsten Abzweig nochmals links. Nun immer geradeaus auf den Waldrand zuhalten und dort rechts auf einen Pfad, der stetig etwas steiler abwärts durch das Nadelgehölz verläuft. Er geht nach etwa 300 m in eine breite Waldfuhre über, die jetzt mit weniger Gefälle weiter den Abhang hinunterführt. In einer Lichtung gelangen wir zu einem breiten Schotter-Querweg 3. Hier empfiehlt sich rechts ein Abstecher zur nahen Pflugsmühle mit schönem Biergarten. Ansonsten geht es links auf dem Schotterweg in einem Taleinschnitt stetig leicht aufwärts, dann in einer Rechtskehre steil bergan zur **Bärenburg**, einer keltischen Ringwallanlage (ca. 500 v. Chr.). Oben rechts halten und nun immer auf dem Wall

rund um die Anlage herum, bis uns die Beschilderung des Hügellandweges rechts den Abhang hinunter zu einem breiten Querweg führt. Ihm folgen wir nach rechts mit zunehmendem Gefälle durch den Misch- und Nadelwald, zuletzt in einer hohlwegartigen Passage, bis wir schließlich den Waldrand erreichen. Dort rechts hinunter in den Talgrund der Fränkischen Rezat, die wir bei der **Stiegelmühle** auf einem Steg überqueren.
Im Weiler rechts längs der St 2223 und nach knapp 100 m links in die Stiegelmühler Straße. Dann links in die Straße »Im Tal« und dort bei erster Gelegenheit rechts auf Treppenstufen und einem schmalen Pfad hoch zur **Burg Wernfels** 4. Von der imposanten Festung – einst Sitz der Eichstätter Bischöfe, heute eine Jugendherberge – schaut man weit ins Land. Auf dem Kirchenweg gelangen wir bald nach **Theilenberg**; das Dorf liegt noch höher als Wernfels, weshalb sich uns an manchen Stellen schöne Ausblicke in alle Himmelsrichtungen bieten – unter anderem zur den Burgen Wernfels und Abenberg und bis zum Nürnberger Fernsehturm. Im Ort hinter der Kirche links und beim nächsten Abzweig rechts hinaus auf die Streuobstwiesenflur, wo wir an der Ausgrabungsstätte der ehemaligen Thylenburg vorbeikommen – einer spätkarolingisch-ottonischen Burg aus dem 9. Jh. Kurz danach macht unser Weg eine Linksbiegung, führt dann knapp 500 m am Rand eines Waldes entlang und schließlich in ihn hinein. Nun der Beschilderung des Hügellandweges in einer weiten Kehre durch den Forst hinunter zur St 2723 folgen. Auf ihr einige Meter nach links und beim ersten Abzweig rechts über den Erlbach bis zu einer Weggabelung. Dort rechts den Abhang hoch und oben, vorbei an den Wällen der Silberburg, bei der zweiten Gabelung links halten. Im weiteren Verlauf um eine Obstplantage

Burg Wernfels.

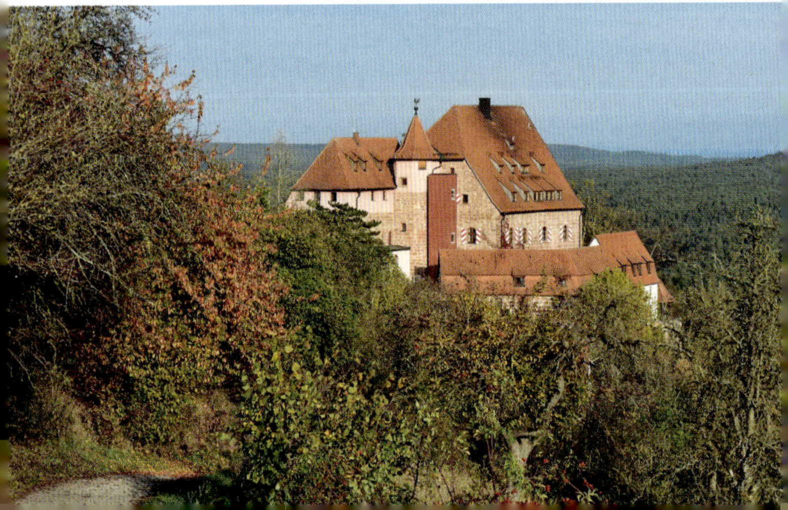

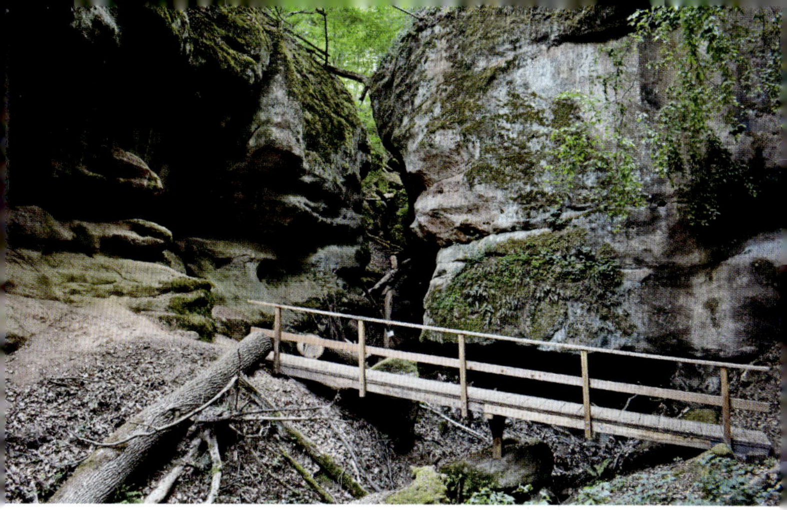

Im Schnittlinger Loch.

herum bis zu einer Wegkreuzung, wo wir spitzwinklig nach links in den Wald hinein abbiegen. Nun stetig abwärts hinunter in den Einschnitt des Reichertsgrabens und dort bei der Weggabelung nach rechts. Längs des Aschenschlaggrabens gelangen wir auf einem Pfad kurz darauf zum **Zigeunerloch** 5, einer weiteren Schlucht im Burgsandstein. Von dort zunächst ebenerdig, dann in einer Linksbiegung etwas steiler den Abhang hoch bis zu einem breiten Querweg. Ihm folgen wir etwa 200 m nach rechts und biegen dann links auf einen schmalen Weg ab, der uns nun halbwegs geradlinig durch den Wald führt. Beim querenden Weg am Waldrand halten wir uns rechts und passieren sogleich die majestätische Schnittlinger Eiche (vermutlich mehr als 300 Jahre alt) mit dickem Stamm und wuchtiger Baumkrone. Dann über die RH 6 hinweg bei einem Wanderparkplatz auf 116 Holzstufen hinunter ins **Schnittlinger Loch** 6 – die spektakulärste von allen Burgsandstein-Schluchten im Spalter Land. Ihre Besonderheit ist eine eindrucksvolle Klammstrecke: Zwischen den etwa 10 m hohen senkrechten Felswänden gibt es hier einen nur etwa 2 m breiten Durchlass von knapp 15 m Länge. Längs des Hatzelbaches gelangen wir aus der Schlucht hinaus, verlassen hinter zwei Weihern den Wald und erreichen, unserer Wegbeschilderung folgend, über den Rücken des Galgenberges den Ortsrand von Spalt. Dort links auf einem Fußweg bis zur Windsbacher Straße und die Grünanlage Stadtmüllergarten passieren. Dann rechts in die Hauptstraße, vorbei an einigen der typischen Hopfenhäuser, und an der Fußgängerampel über die Straße. Auf einer nach links abbiegenden engen Gasse gelangen wir zurück zum **Kornhaus** in **Spalt** 1.

↗ 190 m | ↘ 190 m | 8.1 km

46 Rund um Thalmässing

2.30 h

Ein spektakulärer Hohlweg mit Bierkellern und der Jurarand

Beim Namen Thalmässing denken Besucher meist an den archäologischen Wanderweg (siehe Rother Wanderführer Altmühltal). Keine Frage: Der Streifzug durch die Vorgeschichte und das Museum Fundreich sind attraktiv. Da der Archäologieweg ein Selbstläufer ist, wagen wir es, einen Tourenvorschlag zu unterbreiten, der neben einem archäologischen Ziel (Keltenschanze) auch spektakuläre Natur- und Kultureindrücke bietet: Das beginnt beim Hohlweg durch die Schanze, der nahe Reinwarzhofen zum Kellerweg wird, geht über traumhafte Buchenwälder an der Jurakante und endet mit einer Bergwiese, die einen glauben lässt, bereits im Voralpenland zu sein.

Ausgangspunkt: Thalmässing, Marktplatz, 418 m. Mit Bahn und Bus schwer zu erreichen, Anfahrt mit PKW empfohlen. Parkplätze am Marktplatz (Navi: 91177 Thalmässing, Marktplatz oder Hauptstraße).
Anforderungen: Feld-, Wald- und Hohlwege. Bei Reinwarzhofen auch Wiesen- und Wurzelpfade. Moderate An- und Abstiege. Für Kinder geeignet.
Markierung: 4 auf Gelb (Premiumweg Jurakante).
Einkehr: In Thalmässing: Zum Löwen (Tel. +49/9173/509, www.gerberwirt.de), Zur Krone (Tel. +49/9173/9791). In Reinwarzhofen: Gasthaus Wissinger (Tel. +49/9173/310).
Karte: ATK25 Blatt I10 Hilpoltstein.

Am **Marktplatz** in **Thalmässing** ❶ folgen wir der Makierung »4 auf Gelb« (Premiumweg Jurakante), die uns zwischen dem Museum Fundreich und dem Gasthaus Zur Krone über die Schulgasse auf die Nürnberger Straße

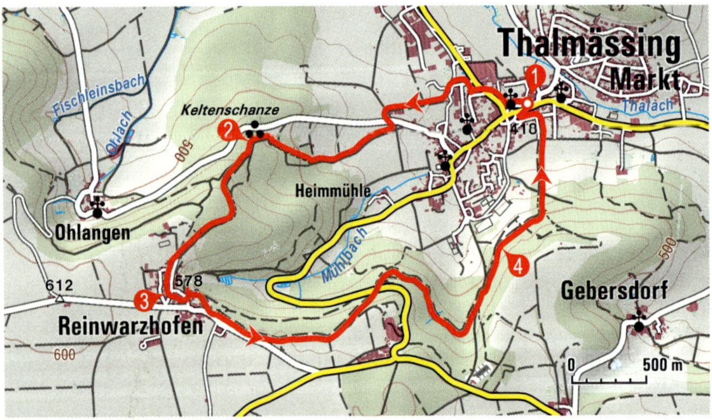

führt, der wir rechts bis zur Bahnhofstraße folgen. Hier links und vorbei am Thalmässinger Landgasthof vor dem früheren Bahnhofsgebäude rechts auf einen Fußweg. Wir stoßen auf den Ziegelweg, wo wir uns links halten, und gelangen über die Brunnengasse hinaus aufs Kohlfeld. An der T-Kreuzung links und an der zweiten Kreuzung rechts. Der Weg führt durch einen Bachgrund in den Wald hinein, steigt leicht hinauf nach rechts, bis wir in einen Hohlweg gelangen und auf die **Keltenschanze** ❷ nahe Ohlangen stoßen. Sie misst 150 mal 100 m und wurde zwischen 150 und 50 v. Chr. angelegt. Von der ursprünglichen Form ist nicht mehr viel zu erkennen. Nach derzeitigen Erkenntnissen verbargen sich hinter den Wällen keine Verteidigungsanlagen oder Kultstätten, sondern Bauernhöfe. Von dem geradeaus nach Ohlangen führenden Hohlweg (Markierung Frankenweg) zweigt im rechten Winkel ein weiterer in den Fels geschlagener Hohlweg mit dem Zeichen 4 nach links oben ab. Ihm folgen wir. Der Aufstieg ist ein besonderes Erlebnis, weil sich der Wanderer zwischen den Hängen recht eingeengt fühlt. Nach 200 m werden Eingänge sichtbar, die hier in das Gestein geschlagen wurden. Es handelt sich um einstige Bierkeller. Die Einheimischen nennen den Pfad auch Kellerweg. Heute dienen die künstlichen Höhlen Fledermäusen als Unterschlupf und Winterquartier. Über die Hochfläche gelangen wir nach **Reinwarzhofen** ❸ zum Gasthaus Wissinger. Die schöne Terrasse lädt zur Pause ein. Der Wanderweg führt hinter der Gaststätte ein Stück bergab und weiter rechts über eine Wiese. Oberhalb des Winterholzes verläuft er parallel zur Straße (RH 23). Schließlich macht er einen Knick nach links und führt abwärts hinein in den Wald. Nach 10 Min. überqueren wir die Straße St 2225 und nehmen (die Beschilderung ist hier unklar) die zweite Abzweigung nach rechts, wo wir auch bald unsere Markierung wiederfinden. Langsam steigen wir hinunter ins Bergerstal und setzen unsere Wanderung unter dem Blätterdach des von Buchen dominierten Forstes am Albrand fort. Am Waldrand auf einer **Bergwiese** ❹ hat man für eine Weile nicht das Gefühl, in Franken, sondern im Bergland zu wandern. Der Weg führt noch einmal kurz in den Wald und biegt abrupt links ab. Über Felder geht es in wenigen Minuten wieder hinunter nach **Thalmässing** ❶.

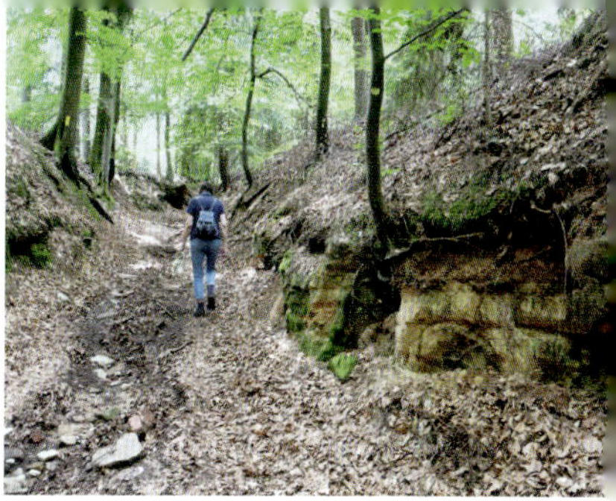

Hohlweg an der Keltenschanze.

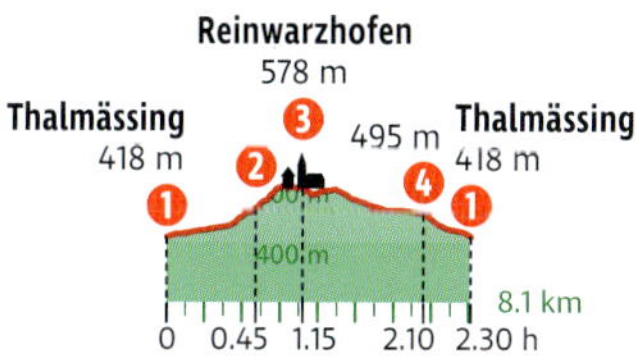

TOP

↗ 70 m | ↘ 70 m | 11.4 km

47 Brombachsee

3.00 h

Streifzug im Seenland

Warum sich nicht mit dem Trimaran zum Ausgangspunkt der Wanderung schippern lassen? Wer es einrichten kann, sollte sich dieses kleine Vergnügen gönnen. Möglich ist es zwischen Anfang April und Ende Oktober. Dieses Schiff bringt die Wanderer in 20 Minuten von Enderndorf nach Allmannsdorf. Die drei Rümpfe verleihen der »MS Brombachsee« eine unglaubliche Stabilität. Seekrank wird hier keiner. Im Gegenteil: Passagiere haben das Gefühl, über dem Wasser zu schweben.

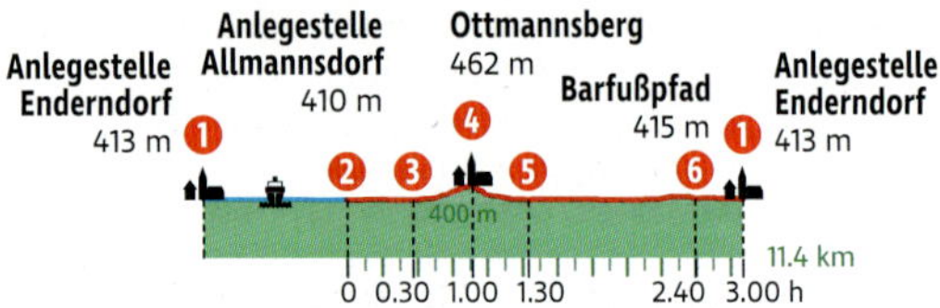

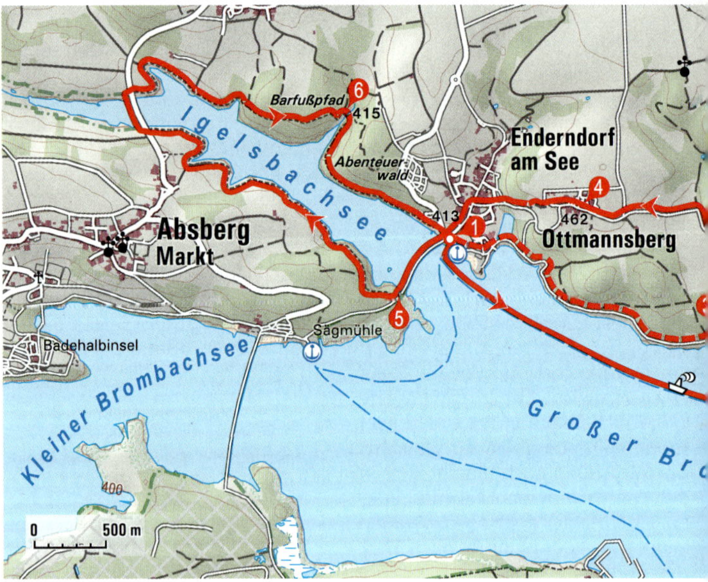

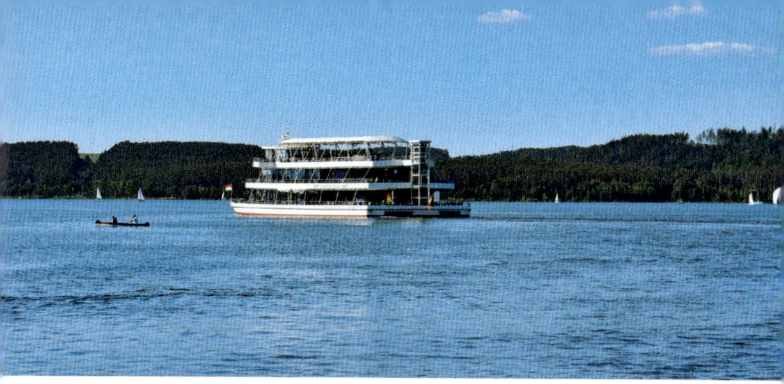

Trimaran auf dem Großen Brombachsee.

Ausgangspunkt: Enderndorf, Anlegestelle, 413 m. Ab Nürnberg Hbf mit S2 oder RE bis Roth, weiter mit Bus 609 (»Brombachsee-Express«, nur vom 1.5. bis 1.11. Sa, So u. Fei) bis »Enderndorf, Seeufer«. Ansonsten wenige andere Verbindungen. Gebührenpflichtiger Parkplatz am See (Navi: 91174 Spalt, Parken am See).

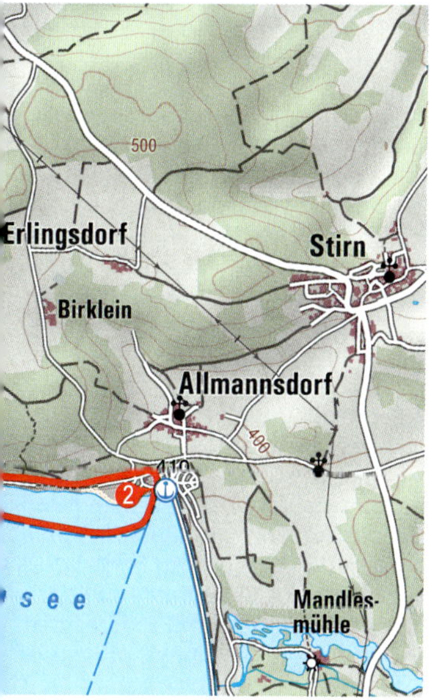

Anforderungen: Wechsel zwischen geschotterten Ufer- und Waldwegen sowie Teerstraßen. Moderater An- und Abstieg vor und hinter Ottmansberg. Für Kinder geeignet. An heißen Tagen Badesachen mitnehmen!

Markierung: Wege 31, 85, 5, 3, 6.

Einkehr: In Enderndorf: Zum Hochreiter (Tel. +49/9175/9749, www.zumhochreiter.de), Schäferhof (Tel. +49/9175/78778, www.landgasthof-schaeferhof.de), Strandhaus Sand&Sofa (Tel. +49/9175/9080408).
In Ottmannsberg: Noudlsberger Hof (Tel. +49/9175/78778, www.noudlsberger-hof.de).

Karte: ATK25 Blatt I08 Gunzenhausen und Blatt I09 Weißenburg in Bayern.

Varianten: 1) Ohne Schifffahrt. Von der Anlegestelle in Enderndorf mit der Markierung 6 am Ufer entlang Richtung Allmannsdorf, bis uns die Markierung 85 mit dem Hinweis »Heiligenblut« nach links leitet. Weiter wie beschrieben.
2) Der komplette Barfußpfad (Spalter Barfußwonnenweg, ca. 2 km) lohnt sich als eigenständige Wanderung. Startpunkt ist in der Nähe des Parkplatzes Abenteuerwald.

Hinweis: Fahrplan und Preise der Schifffahrt auf www.msbrombachsee.com.

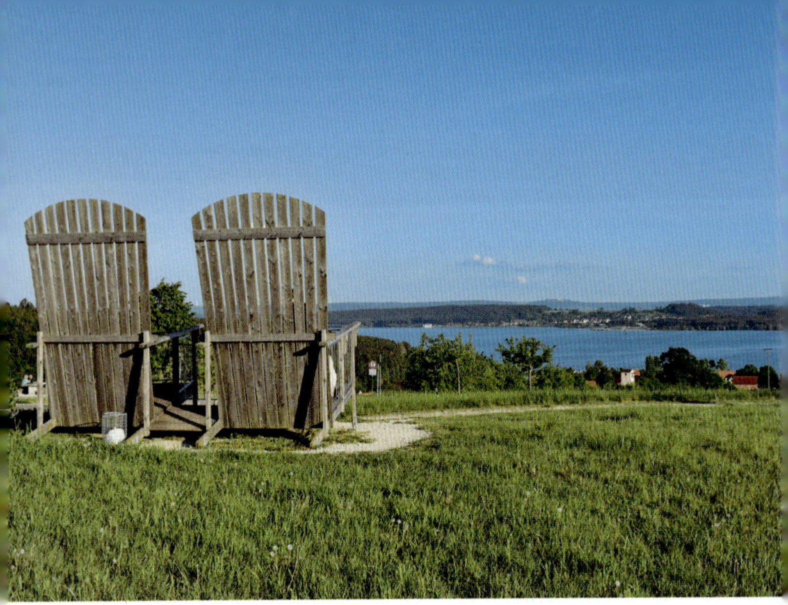

Oberhalb von Enderndorf liegt einem der Große Brombachsee zu Füßen.

Von der **Anlegestelle Enderndorf** ❶ mit dem Trimaran zur **Anlegestelle Allmannsdorf** ❷. Nach Verlassen des Schiffs halten wir uns links (Markierung 31) und gehen am Nordufer oberhalb des Badestrandes in Richtung Enderndorf. Damit sich Wanderer und Radler nicht in die Quere kommen, wurden getrennte Pisten angelegt. Das schont beider Nerven. Eine Bucht, die tief in den Wald reicht, wird über eine Brücke überquert. 100 m weiter zweigt ein geschotterter Pfad nach rechts ab ❸ – Schild »Heiligenblut«, Markierung 85. Er führt uns durch den Forst. Wir ignorieren alle Abzweigungen. Beim Austritt aus dem Wald werden auf dem Gelände erstmals die 10 bis 12 m hohen Hopfenstangen sichtbar. Ein paar Minuten später sind wir an der **Heiligenblut-Kapelle**. Sie wirkt recht unscheinbar, war früher aber für die Bevölkerung des Spalter Landes ein wichtiger Wallfahrtsort. Auf dem geteerten Weg geht es noch ein kurzes Stück geradeaus, dann links durch Hopfengärten hinauf nach **Ottmansberg** ❹ mit seinen stattlichen Bauernhöfen. Am Ortsausgang biegen wir links auf einen geschotterten Pfad ab, mit dem wir eine weite Kehre der Straße nach Enderndorf abkürzen. Wir kommen über die Ottmansberger Straße auf die Hauptstraße (Freiherr-von-Harsdorf-Str.) von **Enderndorf**. Der Gasthof Brombachsee und der Landgasthof Schäferhof liegen rechts von der Einmündung, der Gasthof Zum Hochreiter links.

Weiter geht's nach links; dieses Mal lassen wir die **Anlegestelle** ❶ links liegen, wandern über den **Damm** und biegen an dessen Ende mit der Markierung »Spalt 3« rechts in den Wald ein ❺. Nach etwa 15 Min. treten wir ins Freie: links Hangwiesen, Hecken und Bäume, rechts der **Igelsbachsee** mit seinen typischen Ufergehölzen. Bald werden links auf der Höhe die Häuser von Absberg sichtbar. Wir wandern geradeaus weiter. Am Damm, über den die Straße Absberg–Spalt verläuft, halten wir uns rechts und steuern auf das Nordufer zu. In der Mitte ist ein Durchlass, durch den das Wasser des Igelbachs von der als Naturschutz- und Vogelbrutgebiet ausgewiesenen Westspitze des Sees in den Hauptsee fließt. Dieser Teil wird als »Stauwurzel« bezeichnet. Am Ende des Damms rechts und entlang schöner Uferpartien auf den Wald zu. Links erstreckt sich das Gelände des Kreisjugendrings, erkennbar an den Zelten und dem »Geisterschiff« (Abenteuerspielplatz), das direkt neben dem Wanderweg errichtet wurde. Die Waldpartie wird von Föhren dominiert. Auf halbem Weg zum Strandhaus Enderndorf tangieren wir den **Barfußpfad** ❻. Wer will, kann seine Schuhe ausziehen und testen, wie es sich anfühlt, barfuß auf unterschiedlichem Untergrund zu laufen. Bald darauf passieren wir den südlichen Teil des Abenteuerwaldes. Man kann vom Wanderweg aus verfolgen, wie sich Jung und Alt durch diesen Kletterpark bewegen. Schon nach der nächsten Biegung kommt der Enderndorfer Badestrand in Sicht, an dessen Ende wir das Strandhaus vor der **Anlegestelle Enderndorf** ❶ erreichen – letzte Gelegenheit, das berühmte, hopfige Spalter Bier zu testen.

Wanderweg bei Allmannsdorf.

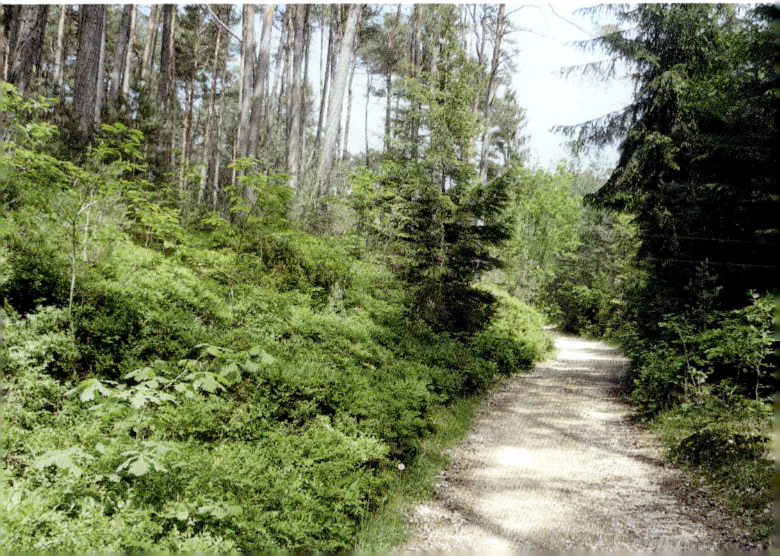

↗ 110 m | ↘ 70 m | 16.2 km

48 Von Roth nach Hilpoltstein

4.00 h

Durchs Rothtal zum Rothsee

Zu Beginn und am Ende dieser Tour stehen zwei Städte mit mittelalterlichem Kern, dazwischen dominiert das Wasser – als Fluss, als schiffbarer Kanal und als Stausee. Höhepunkt ist auf halber Strecke ein Industriedenkmal, der Historische Eisenhammer bei Eckersmühlen. Die Anfänge dieser Industriesiedlung reichen bis ins 14. Jh. zurück. Die Hugenottenfamilie Fournier aus Lyon gründete 1569 in Nürnberg und 1629 in Roth Drahtziehereien, aus denen im 20. Jh. die Leonischen Drahtwerke hervorgingen – heute ein Weltkonzern (Leoni AG) mit 95.000 Mitarbeitern in 32 Ländern.

Ausgangspunkt: Bahnhof Roth, 339 m. Ab Nürnberg Hbf mit S2 (Endstation) oder RE/RB erreichbar. P+R-Parkplatz (Navi: 91154 Roth, Bahnhofstraße).
Endpunkt: Bahnhof Hilpoltstein, 380 m. Rückfahrt mit RB nach Roth, weiter mit S2 oder RE/RB nach Nürnberg Hbf. Oder mit Bus 633 nach Allersberg und weiter mit RE nach Nürnberg Hbf. P+R-Parkplatz (Navi: 91161 Hilpoltstein, Bahnhofstraße 9).
Anforderungen: Am Anfang und am Ende Teerstraßen. Zwischendurch Wechsel zwischen Feld-, Wald- und Uferwegen. Gelegentlich auch Wurzelpfade.
Markierung: BS (Burgen- und Schlösserweg), Mühlenweg, Seenländer, AHR.
Einkehr: In Hofstetten: Gasthaus zur Linde (Tel. +49/9171/2595, www.zurlinde-hofstetten.net). In Hilpoltstein: Gutmann Zur Post (Tel. +49/9174/47950, www.gutmann-zur-post.de).
Karte: ATK25 Blatt H09 Schwabach und Blatt H10 Allersberg.
Tipps: 1) Das Fabrikmuseum der Leonischen Industrie liegt direkt am Weg und informiert über die Drahtherstellung und Weiterverarbeitung (www.fabrikmuseum-roth.de). 2) Der Historische Eisenhammer kann ebenfalls besichtigt werden (www.eisenhammer-eckersmuehlen.de).

Ein Denkmal der frühen Industrialisierung: der Eisenhammer in Eckersmühlen.

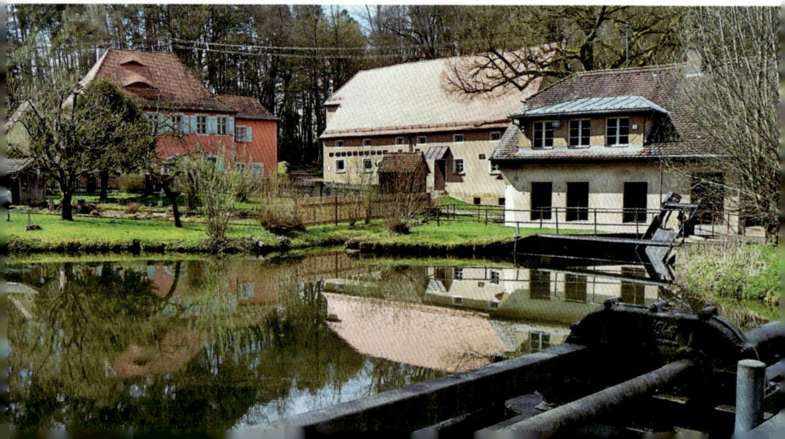

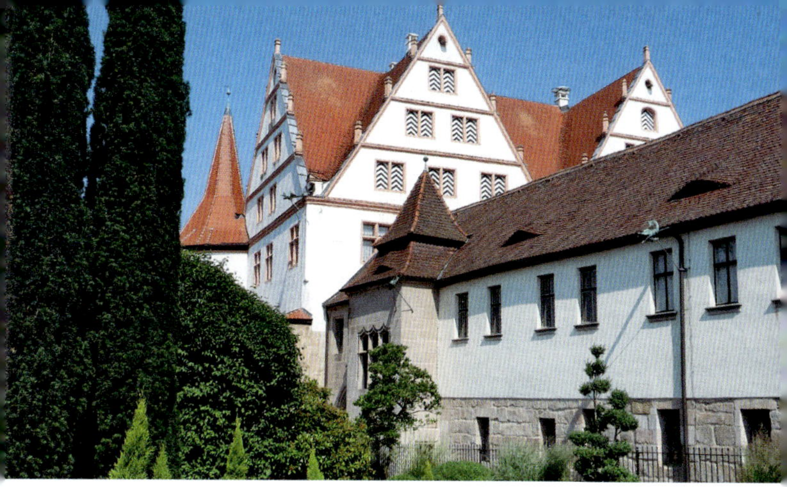

Schloss Ratibor in Roth.

Am **Bahnhof Roth** ❶ lenkt uns die BS-Markierung (Burgen- und Schlösserweg) über die Stieberbrücke durch den Stieberpark und über Bleich- und Münchener Straße zum ehemaligen **Jagdschloss Ratibor**. Der Name verweist auf die schlesischen Besitzungen des Markgrafen von Brandenburg-Ansbach. Auf der Hauptstraße kommen wir zur spätgotischen Stadtkirche und zum Marktplatz. Hier rechts in die Traubengasse bis zur Kreuzung, auf der anderen Seite halb rechts in die Gartenstraße und bei der ersten Abzweigung links – vorbei an Oberer Mühle und **Fabrikmuseum** ❷ – ins Tal. Vor dem Fluss biegen wir mit den Zeichen Mühlenweg und BS in den Weg rechts ein. Ca. 1 km weiter unterqueren wir die B 2. Etwa 250 m müssen wir auf der wenig befahrenen Straße (links das Nüssli Fabrikgelände) geradeaus. Nach dem Wasserwerk auf dem Forstweg in den Wald und an der nächsten Kreuzung rechts. Auf Wurzelpfaden wandern wir am Waldrand flussaufwärts und stoßen nach 20 Min. auf einen Feldweg, der uns ins Dorf **Hofstetten** ❸ bringt. An der T-Kreuzung im Ort gehen wir links und in einem Bogen vom Talgrund hinauf auf die Straße Hofstetten–Eckersmühlen. Ihr folgen wir 500 m und biegen rechts auf einen Forstweg ein, der sich bald zum Wurzelpfad verengt und direkt am Ufer der Roth zum **Historischen Eisenhammer** ❹ führt, einem Industriedenkmal, dessen Ursprünge ins Spätmittelalter zurückreichen.

Nach dem Rundgang auf dem Museumsgelände folgen wir den Hinweisen »Kupferhammer«. Der Wanderweg wird zur Straße und stößt auf eine Kreuzung am Ortsrand von **Eckersmühlen** ❺. Hier ist wegen des Markierungswechsels ein wenig Aufmerksamkeit vonnöten: Wir vertrauen uns jetzt dem Zeichen »Der Seenländer« an. Wir müssen geradeaus und am

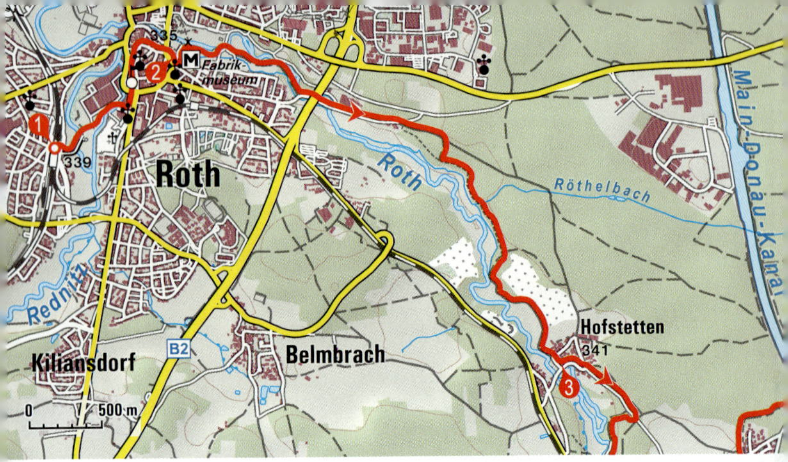

Sportheim des TV Eckersmühlen vorbei. Unser Weg führt zwischen Wald und Sportplätzen am Ortsrand entlang. Am nördlichen Ortsende geht es im Wald rechts zum **Main-Donau-Kanal**. Wir überqueren die Wasserstraße und halten uns am anderen Ufer rechts.

1,5 km geht es oberhalb des Kanals entlang. Hier heißt es wieder aufpassen: Der Wanderweg führt im spitzen Winkel nach links und kurz darauf rechts zum **Rothsee** 6. Wir treffen am Rand des Naturschutzgebietes aufs Ufer, halten uns rechts. Nach ca. 700 m biegen wir mit dem »Seenländer« rechts ab zur **Schleuse Eckersmühlen** 7. Wir überqueren erneut die Wasserstraße, verabschieden uns von der bisherigen Markierung und folgen von jetzt an dem AHR-Zeichen.

Wir gehen nach links um die Schleuse, steigen hoch zum Ufer und biegen vor der Brücke über den Kanal auf den Weg nach rechts unten ab, der uns nach **Hilpoltstein** bringt. Auf der Allersberger Straße geht es zum Altstadtring. Wir überqueren den Ring und gelangen, die Richtung beibehaltend, in die Zwingerstraße, die direkt zum **Marktplatz** mit dem schmucken Rathaus führt. Wer noch Energie hat, kann an der Kirche vorbei hoch zu der vom Bergfried dominierten Ruine stei-

Sportboothafen am Rothsee.

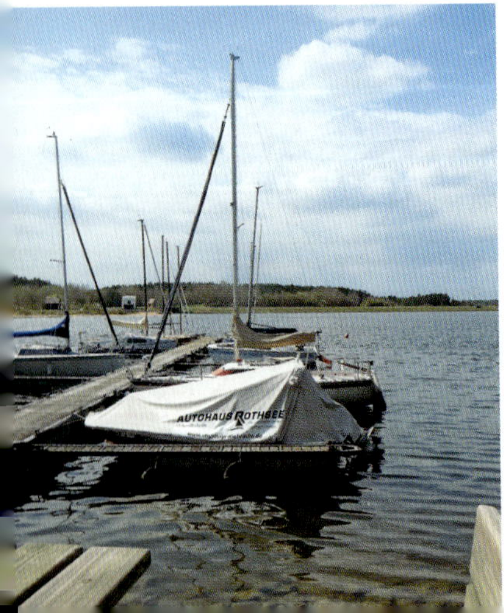

gen. Im Mittelalter zählte die Wehranlage zu den bedeutenden Reichsburgen im südlichen Franken. Ein ausgeschilderter Rundweg informiert über historische Details. Der Bahnhof ist keine 15 Min. von der Marktstraße entfernt. Man läuft durch den Park, unterquert den Altstadtring und gelangt über die Dürerstraße in die Bahnhofstraße zum **Bahnhof Hilpoltstein** 8.

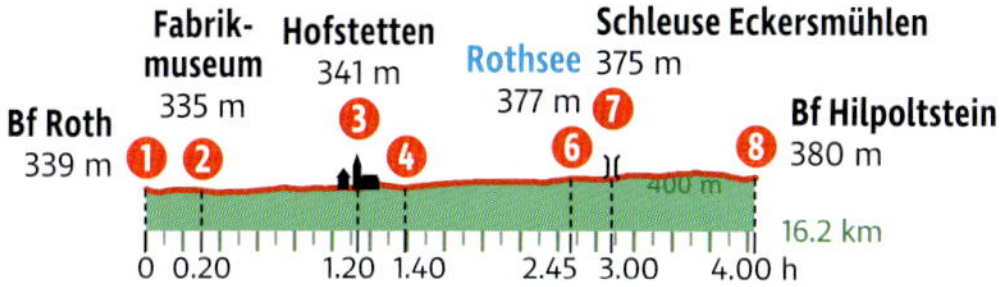

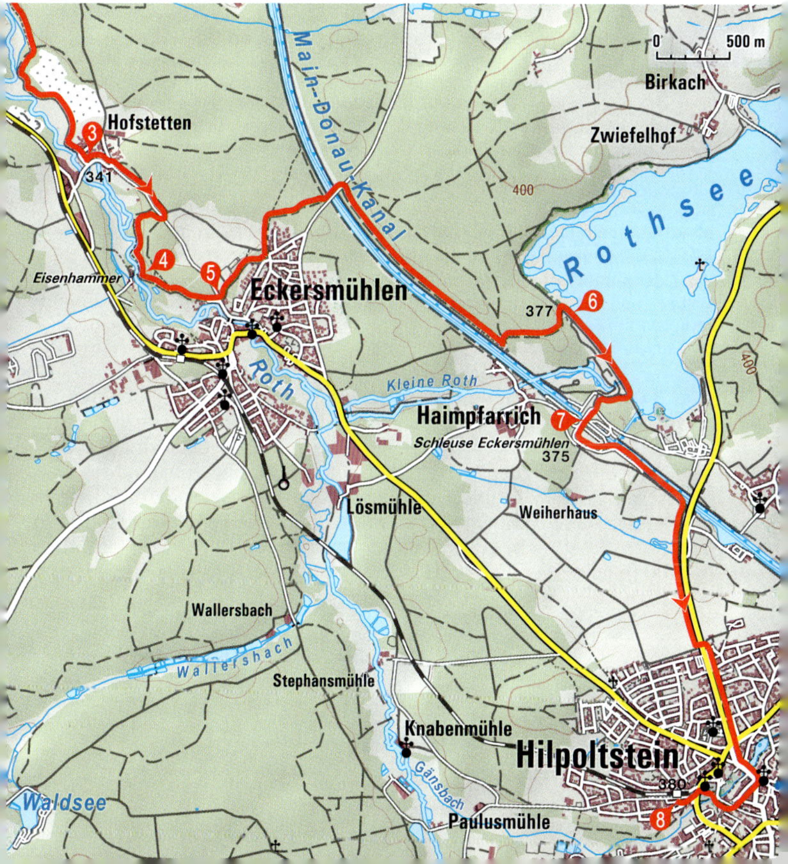

↗ 10 m | ↘ 20 m | 12.3 km

49 Altmühlsee

3.00 h

Vogelinsel und Liebesnest

Dieser Wandervorschlag enthält ein bekanntes und ein verstecktes Highlight. Das bekannte ist die Vogelinsel, die angelegt wurde, um Wasservögeln am neu entstandenen Stausee einen sicheren Ort zum Brüten und Leben zu geben. Die Aussichtsplattform auf der Insel hat sich zu einem Anziehungspunkt für Vogelliebhaber entwickelt, die mit ihren Fotoapparaten das Geschehen im Wasser verfolgen. Weniger bekannt ist die Gemeinde Wald, heute ein Ortsteil von Gunzenhausen. Hier erwarb der Wilde Markgraf von Ansbach 1749 ein Jagdschlösschen, das ihm auch als Liebesnest diente.

Ausgangspunkt: Bahnhof Muhr am See, 419 m. Von Nürnberg Hbf mit S4 bis Ansbach, weiter mit RB Richtung Treuchtlingen bis Muhr am See. Oder mit RE bis Treuchtlingen, weiter mit RB Richtung Würzburg bis Muhr am See. Parkplatz am Bahnhof (Navi: 91735 Muhr am See, Bahnhofstraße).
Endpunkt: Bahnhof Gunzenhausen, 416 m. Mit RB bis Pleinfeld (Endstation), weiter mit RE/RB nach Nürnberg Hbf. Oder mit RB Richtung Würzburg bis Ansbach und mit S4 nach Nürnberg Hbf. Parkplatz am Bahnhof (Navi: 91710 Gunzenhausen, Bahnhofsplatz 17).
Anforderungen: Geteerte Wege, auf der Vogelinsel Waldwege. Kinder, die sich für Tiere interessieren, werden von der Vogelinsel begeistert sein. An heißen Tagen Badesachen mitnehmen!
Markierung: Gelbstrich bis Vogelinsel, dann ohne Markierung.
Einkehr: In Wald: Gasthof zum Hirschen (Tel. +49/9831/2696, gunzenhausen-restaurant.de). In Gunzenhausen: Adlerbräu (Tel. +49/9831/88670, hotel-adlerbraeu.de), Das Hafner (Tel. +49/9831/8909461).
Karte: ATK25 Blatt I08 Gunzenhausen.
Tipp: Fernglas zur Vogelbeobachtung mitnehmen.

Vom **Bahnhof Muhr am See** ❶ wandern wir auf der Bahnhofstraße zur Ortsmitte ❷ mit dem Torturm von 1752, dem Wahrzeichen des Ortes. Durchs Tor bietet sich ein Abstecher zum Altmühlsee-Informationszentrum an, wo man Wissenswertes über Entstehung und Funktion des Stausees sowie seine Flora und Fauna erfährt. Ansonsten biegen wir links in die Fichtenstraße ein, überqueren am Infohaus des Landesbundes für Vogelschutz die Altmühl und gelangen ans **Seeufer**. Dort rechts und nach nur 100 m links über die Brücke auf die **Vogelinsel**. Das knapp 200 Hektar

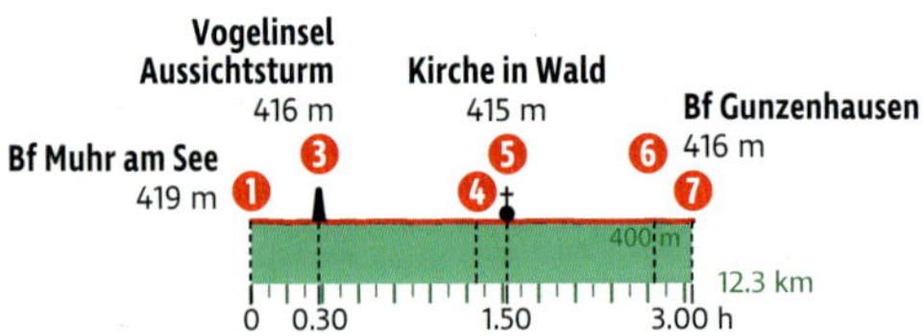

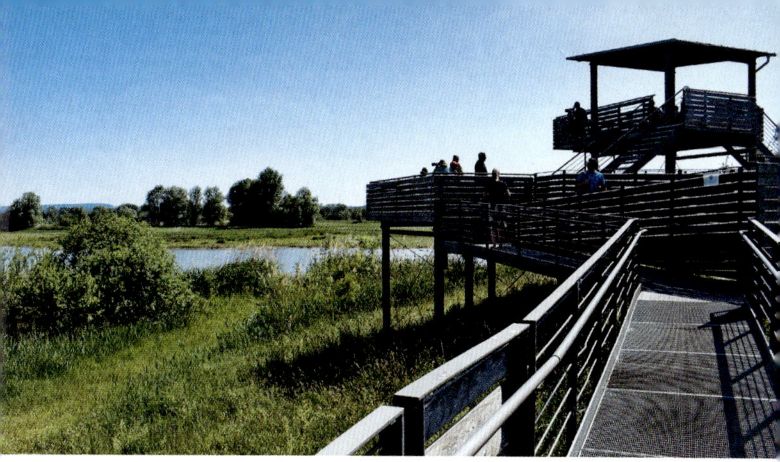

Aussichtskanzel auf der Vogelinsel.

große Naturschutzgebiet nimmt knapp die Hälfte der Seefläche ein. Vom **Aussichtsturm** ❸, den man auf dem Rundweg nach 10 Min. erreicht, lassen sich zu allen Jahreszeiten spannende Beobachtungen machen. Fast immer sind auf der Plattform Hobbyornithologen anzutreffen, die ihre Teleobjektive aufgebaut haben. Meist geben sie Wanderern gerne Auskunft über das, was sich gerade auf den Sumpf- und Wasserflächen abspielt. Beim Rundgang berührt man alle Bereiche des künstlich angelegten Lebensraumes, der sich zu einem bedeutenden Brut- und Rastplatz für Vögel entwickelt hat. Über 300 Arten wurden auf dem westlichen Teil des Sees nachgewiesen. Man passiert Flachwasser-, Sumpf- und Schilfzonen sowie dichtes Gebüsch, das auch Singvögeln Schutz und Futter bietet. Über Brücken kommt man zum Ausgangspunkt zurück.

Wir verlassen die Insel wieder, halten uns links und folgen dem Rad- und Wanderweg um den See, der von Erlen, Pappeln und Weiden gesäumt wird. Nach etwa 10 Min. erreichen wir am Nesselbachzufluss den nördlichsten Teil des Sees. Zwischen Ufer und Feuchtebiet Steckelesgraben führt unser Weg jetzt Richtung Süden und macht dann eine Biegung nach Westen entlang des Altmühlzuleiters, den wir vor Streudorf auf einer Brücke überqueren, um gleich wieder links am Ufer weiterzugehen. Jetzt ist ein wenig Aufmerksamkeit vonnöten: Zwei Wege führen rechts nach Streudorf – die ignorieren wir. Den dritten Weg ❹, eher ein unscheinbarer Pfad, der ohne Markierung oder Hinweis schräg zur Brücke über die Walder Altmühl führt, nehmen wir. Er bringt uns nach 300 m an den Ortsrand von **Wald** und ein paar Schritte weiter zu einer geteerten Straße. Hier gehen wir links bis zur nächsten Kreuzung. Jetzt wieder links hinein in den alten Teil des Dorfes. Schon das Pflaster weist uns darauf hin, dass wir uns hier auf historischem

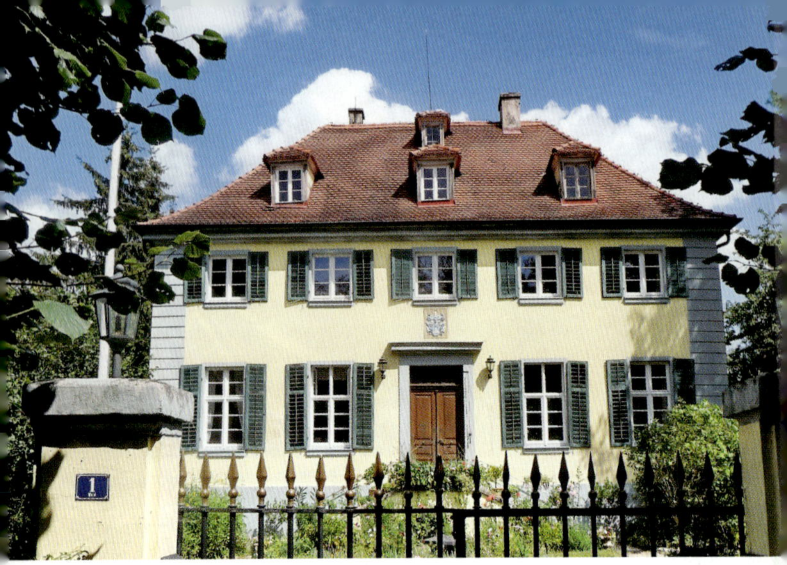

Schloss Wald – Liebesnest des Wilden Markgrafen.

Boden befinden. Bestätigt wird diese Vermutung durch das imposante Amtshaus (rechts) mit dem Wappen der Freiherrn von Falkenhausen (ein Falke auf blauem Feld mit einer Krone darüber). Ein paar Schritte weiter steht ein kleines Schloss mit zwei Kavaliershäusern. In der links abbiegenden Stichstraße stoßen wir auf das Neue Schloss mit dem Gutsgebäude und die **Kirche 5**. Der Landesherr Karl Wilhelm Friedrich (1712–1757), auch »Wilder Markgraf« genannt, erwarb das Schloss samt Nebengebäuden 1749, um sich hier ungestört mit seiner Geliebten Elisabeth Wünsch treffen zu können. Mit ihr hatte er vier Kinder. Immerhin kümmerte sich der Markgraf um seine außerehelichen Nachkommen: Er ließ sie durch den Kaiser adeln und gab ihnen – passend zu seiner Leidenschaft für die Falknerei – den Namen Falkenhausen.

Von der Stichstraße zur Kirche müssen wir zurück auf die Hauptstraße, dort links zum Ortsausgang und an der Rechtskurve links in den Fußweg einbiegen, der uns zurück zum Seeufer bringt. Dort rechts, vorbei am Segelboothafen, dem Badestrand und der Hirteninsel bis in die äußerste Bucht im Südosten. Hier zweigt rechts ein Weg mit Hinweis nach Gunzenhausen ab 6, auf dem wir die B 466 und 500 m weiter die Bahnlinie unterqueren. Wer direkt zum **Bahnhof Gunzenhausen 7** will, nimmt dort den Fußweg nach links. Wer den Tag in einem der Cafés im Zentrum ausklingen lassen möchte, geht geradeaus weiter und kommt über Spital- und Osianderstraße zur Altstadt.

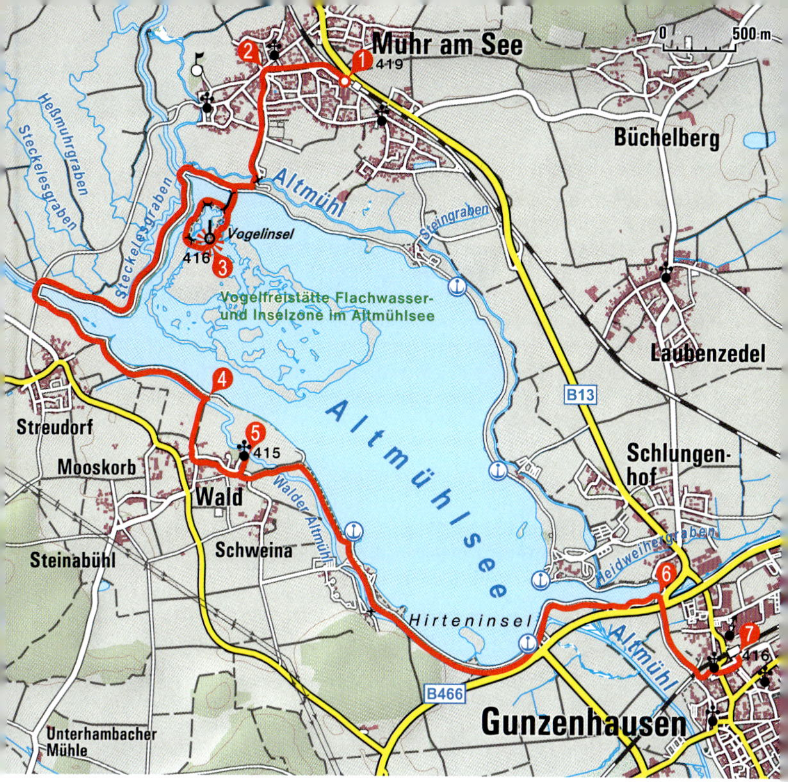

Ein Paradies für Wassersportler.

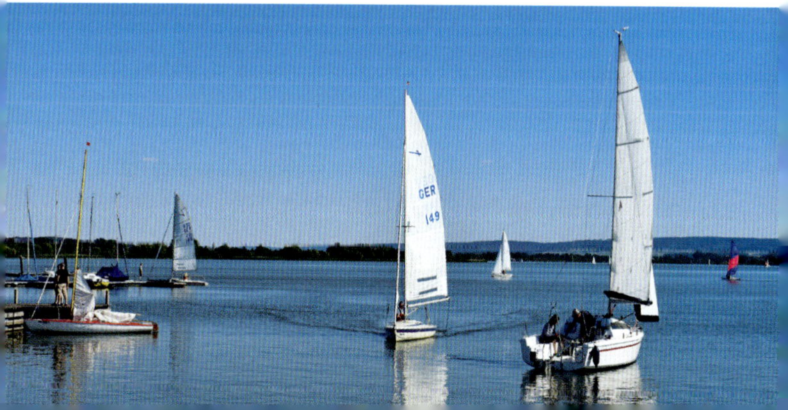

↗ 250 m | ↘ 250 m | 11.8 km

50 Auf den Heidecker Schlossberg

3.15 h

Zur besten Aussicht im Fränkischen Seenland

Der Heidecker Schlossberg liegt etwa in der Mitte zwischen dem Rothsee und dem Brombachsee und ist der wohl schönste Aussichtspunkt im Fränkischen Seenland. Von seinem Gipfelplateau reicht der Blick bis nach Nürnberg und in die Fränkische und Hersbrucker Schweiz sowie bis in den Oberpfälzer Jura. Um diese herrliche Aussicht genießen zu können, wandern wir auf dem bestens markierten Heidecker Burgenweg über die Klausenkapelle und das Dorf Rudletzholz in den Ort Schlossberg. Dort wechseln wir auf die Schlossbergrunde, die uns in einer weiten Schlaufe um den Berg herumführt. Über den Burgen- und Schlösser-Weg kehren wir schließlich nach Heideck zurück.

Ausgangspunkt: Heideck, Festplatz (Stadthalle), 407 m. Von Nürnberg Hbf mit S2 nach Roth, weiter mit RB nach Hilpoltstein und mit Bus 630 bis »Heideck, Marktplatz«. Kostenlose Parkplätze beim Festplatz (Navi: 91180 Heideck, Kreuther Str. 2).
Anforderungen: Überwiegend moderate An- und Abstiege, nur der kurze Anstieg auf den Schlossberg ist etwas steiler. Meist auf geschotterten und geteerten Wegen. Auch mit Kindern empfehlenswert.
Markierung: Heidecker Burgenweg, Schlossbergrunde, ohne Markierung, Burgen- und Schlösser-Weg.
Einkehr: In Rudletzholz: Gasthaus zu den Drei Linden (Tel. +49/9177/329, www.gasthaus-speth.de). In Heideck: Gaststätte Lindwurmbräu (Tel. +49/9177/4856633, www.heidecker-lindwurmbraeu.de), Café Abel (Tel. +49/9177/1048).
Karte: ATK25 Blatt I09 Weißenburg in Bayern.
Variante: Es lohnt sich, den kompletten, ca. 14 km langen Heidecker Burgenweg abzulaufen (www.heideck.de/heidecker-burgenweg).

Auf dem **Festplatz** bei der Stadthalle in **Heideck** ❶ folgen wir der Markierung des Heidecker Burgenweges in südöstlicher Richtung durch die Alleestraße. Über die große Straßenkreuzung bei der Sebastianskapelle hinweg, bleiben wir geradeaus und gelangen über die Straße »Ziegelmoos« aus dem Ort hinaus. Über Streuobstwiesen geht es dann stetig hangaufwärts hoch in ein Waldstück, in dem einige Stationen eines Kreuzweges unseren Weg säumen. Oben auf dem Kapelsberg angelangt, bietet sich uns bei der **Klausenkapelle** ❷ ein schöner Blick hinüber zur Frankenalb mit Moritzberg und Dillberg. Weiter auf einem geteerten Flurweg über die Ackerhochfläche, vorbei an einem Hopfenanbau, hinein nach **Rudletzholz** ❸. Dort befindet sich mit dem

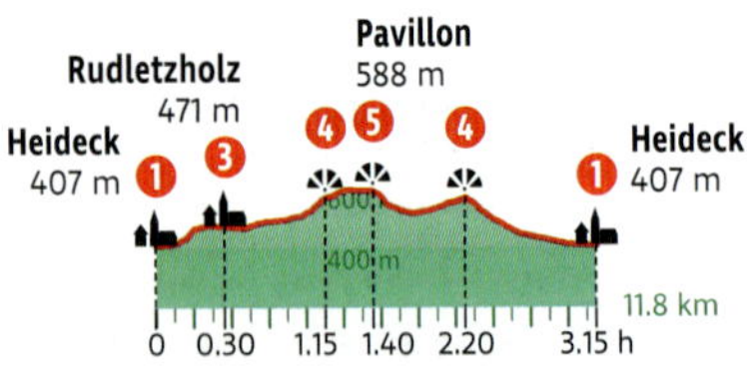

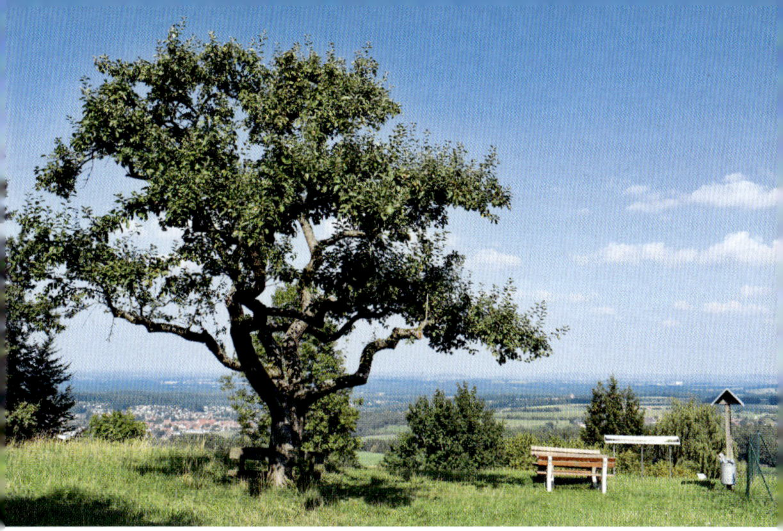

Der Schlossberg bietet sich für ein Picknick an.

Gasthaus zu den drei Linden die einzige Einkehrmöglichkeit auf unserer Tour. Vor dem südlichen Ortsende rechts und aus dem Dorf hinaus bis zu einer Wegkreuzung. Dort links über die Feldflur bis zum ersten Querweg und diesem nach rechts folgen. Unsere Burgenweg-Markierung bringt uns in der Folge zuverlässig durch ein Wäldchen und über Felder hinweg leicht ansteigend hinauf in das kleine Dorf Schlossberg. Dort die Hauptstraße (RH 21) überqueren und danach der ersten Straße folgen, die links zur Kirche hochführt. Kurz hinter dieser rechts ab auf einen schmalen Fußweg, der uns hoch zum **Aussichtspunkt** 4 auf dem unbewaldeten Plateau des **Schlossberges** bringt. Einst stand hier die Hauptburg der Herren von Heideck, doch viel ist davon nicht übrig geblieben. Weit ergiebiger ist da schon die tolle Aussicht, die sich uns von hier oben weit hinein ins Fränkische und Oberpfälzer Land bietet.

Zurück auf dem Hauptweg müssen wir uns rechts halten, um über den ersten Halsgraben hinweg auf das von Bäumen eingerahmte Plateau des Burgstalles zu gelangen. Auch hier erklärt eine Infotafel die historischen Fakten, nämlich dass sich hier einst die Vorburg mit den Wirtschaftsgebäuden befand. Bei einer Holzschranke geht es dann auf einem schmalen Pfad in den zweiten Halsgraben hinunter, wo wir bei einer T-Kreuzung links abbiegen. Nach etwa 70 m wieder rechts und dann diagonal den etwas steileren Abhang hoch. Oben ebenerdig über eine Wiesenverflachung und bei einer Gabelung rechts in den Wald. Dort mündet unser Waldweg kurz hinter einem Antennenmast in einen querenden Schotterweg, dem wir

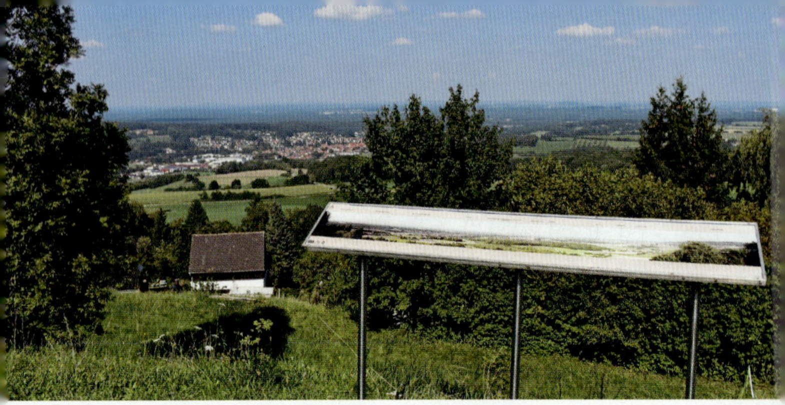

Eine Panoramatafel erklärt die Aussicht vom Schlossberg.

nach rechts folgen. Nun auf einer weiten Lichtung immer am Waldrand entlang, vorbei an einem Rastplatz mit Blick durch eine Schneise im Wald nach Norden bis Heideck und Schloss Kreuth. Weiter auf dem Schotterweg bis zu einem **Pavillon** 5, von dem aus man freie Sicht nach Westen bis zum Brombachsee hat.

Dann in einer weiten Linksbiegung hangabwärts bis zu einem Querweg; auf diesem nach links und in einer engen Rechtskehre den Abhang hinunter bis zur Einmündung in einen breiten Schotterweg. Hier rechts abbiegen und in einer weiten Rechtskurve in ebenerdigem Wegverlauf durch den Wald. Nach knapp 800 m biegt der Heidecker Burgenweg bei einer Gabelung nach links ab, wir halten uns aber rechts und folgen nun der Beschilderung der Schlossbergrunde. Es geht nun in einer etwas längeren Passage, die von einer kurzen Verflachung unterbrochen wird, halbwegs steil hangaufwärts bis zu einer T-Kreuzung. Dort links halten und nach etwa 200 m rechts auf einen Pfad, der in einen schönen Wiesenweg übergeht. Er durchquert ein Gesträuch des weiß-rosa blühenden Drüsigen Springkrautes und führt dann über eine Wiese hangaufwärts erneut in den Wald hinein. Dort gelangen wir nach wenigen Metern hoch zum Abzweig im Halsgraben, den wir bereits auf dem Herweg passiert haben. Jetzt biegen wir hier links ab und erklimmen in einem kurzen, aber steilen Anstieg den Abhang. Dann links längs der Hangkante zurück zum Burgstall-Plateau und von dort auf bekanntem Wege vorbei am **Aussichtspunkt** 4 hinunter zur Kirche. Unten auf der Hauptstraße (RH 21) links abbiegen und nach etwa 100 m erneut links, wo wir auf die Markierung des Burgen- und Schlösser-Weges stoßen. Sie führt uns hinunter in den Weiler **Rambach** und von dort über Streuobstwiesen zurück nach Heideck. Dort über die Rambacher Straße, die Schlossberger Straße und die Alleestraße zurück zum **Festplatz** von **Heideck** 1.

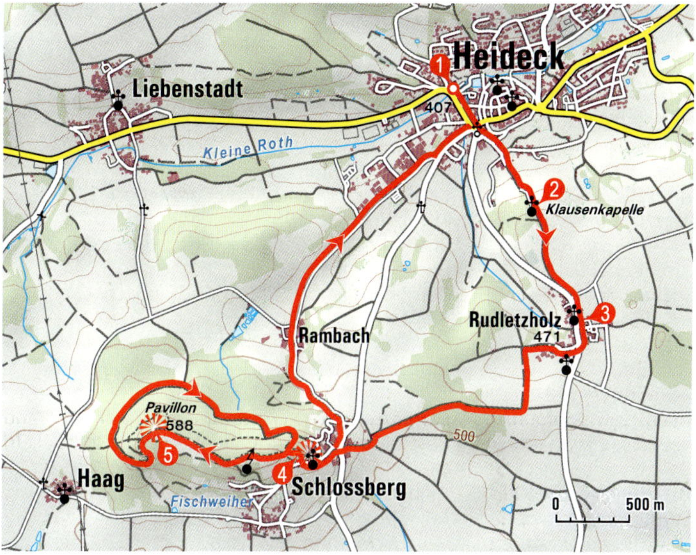

Blick zum Ort Schlossberg.

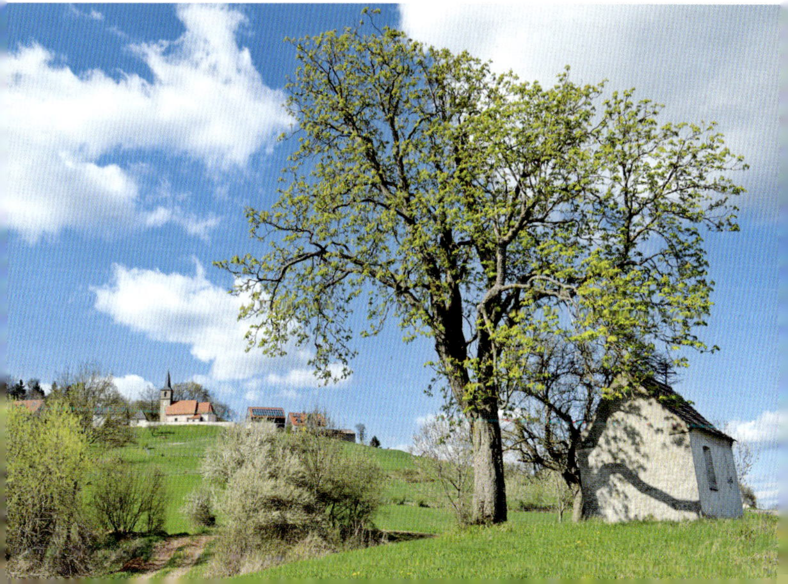

STICHWORTVERZEICHNIS

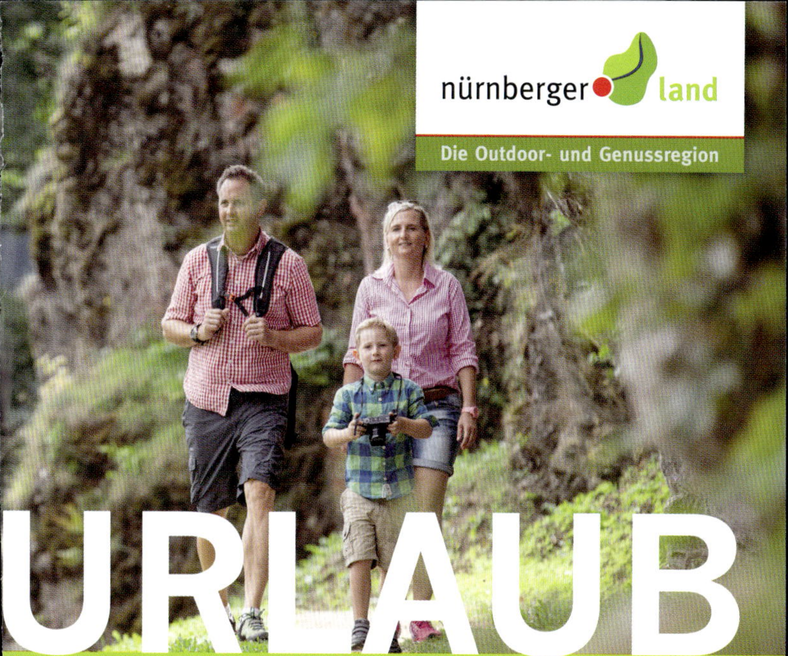
nürnberger land
Die Outdoor- und Genussregion

Umschlagbild: Burg Hohenstein.

Bild im Innentitel: In der Schwarzachklamm.

Bild auf S. 2: Blick vom Aussichtspunkt auf dem Hohlen Fels zum Happurger Stausee.

Bild auf S. 28/29: Blick vom Aussichtsturm auf der Alten Veste über das Stadtgebiet von Nürnberg und Fürth bis zum Moritzberg.

Alle Fotos von den Autoren.

Kartografie:
59 Wanderkärtchen im Maßstab 1:25.000 / 1:50.000
Geodaten © OpenStreetMap und Mitwirkende, kartografisches Design: Freytag & Berndt, Prag, www.freytagberndt.cz
sowie 2 Übersichtskärtchen im Maßstab 1:500.000 und 1:1.000.000
© Freytag & Berndt, Wien

1. Auflage 2021

ISBN 978-3-7633-4528-1

Wir freuen uns über jeden Korrekturhinweis zu diesem Wanderführer!
Bitte per E-Mail an: leserzuschrift@rother.de

ROTHER BERGVERLAG · Keltenring 17 · D-82041 Oberhaching
Tel. +49 89 608669-0 · www.rother.de